U0510407

国家社科基金重点项目
“民族地区社会管理创新实践与经验研究”（12AZD033）

| 中南民族大学民族学文库 |

民族地区社会治理理论与实践研究

吴开松　著

中国社会科学出版社

图书在版编目（CIP）数据

民族地区社会治理理论与实践研究／吴开松著．—北京：中国社会科学出版社，2019.5（2025.7重印）

（中南民族大学民族学文库）

ISBN 978－7－5203－4343－5

Ⅰ.①民…　Ⅱ.①吴…　Ⅲ.①民族地区—社会管理—研究—中国　Ⅳ.①D633

中国版本图书馆 CIP 数据核字(2019)第 080123 号

出 版 人　季为民
责任编辑　郑　彤
责任校对　石春梅
责任印制　李寡寡

出　　版　中国社会科学出版社
社　　址　北京鼓楼西大街甲 158 号
邮　　编　100720
网　　址　http://www.csspw.cn
发 行 部　010－84083685
门 市 部　010－84029450
经　　销　新华书店及其他书店

印刷装订　北京君升印刷有限公司
版　　次　2019 年 5 月第 1 版
印　　次　2025 年 7 月第 4 次印刷

开　　本　710×1000　1/16　1
印　　张　21.5
字　　数　338 千字
定　　价　89.00 元

凡购买中国社会科学出版社图书，如有质量问题请与本社营销中心联系调换
电话：010－84083683

《中南民族大学民族学文库》编委会

总　序

民族学是中南民族大学的特色学科、优势学科，曾先后被评为国家民委重点学科、湖北省重点学科、湖北省优势学科。中南民族大学民族学学科形成了从预科、本科到硕士、博士、博士后完整的人才培养链条。民族学本科专业是教育部特色品牌专业、湖北省特色优势专业，马克思主义民族理论与政策是国家级精品课程、国家精品资源共享课程。拥有民族学一级学科博士点、一级学科硕士点，其中，一级学科博士点下设民族学、马克思主义民族理论与政策、中国少数民族史、中国少数民族经济、中国少数民族艺术、民族教育、民族法学和少数民族语言文学 8 个二级学科博士点，一级学科硕士点下设民族学等 5 个二级学科硕士点，设立有民族学专业博士后科研流动站。在 2013 年教育部公布的学科评估中，中南民族大学民族学在全国同类学科中排名第四，保持了在该学科中的领先水平。

中南民族大学民族学历史悠久，底蕴深厚。早在 1951 年，由我国著名民族学家岑家梧教授领衔，学校创建了民族研究室。20 世纪五六十年代，以岑家梧、严学窘、容观琼、刘孝瑜等先生为代表的一批学者，积极开展民族研究工作，参与了新中国成立初期的全国民族大调查，并为京族、毛南族、土家族、黎族等中南、东南地区的民族识别做出了突出贡献。1983 年，著名民族学家、社会学家吴泽霖先生在中南民族学院创建了国家民委直属重点研究机构——民族研究所，由此民族学学科发展迅速。20 世纪八九十年代，在吴泽霖先生的带领下，涌现了彭英明、吴永章、吴永明、答振益、李干、张雄、刘美崧、杨清震等一批具有全国影响的专家，在南方少数民族历史与文化、马克思主义民族理论与政策、少数民族经济等研究领域取得了一大批突出的成果。

近十余年来，中南民族大学大力开展民族学学科群建设，在进一步突出民族学传统学科方向和研究领域的同时，以民族学一级学科为平台，形成了民族教育、民族法学、民族语言文学、民族艺术、民族药学等多个特色交叉学科，学科覆盖面日益扩大。学科发展支撑条件优势明显，现有湖北省南方少数民族研究中心、国家民委南方少数民族非物质文化遗产研究中心、国家民委中国城市民族与宗教事务治理研究中心、国家民委少数民族教育发展研究基地、国家民委民族团结进步创建活动研究中心、湖北省中国少数民族审美文化研究中心、湖北省民族地区经济社会发展研究中心、湖北少数民族非物质文化遗产保护基地、湖北省民族立法研究中心、湖北区域历史文化研究基地和中国人类学民族学研究会散杂居民族问题研究专业委员会等十余个省部级研究中心和研究基地。2016 年，获批国家民委“武陵山片区减贫与发展协同创新中心”，同时，中国武陵山减贫与发展研究院、中南民族大学与湖北恩施州共建的“恩施发展研究院”也依托该一级学科。

该学科条件优良，设施完备，团队实力雄厚。建有藏书十万余册的“民族学人类学文献资料中心”、设施完备的“民族学人类学田野调查实验室”，拥有国内第一家民族学博物馆，馆藏民族文物 2 万余件。学科还打造了国家民委创新团队“民族文化传承与发展创新团队”，以及南方少数民族历史文化研究、散杂居民族研究、南方少数民族非物质文化遗产、民族社会发展研究、中国边疆民族与宗教问题研究、民族地区减贫与发展等校级资助的研究团队。

学科现有专职研究人员 79 人，其中教授 33 人，副教授 38 人，博士生导师 20 余人。学科团队结构合理，具有雄厚的教学科研实力。学科带头人雷振扬、段超、许宪隆、田敏、柏贵喜、李吉和、李俊杰、李忠斌、康翠萍、哈正利、闫天灵等学者表现突出，在中国特色民族理论与民族政策、南方民族历史文化、散杂居民族问题、城市民族问题、少数民族非物质文化遗产保护、民族地区社会发展、民族地区减贫与区域发展、民族教育与管理等研究领域取得一大批最新成果，形成新的研究特色和学科优势。高层次学科专家发挥重要影响，有国务院学位委员会学科评议组专家 1 人、国家“万人计划” 1 人、国家社科基金评委 2 人、国家出版基金评委 2 人、“新世纪百千万人才工程”人才 3 人、享受国务院津贴专家5人、国家民委领军人才1人、国家民委突出贡献专家4人、教育部新世纪优秀人才计划支持人选4人，另有湖北省突出贡献专家、国家民委民族问题优秀青年专家、国家民委中青年英才等多人。近20余人次担任国家级学会及省部级学会的会长、副会长、秘书长和常务理事。

中南民族大学民族学学术研究成果丰硕，近5年就累计主持完成国家级和省部级科研课题140余项，承担国家社科基金重大项目、教育部哲学社科重大攻关项目5项，主持国家社科基金63项；发表核心期刊论文和出版专著230篇（部），40余项成果获教育部及省部级奖，其中教育部人文社科优秀成果奖5项，省部级一、二等奖20余项。部分成果为国家级及省部级领导批示或地方政府采纳，在服务民族地区经济社会发展方面做出了突出贡献。

当前，国家正在统筹推进以建设一流大学和一流学科为主旨的"双一流"建设，我们将以此为契机，以建设一流师资队伍、培养拔尖创新人才、取得标志性科研成果、传承创新优秀文化、切实服务民族社会为抓手，不懈努力，开拓创新，争创一流民族学学科。为及时推出中南民族大学民族学学科建设的最新成果，特编辑出版《中南民族大学民族学文库》，以期为中国民族学学科发展做出新的贡献。

目　　录

第一章

绪　论

一　研究背景

社会治理是治国理政的重要组成部分，我国的社会治理体系历经数十年来的实践和探索，取得了长足的发展，社会秩序良好，社会结构不断趋于稳定成熟①。改革开放使我国在经济社会等诸多领域发生了深刻变化，国家经济总量不断增加，国民经济发展水平持续提升，经济、政治与行政体制改革不断深化，社会总体运行平稳。与此同时，中国社会阶层结构在发生变化，社会领域的渐变与突变交织，这与改革转型的进程密切相连。与社会阶层结构变化紧密相随的是，中国民众的社会心态和需求层次也发生变化，多层次、差异化诉求与日俱增，不同阶层群体之间结构性张力显现，社会问题增多，社会治理需求凸显。

党的十八大报告提出，社会治理创新的目标是在中国特色社会主义社会管理体系的基础上形成“党委领导、政府负责、社会协同、公众参与、法治保障”的治理机制，将社会管理与社会治理有机联结，并指明了社会管理向社会治理过渡的方向。中共十八届三中全会通过的《中共中央关于全面深化改革若干重大问题的决定》明确指出，新时期社会管理面临新情况、新问题，必须通过全面深化改革，实现从传统社会管理向现代社会治理的范式转变，并将“推进国家治理体系和治理能力现代化”确立为全面深化改革的总目标。决定强调：“创新社会治理，必须着

---

① 王虎、王磊：《民族地区社会治理的现实依据与逻辑基础》，《贵州民族研究》2016 年第 10 期。

眼于维护最广大人民根本利益，最大限度增加和谐因素，增强社会发展活力，提高社会治理水平，维护国家安全，确保人民安居乐业、社会安定有序。”[①] 将“社会管理”转变为“社会治理”，虽然只是一字之差，但背后的执政理念大有不同。社会治理更加注重社会的自我发展、自我纠错和自我修复，改变了以往过于迷信国家强制力量的“运动式”管理思维。换而言之，社会治理需要高超的“治理艺术”以兼顾差异化利益诉求[②]。中共十八届五中全会又提出，“推进社会治理精细化，构建全民共建、共享的社会治理格局”。社会治理精细化突出社会治理以人为本的价值理性，注重细微社会需求的及时捕捉，以相应的社会治理行为加以应对，这是民族地区社会治理的努力方向。

制度改革是改革的重中之重，破除阻碍改革的利益藩篱比触及灵魂更加困难。如果说前40年的改革是为了建立中国特色社会主义市场经济体制，那么如今的全面深化改革的任务则是要建立与社会主义市场经济体制相匹配的社会治理体制，经济发展和社会建设并举。然而，在全面深化改革的当下，一些陈腐观念、过时制度正严重制约着变革。社会治理步伐相较于经济发展速度稍显滞后[③]，民族地区尤甚。民族地区社会治理创新的具体背景如下。

我国民族地区物质基础薄弱，社会发展滞后，生态环境脆弱，民族宗教复杂，特殊的地理区位和行政环境决定了要加快民族地区经济社会发展。促进民族地区社会和谐稳定，解决发展不平衡、不充分的问题，必须充分发挥政府职能的主导作用[④]。换言之，就民族地区社会治理而言，政府主导和“元治理”作用的发挥可能要更为突出。党的十八大以来，党中央陆续提出了一系列关乎民族地区发展、稳定的重大战略部署和纲领论断，民族地区作为国家社会治理的重要区域，是全面深化改革、攻坚克难的重点，其治理优劣既关乎和谐民族关系的构建，更关乎党和

---

① 新华社：《中国共产党第十八届中央委员会第三次全体会议公报》，新华网2013年11月（http://www.xinhuanet.com//politics/2016-10/27/c_1119801528.htm）。

② 唐钧：《从社会管理到社会治理》，《中国人力资源社会保障》2015年第4期。

③ 向春玲：《社会治理创新理论与中国基层实践》，中国人事出版社2016年版，第25页。

④ 孙玉刚：《边疆民族地区政府社会管理分析研究的理论视角》，《学术探索》2011年第1期。

国家的长治久安。

从宏观的角度看民族地区，我国960多万平方公里的国土面积中，155个民族自治地方占了国土面积的64%，地理区划面积最大的县，新疆维吾尔族自治区下辖的若羌县县域面积，就相当于江苏、浙江两个省面积的总和。全国13亿人口中，少数民族有1亿多人，人口过千万的少数民族有4个，分别是壮族、回族、满族、维吾尔族，千万以下、百万以上的少数民族有14个。桂、滇、藏、新、甘、蒙、黑、吉、辽边疆9省区，居住着全国近60%的少数民族人口。民族地区森林资源蓄积总量占全国的47%，草原资源覆盖占全国的75%，水力资源蕴藏量占全国的66%，矿藏资源也在民族地区集中分布。资源富集的同时，大多数民族地区自然条件恶劣，资源开发难度较大，经济社会发展起点较低，历史欠账过多，城乡二元结构突出，与东部发达地区的发展差距不减反增。总之，民族地区是我国的资源富集区、水系源头区、生态屏障区、文化特色区、边疆地区、贫困地区，自然条件和社会属性复杂，社会治理需求度高、治理难度大①。

从政治属性上看，我国约2.2万公里陆地边界线中，有约1.9万公里集中在民族地区，受外部环境影响大。社会经济属性方面，民族地区贫穷落后的“短板”突出，全国14个集中连片特困地区，11个涉及民族自治地方，集中连片特困地区680个县，有351个县属于民族地区。

（一）民族地区经济发展起点低，致富愿望强烈

塞缪尔·亨廷顿认为：“现代性孕育着稳定，而现代化滋生着动乱。动荡和衰朽的根源不是贫穷和落后，而是致富和发展的欲望。这些国家都企图在短时期内全部实现西方早期发达民主国家在过去长时期才办完的事情。经济发展、集团分化、利益冲突、价值转变以及民众参与期望的提高，这些急剧变化远远超过了政治体制的承受能力，导致了社会的

① 李臻：《习近平关于民族地区集“六区”于一身是我国“家底”的论断》，《贵州民族报》2016年12月19日第A1版。

紊乱。”[①] 经过40年的改革开放，我国改革已经进入攻坚期和深水区。新常态下，经济增速换档期、产业结构调整阵痛期和前期刺激政策消化期“三期叠加”，经济下行压力大，社会浮躁不安。社会转型滞后于经济体制转型，政治、经济、社会体制改革进入深水区，中国的社会管理面临着现代化带来的风险。

民族地区经济社会全面落后，工业基础薄弱，产业结构不合理，产品附加值不高，竞争力不够，在激烈的市场竞争中处于劣势地位。通讯、交通、水电气基础设施建设落后；民族地区特色产品开发力度弱，缺乏自我发展能力；大量人力资源外流，人口红利优势消失；经济发展严重滞后，区域财政资源严重不足。社会公共事业刚刚起步，人均公共服务水平远远低于全国平均水平，社会保障、医疗卫生、科教文卫领域全面不足，深度欠账。究其原因，一是政府公共投入不足，二是市场化程度低，产业化运作基础缺失，人力、财力、物力资源严重匮乏。

（二）资源丰富，利益分配与共享机制有待进一步完善

民族地区是资源富集区，矿产资源、水力资源、森林资源等资源的储量十分丰富。但是经济体制改革在改善国家治理绩效、提高国家合法化程度的同时，并没有给民族地区带来改革发展成果的同步共享，导致国内各地区经济发展不平衡，因而产生了一系列社会矛盾。40年的改革开放给中国带来了巨大的物质财富的同时，也使得社会流动性和异质性增强，公民的权利意识、参与意识觉醒。如今，改革涉及面越来越广，不仅要深化经济体制改革，还需要深化政治体制、文化体制、社会体制、生态体制等诸多方面的改革。习近平强调，要落实好中央各项惠民政策，更多关注困难群众，让群众切实感受到党和政府的关怀和温暖。

社会学理论认为，社会的中间阶层是最稳定、最温顺、最理性的社会阶层，他们不存在过激诉求，他们的存在是社会稳定的保证。随着收入分配两极分化加剧，社会稳定的体制性保障缺失，弱势群体边缘化趋势增强。对某些弱势群体来说，他们在社会的正常秩序中已经无法体面

---

① ［美］塞缪尔·亨廷顿：《变化社会中的政治秩序》，王冠华等译，上海世纪出版集团2008年版，第3页。

而有尊严地生活，也找不到转移不满情绪的理性制度途径，极易卷入社会冲突，或者成为参与群体，卷入一些无直接利益相关的事件，如城市失业工人、农村失地农民、失业的大学毕业生等。亚里士多德说，社会动乱常以不平等为发难理由。利益受损群体在与既得利益集团博弈的过程中受挫，在利益受损而得不到合理补偿的情况下，会产生巨大的“相对剥夺感”。现实社会中，如果弱势群体利益表达渠道不畅，通过制度化渠道无法解决问题，就会采取非制度化渠道寻求支持和解决[①]。当弱势群体诉诸非制度化渠道的解决方式，对双方来说，解决问题的成本都是巨大的，其渲染力和破坏力是惊人的。

相比较而言，民族地区呈现出复杂性、多样性的态势，社会治理难度大。遵循多元决定论的社会历史观，民族地区存在着由于社会历史原因形成的社会结构及其社会治理要素的复杂性与多样性，并随着社会变革不断发生新的变化。社会治理环境的复杂性与多样性构成了民族地区社会固有的属性，民族地区的社会治理要立足于这一现实基础。

民族地区社会的复杂性与多样性主要体现在以下四个方面。其一，社会组织的多样性。我国各少数民族在本民族形成与社会发展传承的历史长河中，形成了民族社会成员集体生活各自不同又独具特色的社会组织，以富有民族特色和地域特点的社会规范，维系着本民族的社会秩序。其二，宗教信仰的复杂性与多样性。宗教作为一种社会文化现象，伴随着人类的产生而发展延续。宗教信仰对于一个民族的情感、心理、风俗习惯、生活方式、民族认同，都产生着深刻的影响。信仰是一种精神信念，是人生活和行动的依据，信仰一旦形成，就不会轻易改变，也不会受时空变化的影响。其三，居住环境的复杂性和多样性。从地理环境来看，民族地区的地理环境或为高山，或为高原，或者干旱，或者石漠化，复杂多样。从各民族居住的人文环境来看，55 个少数民族的风俗习惯、历史文化、语言艺术等纷繁多样，同样呈现出复杂性与多样性的特征。从社会发展来看，由于区域、人文、自然的复杂性和多样性，必然导致

---

① 严峰：《网络群体性事件与公共安全》，生活·读书·新知三联书店 2012 年版，第 95 页。

社会发展的巨大差异性。由于历史的原因，少数民族经济基础薄弱，加上自然环境恶劣，市场化经济程度低，使得不同少数民族的经济社会发展不平衡现象较为突出。

（三）自然与人文多姿多彩，利益诉求多元

民族地区自然环境、文化差异性突出。一方面，相当多的少数民族信仰宗教，信教群众多，宗教活动多，宗教生活多，对世俗生活关注度不高，因此，应对社会转型变化的接受能力弱，适应性不够。另一方面，由于受到市场化冲击，易于发生文化认同的冲突，导致传统的社会控制约束力下降。与此同时，民众的契约精神和法治意识又尚未发育成熟，这就形成了一个社会控制的“中空地带”，越轨行为增多。地方政府管理效能、行政效率、公信力、合法性不足，加之某些势力的蛊惑，使国家认同弱化，民族之间的矛盾纠纷频发，危及社会稳定、民族团结和国家统一。

但是也要看到，民族作为一个被外部客位识别和内部主位认同的群体，虽然其文化具有较强的地域性，而恰恰是由于这种地域性文化的多样性，维系着民族地区底层社会的稳定，同时也为促进民族地区底层社会的发展提供了有效的动力①。

民族地区拥有丰富的自然资源，却又带来了一系列生态和社会问题。产业基础薄弱，第三产业发展不足，第一产业比重较高，部分地区人地矛盾突出。思想保守封闭，陷入贫困问题的恶性循环。其丰富的自然资源并没有带来经济的快速发展，存在过度开发、无序开发、破坏性开发的情况，甚至“以生态换生存”，过度依赖自然资源，产业链单一，资源导向型产业发展模式可持续性不强。民族地区可能产生一种资源开发过程中利益分配不公平现象，导致矛盾和冲突。但是，民族地区民众对于现代化的追求和发展愿望十分强烈。

① 罗明军：《民族地区权力、文化与社区治理：一个彝族社区的政治人类学研究》，中国书籍出版社2016年版，第285页。

（四）基层政府社会治理能力不足

社会治理应该是党委领导，政府主导，市场、社会和普通公民共同参与的治理。民族地区市场化程度较低，资源分散，在实际过程中，少数政府人员存在大包大揽的现象，出现治理雄心和治理能力不匹配的尴尬。具体表现为社会开始呈现现代化特征，同时，公民权利意识不断提升，社会日渐分化为不同的甚至对立的利益阶层，各个阶层之间利益诉求差异化显著。社会流动性增强，城乡、新旧、多元价值观念碰撞，基层社会呈现出“有组织的不负责任”状态①。民族地区的农村，“三留”人员保障度低，农村空心化严重。城镇流动人口管理服务不到位，存留社会隐患。社会管理“内卷化”问题突出②。社会建设滞后，民生欠账过多，基本公共服务、社会保障和城市建设还不能满足民众需求。基层政府群众基础薄弱，个别干部的工作方法简单粗暴，民众对立情绪强，信任感低，等等。社会治理危机必然会诱发社会领域错综复杂的潜在矛盾，降低社会抵御风险的能力。

民族地区社会稳定程度弱，脆弱性强。区域政治敏感度高，社会隐性、显性矛盾错综复杂，历来是社会和谐、国家统一的重点关注区域。偏远地区、边境地带加上特殊复杂的地理环境和历史传统因素，决定了这些区域经济发展滞后，社会转型缓慢，经济社会结构中的深层次矛盾化解困难。具体表现为贫困问题、发展问题、族际冲突、文化冲突与宗教问题相互交织，“三股势力”（暴力恐怖势力、民族分裂势力、宗教极端势力）和反华势力干涉和鼓动，基层社会中公共权力下沉不够，缺乏国家认同，地方政府的行政效能不高。

总之，相较于内地和沿海地区，民族地区的社会治理具有地域性、复杂性、民族性、宗教性、传统性、国际性、敏感性诸多特点，在全面深化改革的背景下，推进治理体系和治理能力的现代化面临诸多挑战。

---

① ［德］乌尔里希·贝克：《风险社会政治学》，刘宁宁等译，《马克思主义与现实》2005年第3期。

② 何艳玲：《都市街区中的国家与社会》，社会科学文献出版社2007年版，第136—137页。

全面深化改革的决定并没有在社会治理问题上对民族地区有任何特殊表述，如何改革和提升民族地区的治理水平和治理绩效，在理论上和实践上都需要进一步探索，这样的现实情景正好给民族地区社会治理留下了诸多可能性空间。除了一般意义上的要求转变政府职能、培育社会组织、化解社会矛盾、克服改革风险以外，民族地区更需要立足民族地区的特殊性，进行社会治理理论和实践创新，创新探索和经验总结并重①。总之，研究探索和总结民族地区社会治理理论和实践十分必要。

二 研究意义

（一）根据经济社会发展的差异化，提炼社会治理创新的多样化

受制于不同的历史条件、区位因素、自然条件、文化背景等多方面因素，民族地区之间、民族地区内部的经济社会发展水平差异较大，并可以预见在今后相当长的时期内，族性特点和民族文化、各民族经济社会发展差距还将继续存在。2005 年 5 月，胡锦涛在《在中央民族工作会议暨国务院第四次全国民族团结进步表彰大会上的讲话》中明确提出，要“坚持因地制宜、因族举措、分类指导，制定并实施符合少数民族和民族地区实际的政策措施”②。习近平同志在指示“精准扶贫”工作时，特别强调“一个民族都不能少”，要精准施策，因户施策，因人施策。这些论断对于我们科学确定民族地区的发展思路和阶段目标，充分发挥地域优势，走各具特色的社会发展道路意义重大，指向明确。

按照经济发展状况的划分及各阶段的主要经济特征，可以看出，随着经济发展阶段的演进，民族地区县域经济基本符合产业结构不断优化、区内联系和区际联系不断加强、人民生活水平不断提高的发展规律。就民族地区内部经济发展水平而言，存在较大的差异。有学者据此把民族地区划分为四类：不发展阶段、过渡性阶段、成长阶段、成熟阶段。在

---

① 羌洲、曹亚楠：《社会治理体制改革的演进和对民族地区社会治理的启示》，《西北民族大学学报》（哲学社会科学版）2015 年第 1 期。

② 王骏：《民族团结进步事业的新篇章》，国家民族事务委员会门户网站 2011 年 4 月（http：//www. seac. gov. cn/seac/mztj/201104/1011694. shtml）。

不同阶段，经济发展水平、资源利用、生态环境保护、农业产业化、工业化、城市化、资本利用等都有较大差异性。每一个不同阶段所面临的主要社会问题、社会风险、社会主要矛盾都不同，社会治理的基本思路、基本原则、基本方法也有较大差异性。就区域特征看，边疆少数民族有着漫长的边界线，存在诸多跨界民族，其社会治理既具有边疆性，也具有跨国性，同时还具有党政军警地协同特征，某些地方甚至具有“飞地管理”特征。就文化特征看，55 个少数民族都具有悠久的历史文化，有不同于其他民族的社会治理经验和独特的社会资本，在现代化社会治理过程中，这些要素仍然在不同程度地发挥作用。

（二）民族地区的各类问题与矛盾的发生机制复杂多样

少数民族与民族地区各类矛盾的发生机制，是指这类矛盾和问题生成和发展的各种要素的综合。从矛盾主体看，民族地区社会问题与矛盾既可能是民族间的问题，也可能是民族与国家间的问题或者民族自身发展的问题；从涉及领域看，政治、经济、文化，各个领域的矛盾生发机制不尽相同，可能围绕权利、资源、文化碰撞分别展开；从发展的角度看，可能是民族地区经济社会发展前遗留下来的，也可能出自发展过程之中或发展之后，前者体现自然环境与民族地区落后社会生产力的矛盾，后者体现民族之间的或者民族个人之间的利益冲突和文化冲突。由于这些矛盾的发生机制截然不同，解决这些矛盾就需要民族地区的社会治理从思路、原则、策略、对策等方面进行创新。

（三）民族地区的各类矛盾的化解模式存在一定差异

少数民族与民族地区各类矛盾的化解模式源自当前解决民族问题、促进少数民族和民族地区经济社会发展的有益经验。矛盾的化解模式既包括处理民族问题的一般规律和指导原则，又包括值得推广和效仿的具体做法。此类矛盾的化解模式可以作为民族地区社会管理创新的现实依据和理论来源。目前，在广大的民族地区，社会管理的各个方面、各个层次涌现出了一批因地制宜、因势利导的创新案例，例如武陵山成片贫困区的建设创新，新疆的“兵地”协作模式、贵州的风险评估、凭祥的党政军警地协同等，都是深刻把握民族问题与民族因素、地域文化特点，通过社会管理创新带动当地的经济发展，以发展破解困局的成功典范。因此科学总结经验，提炼创新模式，研究如何发挥民族因素的正面功能，正是进一步推进民族地区社会治理创新的重心和支点。

（四）研究结论有利于提高民族地区社会治理水平

民族地区的社会治理尤其要突出地方政府的作用，更好地发挥政府的“元治理”作用。具体来讲，民族地区政府要提高公共政策的供给质量和需求导向，在社会治理中，运用法治思维和法治方式化解风险和矛盾。当前，如何化解民族地区矛盾，解决纠纷，保持社会稳定，保持生态可持续发展，有效利用民族地区内生资源，而不致变成治理压力和负担，对地方政府治理能力和治理水平是一个考验。另外，民族地区政府要深入挖掘民族地区丰厚的社会资本，引导民族地区社会组织的成长、成熟，在政府主导的合作治理中发挥应有的作用。通过本课题的研究，梳理民族地区社会治理的相关理论，分析不同社会治理理论流派和中国实践，对于政府提升宏观政策引导、微观政策执行，增加透明度和强化责任，明确社会治理中的政府定位，与民族地区社会组织和公民达成新型合作共治关系，从而实现民族地区的长治久安，具有重要价值。

另外，缺乏社会治理理论的现状，使得相当数量的社会治理研究议题停留在有增长、无发展的“内卷化”状态。当然，这是任何一个理论体系的成长、成熟的必经阶段。当下，有关民族地区社会治理系统的理论体系构建，学界尚无定论。本研究整合了治理理论、社会资本理论、社会冲突理论、风险管理理论、信息化理论和法治化理论等在民族地区社会治理实践中亟待深化的理论，讨论了这些理论的历史演进和现实价值所在，为构建民族地区社会治理理论抛砖引玉。

三 研究方法

（一）文献分析法

文献作为记录知识的载体，是科学研究的重要基础之一。文献分析也是科学研究的基本方法之一，其基本含义主要是指通过尽可能全面地收集相关文献，在归纳、整理、分析、鉴别的基础上，对与研究内容相关的理论成果和研究进展进行详细梳理、系统分析、全面叙述、客观评论，形成对与研究内容相关事实的科学认识。就本研究而言，文献分析法主要包括三个方面的内容，一是在明确研究的核心议题的基础上，通过梳理和分析国内外对社会治理研究的前期成果，把握研究前沿和动态，厘清核心概念，了解研究进展，评价优势和不足，从而为本研究找到切入点与立足点。二是结合本研究的主题，对改革开放以来党中央、国务院有关社会管理、社会建设、社会治理的政策文献进行系统梳理，为本研究确定基本方向。三是对马克思主义经典作家的有关社会管理、社会建设、社会治理的思想进行文献梳理，尤其是对马克思主义社会管理中国化的成果进行总结。

（二）案例研究法

少数民族地区地域广阔，社会形态丰富多彩，地方政府和民众有着丰富的社会治理首创精神，在民族地区涌现出众多的社会治理创新鲜活的案例。本书选择了新疆著名口岸城市霍尔果斯、素有“藏东明珠”之称的西藏昌都市①、广西边境城市凭祥市、社会风险评估样板城市贵州铜仁市，通过观察现象，找到真相，总结规律和特征。

（三）田野调查

课题组先后奔赴西藏昌都、新疆霍尔果斯、广西凭祥、贵州铜仁，以及甘南藏族自治州、湖北恩施州等民族地区，通过问卷调查、深度访谈、座谈会、现场考察等方式，掌握了第一手社会管理和服务资料，使本研究有的放矢，针对性强。

---

① 西藏昌都与四川、云南、青海交界，素有宗教圣地之誉，多样的宗教文化是昌都市典型的文化现象。昌都市的宗教文化类型有原始宗教类型苯教、藏传佛教、伊斯兰教和天主教，显示出昌都包容的气度。在藏传佛教的内部，包括不同教派：黄教（格鲁派）、红教（宁玛派）、花教（萨迦派）、白教（噶举派）。

四 国内外研究现状

（一）社会治理基础理论研究

1. 治理理论

治理理论是当前社会科学的前沿理论之一，其在社会科学领域的火热程度甚至已经到了“言必谈治理”的地步。近年来，有关社会治理的著作和论文汗牛充栋，“治理”相关主题的学术研讨会充斥年终岁末。治理作为一种理论，20 世纪 90 年代兴起于西方国家，现已成为全球政府改革的普遍趋势。1989 年，世界银行首次在其年度报告中使用“治理危机”概念，引起了西方学界对治理问题的广泛关注。

英国学者罗伯特·罗茨对治理作了概括性的阐述。他认为，治理是在新的历史阶段从传统的统治概念衍生出来的一个全新概念，可以解读为一种新的管理思维方式，也可以视为一种新型统治状态，其本质是一种全新的社会管理模式。全球治理委员会（1995）这样定义治理，治理是各种公共或私人机构以及个人管理其共同事务诸多方式的总和，是使不同的甚至冲突的利益诉求得以调和并采取联合行动的持续过程①。这一简洁而不失深刻的界定，为学术界普遍认可。

治理理论专家詹姆斯·N. 罗西瑙认为，治理与统治并不是同一意义的不同语境，二者不论是在概念表述上还是本质内涵上，都有很大区别。治理是由秉持共同目标的主体所支持的活动，并不一定要依靠国家强制力量来保证实施，活动主体也并不局限于政府。治理最主要的特征就在于行动主体虽然没有得到正式授权，但也能够在参与合作的情境下发挥应有的作用②。

格里·斯托克认为，要对目前关于治理的观点进行“趋同化”建构，以此构筑一种新的规范理论。他归纳了治理的五种主要观点，指出：“治理意味着一系列来自政府但又不仅限于政府内部的社会公共化结构和行

① 全球治理委员会：《我们的全球伙伴关系》，牛津大学出版社 1995 年版，第 2—3 页。

② ［美］詹姆斯·N. 罗西瑙：《没有政府的治理》，张胜军等译，江西人民出版社 2001 年版，第 9 页。

为者；治理意味着在寻求问题解决方案的过程中责任、边界问题难以界定；治理不否认集体行为过程中各行动主体间存在权力依赖；治理意味着参与者之间将形成一个自主性行动网络；治理意指公共服务并不仅仅限于政府权力和政府权威的运用，还需要社会力量的参与。"①

美国学者奥斯特罗姆夫妇（2000）提出多中心治理理论，强调政府部门、市场主体的共同参与和多样化治理手段的综合运用，以实现公共资源的最优配置。他们认为，在亚当·斯密所提的这只"看不见的手"之外，在公共领域同样存在一只"看不见的手"，也就是在经济市场秩序与政治国家主权秩序之外，公共领域存在着广泛运作的多中心秩序②。

网络治理理论认为，治理就是对参与主体合作网络的治理，也就是以增进社会公共利益为目的，政府部门、第三部门和社会公众等公共行动主体之间相互合作，在相互依存的情境下分享权力，共同管理社会公共事务的持续过程。在这个意义上，对于政府部门来说，治理就是从统治到掌舵的转变；对于非政府部门来说，治理就是从被动受排斥到主动参与的转变③。

自20世纪90年代治理理论进入国内学者视野以来，已经基本完成了西方理论观点的引进、介绍工作。国内最早关注治理的学者刘军宁（1995）在"公共论丛"发表《GOVERNANCE：现代"治道"新概念》，认为，超越意识形态的分野是现代"治道"优越性所在。毛寿龙（1998）在《西方政府的治道变革》一书中，系统介绍了治道变革的理论背景、实践进程和最新动向，探讨当代中国政府改革的重大时代课题。他认为，"治道变革"就是在市场机制下政府角色的重新界定，将市场理念引入公共部门，建设开放有效的公共管理体系。与刘军宁一致的是，政府与市场的关系是其"治道"研究的核心概念。

俞可平（2000）主编的《治理与善治》一书，推动了国内学界对治

---

① ［英］格里·斯托克：《作为理论的治理：五个论点》，华夏风译，《国际社会科学杂志》（中文版）1999年第2期。

② 张克中：《公共治理之道：埃莉诺·奥斯特罗姆理论评述》，《政治学研究》2009年第9期。

③ 陈振明：《公共管理学：一种不同于传统行政学的研究途径》，中国人民大学出版社2003年版，第87页。

理理论系统、全面、深入的了解。他认为，治理理论的出现和兴起，是因为西方学界看到了市场配置资源可能失效，而且，现实和实践已经表明了西方政府的失败①。

徐勇（2001）认为："公共权力才是治理的核心概念，当公共权力集中于少数人乃至个别人手中，是为集权治理；当公共权力分别由不同的人掌握，是为分权治理。治理和统治不同，统治更强调权力之归属，强调统治与被统治的关系格局；而治理注重的是权力的合理配置与高效运作，是政治国家和公民社会合作治理的过程。"②

楼苏萍（2005）认为，治理在不同国家有不同的形态，治理的多种形态表明，并没有天然可以借鉴的治理模式。中国的治道改革必须从中国的问题出发，在中国的社会政治环境中，寻找适合于自己、对中国问题具有解释力、可以解决中国问题的政府管理理论③。

郁建兴（2010）沿着"策略性—关系性"分析路径，对源自西方的治理理论的中国适用性进行了严密论证。他认为，中国现行的政治行政体制和国家社会关系并不必然将公民参与排除在外，政治国家、公民社会和经济市场的关系可能并已然发生调整，以公民社会为核心的治理理论，在中国是适用的④。

蓝志勇（2014）认为："正确理解各流派治理理论是现代化治理体系建设的前提，是社会治理顶层制度设计的指南。现代化国家治理体系的构建不是一个循序渐进的自然演化的结果，而是一个人为设计、需要不断完善的、大规模人类协调的复杂系统。"⑤

虽然学者们审视中国治理的视角存在差异，但是其对治理呈现出来的基本特征存在共识⑥。随着国内学界对治理理论的研究和把握日益准确深入、中国社会面临结构性调整、公民社会日渐成熟，治理理论将发挥

---

① 俞可平主编：《治理与善治》，社会科学文献出版社 2000 年版。

② 徐勇：《治理转型与竞争——合作主义》，《开放时代》2001 年第 7 期。

③ 楼苏萍：《治理理论分析路径的差异与比较》，《中国行政管理》2005 年第 4 期。

④ 郁建兴、王诗宗：《治理理论的中国适用性》，《哲学研究》2010 年第 11 期。

⑤ 蓝志勇、魏明：《现代国家治理体系：顶层设计、实践经验与复杂性》，《公共管理学报》2014 年第 1 期。

⑥ 关爽：《国家主导的社会治理：当代中国社会治理的发展模式与逻辑》，浙江大学 2015 年博士学位论文，第 23 页。

越来越重要和显著的作用，其理论价值会得到更好的彰显。关于治理理论的研究有几个未来方向：一是进一步探索符合中国国情和发展特色的治理模式，而不是对西方模式的生搬硬套；二是强化社会治理、基层治理、社区治理、社会组织治理等治理理论研究分支，以满足我国深化改革的多样化需求；三是紧跟治理理论研究前沿，关注飞地治理、网络治理、虚拟社会治理、“元治理”等研究领域。

2. 国家与社会关系理论

国家与社会理论最早源自西方，伴随着市民社会发展而来。在亚里士多德时代，“市民社会”（civil society）是其对城邦的称谓，政治属性是城邦和人的本质属性，社会是政治的社会，城邦是政社合一的共同体，国家与社会浑然一体①。直到中世纪开始，才有了国家和社会的分野，国家与社会关系理论可以分为市民社会和国家主义两个发展方向，一个是以洛克为代表的“公民社会先于或外于国家”理论主张，另一个是黑格尔的“国家高于公民社会”的理论框架②。从这两个方向分别衍生出两个相向而行的理论视角：市民社会和法团主义。市民社会强调社会自主及其对国家权力的制约；法团主义凸显国家对社会秩序的重要作用，社会秩序不是完全的社会自主行动，不能离开国家控制。所谓法团化，是指“政府通过授权的方式承认社团存在的合法性，作为交换，政府同时也拥有了对社团的控制权”③。与国家和社会的二元对立观念不同，吉登斯的“第三条道路”理论，旨在建立一种公私部门的协作机制，保证市场机制活力，同时兼顾公共利益④。当今合作治理的时代，政治国家公共治理目标的达成，在很大程度上依赖于社会和公民的积极合作与配合⑤。

20 世纪 80 年代，在自由主义思潮作用下，国家与社会二分的公民社会理论开始复兴，主张在制度设计上保证公民社会与政治国家的分离，

---

① ［古希腊］亚里士多德：《政治学》，吴寿彭译，商务印书馆 1965 年版，第 1 页。

② ［美］杰弗里·亚历山大：《国家与市民社会：一种社会理论的研究路径》，邓正来译，上海人民出版社 2006 年版，第 98 页。

③ 范明林、程金：《政府主导下的非政府组织运作研究——一项基于法团主义视角的解释和分析》，《上海大学学报》（社会科学版）1995 年第 4 期。

④ ［英］安东尼·吉登斯：《第三条道路：社会民主主义的复兴》，郑戈译，北京大学出版社 2000 年版，第 104 页。

⑤ 同上书，第 83 页。

而分离的目的就在于“划定政治国家行动边界，反对其对公民社会内部事务的随意干预，确保公民社会真正成为一个自主领域”①。近20多年来，以邓正来为代表的一些中国学者开始自觉地依照国家与社会理论研究中国社会问题②。邓正来（2002）深刻指出，中国的现代化进程处于一种两难困境。一方面要积极融入市场化、现代化的全球趋势，实现部分权力的下放，把社会的还给社会，又要防范在此过程中政府权威的过度流失，以及由此带来的社会失控；另一方面，必须防止转型过程中，政府权威因外部社会制约缺位或社会失序而向传统回归。基于此，要厘清政治国家和公民社会的二元关系，找准二者的定位，实现政治国家与公民社会的良性互动③。张静（1998）也指出，当代中国公民社会与国家的关系架构绝非只有二分模式选择，而应该是在政治国家与公民社会的二元结构中保持必要的平衡④。

但就目前的状况来看，国家与社会关系理论的中国研究没能跳出二元分野。关于市民社会在中国存在与否的问题，有人认为，集权传统压制了市民社会的自主发育，中国并不存在真正意义上的市民社会⑤。也有人认为，近现代中国市民社会真实存在，伴随着改革开放进程，市民社会逐渐得到发展壮大。还有学者从善治视角考察国家与社会关系，认为，实现善治必须建立国家权力和社会权力良好的共存关系，这也是社会发展的必然趋势。有人提出要超越国家和社会的二元对立，避免任何一方单向发挥作用，构建政治国家和公民社会之间既相互制约又彼此合作、既相互独立又彼此依赖的有机整体。具体而言，国家权力或许可以退出乡村社会的微观治理，以“国家在场”的形式实现社会权力的有效自治。良好的权力关系需要建立在良好互动的国家和社会关系基础之上，这种关系既能保持社会的独立自主，又能保证作为社会根本利益代表的政治

---

① 俞可平：《全球化时代的“社会主义”》，中央编译出版社1998年版，第182页。

② 邓正来：《国家与社会：中国市民社会研究》，北京大学出版社2008年版。

③ 邓正来：《市民社会理论的研究》，中国政法大学出版社2002年版，第2页。

④ 张静：《国家与社会》，浙江人民出版社1998年版，第98页。

⑤ 夏维中：《市民社会：中国近期难圆的梦》，（香港）《中国社会科学季刊》1993年第4期。

国家对社会经济生活的有效调控，建立“强国家、强社会”①。的确，试图从西方理论中得到中国问题的解决方案，无异于徒劳，但是可以对西方国家与社会关系的分析框架进行“概念再造”。

国内学界关于国家与社会关系理论的研究，除了西方传统的市民社会和法团主义两个理论视角之外，还提出了新权威主义说、分类控制说等，丰富了国家与社会关系的研究视角。但从当今西方国家公共领域、私人领域所反映出的国家与社会关系的实际状况来看，政治国家与公民社会、公共领域和私人领域的界限日益模糊，尤其体现在新公共管理的理论与实践当中。

3. 社会管理研究

在西方历史上，社会管理是一个内涵丰富又论说不一的复杂概念。从某种意义上讲，社会管理是一个具有中国特色的概念范畴。在西方社会科学的概念体系中，并没有与社会管理（social management）含义完全一致的对应语词，通常情况下是使用社会治理（social governance）这一概念②。换言之，西方语境下的社会管理和社会治理的区分较为模糊。笔者认为，在“管理”含义下，“社会”多少带有一些被动特征和政治意味，强调某种功能的实现和秩序的达成。有学者论述过社会管理的政治性质的产生和消失的问题，认为，私有制、阶级、政党、国家都是历史的范畴，即在历史上出现，也会在历史上消失。政治国家以及政治权威会因为将来的社会革命而湮灭，换而言之，公共职能将失去其政治属性，蜕变为维护社会公共利益的简单管理职能，但国家的社会管理职能不会因为国家的消亡而消亡。

20 世纪 30 年代的资本主义经济危机时期，国家主动干预资本主义，政府更多地介入经济市场和社会管理领域。为了解决失业问题和经济停滞，一方面，展开基础公共设施建设以解决就业问题；另一方面，展开福利国家建设，保障社会底层基本生活。70 年代，新古典经济学崛起，推崇市场化改革，主张国家和政府向市场放权，解决经济停滞、通货膨

---

① 伍俊斌：《国家与社会关系视野中的中国市民社会构建》，《福建论坛》2006 年第 1 期。

② 郑杭生、高霖宇：《提高社会管理科学化水平的社会学解读》，《思想战线》2011 年第 4 期。

胀并存的问题。需要强调的是，西方国家的社会管理职能并没有随着经济发展而弱化。在西方国家，社会管理和公共服务区别不大，通行模式是在政府承担主要的社会管理职能的前提下，引入社会组织和第三部门的参与。

改革开放以后，随着市场经济体制的逐步确立，社会管理实践表现为“党委领导、政府负责、社会协同、公众参与”的“党政主导型”格局。尽管社会管理包含建构和谐、服务民生、以人为本的价值取向，但依然没有完全脱离“管控”思维①。党政主导下的四位一体是党的十七大报告所界定的社会管理格局。党的十八大报告将法治保障加入其中，突出“党委领导、政府负责、社会协同、公民参与、法治保障”的社会管理体制。国内学界对“社会管理”的理解各有侧重，但核心界定基本一致。具有代表性的观点，是社会管理是指以维系以社会秩序为核心的活动②。

关于社会管理的概念界定方面③，郑杭生（2013）将社会管理界定为运用公共权威协调组织内部的人、财、物以实现组织目标的活动④。他认为，社会管理无论管理什么，在本质上都是对人的管理，具体来说，包括对行为的管理和对人心的管理。行为管理方面，制度是规范行为之依据，“制度是社会内部的博弈规则，或者说它是一些人为设计的、型塑人们互动关系的约束机制”⑤。人心管理主要有两个方面，“一是众人的情感、愿望等，二是个人的心地、欲望等。人心是内在的东西，不能通过刚性制度进行管束，更多的只是依靠柔性的伦理道德进行教化和引导”⑥。还有观点将社会管理等同于狭义上的公共管理，即以政府为主体的公共事务管理。

---

① 窦玉沛：《从社会管理到社会治理——理论和实践的重大创新》，《行政管理改革》2014年第4期。

② 马凯：《努力加强和创新社会管理》，《求是》2010年第2期。

③ 陈振明：《什么是政府的社会管理职能》，《新华文摘》2006年第4期。

④ 郑杭生：《社会学概论新修》，中国人民大学出版社2013年版，第228页。

⑤ ［美］道格拉斯·诺思：《制度、制度变迁和经济绩效》，杭行译，上海人民出版社2008年版，第3页。

⑥ 郑杭生、胡宝荣：《包容共享：社会管理的精神内核》，中国人民大学出版社2014年版，第37—38页。

对社会管理中政府作用的强调是学界共识，政府是社会管理的核心主体，应当发挥引导作用。社会管理是政府依法对社会公共生活进行规范和管理①，社会管理和社会自治是社会治理的两种基本形式，是一体之两翼。社会管理是社会治理的重要部分，包含于社会治理之中②。也有学者指出社会管理的公共服务定位。从一定意义上讲，管理本身也是一种服务，社会管理应该彰显服务功能。他认为，社会管理是政府和社会组织为促进社会系统协调运转，以法律、行政、道德等手段，对社会成员的行为标准化、社会系统的组成部分及社会发展的各个方面，进行组织、协调、监督和控制的过程，从本质上说，是对人的管理和服务③。

关于当前社会管理存在的问题和挑战，有以下几个方面受到关注。社会建设与发展滞后于经济增长的步伐，社会公共服务滞后于市场化进程；社会组织形态和社会阶层结构发生了重大变化，但政府的社会管理手段和方法未能适应这种变化的要求；城乡之间、地区之间收入分配差距扩大，导致不同的社会阶层之间张力显现；社会管理体制改革滞后，政府社会管理能力不强④。叶庆丰（2011）用“五重五轻”概括现行社会管理的问题所在。“即在管理主体上，重政府、轻社会；在管理重点上，重管制、轻服务；在管理组织上，重机构、轻整合；在管理方法上，重专项、轻常态；在管理过程上，重要求、轻投入。”⑤ 当前我国社会管理创新面临的问题和挑战，有阶层冲突多样化、社会需求多样化、社会组织多样化、社会环境复杂化、法规制度不健全等⑥。在国外经验借鉴上，有学者把国外社会管理经验概括为以下几个方面：“重视制度建设，改进社会治理；突出人文关怀，鼓励公民参与；提倡政社互动合作；法治和德治并重；效率和公平兼顾；政府投入和社会参与相结合；社会管理的

---

① 俞可平：《社会良序更多依靠社会自治与自律》，《理论学习》2011 年第 6 期。

② 俞可平：《敬畏民意——中国的民主治理与政治改革》，中央编译出版社 2012 年版，第 32 页。

③ 谭桔华：《论社会管理和社会服务》，《求知》2012 年第 12 期。

④ 唐铁汉：《强化政府社会管理职能的思路与对策》，《国家行政学院学报》2005 年第 6 期。

⑤ 叶庆丰：《创新社会管理方式的基本思路》，《中共中央党校学报》2011 年第 3 期。

⑥ 徐顽强：《社会管理创新——理论与实践》，科学出版社 2012 年版，第 78—82 页。

专业化和精细化；注重现代技术手段的开发和应用。”①

从国内外已有的研究文献来看，社会管理有两大基本主题，一是管理什么，即政府应对哪些领域的问题进行管理；二是怎么管理，即政府应采取何种途径以实现有效的社会管理，还有社会管理的方法、手段和体制、机制问题。社会管理对于转型时期的中国来说，是一个真实存在的问题，所以国内学界对于社会管理的研究具有强烈的问题意识。首先，由于经验事实层面所暴露出来的种种问题确实需要改良；其次，关于社会管理的研究纷繁复杂，颇多模糊和重叠之处使得理论的实践指导作用打折。

4. 新公共管理与新公共服务

“新公共管理”是指20世纪80年代在西方出现的关于政府行政改革的理论和实践模式，主要是来自公共选择理论、新制度经济学中一些关于政府行政改革的理论设想，以及经合组织国家有代表性的改革实践的理论概括。经合组织在1999年度公共管理发展报告《转变中的治理》中，把新公共管理的特征归纳为：转移权威，提供灵活性；保证组织绩效、控制和责任制；发展竞争和选择；改善政府部门的人力资源管理；信息技术的应用；管理质量的提升；中央政府指导职能的履行。新公共管理其实体现了企业管理途径的公共管理理念。核心意旨在于将私人部门管理手段和市场竞争机制引入公共部门和公共服务提供的过程之中，这不仅仅是在公共行政内部的技术性努力，也不单是一种部门性改革，而是公共部门从机制转换入手，重新塑造政府与社会关系，以新公共管理取代传统的官僚科层制。

新公共管理重申了政府的公民所有，有史以来第一次把公共服务价值理念置于公共管理价值体系的核心，作为社会治理的终极价值追求，并且创设了基于这一价值的公共管理制度准则和行为模式，提供了公共管理的基本价值遵循。② 新公共管理运动是公共管理服务价值的第一次觉醒。但是新公共管理人为地忽略了政府与市场是本质不同的两个部门，

---

① 郑杭生：《我国社会建设社会管理的参照系及其启示——一种中西比较的视角》，《国家行政学院学报》2011年第6期。

② 张康之：《论公共管理中的服务价值》，《中共福建省委党校学报 》2003年第10期。

过于迷信市场价值，继而忽视民主价值的弊端，也遭致了很多批判，政府和市场并不是一个非此即彼的替代性问题，二者都存在失灵的可能。

21 世纪初，登哈特夫妇的新公共服务理论，是对新公共管理进行理性反思的典型，他们并不认同将私营部门管理方式运用于公共部门的“企业家政府”理论。新公共服务理论突出公民在社会治理的中心地位，推崇服务精神，看重公民社会、公民身份和沟通对话，用“服务而非掌舵”取代“掌舵而非划桨”。新公共服务理论的主要观点如下：第一，服务而非掌舵，公共行政人员所承担的职责是满足公共利益需要，而且并没有任何逻辑证明公共服务一定要由政府提供；第二，公共利益是公共管理活动的终极目标，而不是副产品；第三，民主执行，通过政府、社会和公民共同努力和协商式管理，使得基于公共需求的政策项目得以高效执行；第四，公民并非“顾客”，二者有着根本区别；第五，责任十分复杂，行政人员的精神关怀应当超越市场空间；第六，重视人的价值，而不是对效率过分追求；第七，对公民权利和公共服务的重视多过企业家精神①。新公共服务的核心在于将政府作用界定为表达公民诉求和实现公共利益，而不是企图驾驭和控制社会和公民，其关注的重点不仅仅是市场，还应该有宪政法律制度、社会价值理念和公民行为准则。

5. 社会资本理论

“社会资本”这一概念是由物质资本、人力资本的概念演变而来。以亚当·斯密为代表的古典经济学派将资本视为推动经济发展的根本动因，随后，“人力资本”“文化资本”“权力资本”等概念应运而生。社会学家认为，人们之间的人际关系和互动也能带来利益，也能实现价值增殖，“社会资本”这一交叉学科概念由此而生。社会资本是来源于社会网络、可投资、可利用、可增殖的资源这一核心命题，是国内外学界的共识。社会资本由社会和资本两个层面的概念组成，社会是社会学最根本的研究对象，资本是经济学研究的核心概念。从社会学渊源看，社会资本可以追溯到马克思、恩格斯关于社会关系中人际互动交往的思想；从经济学渊源看，社会资本可以追溯到亚当·斯密个体间社会联系的思想。社

---

① ［美］珍妮特·V. 登哈特、罗伯特·B. 登哈特：《新公共服务：服务而不是掌舵》，丁煌译，中国人民大学出版社 2004 年版，第 40 页。

会资本逐渐成为解释经济社会发展的一个重要理论，为深入探索各种社会问题提供了有力的分析工具和解释框架。

关于“社会资本”的概念界定，学界尚未统一。布迪厄认为，社会资本是存在于人体制化社会关系网络之中的实际或潜在的资源集合体，还强调社会资本的再生产功能及其与其他形式资本之间的可兑换性。科尔曼认为，社会资本是为了实现共同的目的的人们在特定关系结构内利用有效资源的活动。林南结合布迪厄的社会关系网络和科尔曼的社会结构资源思想，认为社会资本是内嵌于社会结构中的公共资源，这种公共资源不为个体直接占有，但可以通过目的性行动，从社会关系中获取。他认为，社会资本根植于人与人的关系之中，与物质资本、人力资本相似，可以实现价值的增殖，物质资本、人力资本也可以实现向社会资本的转化。这一社会资本界定，既不局限于科尔曼的社会关系功能，也不同于伯特的特定社会网络结构，它强调社会资本是社会行动者基于回报期待的投资行动，其中社会行动主体是投资者，承载着价值的社会资源是投资活动的对象，社会网络结构是投资活动的场所，这一完整流程的阐述，突出了社会资本“实践活动”的特征。

将社会资本引入政治学领域的美国政治学家罗伯特·帕特南在其成名作《使民主运转起来——现代意大利的公民传统》中，从政治学视角对社会资本作出经典定义：“社会资本是社会组织的特征，例如信任、互惠规范以及关系网络，它们能够通过促进公民合作来提高社会运行效率。”① 其中，信任是社会资本的内生要素，是社会资本的关键。一个依赖信任的社会比缺乏信任的社会更有效率，信任可以促成行动者相互合作，降低社会交往的成本，为社会生活提供润滑剂，让生活更加方便②。他还将社会资本区分为存在于同质性全体间的黏合型社会资本和存在于异质性群体中的链接型社会资本两种基本类型。对于社会资本另外一种较为典型的界定，是芝加哥大学的伯特教授，他认为，社会资本是“网

---

① ［美］罗伯特·帕特南：《使民主运转起来》，王列等译，江西人民出版社 2001 年版，第 195 页。

② ［美］罗伯特·帕特南：《繁荣的社群——社会资本与公共生活》，转引自《社会资本与社会发展》，李惠斌等译，社会科学文献出版社 2000 年版，第 158 页。

络结构给网络中的各结点提供资源和控制资源的程度”①。伯特将“社会网络分析”引入社会资本研究，增加了研究的可操作性。但他的社会资本研究过分偏重行动主体如何通过社会网络结构获取或者控制资源，忽视了社会行动主体之间的关联以及获取资源的具体手段，这对于关系本位的中国社会，可能会水土不服②。

关于社会资本的测量，国内外学界的研究都有涉及。与社会资本的界定一样，关于社会资本的测量，学界也未达成共识，但社会资本存在一个量，这无疑是所有学者都认可的。帕特南认为，一个人所具有的社会资本可以从他所拥有的社群网络来描述和度量。林南则直接采用关系主体的财富、权力和地位特征测量社会资本，并把社会网络的规模、密度、同质性和异质性、内聚性和封闭性作为测量社会资本的候选指标。

社会资本首先是一种社会网络关系，作为社会网络关系的社会资本，尤为重视以同质性为主要特征的强关系网络。社会资本也是一种社会网络结构。这一层面的社会资本强调社会网络的关联性，具有强关联性的团体能够有效规范社会网络成员获取社会资本的手段。而且，个人在网络中所占据的位置与有效信息的获取效率存在关联。一般来说，处于松散网络位置的个人，能够获得更多有效信息，具有控制信息的优势。社会资本也是一种社会网络资源。严格来讲，这是一种内嵌于社会网络之中的“嵌入性”资源③。

李惠斌、杨雪冬（2000）将社会资本界定为“处于共同体中的个人或组织，通过与内、外部对象的长期交往、合作互利而形成的一系列认同关系，以及在这些关系背后沉淀下来的历史传统、价值信念、信仰和行为规范”。并从基层治理的角度来认识社会资本的效用，认为可以通过互惠规范和关系网络构建制度机制，以轻松解决问题，居民生活更加方便；通过稳定而重复的互动，降低社会交往的成本，构建社会信任的基础；基于广泛的社会网络联系，拓宽居民社会性认知；在居民之间形成

---

① 李惠斌、杨雪冬：《社会资本与社会发展》，社会科学文献出版社 2000 年版，第 89 页。

② 冯晖：《边疆少数民族地区高校教师社会资本与教学绩效关系研究》，南京大学 2016 年博士学位论文，第 30 页。

③ 边燕杰：《社会资本研究》，《学习与探索》2006 年第 2 期。

信息沟通的渠道，最大限度地提高信息效能；改善社区居民的生理和心理状态①。

张文宏（2005）以实证研究方法探讨了城市之中不同阶层的社会网络资本的差异性。他发现，管理阶层在社会网络规模、社会资源种类、资源异质性和社会交往频率等方面都要优于工人阶层，社会阶层地位直接影响城市居民的社会网络资源②。

郑晓云（2009）站在社会发展战略高度考察云南少数民族的社会资本状况，着重分析了云南民族地区农村的社会资本的结构与功能，并探讨了其重构的途径③。

吴开松（2012）在探讨社会资本与民族地区农村社会管理创新的过程中提出，需要重视一个民族在长期的生存与发展中积累起来的传统社会资本的价值，不能使传统社会资本存量降低，甚至流失。他还认为，社会资本对一个社会的运行和发展具有重要的价值，但社会资本也不是越多越好④。

国内外学界对社会资本的研究尚处于探索阶段，理论体系尚未成熟，并不完善，有待发展。但需要肯定的是，“社会资本”概念阐释了经济与文化、个人理性与集体理性、自由市场与宏观调控、竞争与合作之间的有机互动，揭示了社会关系网络、普遍信任、宏观制度因素在经济社会发展中的作用。这一理论不仅具有重要的学术意义，对于社会生活领域中的一些现象具有独特的解释力，有必要进行深入系统的研究。

6. 社会冲突理论

作为社会学理论体系的重要组成部分，社会冲突理论是在有选择地吸收了古典社会学和政治经济学思想渊源的基础上形成发展而来。具体而言，社会冲突理论是对结构功能主义的反思和对立⑤。由于未能充分重视社会冲突现象的意义和作用，仅将冲突看作是健康社会的“病态”，所

---

① 李惠斌、杨雪冬：《社会资本与社会发展》，社会科学文献出版社 2000 年版，第 167 页。

② 张文宏：《城市居民社会网络资本的阶层差异》，《社会学研究》2005 年第 5 期。

③ 郑晓云：《社会资本与农村发展》，中国社会科学出版社 2009 年版。

④ 吴开松：《社会资本与民族地区农村社会管理创新》，《华中师范大学学报》（人文社会科学版）2012 年第 2 期。

⑤ 郑杭生：《社会学概论新修》，中国人民大学出版社 1994 年版，第 552—556 页。

以结构功能主义理论在社会现实问题面前丧失解释力，社会冲突理论因此产生。

自20世纪六七十年代以来，达伦多夫的社会冲突理论受到广泛的关注，其思想深受马克思、韦伯等社会学大师的影响。马克思认为，客观存在的社会冲突是西方社会斗争、社会利益和社会真理的反映，在《德意志意识形态》和《政治经济学批判》中，对社会冲突理论进行了详细论述，奠定了马克思主义社会冲突理论在社会冲突理论中的基础地位。马克思所关注的冲突是阶级冲突，他认为，阶级和阶级冲突是社会发展的动力。

韦伯则认为，阶级冲突只是社会冲突诸多形态中的一种，社会冲突关系形态复杂多样，不同群体和个人之间都可以存在冲突。在社会分层的基础上，韦伯指出，社会冲突关系的形成根源于不同利益类型的差别，涉及社会阶层、政治属性、物质利益等。故而社会冲突永远不会结束，只是社会发展的过程中冲突形态和存在方式的变化。他指出，社会冲突的根本原因就在于政治权力和财富所有以及社会声望的高度相关，社会阶层固化，社会流动性不足①。韦伯还首次站在合法性的角度分析社会冲突问题，认为冲突的产生和发展与政治权威合法性缺失密切相关。

达伦多夫的辩证冲突理论认为，社会现象本身充满辩证关系，社会既有稳定和谐的一面，同样还有动荡冲突的一面。他进一步指出，社会冲突不是由简单的经济因素引起，其背后的深层次决定因素是权力分配，因此，冲突最好的解决方式是利益集团各司其事，至少可以限制严重冲突的集中爆发。社会冲突的有效调节需要通过法治秩序确立、经济稳定增长、民主政治改革、公民权利拓展以及公民社会团结来实现。

齐美尔认为，社会冲突是普遍存在和不可避免的，作为一种社会交互形式，冲突既是利益层面差异性的写照，也是社会行为者的一种本能反应。冲突并不一定造成混乱和溃败，相反，适量的冲突对社会群体具有一定的正向功能，使社群边界清晰，权威集中，有益于社会团结。

科塞的社会冲突理论继承了齐美尔的社会冲突理论，他同样批判结构功能主义无视冲突，过分强调社会的整合，把社会的冲突越轨行为一

---

① 包仕国：《和谐社会构建与西方社会冲突理论》，《学术论坛》2006年第4期。

律视为“社会病态”等问题，同时，试图用“整合”“适应”等冲突功能纠正马克思主义冲突理论分析上的偏激，将冲突看作是有关价值、对稀有地位的要求、权力和资源的斗争，关注社会冲突的功能，认为社会冲突是增强特定社群适应能力的结果和必然，社会冲突的消极作用并不是唯一和绝对的。他也反对达伦多夫过分强调社会冲突的破坏性后果。科塞的社会冲突理论更重视冲突的过程、结果尤其是功能，提出了“社会安全阀制度”。他认为，如果社会缺乏发表歧见的渠道，群体成员不堪重负，就可能采取逃避等消极手段。通过对敌对情绪的一种释放，冲突有效地缓解了社会危机的可能，有利于互动关系的维护。而且社会系统也有必要提供这种宣泄敌对情绪的制度和机制，作为社会的安全阀[①]。通过这一设计，敌意不至于指向原初的目标。社会安全阀制度对任何社会都是必要的，对结构僵化的社会尤其如此。社会安全阀制度实际上是一种社会安全机制。

国内学者关于社会冲突问题的研究，主要集中在西方社会冲突理论的引介和含义、原因、功能的一般概念性分析，社会冲突的协调控制和化解机制，社会冲突中的利益含义和利益表达，以及社会冲突的跨学科多维度分析等方面。王浦劬对西方学者所界定的“社会冲突”的概念进行了归纳和总结，大致分为四类：心理对立说，一种心理对立的关系形式；价值冲突说，价值观念上的对抗或不相容；资源争夺说，对稀缺资源的争夺；环境互动说，有机体和环境之间互动的产物[②]。

7. 风险管理理论

风险管理的雏形产生于保险管理行业。1929—1933 年，资本主义经济危机爆发，大量银行和企业破产，此后，美国许多大中型企业在企业内部设立保险管理部门，负责安排企业的各种保险项目来应对经营上的风险，这是风险管理的雏形[③]。20 世纪 50 年代，风险管理发展为一门应用性学科，以系统论、控制论、信息论、运筹学等理论为基础，其研究

---

① ［美］刘易斯·科塞：《社会冲突的功能》，孙立平等译，华夏出版社 1989 年版，第 58—59 页。

② 王浦劬：《政治学基础》，北京大学出版社 1995 年版，第 125—126 页。

③ 唐钧：《政府风险管理——风险社会中的应急管理升级与社会治理转型》，中国人民大学出版社 2015 年版，第 1 页。

和应用集中在银行、金融、信托、投资以及一些风险易发且后果严重的行业和领域。20 世纪 70 年代以后，风险管理在全球性运动中逐渐发展与成熟，逐渐掀起了全球性的风险管理运动。公共部门领域的风险管理实践滞后于私营部门。以美国为例，19 世纪 70 年代以前，政府部门并没有风险管理概念，70 年代初期，公共部门才开始着手制定正式的风险管理发展规划。需要澄清的是，公共部门风险管理并不等同于公共风险管理，后者的范畴和复杂程度远超于前者。

1986 年，德国社会学家乌尔里希·贝克将风险社会设定为现代化发展进程高级阶段的社会形态，提出了“风险社会”理论，以突破以韦伯、涂尔干等人为代表的资本主义工业社会即是现代性终结的“历史终结论”①。他将风险界定为“一个表明自然和传统终结的概念，换而言之，在自然和传统规则失效的地方才谈得上风险。风险社会呈现着这样一种文明样态，人们为了使其觉得的不可预见后果最大限度的可预见，控制尚可控制部分，采取有意识的预防行动以及相关制度化设计来控制社会发展所必然产生的风险”②。总体来讲，乌尔里希·贝克的“风险社会”理论主要三个层面的含义，不可避免之风险内生于现代化进程；“风险社会”理论中的风险，并不是具体的风险事件，而是抽象概念，位于人的感知能力之外；风险社会不是一个国家、一个地区面临风险，而是普世性的、全球性的，风险面前人人平等，任何国家和民族都不能置身事外③。

吉登斯则立足于不确定性的角度来界定风险。他认为，现代社会的风险是“人为制造的不确定性”。这就使得风险概念实现了从空间向度向时空向度的跨越。他还指出了人类社会的主要风险：一是外部风险，来自传统和自然因素的风险，如自然灾害；二是人造风险，即由于人类发展对自然和社会进行干预而产生的风险。它存在于自然和传统规则失效之后，是由人类发展、科技进步所造成的，其规律更为复杂，也更加难

① 陈盛兰：《新常态下社会矛盾综合治理——基于风险社会理论视角》，《中国福建省委党校学报》2016 年第 4 期。

② 吴开松：《当代中国公共危机管理理论》，湖北教育出版社 2012 年版，第 19—24 页。

③ 肖瑛：《风险社会与中国》，《时事观察》2012 年第 4 期。

以规避。

经过40多年的改革开放，我国在社会经济结构、政治诉求、社会分层、利益冲突、内外形势等方面错综复杂，结构性风险显现。结构性风险是指由社会结构层面引发的风险，传统社会结构向现代社会结构转变过程中，产生了一系列人们在“总体社会”从未经历、无法适应、难以应对的社会风险，这与社会的总体性、结构性变化紧密关联。从风险的维度看，我国社会面临着经济风险、制度风险、技术风险、文化风险、意识形态风险、生态风险和金融风险，这些历时性问题共时性呈现，各种维度风险复杂交织。

8. 信息化理论

“信息化”概念起源于日本，20世纪60年代的日本学者是从社会产业结构演进的角度定义这一概念的。丹尼尔（1974）从社会发展的角度，将社会形态划分为前工业社会、工业社会和后工业社会，即信息社会。托夫勒（1980）对社会形态也有类似的划分。

关于信息化的内涵研究，主要有以下三个视角：信息经济视角、信息社会视角和工业革命视角。经济学家将信息化视为一种全新的经济形态，认为信息技术的发展使得生产系统、社会系统日趋复杂化，信息及其相关活动的重要性愈发凸显，也导致了“信息经济”的产生。社会学家则认为，当下信息领域所发生的变化不仅仅是经济维度的变化，当下社会已经是一个信息社会。信息技术的创新发展和相关知识的迅速扩展，使得人类步入信息社会。与此同时，其他社会变革因素也起到了重要的促进和导入作用。工业革命视角的支持者们把信息化的演进视为“第二次工业革命”，强调信息化对人类社会发展有着巨大推动作用。

（二）社会治理国内相关研究

党的十八大、十八届三中全会、四中全会、五中全会持续强调社会治理，2014—2016年政府工作报告也都谈及社会治理，强调政府要加快职能转变，简政放权，让更多元的社会主体参与社会治理，发挥各主体建设社会的积极性、灵活性。需要明确的是，中央政策层面讲社会治理，并不是说有了社会治理，以前的社会管理提法就不能用了，也不是说之前的社会管理用错了。治理无疑也有“管”的方面。需要注意的是，西方的治理观念有其产生的特殊历史背景和内在逻辑，是对西方过去的统治管理经验的总结升华，毫无疑问是为西方的根本制度服务的。我国的社会治理必须与我国的根本制度、宪法法律、政权组织形式相关联，要考虑现行制度深层历史背景和逻辑内涵①。

其实社会治理的思想古今有之，其滥觞与嬗变是在不同时期和不同的经济社会文化背景下，努力寻求社会制度与社会秩序最佳结合点的历史过程②。国内对于社会治理的研究始于20世纪90年代，学界普遍认为，社会治理是从社会管理延伸而来，核心要义在于强调社会共治，但不同学者的观点有所侧重。下面从社会治理理念、社会治理主体、社会治理中的政府作用和社会治理模式创新等几个方面进行阐述。

1. 社会治理理念

学术界围绕“打造一个什么样的政府”和“什么样的政府是好政府”为核心，对社会治理展开探讨，社会治理最主要的是对法治和善治的追求。俞可平（2014）在论及善治与法治二者关系时指出，法治是善治的基本保证，贯穿于善治的全过程，没有法律规范和制度机制保障的善治，其基本构成要素随时都可能发生改变，甚至导致恶政和劣治，危害社会公共治理，最终危害社会公共利益。所以，法治是善治的必要前提，没有法治作为基础性保障，善治无从谈起③。

公共性和共和意蕴是理解社会治理的基本前提，公共治理应该从更高的视角出发，以“共有”“共治”“商谈”“共享”的“共和”理念构建公共治理结构。学者强调中国特色社会主义体制下的社会治理，需要发挥党政主导下的治理模式的独特优势④。社会治理要以人民的利益为基本原则，最大限度地发挥政府部门、社会组织、普通居民等多元社会治理主体各自的功能和作用，完善社会福利，改善民生，化解社会矛盾，

---

① 郑杭生、胡宝荣：《包容共享：社会管理的精神内核》，中国人民大学出版社2014年版，第5页。

② 肖应明：《“四个全面”蕴涵（含）的治理理论前沿与现实关照——兼及民族地区创新社会治理路径探析》，《云南社会科学》2015年第5期。

③ 俞可平：《没有法治就没有善治——浅谈法治与国家治理现代化》，《马克思主义与现实》2014年第6期。

④ 黄显中、何音：《迈向公共治理的共和路径》，《中共天津市委党校学报》2010年第5期。

维护社会公平，以此推动社会良性有序、和谐发展[①]。

王浦劬（2014）对“国家治理”“政府治理”和“社会治理”的概念做了明确区分。他认为，顶层设计的社会治理可以按照民主集中制原则推行，社会治理是党委、政府、社会、公众共同参与，是依法进行的合作治理[②]。还有学者放眼世界，考察国外社会治理实践对中国的借鉴意义，从治理的理念、制度和机制层面，对西方国家社会治理实践进行广泛探讨，指出西方国家的社会治理实际上是一个涵盖前期的利益诉求表达机制、中期的协商合作治理机制、后期的风险控制和化解机制的全程治理、无缝治理机制，这一治理过程蕴含着参与性、民主性、合作性以及制度性理念[③]。

2. 社会治理主体

社会治理的主体应该是包含政府在内的多元化主体。有学者通过对比不同社会治理方式下的政府权力垄断提出，以社会多元主体参与的合作治理来替代政府垄断社会管理，使政府摆正态度，找准位置，起到政府负责作用，最终实现社会治理[④]。

也有学者站在国家治理现代化的高度提出，要从根本意义上推动社会治理现代化转型，必须将国家治理和政府治理寓于社会治理的体系之中，逐步实现从国家、政府单向度治理社会，到国家、政府与社会共同合作治理，再到国家、政府与社会相互治理的历史跨越，这一跨越是国家治理现代化的努力方向，也是三者关系的重新定位[⑤]。

还有学者认为，社会治理模式历经了强调社会控制向重视公众参与的理念转型，政府在治理实践中逐渐认识到，适宜政府的交给政府，适宜社会的交给社会。在社会共治的“草创阶段”，多元参与主体必然显现

---

① 姜晓萍：《国家治理现代化进程中的社会治理体制创新》，《中国行政管理》2014 年第 2 期。

② 王浦劬：《国家治理、政府治理和社会治理的基本含义及其相互关系》，《国家行政学院学报》2014 年第 3 期。

③ 周晓丽等：《西方国家的社会治理：机制、理念及其启示》，《南京社会科学》2013 年第 10 期。

④ 张康之：《论主体多元化条件下的社会治理》，《中国人民大学学报》2014 年第 3 期。

⑤ 乔耀章：《从“治理社会”到社会治理的历史新穿越——中国特色社会治理要论：融国家治理政府治理于社会治理之中》，《学术界》2014 年第 10 期。

出各种不适，导致无序参与，进而产生多元主体参与治理的合法性危机[①]。

3. 社会治理中的政府定位

在当代西方世界，“大社会”与“小政府”的论调已不再为许多社会理论家所提倡，原因是随着社会治理复杂性的增加，即使在西方国家，良性社会治理的达成也需要相应地增加政府活动的领域和范围[②]。国内学界格外关注社会治理中的政府作用研究。社会治理必须借助于公共权力对公共事务进行处理，是以公共权力支配、影响和调控社会以及与社会互动的过程。社会治理也非常重视治理的形式，即公共权力的配置和运作[③]。

从宏观角度探讨中国社会治理的发展，常规机制和运动机制这两种治理机制即相互矛盾又相辅相成，但只有在常规机制失效的情况下，运动机制才能找到存在的意义和价值。有学者主张转变中国政府整体的治理逻辑，特别是要避免运动式的社会管理方式和国家治理规模的无限扩大[④]。毫无疑问，从社会管控到社会治理是当代中国国家与社会互动关系的进展与呈现，也是对国家与社会关系的重新界定。无须否认，当代中国社会治理体制的生成逻辑深刻蕴含于国家主导下的中国特色社会治理模式之中。具体而言，“国家通过制度安排与治理策略调整，增强国家治理的有效性与合法性，并为社会力量发展释放出较大空间；社会通过寻求和争取更大的机会得以发展”[⑤]。

还有观点认为，“完善社会治理绕不开政府职能转变，职能转变的目标定位应该是分解政府与生俱来的强大公权力，使公共权力在各个治理主体之间恰当分解、合理归位，从而打造办事高效、权力有限、有所作

---

① 王春婷：《社会共治：一个突破多元主体治理合法性窘境的新模式》，《中国行政管理》2017 年第 6 期。

② 张旅平、赵立玮：《自由与秩序：西方社会管理思想的演进》，《社会学研究》2012 年第 3 期。

③ 徐勇：《治理转型与竞争——合作主义》，《开放时代》2001 年第 7 期。

④ 周雪光：《运动型治理机制：中国国家治理的制度逻辑再思考》，《开放时代》2012 年第 9 期。

⑤ 郁建兴、关爽：《从社会管控到社会治理——当代中国国家与社会关系的新进展》，《探索与争鸣》2015 年第 12 期。

为、有所不为的现代政府，还要积极构建政府主体与其他治理主体的良好共治关系及其具体可操作的实施机制”①。总体而言，根据社会治理中政府定位的区别，社会治理可以概括为两种基本类型：一是“小政府、大社会”，二是“大政府、小社会”。前者能够让政府和社会组织各负其责，合作顺畅，社会活力彰显；弊端在于面临关系全社会共同利益决策的时候，实现全体公民的意见统一很难，决策制定过程漫长，民众自主化程度太高，有些政策不能适应人民需求时，反弹过大。后者政府拥有强大的执行力；但承担的社会责任过重，治理能力和治理雄心不匹配，社会活力被抑制，民众不满情绪的发泄只能集中在政府身上。可以肯定的是，任何社会治理都需要政府参与，政府本身应该发挥不可替代的作用，在社会治理中，政府定位的关键是要适度，不能做“撒手掌柜”，也不能大权独揽②。

4. 社会治理创新

学术界在社会治理创新方面取得了一系列成果。薛澜认为，中国国家治理现代化之路是一个顶层设计与泥泞前行相结合的过程，作为国家治理体系现代化中重要组成部分的社会治理创新，也必然遵循此规律③。一般而言，创新社会治理体制需要实现政府主动治理和社会自发调节、居民自我管理三方主体、三个层面的和谐共生和良性互动，鼓励和支持社会组织参与社会治理，最大限度地激发社会活力，建立畅通的制度化诉求表达渠道、心理干预手段、矛盾调解方法、权益保障机制，等等④。

社会治理创新首先要强调多元主体的合作共治，其次是多元主体的依法治理问题，最关键的是多元主体社会治理相关法律法规、制度规范的建构、完善和实施。正确把握政府治理和社会治理的区别和联系，正确处理社会治理中政府治理和社会自治的关系定位⑤。从宏观角度来看，

---

① 王浦劬：《论转变政府职能的若干理论问题》，《国家行政学院学报》2015 年第 1 期。

② 向春玲：《社会治理创新理论与中国基层实践》，中国人事出版社 2016 年版，第 47 页。

③ 薛澜：《顶层设计与泥泞前行：中国国家治理现代化之路》，《公共管理学报》2014 年第 4 期。

④ 李立国：《创新社会治理体制》，《求是》2013 年第 24 期。

⑤ 江必新、李沫：《论社会治理创新》，《新疆师范大学学报》（哲学社会科学版）2014 年第 2 期。

社会治理体制的创新，应该从完善社会治理政策体系、构建公民权利保障体系、优化基本公共服务体系、强化社会组织培育体系、建立社会行为规范体系、创新社区治理体系、巩固公共安全体系、健全社会风险预警与应对机制八个方面展开①。

学术界对于社会治理的一般特征，如社会治理的主体、社会治理的权力运行向度、社会治理的手段、社会治理的原则、社会治理的目标等的把握是一致的。总之，社会治理还是一个新生概念，对于社会治理的研究，无论在理论层面还是实践层面的研究还显得不够，需要进一步探索。需要特别指出的是，关于社会治理的地区差别化研究薄弱。地方政府治理模式创新层出不穷，但多以发达地区为主，偏远地区、民族地区少见。不同地区的区位条件、经济社会发展程度不同，即使有适合于某一地域的社会治理创新模式摸索出来，也难以借鉴推广。

（三）民族地区社会治理研究

民族地区的社会治理事关重大，党和政府历来重视民族地区的经济发展与社会建设问题。经过几十年来的努力，民族地区的经济社会发展成就举世瞩目，但也面临着一些亟待解决的困难和问题。例如，容易产生社会矛盾和突发事件。全面深化改革的关键时期，探讨民族地区社会治理的已有成绩和实践经验，民族地区社会治理相关研究存在的问题和对应的举措，对于提高民族地区的社会治理水平，丰富民族地区社会治理意义重大。在新一代党中央领导集体的“四个全面”战略布局当中，民族地区的经济社会发展与社会治理问题应当是攻坚克难的部分。

伴随着我国社会阶层和治理结构总体性变迁，多重诉求、利益差别与矛盾冲突不断凸显；而社会建设滞后导致社会风险应对和自我调节能力有限，社会力量以及个体公民参与社会治理能力明显不足；多元主体行动边界和权责界定，也增加了社会治理问题的复杂性与多变性。目前，中国迫切需要针对民族地区社会治理体系和治理能力现代化进行深度研究。

---

① 姜晓萍：《国家治理现代化进程中的社会治理体制创新》，《中国行政管理》2014 年第 2 期。

作为统一的多民族国家，社会治理必然要考虑在社会主体多元价值取向之间保持合理张力，总体上把握核心治理文化与民族地区治理亚文化的“一元主导、多样共生”基调和格局，这其中深刻蕴含了社会治理主客体之间相互适应、协调发展的理念。经过梳理回顾可以发现，一切治理活动无一例外都是行政强制手段、市场化手段、社区动员手段三者的综合运用，现实情境下，政府、市场和社会三方力量总是难以找到平衡，权责边界模糊，绩效不明显。政府行政命令凭借其天然强势地位成为主要调节手段，市场力量无视公共利益疯狂逐利，恶性竞争，社会力量往往难成气候，销声匿迹①。这些极大地制约了社会治理的效果。

学术界关于民族地区社会治理的研究虽然取得了一定的研究成果，但是由于研究起步较晚，数量有限，还不成体系；学科背景不同，研究视角各异；真正意义上系统研究民族地区社会治理的专著鲜有，基础研究薄弱。下面对一些较有代表性的文献进行梳理，限于能力和精力，难免有所疏漏。

1. 民族地区社会治理相关主体研究

首先，民族地区的社会治理要立足于本地区的实际。民族地区认同序列差异和治理主客体的民族特性，一定程度上决定了民族地区的社会治理方式和形态。民族地区的现实情况是，政治国家对民族地区特定群体的意识形态感召能力呈现弱化趋势，对民族地区的社会整合策略并不符合预期目标②。其次，民族地区社会治理主体和客体呈现民族特色，这就限制了民族地区社会治理的可能性选择。甚至在同一民族地区，不同民族的风俗习惯、历史传统差异巨大。所以，面对同样的问题、同样的政策、同样的举措，不同民族会有截然不同的反应③。有学者通过实证研究方法，调查分析民族地区非政府组织（NGO）的生存现状，认为民族地区非政府组织应该最大限度地发挥民族地区居民同政府组织沟通的桥

① 和思鹏：《“国家—社会”视阈中民族地区社会治理现代化研究——历史逻辑、边界重构与机制创新》，《贵州民族研究》2016 年第 10 期。

② 任勇：《公民教育与认同序列重构：以西南民族地区为例》，《社会科学》2013 年第 6 期。

③ 周晓丽：《基于民族地区特殊性下的社会治理理念及路径》，《南京社会科学》2014 年第 11 期。

梁和纽带作用，自身积极参与社会公益事业的同时，引导和鼓励普通居民参与社会事业，承担原来由政府提供的部分社会公共服务职能[①]。

基于政治视角的民族地区社会治理研究也大量存在。有学者以公民参与为视角考量民族地区的社会治理，呼吁推动民族地区社会治理创新和推动公民参与。作者指出，要通过加强民族地区的公民教育，达到民族认同、国家认同、治理认同和谐共生，发挥理念认同和社会整合的功效；充分利用本土性、族群性治理资源，提高参与意识，提升参与水平，消除民族地区公民参与的冷漠心理；健全立法、强化法制管理，拓宽多元的利益表述渠道，为公民参与提供制度平台，形成有序的公民参与，从而使公民参与成为民族地区常态化的社会治理模式[②]。

还有以社会主义协商民主作为理论基础来考察民族地区社会治理，认为民族地区面临着民族成分复杂、文化传统各异、经济社会发展不均衡、内外环境复杂等客观困难，治理需求和治理难度凸显。社会主义具有集中力量办大事的特点，社会主义协商民主也具备着民主和对话的天然优势，在民主价值、社会教化、公民塑造、政治合法性、公共政策、社会治理等方面发挥着重要作用。以此为基础的民族地区社会治理模式，需要实现政府、社会组织、企业市场和公民个体四方主体在水平方向、垂直方向和交错维度，在宏观和微观两个层面上的合作，从而实现各民族共同参与的、各社会主体协同合作的民族地区社会的“共建、共治和共享”的治理格局[③]。

也有学者从国家与社会关系视角思考这一问题，立足于协同治理的理念，考察广西社会治理的创新实践，指出，社会治理协同主体存在理念冲突。首先是治理主体合作动机的冲突。作为社会治理实际主导方的政府部门，寻求多元主体的社会治理模式以改善社会公共服务供给质量和效率，巩固政府合法性；社会组织和企业往往是基于自身利益而参与

---

① 李俊清、陈旭清：《我国少数民族地区社会组织发展及社会功能研究》，《国家行政学院学报》2010 年第 6 期。

② 龙丽波：《公民参与视域下民族地区社会治理路径》，《中共云南省委党校学报》2016 年第 2 期。

③ 青觉、闫力：《共建共治共享：民族自治地方社会治理的新模式——社会主义协商民主的视角》，《黑龙江民族丛刊》2016 年第 3 期。

社会治理和公共服务，名正言顺地依靠政府，以获取所需资源。此外还有多方主体战略目标的冲突。政府部门致力于公共服务供给结构的优化，而其他协同主体的利益属性根本上决定了在有效激励缺位的情况下，其参与的不可持续性是必然的，这些主体自身利益诉求得不到满足，就会逐步退出公共事务。协同主体本身就存在利益冲突，一是资源需求冲突，由于特定的历史原因，社会组织和非营利性企业公益产权基础薄弱，不可避免地对政府部门存在资源依赖。其次是功能定位冲突。社会组织的公益性不足，公众需求导向不明显，政党喉舌的影子难以摆脱。目前，协同治理各主体的保障机制不健全：一是协商机制不健全；二是法制保障机制不健全；三是信任机制不健全；四是孵化培育机制不健全；五是激励惩戒机制不健全。协同治理整体环境有待优化，具有社会公信力的公益组织发育不良，沟通机制、协调机制和监督反馈机制不健全。故而民族地区社会治理要从理念转变入手，营造良好的社会协同的平台环境，完善协同治理相关保障机制[①]。

2. 基于民族地区特殊性的社会治理研究

在边疆民族地区特殊环境之下，宗族血缘、宗教信仰和地缘区位共同塑造了民族地区特有的社会认同。在基层社会治理中，尤其要注意对本土性族群资源的开发和利用，构建符合民族地区实际的特殊社会治理结构，挖掘民族地区社会资本的治理功能。少数民族的族群文化背景决定了民族地区社会治理有其特定模式，探索适合民族地区这一特定社会文化背景的可持续治理模式，应该是我们努力的方向[②]。边疆民族地区社会治理创新，必须要高举中国特色社会主义这面旗帜，走中国特色社会主义道路。具体而言，要立足实际，把社会治理普遍奉行的一般理论和方法与边疆民族地区的实际紧密结合，开创性地开展社会治理这一工作。

办好中国的事情关键在党，民族地区更不例外，坚持党的领导是治理成败的关键；同时坚持法治化走向，落实党领导下的依法治理[③]。

---

① 韩勇、李波：《边疆民族地区社会治理的创新实践》，《开放导报》2016 年第 1 期。

② 贺金瑞：《当代中国民族问题治理体系和治理能力现代化初探》，《中央民族大学学报》（哲学社会科学版）2014 年第 4 期。

③ 吴福环：《论中国边疆民族地区社会治理创新》，《新疆大学学报》（哲学社会科学版）2014 年第 5 期。

新时期民族地区的治理以其“多元、民主、合作、互助”的特质，成为国家和地方政府使用公共权力维护民族地区稳定发展的手段。民族地区的多民族、多宗教、多文化特质，使得创新社会治理体制有其特殊性；而坚持党的群众路线，是创新民族地区社会治理体制的基本要求，也为其提供了广阔的发展视野和政策思路①。民族自治地方社会治理的主体、社会治理的内容和方式上均带有明显的本土性、民族性和“自治性”，正视这一特殊性是治理民族地区的基本前提。民族地区的治理离不开国家的治理，在全面深化改革以及治理能力、治理体系现代化的背景下，民族自治地方社会治理同样要处理好政府、市场与社会的关系，由“管理”转变为“治理”，在社会政策决策、社会矛盾化解、社会“自治”等方面实现现代化②。

3. 民族地区基层社会治理研究

首先是社区层面，民族地区城市社区在发展路向、文化背景、社会资本、运作机制以及政策法规等方面具有特殊性。在社区治理实践时，往往因为主观认识不到位、相关职能缺位、制度法规不完善、资金人才缺乏而陷入困境。因此，应该从培育社区理念和意识、创新社区体制和机制、完善社区法规制度、培养社区人才和队伍、扶持社区组织和机构、建设社区文化和环境等方面入手，提高民族地区城市社区治理水平③。

其次是基层政府层面，民族乡作为一级特别的行政区划和政权组织，对民族地区基层社会建设、民族团结构建起着关键作用。民族乡的治理现状呈现出行政环境复杂、行政权力双重和行政职能外延的基本特征。基于此，提高党政部门的认识，落实相关政策举措，健全法律规范，转变政府职能，提升公民素质，传承民族优秀传统文化，是实现民族乡和

---

① 罗志佳：《群众路线视域下少数民族地区的社会治理》，《贵州民族研究》2014 年第 8 期。

② 王允武、王杰：《国家治理现代化背景下的民族自治地方社会治理》，《民族学刊》2015 年第 1 期。

③ 徐铜柱：《民族地区城市社区治理：特征、困境及对策》，《理论导刊》2007 年第 5 期。

谐治理的基本途径所在①。

还有学者通过对贵州省黔东南锦屏县三个侗族村寨基层群众自治制度创新实践的田野调查分析，认为，基层群众自治是少数民族地区乡村治理的善治实践，要尊重农民的首创精神，这是基层民主发展的原动力。注重传统村规民约朴素的规约作用，这是构建适应当地基层民主形式的需要。着眼民生和社区利益，这是基层自治的活力源泉。最后，要坚持基层党组织的领导，这是基层自治健康发展的保证②。

4. 民族地区社会治理的特殊视角研究

站在国家治理的战略高度，西部民族地区社会治理要从以下方面着手。首先，经济发展和物质丰富是基本前提，最大限度保障改革发展成果共享和成本共担，协调既有利益矛盾冲突。其次，完善制度机制，让多方主体的治理行动有章可循，以优化民族地区的社会政治生态。再次，政府从管理走向服务，提升优质公共服务的供给效率和能力。又次，尊重少数民族文化传统，构建基于国家认同、中华民族认同基础上的多元一体格局。最后，建立社会预警机制，防止敌对势力别有用心的活动③。

基于社会风险的视角，在经济社会大发展的今天，民族地区社会治理亟待创新。社会管理逐步转变为社会治理，而这种转变过程中也存在着诸多的社会风险，民族地区更是如此。要构建以民众敏感度、经济发展状况和转变成本为基本维度的民族地区社会治理体系创新风险测度模型，以便对其社会治理体系创新选择进行区分和甄别。有作者分析了当前我国民族地区社会治理存在的风险，指出当前的社会治理虽然对经济的发展起到了推动作用，但忽视民众敏感的神经而带来的隐性社会风险正在累积，社会治理体系需要进行创新④。

---

① 吴开松、张中祥：《民族乡治理之道》，《华中师范大学学报》（人文社会科学版）2008年第4期。

② 郑茂刚：《少数民族地区乡村治理的善治实践——贵州省锦屏县基层群众自治制度的创新与启示》，《黑龙江民族丛刊》2008年第5期。

③ 周玉琴：《民族地区社会秩序和谐稳定的实现路径——基于国家治理的视角》，《桂海论丛》2014年第6期。

④ 羌洲：《我国少数民族地区社会治理体系创新探析：基于社会风险的测度》，《西北民族研究》2014年第2期。

从社会资本的理论视角出发，有学者认为，社会资本和社会治理之间天然契合，互为补充，可观的社会资本存量可以为社会治理创新提供优良的土壤和生态，是创新治理模式、提升治理效果、构建治理体系的前提所在。善治的基本条件就是社会资本全面介入社会治理。就民族地区而言，以宗族血缘、传统文化和宗教信仰为基础的社会资本存量丰富，为社会资本引入民族地区社会治理创新提供了可能性前提。丰富且起作用的传统权威，朴素的公民参与网络，约束力较强的传统规范，丰富的宗教信仰资本，这些为民族地区社会治理创新提供了很多可能性。他还指出，社会资本在民族地区社会治理创新中有助于改善居民的生存和发展条件、增强社会凝聚力和认同感、提供良好的社会规范和秩序、提高公民参与意识，所以，要合理利用社会资本，优化民族地区社会资本培育环境和生存空间，推进多元民族文化的挖掘整合，增加民族地区社会资本储量，提升和优化民族地区社会资本①。

立足于文化的治理功能考虑，民族传统文化应该辩证地看待，不可否认其在维护社会稳定、实施社会教化、限制越轨行为方面，有着不可替代的作用。但民族传统文化也可能是社会不稳定的诱因之一，在失意情绪的作用下，会产生一些偏激的想法和行为。在这样的背景之下，整体性治理提供了一种解决问题的全新思维方式，从本地利益出发，协调整合各方利益，实现制度设计与公民需求、资源配置高度关联，政府的公共服务供给与社会的需求无缝结合。网络化治理则可以解决社会治理主体碎片化的问题②。基于整体性治理和网络化治理的理论视角，针对民族地区文化建设碎片化问题提出整合措施，以引导民族地区传统文化正向功能的发挥③。

另外，民族传统是民族认同的重要因素之一，是民族政治文化的反映，更是民族地区维护社会稳定和少数民族基层组织建设的基石。民族传统在信息社会和媒介的冲击下支离破碎，在党和国家从“社会管理到

① 黄增镇：《基于社会资本视角下的民族地区社会治理创新研究》，《广西民族研究》2015年第4期。

② 胡玉兰：《广西民族地区文化建设与社会稳定研究——基于整体性网络治理的视角》，《民族论坛》2016年第8期。

③ 竺乾威：《从新公共管理到整体性治理》，《中国行政管理》2008年第10期。

社会治理”的转变过程中，民族传统文化获得了新生，展现了其独特的魅力和不可估量的价值。因此，有必要在认识以少数民族传统的基础上，探讨它在社会治理中的价值及可能性①。

有学者提出，争取人心是民族地区社会治理的根本。我国当前民族地区社会治理中，出现了有些地方政府公信力下降、社会心态失衡、社会突出事件频发等问题。这些现象的出现，是因为民族地区经济发展落后，民生问题棘手，社会治理观念与体制落后。为了争取人心，民族地区必须以人为本，加快发展，创新社会治理体制，实现社会治理法治化，推行人才强国战略②。

综合来看，学界从政治学、管理学、社会学、行政学、民族学等多学科视角对民族地区社会治理问题进行了深入研究，尤其是十八大和十八届三中全会以来，学者对此的研究掀起了一个高潮。但客观来讲，目前的研究仍然存在许多不足之处。在研究内容上，有重复研究的现象；在研究方法上，各个学科背景各异，但跨学科研究不多；研究成果多以较为简短的学术论文形式呈现，系统研究民族地区社会治理的专著较少。结合中国国情、地域特点和民族特色的系统研究不够，相当一部分还处于一个理想的构建状态，一些研究领域存在空白。相比较而言，少数民族地区受到客观现实条件的制约和影响，只要地区间发展差异继续存在甚至扩大，引发民族地区社会矛盾的利益因素就会源源不断，社会治理也要随着这些因素的改变而改变，以增强其适应性，因为旧的问题解决了，新的问题还会出现。

民族地区社会治理有以下几个问题值得关注和思考。第一，民生问题应该成为我国民族地区社会治理的根本；第二，民族地区的社会治理必须高度重视民族特点；第三，民族地区的社会治理必须注意充分保护少数民族文化；第四，民族地区的社会治理必须对“少小民族”予以重点关注③；第五，一般性社会治理理论在民族地区特殊性环境下的适用性问题。

---

① 陈小红、白赵峰：《民族传统的社会治理采纳探究》，《贵州民族研究》2016 年第 4 期。

② 文进磊：《争取人心：民族地区社会治理的根本》，《黑龙江民族丛刊》2016 年第 1 期。

③ 张继焦：《民族地区社会治理研究动态》，《民族论坛》2015 年第 3 期。

关于民族地区社会治理的研究，离不开“国家治理体系和治理能力现代化”这一个大背景。国家治理现代化是应对经济和社会发展深化的积极转变，是对市场为主导下的现代化转型所做出的主动调整，是对公私权利边界的重新界定，也是社会主义法治国家建设的必然要求。对于民族地区，现代化带来的社会矛盾可能与民族问题相互纠缠，难以区分，中央政府和自治地方难以精准施策，容易被一些别有用心的势力大做文章。民族自治地方社会治理主体具有多元性、特殊性和复杂性等特点，权责界定的不明晰往往引发主体之间的“权力冲突”，导致了一些不该发生或者本来可以避免的矛盾冲突，往往被冠以民族矛盾而混淆视听。文化交往与经济利益冲突往往会带来民族意识的觉醒，诱发民族争议和矛盾，影响民族地区社会安宁稳定。国家治理现代化的大背景和民族地区本身的特殊性，都凸显了民族地区社会治理的重要性。

第二章

治理理论与民族地区社会治理

一　治理理论的提出

1989年，世界银行报告中首次提出“治理”。报告中认为，相较于金钱和技术各方面的支援，非洲更需要“良好治理”。在此之后，“治理”一词便被广泛运用于之后的政治学研究中，尤其是被用来描述发展中国家和后殖民地地区的政治发展状况①。有关“治理”的研究不断深入，已经发展成为一套内涵丰富的理论体系，并且在许多行政体制改革中得到了广泛运用。“治理”一词在使用中，经常和统治结合，主要在国家治理和其他一些政治活动中。从历史的角度来看，“治理”的概念一直以来存在于政治学、社会学领域，如何运用政治权力从而实现政治的根本目的，是所有国家都必须面对的任务②。

20世纪80年代以来，西方国家由于福利国家的过度发展，政府日益陷入财政危机、信任危机和权威危机三重危机并发的境地③。信息技术的高速发展与经济全球化共同推动，把原本没有任何关联的人和社会因素统一起来。人类社会即将迎来历史性的变革，这些变革会给世界各国的公共行政管理带来巨大的挑战，以国家为基本依托的传统的统治体系不再牢固，但是，国家依旧是全部社会科学的首要分析单位。这种超越了福利国家一直以来信奉的理念的危机，让人们意识到，不管是自由主义

---

① 俞可平：《治理与善治》，社会科学文献出版社2000年版，第1页。

② 付春：《族群认同与社会治理——以川、滇、黔地区十个民族自治地方为研究对象》，经济科学出版社2015年版，第34页。

③ 孙宽平、滕世华：《全球化与全球治理》，湖南人民出版社2003年版，第88页。

还是国家主义，都是在政府和市场之间的不完美选择，政府、市场以及社会必须面临重组①。

全球化的到来对世界各国的政治、经济、文化造成了不同程度的影响，从不同层面动摇了各个国家的经济基础和主权概念，在全球化时代下的地方化趋势，要求各个国家的中央政府去中心化，实现地方自治和公民参与。就这一点而言，“治理”一词是对社会转折造成的困境的理性回应。“更少的统治，更多的治理”，这是治理理论所追究的目标，对全世界国家的社会管理从各个方面带来深刻的影响②。

（一）西方治理理论兴起的理论背景

治理理论是公共管理的新范式，社会治理理论于20世纪90年代在西方国家萌芽，被当作是解决政府失败和市场失灵的解药，也是建立在深厚的理论基础之上，现就主要的理论来源和背景做简要概述。

1. 新公共管理

新公共管理是兴起于西方国家的一种新的管理模式，源于20世纪60至70年代对传统公共行政的批判与挑战。当时的西方发达国家为摆脱福利国家制度带来的政府困境而进行了持续变革，在这期间，形成了用私营部门的管理方法应用于公共部门的新公共管理理论。

新公共管理强调管理是具有政治性的。任何管理者都应从传统的严格教条中抽离，把自己置身于政府管理中的特定政治环境。公共管理者不仅仅是政府的管理者，更应参与到政策的制定过程中，调节好公共部门、私人组织、公众和媒体的关系。

新公共管理是要转型为市场化并且专业化的管理。每一位参与管理的人都应当是充分了解自己所在组织的各项信息的人员，管理者缺乏专业能力，忽视职责，容易给政府管理带来不良绩效。因此，严谨专业的管理必不可少。管理方式向市场化转变后，要建立起合理的竞争机制，

① 付春：《族群认同与社会治理——以川、滇、黔地区十个民族自治地方为研究对象》，经济科学出版社2015年版，第34页。

② 王诗宗：《治理理论及其中国适用性》，浙江大学2009年博士学位论文，第1页。

以求通过竞争，改进政府绩效的高效率与低成本①。

2. 公共选择理论

布坎南和图洛克将经济学的研究方法用到了公共管理领域中。布坎南认为，“公共选择是政治学的观点，从经济学的角度，广泛运用经济学的方法也能够从集体和市场中产生”②。传统的经济学理论假定人是自私的，不管何时都在追求利益的最大化。公共选择理论就是基于这一假定形成的，这样的理论同样适用于政治学以及在官僚活动中的人，但是人的本性是自私的，追求自己的利益并不是坏事。

布坎南还认为，政治过程和市场过程是一样的，其实质就是利益互相交换的行为。政府并不一定完全代表社会公共利益，它所做的决策基本上是一个妥协的结果，既然官僚和个人的本质都是自私的，那么实现公共利益就相应变得不那么可能，所以，公共选择理论的最终结论就是政府会失败。

首先，在公共选择理论的语境中，政府的所有行为都可能包含着失败之处，比如在公共政策制定方面。公共政策的制定并非易事，需要综合考虑多方面的内容。制定一份好的公共政策是非常困难的，如果制定出错，由此导致的市场失灵和资源浪费问题是非常严重的。在执行方面，往往存在各种打折执行的行为。在公共产品的提供方面，政府并不能高效地提供社会公众所需要的产品。其次，政府为公众提供公共产品，极易造成腐败现象，影响社会资源配置的情况。最后，执掌政府部门的是人，人性的自私使得他们掌握权力的时候会为自己谋取利益。结果，政府与利益集团之间相互勾结，部门的利益倾向和长期以来的财产假象及其他各种原因，往往导致政府最终的失败。

公共理论通过相应的假设和论证过程，得出政府最终会失败的结论。既然政府最终会失败，那么就应该对政府对社会的干预进行反对，但是一旦失去了政府的干预，公共服务的质量又如何保证呢？公

① 向春玲：《社会治理创新理论与中国基层实践——以成都金牛区曹家巷为例》，中国人事出版社 2016 年版，第 18 页。

② ［美］詹姆斯·布坎南：《自由、市场和国家》，吴良健等译，北京经济学院出版社 1988 年版，第 18 页。

共选择理论给出了如下回答。首先，在政府领域引入竞争机制，通过竞争，限制政府对公共服务的垄断。其次，鼓励政府机构节约办事成本。最后，充分利用私人资本和市场为公众提供服务，将一部分项目交给市场主体处理，政府只对过程和结果进行监管，这样会取得更好的效果。

3. 新自由主义

新自由主义同样也起源于古典自由主义，它始终强调市场的自由度。但是相比于古典自由主义，新自由主义似乎过于极端。新自由主义派认为，个人能力可以在市场得到最大限度的解放，正如哈耶克在《自由宪章》中提到的，所谓自由不过是一个人不受其他人的强制，想要社会裹足不前，一个行之有效的办法，就是给所有人都施加一个必须遵守的标准①。

哈耶克还认为，个人能够在自由化的市场中实现自身价值。不仅如此，哈耶克强调市场的相关调节作用，强调市场的本位以及自由化、私有制和市场化。他认为，市场能够实现资源的合理配置，一旦离开了市场，那么资源将无法得到很好的分配，就根本谈不上经济的发展。在限制政府的权力方面，自由主义学派认为，政府本身就是一种集体性质的事业，集权型的计划经济将会导致社会发展通往奴役的道路。但是新自由主义并不是完全否定政府的干预，而是希望政府能够有条件地、适度地对市场进行干预。他们认为，只要政府的干预被限定在一定范围内，那么市场就能够保证良好的运作②。

新自由主义看到了政府管理的一些弊端，为今后的治理者提供了良好的借鉴和参考作用；而公共选择理论对政府和市场的分析就非常深刻。两者都对治理理论的发展起到了非常积极的作用③。

---

① ［美］詹姆斯·N. 罗西瑙：《没有政府的治理》，张胜军等译，江西人民出版社 2001 年版，第 10 页。

② 龙献忠、杨柱：《治理理论：起因、学术渊源与内涵分析》，《云南师范大学学报》（哲学社会科版）2007 年第 4 期。

③ 施雪华、张琴：《国外治理理论对中国国家治理体系和治理能力现代化的启示》，《学术研究》2014 年第 6 期。

（二）治理理论兴起的社会背景

1. 国家干预与市场失败

20世纪初世界性经济危机后，凯恩斯主义盛行，政府大力干预经济。随着政府不断膨胀的职能范围，各国政府的预算告急，从纳税人身上征收的税额不断增长，使公众对政府很有意见。随着人员数量激增，政府机构也不断膨胀，事务负担重，自身开支增速过快。各国政府的各项劳务支出以及采购产品花费都呈现高幅度增长的态势。①

然而，庞大的政府支出及其快速增加与政府解决社会问题方面的效果形成了鲜明的对照。政府的积极行动在社会看来，却是行动迟缓、僵化、保守与流于文字游戏或打官腔。劣势群体对于其现状的不满程度，并没有因为一系列项目与控制性措施和社会经济政策的实施而有所缓和，由于各种不公平而引起的社会抗拒、骚乱此起彼伏。各级政府财政方面的捉襟见肘，到20世纪60年代末已经随处可见②。

20世纪80年代初，西方国家主张摒弃国家干预政策制定，发动了大规模的私有化运动（以英国为代表）、"解除政府管制"运动（以美国为代表）、消解科层化运动（欧美共有）。然而，市场化改革并没有出现人们期待的结果，市场失败或失灵及其附带的其他问题，并没有因此而消除。但是，回归国家干预，不论从意识形态还是政治方面来说，都是人们不可接受的。

因此，20世纪80年代初开始，越来越多的各级政府日益关注怎样的公私伙伴关系及其类似的治理方式，才能够有效改进公共政策和达成改革目的。探索公私伙伴关系及相关治理方式，意在寻求各种不同的协调机制，以便有效地弥补市场、国家（政府）与混合经济各自的不足，从而有效地处理各种各样、纷繁复杂的经济、政治与社会问题。地方经济与社会发展因此成为人们寻求这种治理方式或机制的一个热门领域，20世纪末，这也是"治理"一词出现频率最高的领域之一③。

---

① 徐顽强：《社会管理案例创新——理论与实践》，科学出版社2012年版，第16—17页。

② 龚维斌：《中国特色社会主义社会治理体制》，经济管理出版社2016年版，第23页。

③ 同上书，第22页。

2. 社会转型带来的信任危机

第二次世界大战后随着社会、经济、政治重建的持续推进，西方社会于20世纪60年代进入了剧烈的社会结构变迁或转换时期，表现为公私冲突的交错缠绕，期望与失望的交叠与对立，社会对政府的强烈需求与病态政府之间的交叠与冲突，骚动、变迁与稳定的交叠与冲突等。

国家的各项行政权力现在面临着一个危机，因为其过于集中在各级政府中，在一定程度上会带来权力部门化、权力个人化甚至权力利益化的负面影响。这不仅不能带来高效率和低成本，而且极易出现腐败问题。政府并不是万能的，把各项权力攥在手中，只行使政策制定而不参与执行，无法为公众提供良好的服务。对公众的需求不能及时且有效地回应，行动能力与有效性面临质疑。所谓国家或政府自身陷入危机，是指国家或政府在回应社会需求、化解社会问题方面缺乏足够的能力与工具，无法有效满足与化解各种各样的社会要求与问题；国家或政府因此不断面临来自社会阶层、各领域的怀疑、批评与挑战。政府的规模、行政管理的边界、政府发挥组织管理作用的主场域究竟在哪里？应该留下哪些领域让市场、社会、公民自身参与到行政事务中？这些治理问题的出现，都表明我们需要一种新的管理范式来代替旧的管理体制①。

3. 全球化和信息化成为推动治理改革的催化剂

经济全球化直接推动和冲击着许多国家的社会体系和社会结构，使得人类的生活呈现出全球一体化的特征。同时，随着世界上跨国公司和许多国际组织的出现，越来越多的国家和国内市场的作用被取代，他们规定了一些基本的游戏规则，给国家和政府的统治带了一定的压力②。进程较缓慢国家的政府面临着巨大的公众参政压力，以及要求政府向第三部门下放权力的压力。各种跨国交流带来的负面因素使他们自身对社会的管理也越来越困难，权威的官僚体制遇到挑战。这些因素推动了治理理论的产生，我们需要一种具有全球性质的新公共行政理论。

信息技术的发展使得先进国家的做法得以迅速传播，并且产生持续

① 徐顽强：《社会管理案例创新——理论与实践》，科学出版社2012年版，第3页。

② 吴家庆、王毅：《中国与西方治理理论之比较》，《湖南师范大学社会科学学报》2007年第2期。

放大效应。一方面，信息的收集、整理和传播更加方便，缩短了政府、公民以及市场之间的距离，加强了彼此之间的回应和联系；另一方面，信息技术也增强了公民和社会在信息知识方面的占有量，进而削弱了传统政府的优势地位，对于传统的垂直领导的体制提出了一定的挑战。当代公共治理运动的产生和发展在很大程度上依靠信息技术的发展，其中信息高速公路、国际互联网、多媒体等技术的作用功不可没，为社会治理和治理价值的实现提供了技术支持①。

（三）治理理论的主要含义

学者们对“治理”内涵的界定各有不同，但学界内比较认可的是来自全球治理委员会的界定。它认为，治理是各种公共的或私人的个人和机构管理其共同事务的诸种方法之和。这是一个把不同利益主体联合在一起解决冲突的过程，它不仅有权要求人们遵循正式制度，也可以与人们协调符合他们利益的非正式制度安排②。同时，全球治理委员会规定了治理的基本原则：包括治理在内的原则并不是一个简单的规则，而是一个长期的过程；治理的社会基础是协调发展，而不是对社会本身的控制；治理所涉及的部门不仅仅是公共服务的提供者，还包括广大的私人部门；治理不单单是一项正式的制度，而是持续性的、良性的互动③。从全球范围来看，治理普遍被理解为政府之间的关系，同时包含了同非政府组织、普通公民以及跨国公司之前在经济全球化大背景之下的良性互动④。由此可见，治理的过程是一个在一定范围内以政府权威为后盾，进而维护良好社会秩序，增进公共服务的过程。

联合国开发署将地方治理界定为地方政府通过制度、机制和过程，使地方上的公民以及群体能够很好地表达个人诉求，并且协调他们之间的差异化诉求。这需要地方政府、公民社会组织以及私人领域在各方面

---

① 聂平平：《公共治理：背景、理念及其理论边界》，《江西行政学院学报》2005 年第 4 期。

② The Commission on Global Governance，*Our Global Neighborhood*：*the Report of the Commision on Global Governance*，Oxford University Press，1995，p. 2.

③ Ibid. .

④ Ibid. ，p. 3.

与地方保持密切的合作关系。这种治理必须授予地方政府一定的权力，以便其有能力应对危机。同时，地方政府治理必须加强基层民主，将权利赋予公民，让他们平等地参与到社会治理当中①。

社会治理理论的转变主要是国家职能向私人领域转移，并且尝试进行公共部门与私人部门的合作，希望通过这些行为，使国家与社会之间的隔阂消除。但是这种理论只能存在于政府职能有限的前提下，强调私人部门的作用就是反对政府的过分干预。在这个层面，治理理论受到了西方古典自由主义思想的影响，国家的过分管制对于资源的优化没有推进作用，同样也可能影响公民自由权利的保障。当然，治理理论也强调自治的组织与机制。正如埃莉诺·奥斯特罗姆（Elinor Ostrom）所认为的，国家与市场两者都不能够一直促进个人的长期发展和自然资源的长期利用，这时就需要自治组织进行自我管理②。

英国学者格里·斯托克认为，治理所求的终归是创造条件以保证社会秩序和集体行动。治理和统治的差异在于过程。他对“治理”这一概念有以下几种观点：治理明确指出，在为社会和经济问题寻求出路的过程中，存在着某种界限和责任方面的模糊；治理明确肯定涉及集体行为的所有社会机构之间的权力依赖。格里强调，把一件事情做好并不仅仅在于政府的下达指令或是强调权威，政府可以使用工具和技术来控制、指引，公民社会的萌芽使政府不仅仅是国家唯一的权力中心。治理理论的提出，就是因为政府不应该大包大揽，而是应还权于市场与社会③。

詹姆斯·N. 罗西瑙强调，政府统治虽然经常与治理放在一起，但是它们两者有很大区别，他对治理的定义是一种活动过程中的管理机制，虽然不一定得到正式授权，可是效用很明显。与统治不同，治理需要一个共同目标的支持，在治理活动的过程中，发起者并不一定是政府，也并不总是依赖于国家的强制力量。与单一政府的统治相比，治理的内涵

---

① 联合国开发计划署：《2017 智慧城市与社会治理——参与式指标制定指南》，2017 年 7 月，引自豆丁网（http：//www. docin. com/p－1973197407. html）。

② ［美］埃莉诺·奥斯特罗姆：《公共事物的治理之道：集体行动制度的演进》，余逊达等译，生活·读书·新知三联书店 2000 年版，第 1 页。

③ ［英］格里·斯托克：《作为理论的治理：五个论点》，华夏风译，《国际社会科学杂志》（中文版）1999 年版，第 19—30 页。

更加多层次，不仅包括政府机制，还包括非政府的机制[①]。

不同于科层化范式与新公共管理，新公共治理深深地植根于组织社会学与网络理论，并且高度重视21世纪公共行政与管理领域日益分块化、碎片化与不确定的性质。

1. 治理理论关注社会管理主体多元化、平等性

治理理论的发起者主张，治理与传统意义上的政府统治是完全不一样的。他们的本质区别在于，治理虽然具有权威性，但这个权威的主体并不一定是政府，也不需要使用国家的强制力量来实现[②]。治理理论强调，治理必须和传统的政府统治区分开，两者的本质区别在于，治理虽然需要权威的力量，但是这种权威并不一定来自于政府，也不一定要靠国家的力量来保证其实现，他们质疑政府作为单一中心理论者的合法性，认为公共机构的作用是非常有限的，他们主张建立一种多中心的社会治理模式，只要所有公共和私人的机构能够得到公众的认可，那么，他们就能够成为权力的中心[③]。

传统的治理中，政府类似于中国传统社会中的长辈，是整个社会大家庭的管理者，政府统治的运行方式都是自上而下的政策制定和号令执行，对社会进行单一的、集中化的管理。但是治理从根本上有所改变：首先有一个共同的目标，其次用合作协商的方式对公共事务进行管理。治理的实质就是在市场和公共利益的基础上达成合作关系，治理所拥有的不是政府权威，而是合作。权力主体是多元化的，而不是单一的、自上而下的统治[④]，治理理论非常重视政府与公民之间的良好合作关系以及公民本身的积极参与，它要求实现管理的民主化，与公众保持平等协商的关系，在平等的关系下，通过合作保证治理有效和顺畅。

2. 治理理论各个治理主体有着共同的目标

俞可平把“治理”论述为是官方和非官方组织用权力将社会各项活

---

① ［美］詹姆斯·N. 罗西瑙：《没有政府的治理》，张胜军等译，江西人民出版社2001年版，第10页。

② 关学增：《当代西方国家的社会治理思潮》，《河南师范大学学报》（哲学社会科学版）2006年第4期。

③ 徐顽强：《社会管理案例创新——理论与实践》，科学出版社2012年版，第19页。

④ 俞可平主编：《治理与善治》，社会科学文献出版社2000年版，第82页。

动规范化，推进公共利益的最大化[1]。这一点明确了治理的目标是从公众的需求出发，为了增进公众的利益。所以，在治理理论中，公众的诉求是第一位，不管是政府、市场还是其他的非权力机构，活动的开展都是围绕着公众的需求开展的。这就对公共权力的执行主体提出了统一的要求，在政策制定和执行中，都要把公共利益放在首位。明确公共政策的意义，其实就是协调统一各个利益主体。

3. 治理理论采用多样化的管理方法和技术

传统的管理是政府集权制，运用政府权威发号施令。这种做法过于偏激，很难回应社会公众的多方面需求，使公民因为无法获得应有利益而对政府有不满情绪。

在公共事务管理过程中，政府可以试图用更加有效的方法和技术来控制、引导公共事务。为了保障公民权利，应该给予其自由空间；引入市场机制，使政府职能转移给市场和企业；建立起多中心治理模式，即政府、市场和社会的多元模式；增加公民和市场主体参与公共事务的渠道，形成高度分化和扁平化的组织结构；充分下放权力给基层组织，以提高公共政策的执行效率。这是一种新型的社会管理过程，目的是为了实现公共利益的最大化，是政府和公民共同执行社会公共事务的形式，是国家与公民社会关系的新变化[2]。

4. 治理理论提倡有效率的治理

经济学者试图从两个方面解释效率。一方面，效率指的是生产者充分利用有效的资源获得价值最大化的产品；另一方面，效率指的是经济制度效率，是指一种经济制度达到了不减少给予某个人好处就无法增加给予另一个人的好处，也就是说，这种制度如果不能降低某些人的生活水平，就无法提高另一批人的生活水平，那么这种经济制度就是有效的。这是由 20 世纪意大利经济学家提出的理论，在经济学中被称为“帕累托效率”。治理理论就吸纳了这一理论的核心。在治理理论中，如何评定治理效率的高低，并不能仅仅看生产效率的高低，还需要综合人民生活水

① 俞可平：《全球治理引论》，《马克思主义与现实》2002 年第 1 期。

② 徐顽强：《社会管理案例创新——理论与实践》，科学出版社 2012 年版，第 21 页。

平的高低以及综合管理的效果等方面[①]。

5. 治理理论强调改进社会责任的承担方式

在治理的过程中，当事人双方通过协调，达成双方都自愿的协议，诺奇可就曾说过，别人拥有的正当权利就构成了你运用权力的外部限制，这种限制是唯有践行自己的承诺才能达成的，当事人必须对自己做出的承诺担负责任和义务。在这种情况下，政府部门是一定要履行义务的，并且要遵从大众的意愿。治理理论在西方的运用中，责任是被分为主观和客观两个不同层次的。从客观角度出发，责任指行政工作人员向上级和公民负责；从主观出发，责任主要是要求行政人员要有基本的良心、信仰和忠诚。政府的责任在于如何担当实现公共利益的重任，从而维护好公共利益的角色。

公共治理最初只是公共政策实施和公共服务提供的两种体制（公共行政和新公共管理）中的一个要素，如今已经发展成为一个独具特色的体制——新公共治理。好的治理方式可以有效地弥补国家在调控和管理过程中的一些不足之处。但是治理也不是万能的，它同样也存在许多的局限性。比如治理并不能够代替国家的强制力，也并不能代替市场发挥资源配置的作用。在实际操作中，要想使治理达到效果，社会治理必须基于国家和市场基础之上，作为国家和市场治理手段的一种补充。在社会资源配置过程中，不排除会出现政府职能和市场的失效，甚至存在治理失败的风险。

杰索普认为，治理需要注意的一点在于，要时刻通过谈判和反思对目标加以调整。目标是在一个过程中产生的，并非是在谈判和反思之前就充分确定[②]。从这个角度理解的话，治理失败就可以理解为由于有关各方对原来既定的目标是否发挥效用同时没有重新界定新的目标而产生的一种争议[③]。

---

① ［美］沃纳·西齐尔、彼得·埃克斯坦：《基本经济学概念》，方红等译，中国对外经济贸易出版社1984年版，第27—28页。

② ［英］鲍勃·杰索普：《治理的兴起及其失败的风险：以经济发展为例的论述》，漆蕪译，《国际社会科学杂志》（中文版）1999年第2期，第31—48页。

③ ［英］斯蒂芬·奥斯本：《新公共治理：公共治理理论和时间方面的新观点》，包国宪译，科学出版社2016年版，第5页。

（四）西方治理理论的主要类型

1. 网络化治理理论

随着全球信息化的普及，网络化治理也成为了近20年来社会科学的热门术语之一，在各个层面的治理研究中皆有应用。网络化治理的初衷是新公共管理改革带来的治理碎片化问题，是为了实现资源的合理利用而做出的理念型转变。以往的官僚制是以命令的方式来整合资源；网络化治理的新颖之处就在于抛弃了命令服从制，取而代之的是市场机制下的“协调”方式。传统的官僚制时代已经被网络化治理所替代，政府管理者的职责，也从统一管制调整为将各种公共资源协调妥当以创造公共价值。

网络化治理的特征有以下两点。首先，网络化治理中，政府市场和市民社会是共同存在、相辅相成的，为实现公共价值这一共同目标而行动。“治理”的内涵既包括各个参与者相互依赖的横向关系，也包括整个治理网络的内在体系。其次，它是一种在不同协商规则基础上展开互动的行为体间的横向协调。并且，在网络化治理中，政府对于第三方组织是战略合作的伙伴关系，比起竞争来说，这是一种联合行动。两者的相互信任和合作共赢是政府和外部组织的互动基础，在合作过程中，将形成一种以共享的组织文化为基础的新景象。在社会冲突的网络化治理，就是通过培养公共价值和信任，构建利益共享机制，形成党委、政府、社会组织、公众等多元主体之间的合作共治①。

2. 整体性治理理论

整体性治理是对政府内部部门分立和碎片化的一种全面反思和系统回应。整体性治理理论的产生有两个重要背景：新公共管理的式微和数字时代的来临，为整体性治理的产生和发展提供了坚实的技术基础②。在数字化和网络化时代，网络共享数据和工作流程整合成为现实，这就为公共管理中组织之间更好、更快、更廉价地沟通与合作提供了有效的工

---

① 蒋俊杰：《治理理论国家治理体系与能力现代化视野下的社会冲突研究》，同济大学出版社2015年版，第15—16页。

② 竺乾威：《从新公共管理到整体性治理》，《中国行政管理》2008年第10期。

具，也为整体性治理的产生和发展提供了可靠的技术基础。

从政府改革的实践层面而言，为了满足多方面的社会需求，政府高效率地提供公共服务，就要避免政府各级管理中出现个人主义、部门各自为政的现象。西方国家改革的重点已转变为通过不同领域的分工合作，推进整体型政府的改革①。澳大利亚政府管理咨询委员会的《联合政府报告》（*The Connecting Government Report*）将整体政府定义为：公共服务机构为了完成共同的目标而实行的跨部门协作，以及为了和相似职能部门就某些特殊问题组成联合机构。既可以采取正式措施，也可以采取非正式措施；也可以着重于公共服务的供给和政策的制定。

西方发达国家的整体政府的改革重点虽有所不同，但是也有一些非常明显的共性特征，即各国都在政府改革中强调信息技术应用、重新整合、跨界合作和多元主体的共治。英国学者从“内、外、上、下”四个维度，即组织内部的合作、组织之间的合作、自上而下设定目标和对上的责任承担、以顾客需要为服务宗旨的公共服务供给过程，描述了最佳实践模式。

澳大利亚管理咨询委员会对各个国家政府的实践情况进行总结之后，也形成了一种独特的政府最佳实践模式，包括以下两点。首先，在文化和哲学方面，鼓励多元化的观点产生和跨界的交流活动；其次，提倡新型的工作方式和环境。在工作方式上，建立一种共享的领导机构或者内部明确的领导责任，从而高效地参与其他工作。此外，要建立新的责任和激励机制，可以通过治理、预算与责任框架予以实现。新的政策制定、方案设计和服务提供方式不仅包括建立政府和非政府之间的协调交流网络，促使更多的公民及其代表参与到政策咨询当中；并且协助政策项目设计，同时提供相应的服务，也包括从合同管理关系向合作关系的转变②。

整体性治理理论对解决社会冲突问题有很大的实用价值。第一，整

---

① ［挪威］汤姆·克里斯滕森、皮尔·格雷德：《后新公共管理改革——作为一种新趋势的整体政府》，张丽娜译，《中国行政管理》2006 年第 9 期。

② 孙迎春：《澳大利亚整体政府改革与跨部门协同机制》，《中国行政管理》2013 年第 11 期。

体性治理强调社会治理要有一体化的思维方式。整体性治理是整体主义思维的再利用，所使用的整体性模型，在当代的社会科学研究中被学者广泛使用。第二，整体性治理针对社会冲突带来的现实影响，提供了更加有效的治理工具。强调通过政府内部组织的流程技术以及机制的创新，使部门间进行有效沟通、协调，从而达成合作关系。整体性治理还通过下放权力、分享资源等多种方式，促使不同部门围绕共同的目标，实现政府与其他社会主体之间的合作共治。整体性治理的思路对于社会冲突来说是一种新范式。它的一体化思维有助于建立起跨部门、跨层级、跨区域的一体化的信息平台，可以更好地为公众提供整体性的公共服务①。

二　治理理论在中国的发展

"治理"一词严格来说是舶来品，但从《说文解字》来看，在古代即为"治国理政"之意。所谓"治"，即控制、统治；所谓"理"，即管理、处理。"治"强调的是主观目的性，而"理"更倾向于强调客观规律。因此，"治理"二字所表示的就是统治与管理的统一，强调主观目的与客观规律之间的结合。

（一）治理理论兴起的本土背景

在中国，经过近 40 年的改革开放和社会主义市场经济的不断发展，诸多社会矛盾和问题日益凸显，传统意义上的社会问题就像传染病和自然灾害一样，影响了社会生活。所以，在城镇化、工业化的建设过程中，出现了一些重要社会问题，亟待解决②。同时，在社会转型期间，旧的社会秩序、资源分配体系趋于解体，新的体系却未完全建立，因此，独特的社会情况导致了一系列特定的社会风险，比如贫富差距过大乃至犯罪率激增，疾病控制难度加大，族群冲突加剧等问题。可见，我国社会转

---

① 蒋俊杰：《治理理论国家治理体系与能力现代化视野下的社会冲突研究》，同济大学出版社 2015 年版，第 16—17 页。

② 郑杭生、洪大用：《中国转型期的社会安全隐患与对策》，《中国人民大学学报》2004 年第 2 期。

型进入了社会发展的矛盾凸显时期，也就是社会失调时期①。当前我国面临的一个重要问题，就是经济新常态下供给侧改革，包括经济供给侧、文化供给侧、社会供给侧、公共服务供给侧问题，虽然政治总体平稳，但是社会问题层出不穷。社会问题多发的一个重要的原因，就是社会发展水平与经济发展水平之间的不平衡，社会体制改革总体上落后于经济体制改革。

当前我国社会结构依旧处于重大变革时期：城镇化快速发展，生态环境、资源能源问题日益严重；人口流动总量不断增加，但流入地管理服务水平低，户籍制度改革滞后；居民储蓄率不断提高，国内消费疲软；人口红利渐渐消退，老年社会提前到来；通过实施精准扶贫，贫困人口占比逐渐降低，但总量仍然不少。诸如此类问题严重制约了社会经济的持续发展，其形成的巨大压力，推动、加快社会体制改革。

利益当局的局势变动推动了社会体制的改革。伴随着社会结构分化、经济体制转变、社会流动加快、利益格局发生深刻变动，城乡之间的收入差距逐渐拉大，社会上形成了更多的利益群体，劳动收入和资本收入之间的差距拉得越来越大，一些地方出现的脱离群众现象也比较明显，这些都使得利益格局变得更加复杂，从而导致一些社会问题的发生。利益格局的变动，对加速社会体制的变革形成了倒逼机制②。

中国在现代化的过程中，充分肯定了市场化社会存在、生存方式与治理理论对市民社会做出的贡献，中国目前的城市化进程当中，市场经济快速崛起，全面取代计划经济。作为现代社会标志的市场经济，既是社会经历转型的基础和载体，也是公民生活的适宜模式。由于市场经济和市场化的生存方式带来的一切现代化的特征，都是市民社会所不可缺少的基本原则。因此，在中国现代化的进程当中，市场化在改变理论精髓的栖身之地之后，带来了人在精神和文化方面的变革。在精神层面，重新塑造了整个市民社会，市场经济所带来的各种观念形态比变革本身更加具有意义。“市民社会”是治理理论的热门词汇，因为它意味着良好管理，并且强调公民是独立的个体，能积极地参与到社会网络中，这一

① 徐秦法：《社会治理中的信仰价值研究》，吉林大学2007年博士学位论文，第39页。

② 张翼等：《当代中国社会结构变迁与社会治理》，经济管理出版社2014年版，第3页。

目标与中国现如今不断深刻的市场化现实情况所产生的物质与精神的变化有许多相似之处。

中国在现代化进程当中，全球化与网络的特殊机遇，将中国的政治文化置放在全球化的大背景当中来考虑，改变了从传统社会以来就树立的非现代价值观念，蕴含着现代开放的价值观。全球化既结合了中国化，又囊括了现代化的要素。在这样的背景下，国家在政治、经济、文化方面的各种交流与合作，都不断得到加强，从而超越了意识形态的限制。尤其需要在不同的国家之间建立一种共同需要遵守的准则和发展框架，从而强化人类的共同价值。总之，随着全球化的不断加深，中国在现代化的过程中必然受到精神价值的同化，治理理论的发展在中国具有客观存在的价值基础①。

（二）治理理论的发展现状

自刘军宁在 1995 年对治理进行最早的介绍以来②，国内学术界开始引入西方的治理理论。徐勇指出，治理作为政治学新开发的领地，鲜少有人进行深入研究，尤其是以中国实际情况为落脚点的相关分析。而作为创新点，徐勇从西方社会和中国不同的历史进程中考察了其中的含义和类型，分析了治理带来的权力分化和整合，从而主张通过竞争合作的关系处理问题，重新塑造政府与社会之间的关系，并尝试用“治理”构建社会研究以及村民自治的大框架③。

毛寿龙认为，governance 应译为“治道”。与政治学相比，治道主要研究的是公共行政问题，并非是统治问题。他认为，中国政府的机构改革主要集中在如下五个主题，即规模的精简机构与人员的改革、职能的转变政府与市场的均衡、行为的规范与政府活动的法制化、党政的协调政治与行政的调整、权力的下放政策与执行的自主化。

在治理理论的引进和评价方面，影响和贡献最大的当属俞可平教

① 林婷：《中国现代化与治理理论的发展》，《社科纵横》2005 年第 6 期。

② 刘军宁：《市场逻辑与国家观念》，生活·读书·新知三联书店 1995 年版，第 55—57 页。

③ 徐勇：《治理转型与竞争——合作主义》，《开放时代》2001 年第 7 期。

授[①]，他很早就将西方的治理理念翻译到国内。首先，从政治学的角度来讲，治理是指管理的过程，包括政治权威的规范基础，但是这个权威并不一定是政府机关。其次，管理过程中权力运行的向度并不一样，治理是一个上下互动的过程。并且，管理的范围并不相同，统治是以领土为界限，但是治理范围不仅包括特定领土界限，也包括国际政府以及非政府组织（NGO）等社会组织。最后，统治与治理权威的基础和性质并不相同，统治是来自政府的法规命令，而治理的权威是建立在公民达成的共识之上。俞可平提出，善治的基本要素包括合法性、法治、透明度、责任回应等[②]。

在治理的逻辑结构当中，公共权力是中心概念。公共权力被少数人称为“集权治理”；由多个主体共同掌握，则称为“分权治理”[③]。有学者从权力的角度对治理进行了阐述，治理主体的多元化导致所有主体都必须放弃自己一部分的权力，最终建立其公共事务的管理联合体[④]。在不同的历史时期有着不同的统治方式，统治者更加强调权力的归属，与被统治者之间有不可逾越的关系；治理所强调的是权力的配合与写作，强调共同治理的过程[⑤]。

创新治理制度的关键一环是对公共物品提供和公共物品生产进行区分。有的学者指出，一方面，政府出于政治、道德和法律的考虑，提供保障基本民生和维护社会稳定的纯公共产品或者完全意义上的准公共产品，同时引入市场竞争机制，减少来自垄断阶级的压力。另一方面，虽然政府是公共产品的提供者，但是并不承担生产的责任，而是采取订立契约的形式，将生产公共服务产品的机会让渡给民间组织，为公众提供更加保障的产品和服务，同时也降低了行政机构的支出，可以有效地开展政府服务。市场提供与公民个人自主服务共同作用的多主体多中心管

---

① 作者根据引用“社会治理”文献数据作出此推论，特此说明。

② 俞可平：《中国治理变迁 30 年（1978—2008）》，《吉林大学社会科学学报》2008 年第 3 期。

③ 徐勇：《GOVERNANCE：治理的阐释》，《政治学研究》1997 年第 1 期。

④ 沈荣华、周义程：《善治理论与我国政府改革的有限性导向》，《理论探讨》2003 年第 5 期。

⑤ 徐勇：《治理转型与竞争——合作主义》，《开放时代》2001 年第 7 期。

理体系[①]。

乡村治理也是治理理论在中国的新实践，如果将村民自治理解为一种仅仅处于乡村的制度，并且只关注对农村本身和国家今后的政治制度的安排具有影响的话，那么“乡村治理”的概念更加接近社会本身，也就是从乡村认识乡村。当前的乡村治理主要包括温饱有余、小康不足，制度安排对社会性质存在高度依赖。村庄作为农民生产、生活和娱乐三位一体的空间，短时间内并不会消失，因此村庄治理是乡村治理研究的核心内容，这是乡村治理研究的重要基础，也是落脚点所在。通过积极发挥村委会的作用，组建符合实际条件的公共服务体系，完善乡村协商互助机制，建设服务型政府等路径，解决乡村社会自主性缺乏、乡村组织不健全、治理机制不完善的问题[②]。

中国城市社区的相关治理问题研究起步稍晚。社区是社会的重要组成部分，社会稳定的前提基础，对推进社会进步和现代化建设有重要作用。许多西方国家的相关实践与研究都总结出，社区建设对于推动国家经济建设之间的协调发展，加快民主化进程，提高生活质量和管理水平，都有非常宽泛的现实意义。

社区治理是指在一定的区域内，政府和社会组织、公民之间管理社会公共事务的活动。在我国，城市社会治理模式从行政社区向合作性和自治性发展，是社会经济体制改革和社会结构调整过程中的一种反应，这代表着城市社区发展的重要方向，同时也带来了社区发展和制度创新的一种新思路[③]。

随着治理理论的不断深入，相比于西方治理的概念，部分学者提出，在中国运用治理理论是否合适。治理不管是作为一种方式还是一个阶段，在中国的适用都存在一些问题。首先，当今中国并不算是非常成熟的多元管理主体，现存的一元化结构与多元主体之间存在一定的张力。其次，在当今中国的政治经济文化中，民族、妥协、合作仍然需要大力培养。

---

① 孙柏瑛：《当代政府治理变革中的制度设计与选择》，《中国行政管理》2002 年第 2 期。

② 张继兰：《乡村治理：新农村建设的路径选择》，《乡镇经济》2009 年第 4 期。

③ 魏娜：《我国城市社区治理模式：发展演变与制度创新》，《中国人民大学学报》2003 年第 1 期。

现阶段能够实现的是带有中国特色的治理，也就是在一元化的结构之下的治理①。

（三）中国特色的治理理论：国家治理现代化理论的构建

社会治理是治理理论应用于我国实际的实践产物。虽然现代的治理理论起源于西方，但我国语境下的社会治理，是将治理理论与中国历史逻辑和现实环境相结合，吸收借鉴后初步形成的理论，两者绝不可同日而语，更不能在应用上采取“套用主义”“拿来主义”，必须适时反思治理理论的适用范围和限制条件。

2002 年，党的十六大报告中最早提出这一概念，将治理概括为坚持打防结合，预防为主，落实社会治安综合治理的各项措施，改进社会管理，保持良好的社会秩序。由此可见，社会管理与社会之间并没有直接的关联，而是在中国发展过程中的结构失衡现象所导致的，其核心含义不仅是要求中国社会的认同，更要促进经济增长，避免社会矛盾的发生②。也就是说，社会管理及社会建设的提出，更多是一种实践导向和问题导向，也就是实践者试图通过社会治理来解决社会领域方面的问题③。

从社会管理走向社会治理，是我国战略发展的大势所趋。当下，公民需求和社会矛盾交织，走向社会治理上升为国家治国理政的基本方略，成为未来社会体制建构的基本方向，有其现实客观性和历史必然性，中国正在经历传统经济体制向市场经济体制的变革。随着社会结构的不断变化，利益格局也随着改变，思想观念的更新加深了社会矛盾，社会结构也变得日趋多元，以行政管理为主要特征的单一化方式逐渐失效。近年来，随着公民社会意识的不断增强，社会的不断发展给原有的社会管理体制造成不小的冲击。2011 年以来，全国各地着力探索一种“党委领导、政府负责、社会协同、公众参与”的社会管理模式。2013 年，中共十八届三中全会用“社会治理”取代“社会管理”一词，指出，创新社

---

① 沈佩萍：《反思与超越——解读中国语境下的治理理论》，《探索与争鸣》2003 年第 3 期。

② 孔繁斌：《中国社会管理模式重构的批判性诠释——以服务行政理论为视角》，《行政论坛》2012 年第 1 期。

③ 岳经纶、邓智平：《社会政策与社会治理》，中央编译出版社 2017 年版，第 16 页。

会治理必须着眼于广大人民群众的根本利益，最大限度地增加和谐社会的因素，增强社会发展的活力和创新，提高治理水平，维护国家和社会安全，保证和谐安定有序。在随后的《关于全面深化改革若干重大问题的决定》当中，还专门对此问题进行了阐述，明确提出改进社会治理方式，激发社会组织的活力；推进社会组织的建设，依法自治，发挥作用；支持和发挥志愿服务组织。这些现实促使社会治理体制的变革成为我国在社会建设过程中的必经之路①。

2014 年 2 月 17 日，习近平在省部级主要领导干部学习贯彻中共十八届三中全会精神全面深化改革专题研讨班开班仪式上发表重要讲话。他强调，治理体系的选择是由一个国家的现实条件和人民决定的，其历史、文化、经济发展适合什么样的治理体制，才能决定其走什么样的路线。在人民政协成立 65 周年大会上，习近平再次强调："履不必同，期于适足；治不必同，期于利民。"中共十八届四中全会开篇便强调："全面推进依法治国，总目标是建设中国特色社会主义法治体系，建设社会主义法治国家。"法治建设作为国家治理体系和治理能力现代化的重要基石，被提到前所未有的高度。

纵观我国社会历史的治道轨迹，从"人治"一步步走向"法治"，从向西方和传统借鉴转到立足当下的本土化社会治理，从政策文本迈向制度实践，这无疑是中国特色社会主义治理体制的正式开端②。"推进国家治理体系和治理能力现代化"作为全面深化改革的总目标，为公共管理绩效问题提供了前所未有的机遇，也提出了新的挑战。

从实践的角度看，从社会管理向社会治理的转变，并没有改变政府管理社会的实质意义。尽管"治理"一词蕴含着社会主体、多元治理、合作治理的意义，它并不意味着使用社会管理概念就没有社会主体的角色和功能。社会管理概念刚刚流行的时候，郑杭生就看到了其中的治理元素。他认为，社会管理概念和任务的提出，预示着中国正在走向更讲治理的社会。中国处于改革发展的关键时期，推进国家治理体系和治理

---

① 向春玲：《社会治理创新理论与中国基层实践——以成都金牛区曹家巷为例》，中国人事出版社 2016 年版，第 8—9 页。

② 龚维斌：《中国特色主义社会治理体制》，经济管理出版社 2016 年版，第 33 页。

能力现代化，不仅需要依靠中国改革开放40年积累的实践和研究成果，也需要了解、学习和批判借鉴各个国家在这方面的经验和教训[①]。治理理论本身主要研究的是西方发达国家，但是在一些发展中国家，治理理论的本职目标是为了改善国家体制来摆脱发展困境。要把从西方国家兴起的治理理论应用于发展型国家，就必须明确西方与非西方的区别和现实差距，从非西方国家的治理目的出发，基于善治和治理的关系，获知发展中国家的治理内涵与要求[②]。

我们对于中国社会治理的理论与实践创新的理解，都离不开正确理解党在治理多元主体中的领导地位，这是我国实现社会治理创新的重中之重。治理理论兴起20多年来，通过对其引介、本土化与应用，治理理论的研究与实践都取得了一定的成果，并且形成了一套比较完善的治理概念体系。

1. 治理格局：从单一管理到一主多元

从当前的国际形势看，我国所谓的社会治理的模式与西方国家所遵从的治理模式并不相同，彼此之前存在共性，但也存在差异，这种差异主要表现在社会治理的主体方面的不同。西方国家政权建立的基础是“三权分立”理论，在这种理论基础上建立的治理模式，在结构上主要表现为“市场—政府—非政府组织”的特点，三者之间的地位在治理模式之下并无太大差异，只是对各自负责治理的区域进行分工。而我国当前主要采取的社会治理模式，是由党委领导，政府主导，公众参与，以期达到弱化政府的统一管制效果，加强社会自我调节和公众参与的良性互动。从历史上来看，中国在历史上就形成了“强政府”传统，因此各级政府在实践中并不应该将治理职能完全放任于市场或社会。另外，中国现行体制决定了中国治理的合作方式必须突出党的领导地位，在现实中表现出“市场和社会围着政府转、地方政府围着中央政府转、下级政府围着上级政府转”[③] 的特点。可见，我国要构建的是一种“一主多元”

① ［英］斯蒂芬·奥斯本：《新公共治理——公共治理理论和实践方面的新观点》，包国宪等译，科学出版社2016年版，第8页。

② 王诗宗：《治理理论及其中国适用性》，浙江大学2009年博士学位论文，第118页。

③ 麻宝斌：《公共治理理论与实践》，社会科学文献出版社2013年版，第77页。

式的治理格局。

2. 治理理念：从善政到善治

统治与治理都有各自的终极目标，统治追求善政，治理追求善治。虽然围绕作为治理理想形态的“善治”定义至今争论不休，但有一点是确凿无疑的：实现善治是各国执政党追求的共同目标，以善治理念引领社会治理，是各国政府的共同认识。

我们党在治国理政过程中，结合我国国情，通过改革开放、全面深化改革、四个全面、五大发展等重大战略部署，从单一强调“政府管理”为核心的“善政”理念，转为当前兼顾管理、同时突出“社会治理”的“善治”理念，正逐步实现由“替民做主”向“由民做主”的转变，真正实现党和政府“为民做主”与人民群众“当家作主”的有机结合。“善治”与传统意义上的“善政”并不相同。善治的主体从单一政府转型为多元主体的治理，治理的主体和被治理的主体是有良性互动的，可以参与到治理的过程中。

传统的善政以“政府管理”为核心。衍生于传统国家理论、政府理论、权力政治理论。由于善政强调的管理主体是政府，它甚至把社会管理称为完全意义上的政府管理；“善治”则是政府施行良好治理的结果。

以“社会治理”为核心的“善治”，摒弃一些传统理念，凸显合法、责任性，强调回应性和有效、高效的行政理念，“公共治理”“协同治理”“多中心治理”等概念是其理论来源。善治是使公共利益最大化的社会管理过程，是政治与公民社会的一种新型关系，其主要强调政府和公民合作管理公共生活，达到两者最佳状态。根据善治理论的发展历程来看，如何实现公共治理是善治的终极目标。而实现善治，首先要让所有的相关治理主体都参与到公共事务治理这一过程中，其次必须保证权力分工明确。政府和社会的共管共治不仅仅是一种互动，也是一种分享利益、共担责任的协同治理①。

3. 治理方法：单一治理到协同治理

治理与管理之间最大的区别就是涉及主体的不同。在管理模式下，所涉及的公共政策是单一目标的；但是在新公共治理下，公共政策的制

---

① 燕继荣：《社会资本与国家治理》，北京大学出版社 2015 年版，第 204 页。

定和实施并不依赖于政府的权力，而是探索多元主体的合作治理，多个主体一起参与到共同利益的治理过程中。

协同理论与治理理论并非相互矛盾。它们的内涵相近，并且有共通之处。治理理论本身便主张通过多元主体的共同协作来实现公共利益最大化，这一点和协同理论的内涵是一致的。

改革开放以来，尤其是进入21世纪之后，我国各级政府纷纷推动政府职能转变和社会管理改革，使得治理协同关系普遍呈现出某些合作的理念趋势和积极作为。这些趋势与作为着重于协同治理的制度重建方面，主要内容是协同治理体制的变革，向多层次的治理体制转变，建立起各方协同机制以及多中心治理体制。在治理的框架上，力求治理工具的专业化，并寻求建立合作伙伴关系；在协同发展的过程中，强化地方政府的治理能力，构建公共事务的多方参与制度；在协同治理问责制度上，建立网络问责机制。

从单一治理到协同治理的转变过程中，如何在坚持基层党组织的领导下，充分发挥民主党派参政议政、协同治理的作用，始终是一个重要课题。协同治理是各级政府创新社会治理的必然路径，这在基层社会，尤其是社区这个载体平台上，体现得最明显，也最具成效①。

西方改革浪潮中出现了治理理论的新范式，它不仅主张政府和市场之间的合作，更重要的是，找到政府、市场、公益组织之间的良性互动与协作的平衡点。如何通过灵活运用各种有限的资源，进而达到“善治”的目标，这是治理理论的终极追求。因此，治理理论对于我国界定市场、政府、非政府组织之间的关系具有非常重要的作用，同时也为我国构建社会主义和谐社会提供重要的理论参考。社会和谐才是治理理论的目标，而和谐社会的深刻内涵，就是通过高效、独特的社会治理模式，实现和谐社会的构建，因此，提高治理水平对于构建和谐社会来说具有非常重要的意义②。

---

① 向春玲：《社会治理创新理论与中国基层实践——以成都金牛区曹家巷为例》，中国人事出版社2016年版，第58页。

② 付春：《族群认同与社会治理——以川、滇、黔地区十个民族自治地方为研究对象》，经济科学出版社2015年版，第34页。

三　治理理论在民族地区的价值

一个国家理论的发展水平，取决于这个国家对这种理论需要的程度。从目前中国改革发展的实际情况来看，社会主义模式建立的特殊性和必然性对我国国家制度的建构产生了非常重要的影响，从而产生了各种矛盾。而创新社会治理的贡献，主要在于坚持社会主义国家上层建筑的基本底线与多元社会诉求之间的结合。

中国是一个多民族构成的统一国家，民族地区国土面积占到64%，边疆地区既是国家安全的重要屏障，同时也是我国对外开放的桥头堡。少数民族地区的社会治理对于维护国家长治久安，推动民族地区的和谐稳定发展，具有非常重要的作用①。

（一）民族地区社会治理的特殊背景

由于我国民族地区的特殊性，要想保证社会的和谐稳定，政府的主导和“元治理”作用更为突出。作为国家社会治理的重要区域，政府治理优劣既关乎民族的和谐发展，更关乎国家的长治久安。

1. 民族地区需要保持政治稳定

民族地区社会稳定度不高，安全隐患较多，区域政治敏感度很高，是我国实现和谐社会和国家战略的重点区域。相关研究表明，民族地区社会冲突的根源在于历史条件与环境基础的欠缺。由于社会经济结构中的矛盾难以解决，同时伴随着文化冲突的存在，导致区域发展不平衡等问题日益严重。

民族地区的发展，首先是政治民主的发展，保证各个民族在法律面前享有平等的政治民主权利，履行法定义务，各个少数民族的居民都应该有序地参与到国家的政治生活当中来，只有推动少数民族民主政治程度的发展，才能推动这些地区的政治体系不断完善，从而加快民族地区的发展。

---

①　肖应明：《中国少数民族地区社会治理创新研究》，陕西师范大学2015年博士学位论文，第2页。

民族地区的政治稳定是发展的重要前提，也是保持经济文化发展的前提。改革开放以来，我国民族地区基本实现并保持着政治稳定，但是我们必须认识到，民族地区存在着不稳定的因素。我们要立足长远，加快民族地区政治发展，将这些因素消灭在萌芽状态。

基层管理组织的薄弱导致了民族地区政治发展水平不高，在此背景下，具有充分权威性的政府恰恰是保证民族地区稳定发展的基本条件，也是发挥政治体系职能的根本保障。但是在社会转型期间，民族地区由于出现了政策性的偏差，导致过分注重经济发展而忽视了其他相关制度的建设，从而导致了基层组织建设比较薄弱，尤其是在偏远地区，这种情况表现得更加明显。这种状况的存在，极大地影响了民族地区民主政治的发展①。

2. 自然资源受限导致经济发展困难

我国民族地区大多自然资源丰富，但受到区位因素限制，经济发展总体水平还不是很高。个别地区发展速度较快，经过改革开放以来的大力建设，一部分民族地区在发展过程中形成了自己的特色。例如内蒙古的鄂尔多斯地区，广西的北部湾地区、新疆的油气田地区和宁夏的沿黄经济带地区，这些地区通过特色经济的建设，有效地促进了经济的发展。但是总体上来说，这些地方仍然存在着经济发展水平和配套制度建设落后的现状，服务业很难快速发展。

个别地方对自然条件的依赖性很大；而缺乏资源的地区，大多经济发展乏力。受耕地资源、自然环境影响，民族地区的农业发展水平一般，现代化农业覆盖范围有限，农产品的产业化水平有待提高。畜牧业是民族地区的特色，也是第一产业的主要形式，并且诞生了一批在国内和国际上有相当影响力的产业龙头企业。但是，这些企业越来越受到草场恶化、水源枯竭、极端恶劣气候等不利因素影响，需要尽快转变经营模式，克服人为和自然的限制。

民族地区城市化水平逐渐提高，但多数城市的经济结构都不合理。例如产业结构的层级较低，企业规模小，竞争能力差；第三产业发展非常缓慢，占比小，其余一些经济类、科教文卫等综合性服务不够发达。

---

① 王丽平：《民族地区社会管理创新》，中央民族大学出版社2013年版，第15页。

这不仅影响到第三产业本身的可持续发展，更是制约了相关产业的迅速发展和地区综合实力的提升。边境地区的贸易发展构成了民族地区经济组成的大部分，很多少数民族地区利用本地区地理、文化的优势来发展当地的贸易，进而加强边境地区的友好往来。但是民族地区的贸易多数停留在居住在边境的居民贸易上，对于未来民族地区的经济发展并没有起到实质性的影响①。

3. 民族地区社会治理难度大

中国西部民族地区在应对社会转型的时候的应变能力较弱，容易和外来文化发生冲突，从而导致社会整体机制的约束力下降。而且，当地政府的管理能力和公信力相对低下。此外，在境外“三股势力”的蓄意破坏和反华势力的推波助澜下，对于国家的认同感降低，容易引发民族矛盾。民族地区呈现出复杂性、多样性态势，社会治理难度大的特点。遵循多元决定论的社会历史观，我们看到，我国民族地区存在着由于社会历史原因形成的社会结构及其社会治理要素的复杂性与多样性问题，并随着社会变革不断发生新的变化。

复杂性与多样性构成了民族地区社会的特点，民族地区的社会治理要立足于这一现实基础。民族地区社会的复杂性与多样性主要体现在以下四个方面。第一，在漫长的社会发展过程中，少数民族群体形成了各个民族社会成员独有的、各具特色的社会组织。集体生活各自不同又独具特色的社会组织，以富有民族特色和地域特点的社会规范，维系着本民族的社会秩序。第二，宗教的一个特征就是复杂性和多样性，宗教作为一种独特的文化现象，伴随着人类的产生直至今日，而宗教信仰对于一个民族的心理习惯、信仰、生活、甚至民族认同感，都具有非常深刻的影响。信仰是一种精神信念，是人们生活和行动的依据，信仰一旦形成，不会轻易改变，也不会受时空变化的影响。第三，居住环境的复杂性和多样性。首先从地理环境来看，民族地区的地理环境更为复杂多样；其次，从各民族居住的人文环境来看，同样呈现出复杂性与多样性的特征。第四，社会发展的复杂性和多样性。由于历史的原因，少数民族地区的经济基础薄弱，加上自然环境恶劣、市场化经济程度低，使得在民

① 王丽平：《民族地区社会管理创新》，中央民族大学出版社2013年版，第13—14页。

族地区，不同少数民族的经济社会发展不平衡现象较为突出。

4. 教育科技事业发展建设不足

少数民族地区大多地处偏远，学校的条件都较差，加上资金的短缺，工资水平普遍低于发达地区，很难吸引和留住教育人才。另外，当地政府和人民对教育的重视程度不够，对于教育重要性和必要性的宣传不足，基础教育片面注重升学率的现象仍然很严重，学生摆脱不了沉重的课业负担。很多家庭迫于生计，让孩子读完初中甚至读完小学后就外出打工，导致多年来形成的不重视教育的观念死灰复燃。高等教育体系仍然不够完善，只有几所在全国具有影响力的民族大学和院校，缺乏合理的高等院校布局、结构和专业划分。职业教育方面较为混乱，未能形成吸引全社会力量和资源合力兴办职业教育的机制和氛围。民族地区无论是教育的软硬件实力还是投入方面，都远远落后于发达地区。科技事业在民族地区的发展严重滞后。无论是科技建设的观念、设施还是机制，与发达地区相比都存在较大差距。在观念上，科技是第一生产力的观念尚未全面落实到基层；在设施上，各民族地区的科技设施落后，科技知识普及力度有待加强，很多科技设施和技术甚至是发达地区已淘汰的产品；在机制上，未能建立起发展推动经济建设的机制，很多企业仍然依赖劳动密集型的手工生产，缺少科技推动发展的内在动力，科技成果转化为市场产品和生产技术的水平较低①。

综上所述，经济增长并不必然带来社会稳定，尤其是在社会转型的大背景之下，甚至可能出现绝对剥夺和相对剥夺的情形，进而让不同的社会群体产生负面情绪。另外，相较于内地和沿海地区，民族地区的社会环境还具有区域性、民族性、宗教性、国际性、敏感性、复杂性等诸多特点。我国现正处在高速发展的关键期，提高社会治理水平、提供均等化的公共服务、提高公众的幸福指数，是政府和社会的首要目标，也是历史发展的必然。

研究、探索和总结民族地区社会治理理论十分必要。十八届三中全会上，对民族地区的社会治理并没有进行特别的表述，因此，如何改进民族地区的社会治理水平，仍然需要进行实践探索。这就决定了在做好

---

① 王丽平：《民族地区社会管理创新》，中央民族大学出版社2013年版，第97—98页。

职能转变、培育社会组织、化解矛盾等基础工作之外，还需要因地制宜，具体问题具体分析，不断地探索和总结经验教训。

在民族地区社会治理的进程中，宗教权威和法理型权威交织，计划经济的遗留制度与市场经济体制并存，国家认同与民族认同共显。因而民族地区社会建设和社会治理的协调难度大，资源约束紧，政治风险高。要想推进民族地区的社会建设，保持民族地区的长治久安，必须要植根于民族地区特殊的社会结构与文化土壤，在理论指导下进行，构建一套适合民族地区经济社会和谐与稳定发展的机制。民族地区社会建设与治理的核心在于整合社会行为，协调社会关系，促进社会共识，发展社会公共服务事业，完善社会保障体系①。

（二）治理理论对民族地区的政治价值

1. 维护政治稳定，充分实现和保障少数民族平等权利

我国的民族问题具有长期性、复杂性、重要性和敏感性的特点。民族问题是关系到我们的祖国统一、社会稳定、边防巩固、建设成功的大问题。关于这一点，已经分崩离析的苏联和正在冲突不断的中东地区，都给了我们深刻的教训，民族问题不可忽视。民族地区的明显特征就是少数民族人口多，成分复杂，这些都是极易导致社会动荡、局势不稳定的因素，必须要谨慎处理，否则一旦矛盾激化，就会产生社会动乱等不稳定事件②。

民族地区的社会治理在改革开放过程中取得了非常大的成效，不论是在民族平等还是民族团结方面，都体现出了对民族地区建设的高度重视。此外，需要加强民族地区的法制化建设，完善民族地区的法律制度和政策法规，进而加强民族地区的法治水平，从而保障少数民族人口实现权利平等。

2. 维护民族团结，提高经济水平发展

治理理论从西方到中国，都有其独具特色的发展道路，在中国具体

---

① 党秀云：《民族地区社会建设与治理研究》，国家行政学院出版社 2015 年版，第 1 页。

② 吴明永、曾咏辉：《马克思主义视域下西南少数民族地区社会发展研究》，中国社会科学出版社 2013 年版，第 5 页。

到民族地区，也有其因地制宜的民族特色。各民族地区分别依据《宪法》，制定了符合本民族地方的自治条例，逐步健全了民族区域自治法制体系。发展民族区域自治制度，就要全面贯彻落实党的民族宗教政策。此外还要注意加强对少数民族地区的干部群众队伍建设，发展并繁荣少数民族地区的文化①。另外还要重视少数民族地区干部群众队伍建设，注重文化建设，繁荣发展文化产业。

随着少数民族地区法治水平的不断提高，党的政策得到了充分的实现，民族地区的经济得到了快速的发展，各民族之间民族团结不断加强，少数民族地区共同繁荣成了大家共同追求的目标，党的民族政策不断更新和强化，全国人民都意识到了加强民族团结的重要性。

（三）治理理论对民族地区的理论价值

1. 有利于发展马克思主义民族理论

民族问题是社会总问题的一部分。马克思主义民族理论是科学社会主义的组成部分。马克思、恩格斯曾经对民族发展和民族问题进行过一些梳理，指出，其与社会问题、阶级问题、革命问题甚至国家统一问题都有密切关联。

在多民族的中国，民族问题是一个重大的社会问题，更是一个重大的政治问题，是走中国特色社会主义道路首先要重视和解决的问题。民族地区的社会治理问题只是中国民族问题的一个缩影。民族地区社会治理发展的实践，是把马克思主义民族理论应用于民族地区的具体实践。运用治理理论要结合民族地区发展，以马克思主义民族理论为基础进行创新。在实际运用中，探索如何实现“两个共同”的途径，不仅能够有效地解决少数民族地区各方面的发展问题，还能进一步发展马克思主义民族理论。

2. 丰富中国特色社会主义理论，推动国家治理体系现代化发展

大部分民族地区处于大开发战略和沿边开放的核心腹地，是扶贫开发的直接对象，其社会发展与社会主义新农村密切相关。在解决民族问题方面，中国共产党自成立以来，就有着鲜明的特色，并且有了许多的

---

① 陈莉：《民族地区社会治理理论与实践探析》，《民族论坛》2016 年第 6 期。

成功经验。成功的民族理论是中国特色社会主义理论体系中的重要部分。随着现实在不断变化，新问题也层出不穷，解决民族问题的新思维、新经验、新方法正在不断形成，中国特色社会主义理论也随之不断地发展和完善。

少数民族社区治理理论是国家治理体系中非常重要的一环，通过研究少数民族地区的特征，丰富少数民族地区社会治理理论，进而总结、归纳出新的治理成果不但必要，而且十分重要，这对于丰富国家治理体系，实现治理能力的现代化，丰富民族与国家之间关系的理论，具有非常重要的意义①。

（四）治理理论对民族地区的实践价值

1. 打破政府公共资源垄断地位，构建“五位一体”社会治理网络

治理理论要求政府缩小职能边界，与其他社会主体分享公共资源，共担社会责任，构建多中心、多层次、立体式的社会治理网络。在民族地区社会建设与治理进程中，法理性权威与宗教性权威交织，计划经济遗留制度与现代市场经济制度共存。因此，民族地区的社会建设与治理要整合政府、社会组织、宗教权威、企业、社会个体的力量，构建“五位一体”的复合式社会治理网络。在这个网络空间内形成一种交互融合的权威场域，包括基于合乎法理的政府权威、基于集团利益的组织权威、基于超自然力量的宗教权威、基于股东效用最大化的企业权威以及基于公民主体意识的公众的个体权威。处于治理网络中的社会建设与治理主体通过达成共识来确定行为准则，从而协同合作，共同维护社会秩序，提供公共服务，整合社会行为供给社会福利。

2. 建立平等协商对话机制，有效化解社会冲突与矛盾

治理理论指出，传统的管制对于解决社会问题来说并不高效，我们还可以通过协商和与公民进行互动，使社会和公众参与到政策制定和施行中，更加有效地进行社会治理。当下在民族地区的社会治理中，政府具有压倒性优势，这一治理网络仍然是一个被扭曲的网络。政府的权威

---

① 肖应明：《中国少数民族地区社会治理创新研究》，陕西师范大学 2015 年博士学位论文，第 4 页。

渗透到社会生活的方方面面，其他社会主体的活动空间被压缩，权力被抑制，职能被架空，它们更多地成为政府的附庸。因此，政府要意识到，构筑一个全能型政府的初衷，从根本上是无法应对日益凸显广泛性、复杂性、风险性的现代公共事务的。政府应敢于打破自身的权力垄断地位，以平等的姿态与其他社会主体进行对话协商，以协调好各社会主体间的利益关系。此外，对于公共资源在各主体间的配置，一是要发挥市场对资源的基础配置作用，二是要通过协商和谈判的方式，合理配置资源。总之，在社会治理网络中，各社会主体都具有相对独立、平等地位，它们相互协作，职能相互补充，权力相互制约，在社会建设的事业中各尽其能，各得其所。

3. 确立公共利益的至高良善，实现“善治”的社会治理目标

治理理论认为，治理的目标是“善治”。“善治”是公共利益最大化的社会治理过程。实现公共利益、增进公共福祉一直是政府存在的合法性基础，但是由于“公共利益”的概念十分宽泛和模糊，有可能沦为个别政府部门不作为的挡箭牌。

首先，要合理界定公共利益的内涵和外延。一般而言，公共利益主要涉及以下几个方面的公共问题：一是保护人民的生命、财产及应有的权利，二是确保重要资源不匮乏，三是扶助弱势群体，四是加强经济的稳定增长与平衡，五是提升整体生活品质，六是保护自然环境，七是促进科学与技术的发展。

其次，公共利益需要在利益集团的互动博弈中去实现。这一过程有赖于公民社会的充分发展。在我国，公民社会发展尚不成熟，政府对公共利益的决定具有很大的裁量权。因此，政府要培育和发展公民社会组织，要尊重公民的主体地位，培养公众的公民身份意识，考察公民的需求，畅通公民利益表达渠道，最大限度地满足公共需求，维护和增进公共利益。

最后，公共利益和善治目标的实现需要政府管理理念、管理方式、管理方法的改革与转变。政府要还政于民，确立公民社会的合法性身份，为其开辟活动空间，授予合法权威，实现政府职能的转变，向有限的、服务型、授权型的政府转变，重视社会组织和群众力量，发挥公民在社

会建设与治理中的功能与作用①。

（五）治理理论对民族地区的文化价值

改革开放以后，随着社会结构的不断变革，在市场的积极促进下，社会有了空前的活力。在这个过程当中，人的作用开始凸显，人逐渐成为独立的个体，从传统的体制中解放出来，个体、集体之间的权益和权利的差别越发明显。国家在变革过程中，也明确了社会主体之间的差异，既包括政府对个体的承认，也包括个体自身在权利意识方面的觉醒，从而形成独立的权利和利益。而这些变化对于少数民族来说也是一样的，每个个体所蕴含的权利和利益都非常复杂，不仅仅包括生存权、公民权和政治权利等基本权利，还包括同汉族相比更加重要的宗教信仰，使用本民族文字的权利，等等，这些共同构成了少数民族的文化权利，对于少数民族来说至关重要。

1. 治理与善治，法治与德治

要想实现善治，法治和德治必须双管齐下。依法治国和以德治国在今天有了新的含义，传统社会所宣扬的“德治”存在局限性，主要是通过宣扬统治者的德行和封建社会的传统文化进而维护自己的统治。如今的德治更多强调对公民的道德建设，是以社会道德体系的重塑作为目标。人是国家的核心，制度是国家的架构，而文化是国家的精神。国家的发展取决于人的成长，同时也取决于制度的健全与完善。文化在国家治理中往往并不是直接发挥作用，人们往往在实际生活中会忽略文化的作用。早期，亚里士多德对城邦治理的时候就十分重视文化的价值。他认为，城邦的幸福与人一样，离不开三个因素，即外部环境、内部环境和灵魂。一个好的城邦不仅需要好的公民和政体，也离不开好的德行②。道德是文化精神的载体，而文化是道德的直接载体，道德的提升也依赖于文化的塑造和提升③。

---

① 党秀云：《民族地区社会建设与治理研究》，国家行政学院出版社 2015 年版，第 20—22 页。

② 亚里士多德：《政治学》，吴寿彭译，商务印书馆 1983 年版，第 340—343 页。

③ 付春：《族群认同与社会治理——以川、滇、黔地区十个民族自治地方为研究对象》，经济科学出版社 2015 年版，第 21—25 页。

正是因为如此，以德治国在国家的建设和公民的发展起到了非常重要的作用。法治和德治同样重要，不但要将二者确定为制度和规范，更要求在整个社会生活中塑造出一种法治和德治并存的文化，让城市信用、规范等重要的观念固化到公民心中去，进而实现良法善治的目标。从这个意义上讲，依法治国和以德治国对于今后的社会治理工作同样重要。

2. 对文化建设统筹规划，加大基础建设力度

原生态良好的生态环境和丰富的自然资源是民族地区的优势，同时，民族地区也保存了非常丰富的人文资源。以云南为例，该省就拥有非常丰富的森林资源和动物资源，这些植被有效地起到了保持水土的作用。在民族地区经济发展呈现巨大变化的情况之下，少数民族地区的文化发展水平与当地经济发展水平紧密结合起来。对于少数民族地区来讲，作为个体权利一部分的文化权利，是与少数民族密不可分的，因为身份作为对个人进行界定的一个重要方面，通过这种社会关系而明确了他们的权利和义务①。

治理理论要求统一化、多元化、一体化，对民族地区的文化发展也要统筹兼顾，逐级划分任务，这样全地区的文化建设才能形成体系，不至于一个地方一个样，一个部门一个模式，各自为政。具体而言，要建立一整套文化建设的体系和模式，使文化资源和文化人才得到统一的、合理的调配和使用。使文化建设得到从上到下的充分重视，并将其作为推动地方发展的一个重要指标。要坚持不间断的文化建设和定期检查进度，杜绝为了应付检查而抓文化建设的“形象工程”。

文化部门作为文化建设的主要负责部门，长期缺乏相应的职权，导致文化建设的发展无力和管理混乱。因此，要赋予文化部门相应的职权，其他部门和单位必须配合文化部门执行文化建设的任务。同时，提高各部门和单位进行文化建设的积极性。每年制定的文化建设任务，必须逐级划分到各部门和单位，并明确所有部门应承担的文化建设任务和责任，避免相互推诿或拖延执行。

言而总之，不管是通过外部治理还是内部治理，文化都是起决定性

---

① ［挪威］托马斯·许兰德·埃里克森：《小地方，大议题——社会文化学导论》，董薇译，商务印书馆2008年版，第68页。

因素的部分。一个国家有了充分的文化基础，才能更加有效地进行社会治理创新。我国文化建设还需要长时期的规划和具体实施，首先要做到的就是对文化发展的鼓励和保护，从而创造出属于国家共同的文化精神和民族理想①。

① 付春：《族群认同与社会治理——以川、滇、黔地区十个民族自治地方为研究对象》，经济科学出版社 2015 年版，第 21—25 页。

第三章

社会资本理论与民族地区社会治理

在理性经济的作用下，不可避免地会产生“免费搭车者”问题。如果人人都想“免费搭车”，就会导致公共物品供给不足，或曰“集体行动的困境”。奥尔森认为，要解决“免费搭车者”问题，不能单靠社会规范和价值观念的引导和教化，也不会像古典经济学所说的那样，每个人都去追求自己的利益便能自然而然地达到社会整体利益。他认为，克服“免费搭车者”问题，只有通过强制和选择性诱因两种方法①，亦可归结为“利维坦方案”和“私有化方案”。

但也有学者指出，奥尔森的强制和选择性诱因解决集体行动困境的成本都过于高昂。通过强制的办法，会存在这样的问题：限于时间和精力，执法者不可能每时每刻都监督和规制社会成员的一言一行，在一个高度发达的社会，也不可能将所有的公共事务都交由政府公职人员操办，这样的政府负担未免太过沉重，同时也抑制了社会的活力。如果在社会成员之间、政府与公民之间能够形成一种信任关系，将大大减轻缔造公共物品、降低集体行动的交易成本。集体行动之所以失败，往往是因为个体成员不相信他人也会像自己一样对公共事务尽心尽力，另外还有对政府的天生的不信任。而如何发展这种信任关系，就是社会资本理论所关注的核心命题。

社会资本理论是一种新的解释社会治理的范式，其学术价值体现在

---

① 丘海雄、陈健民：《行业组织与社会资本：广东的历史和现状》，商务印书馆2008年版，第14—17页。

对于社会经济政治发展逻辑的合理解释。在经济学研究中，社会资本被看作是促成交易、达成合作的关键因素，可以有效地弥补市场失灵和政府失败。在政治学研究中，社会资本作为社会信任的来源和公民社会的黏合剂，是良好社会治理模式的核心基础。在社会学研究中，社会资本作为一种无形资源，集中体现为社会关系，这既是个人能力的储备，也是一个组织或整个社会凝聚力的基本来源。拥有社会资本的多寡，直接影响社会资源的分配情况。其实，社会资本最大的价值在于，针对某些最迫切、最紧要而又尚未解决的问题，其概念为跨学科研究提供了一个可靠起点和依托，基于“社会资本”这一宽泛的交叉概念，管理学家、历史学家、人类学家、社会学家、经济学家、政治学家和公共决策者以及不同阵营、不同领域的研究者，再次找到了一种公开存在的建设性争论中的共同语言①。

一　社会资本理论的提出

（一）布迪厄的社会资本理论

尽管社会资本的理论渊源可以追溯到马克思、托克维尔、齐美尔、涂尔干、韦伯等社会学先驱人物，也可以在早期经济学研究中找到“社会资本”的概念，甚至在早期文化人类学家那里，“社会资本”的概念也一直得到真切关注，但法国社会学家皮埃尔·布迪厄被公认为是最早以社会学的学科视角对社会资本理论进行系统研究的学者。布迪厄率先对社会资本的概念界定、社会资本的运作条件、社会资本的积累和维护、社会资本与其他资本的兑换关系等问题，进行了系统分析和阐述。布迪厄对社会资本理论的产生和发展产生了深远影响。

早在1980年，布迪厄就对社会资本做了这样的界定，社会资本就是实际的和潜在的资源集合，这些资源同制度化关系所构成的持久性社会关系网络相联系。也就是说，当一个人拥有某种持久性社会关系网络时，就意味着他拥有实际或潜在的资源。布迪厄从以下三个维度来理解“社

① 李惠斌、杨雪冬：《社会资本与社会发展》，社会科学文献出版社2000年版，第301—302页。

会资本”的概念。首先，社会资本是一种与持久社会网络联系在一起的实际或潜在资源；其次，社会资本以相互熟悉、稳定交往为基础，是一种制度化的网络关系，需要依靠制度化关系来维系；最后，社会资本兼具潜在性和现实性。在一定程度上，持久的社会关系网络实际上就意味着社会资本，一个人所能有效调动的社会关系网络的规模，就决定了他的社会资本存量。这些观点即便现在看来也没有不妥之处。但遗憾的是，这一论述在当时并没有引起学术界的关注和重视。

在布迪厄看来，经济资本、社会资本和文化资本是资本的三种基本表现形式。在他的早期研究中，更加强调经济资本和文化资本对人的社会性存在的重要性。他认为，社会资本不能独立于经济资本和文化资本而单独存在，也不能转换为经济资本和文化资本，而一般情况下后者可以转换为前者，相对于经济资本和文化资本而言，社会资本只是起着增效器的作用①。具体而言，在稳定持久的社会交往之中，社会资本由经济资本和文化资本交融转化而来，由彼此有来往的人们之间的社会义务构成，交往的稳定持久和重复性保证了这一义务的履行。社会资本的存在、维系和增值，预先假定了社会交往稳定性和交换连续性，在这一稳定持久的交往和交换中，认同感和信任感一次又一次被肯定。社会资本的形成和积累过程，就是个体社会成员通过参与集体行动增加社会收益，以及为了创造社会关系资源而对自身社会能力进行构建的能动过程。不过，布迪厄对“社会资本”概念的使用还处于一种隐喻状态，社会资本在他那里并不是一个确定的分析框架。在使用社会资本进行经验性研究时，如何对社会资本进行概念操作，是一个他尚未解决的问题。

总体来说，布迪厄的社会资本理论关注的主要是个体社会资本，把社会资本视为关系网络中的资源，从工具性角度界定社会资本，强调个体通过集体行动获取社会资源以增加行动收益，是对资源获取能力本身的构建。他的社会资本分析逻辑基本沿用自己早年对经济和文化资本的分析路线，将关注重点放在如何实现经济资本向社会资本的转化上。他的社会资本分析可能同样受到了结构分析中网络分析方法的影响，但并没有像结构分析者那样，对社会资本的网络结构进行深入剖析，其对社

① 袁振龙：《社会资本与社区治安》，中国社会出版社2009年版，第38页。

会资本的理解还是相当模糊的。

（二）科尔曼的社会资本理论

科尔曼首次对社会资本理论进行了系统论述。他区分了三种资本类型以及五种社会资本形式，阐释了社会资本的由来、维系和创造。科尔曼的社会资本研究综合了经济学和社会学的研究取向，试图引入经济学家用于分析社会体系正常运转的理性行为原则，但又不完全局限于理性经济体系，把社会资本定位为有助于经济体系和社会体系相互关照、整合分析的一个联合工具。他指出，“社会资本分析”概念的特点就在于通过社会资本的功能来鉴别社会结构方面的事实。社会资本这一分析框架既有助于解释微观现象之间的细微差别，还可以实现以微观分析到宏观分析的过渡。

科尔曼从功能视角来界定社会资本，认为社会资本是由一系列拥有两个或以上共同要素、具有结构特征的不同实体构成，它能够促进社会成员参与集体行动。与布迪厄一致的是，科尔曼也认为社会资本并不能直接替代其他资本，而是对于某些行动具有特殊意义。他还对社会资本的存在形式做了细致区分。第一种形式的社会资本是“义务与期望”，由社会环境的可信任程度决定。第二种形式是存在于社会关系内部的信息网络，这是社会成员获取有效信息的主要来源。第三种形式是“规范和有效惩罚”，它有效地约束着人们的行为，使集体行动的目标更容易达成。第四种形式是“权威关系”，是指对某种行动的控制权。在缺乏权威的条件下，共享同一利益的众多行动者之间无法解决“免费搭车者”的问题。正因为意识到解决集体行动的困境需要相应的社会资本，在特定条件下，会把权威授予超凡魅力的领导人。第五种是多功能社会组织和有意创建的组织，这种社会资本可以表现为前述四种形式①。

科尔曼关于社会资本的由来、维系和消亡的分析十分深入。首要因素是社会网络的封闭性，它对社会资本有重要的抑制或促进作用。社会网络的封闭性是指处在特定社会关系中的行动者之间相互制约和关联的

---

① ［美］詹姆斯·S. 科尔曼：《社会理论的基础》，邓方译，社会科学文献出版社 2008 年版，第 283—289 页。

密切程度。社会网络的封闭意味着群体内部行动者之间相互依赖，这就降低了群体内部行动者对外部行动者的依赖，也减少了二者资源交换的必要和可能，为网络内部规范的建立和维系提供了基本前提。社会网络的封闭性十分重要，如果结构不具备封闭性，则难以确立具有约束力的行为规范。社会结构的稳定性则是影响社会资本形成、保持和消亡的第二个因素。除去以职位为基础建立的正式组织，所有社会资本的存在和维系都依赖社会结构的稳定性。因为社会组织瓦解必然导致社会关系破裂，社会资本也随之消亡，群体内部利益关系一并湮灭。意识形态是影响社会资本创造、保持和消亡的第三个因素，它可以通过塑造网络成员的理想信念和价值观念来影响和规制其行为方式。不同的意识形态对社会资本的创造、保持和消亡所起到的作用是不同的，甚至相反。最后，社会资本的创造、保持和消亡还与政府的富裕程度有关①。

科尔曼还深刻地观察到，随着经济社会的发展，在资本总量上升的前提下，由家庭和社区等原生社会组织提供的社会资本逐渐减少，而人为建立的现代社会组织无法完全填补原始性社会资本的空缺，而且这一替代过程还有严重的不适应问题。具体而言，原始性社会组织中的动机结构促使人们在行动中自觉地关注他人利益，遵守约定俗成的行为规范，社会成员的相互信赖使得社会资本的其他组成部分也得以产生。由人为建立的现代性社会组织以及由此产生的社会资本，削弱了上述动机结构存在的自然基础，但并没有创造新的替代物，新旧交替缺位引发的不适应性显现。通过社会资本理论这一分析框架来考察社会结构性特征，可以实现个体层面的社会资本分析向社会层面分析的跨越。

科尔曼的社会资本理论无疑提供了一个重要的解释范式，但也不可避免地存在一些局限。波茨认为，科尔曼对社会资本的模糊定义，给不同甚至矛盾的过程重新贴上社会资本的标签打开了大门。问题的关键在于把资源本身和通过社会结构中成员身份获得资源的能力区分开，这一区分在布迪厄那里是清晰的，而在科尔曼这里是模糊的。另外，科尔曼对于社会资本的承载主体的界定也是不明确的，究竟是个人、组织和社

---

① ［美］詹姆斯·S. 科尔曼：《社会理论的基础》，邓方译，社会科学文献出版社 2008 年版，第 294—297 页。

会，模糊不清。此外，还存在对社会资本的负面效益关注有限，社会资本形式的五种划分逻辑稍显混乱，等等。

科尔曼主要贡献在于对社会资本作了系统阐述，他指出，社会组织、社会网络和网络资源获取是社会资本的三个构成要素。他以理性行为假设为起点，运用经济语言描述社会资本，使得这一概念成为内涵丰富、用途广泛的分析框架，这是社会资本研究的一个分水岭。科尔曼还将社会资本与人力资本连接起来，强调社会资本的累积对人力资本开发的意义，其对社会网络封闭性的探讨同样具有启发性。

（三）帕特南的社会资本理论

帕特南的社会资本研究真正使得社会资本的得到广泛关注，并使之进入主流社会科学话语体系。他首次将社会资本理论引入政治学研究领域，运用社会资本的分析框架，对意大利南、北方政府进行了长达20年的个案跟踪，发现了南、北方政府绩效的差异，并且深入分析了社会政治经济变迁的内在原因。1995—1996年，帕特南对美国的社群组织、公民参与和公民精神的变化状况做了大量研究，引发学术界对社会资本理论的热烈讨论。在同一杂志上，相关学者发表回应文章，与帕特南商榷，并批评其观点。从此，社会资本理论成为学术界跨学科研究的一个热门话题。

帕特南将社会资本理论进一步扩展到民主治理和制度绩效的研究当中。他发现，意大利北部和南部在地方民主实践中的制度绩效差异明显，北部地区走上了稳定的民主道路，南部地区的民主化改革却有名无实。这就抛出了研究的核心问题：为什么同一国家不同地区进行相同的民主实践，结果却如此不同？他指出，制度绩效和经济发展之间存在一定的关联，但不是决定性的，于是他把眼光放到了更为广阔的社会生活之中。

意大利南北方的实证研究表明，公民性强的地区的居民更愿意相信他人，对他们能够遵守规则更有信心；相反，公民性弱的地区，更多人认为当局要在他们生活的社区采取更为严厉的法律和秩序。公民性强的地区公共生活较为轻松，可以期望别人遵守规则，自己也会同样遵守规则，满足别人对自己同样的期望；在公民性弱的地区，几乎所有人都不认为他人会按规则行事，所以自己也不会遵守规则。由于缺乏公民性强的地区“有把握的自律”，公民性弱的地区就只能依靠暴力手段维持基本秩序。那些制度绩效较高的地区，存在着许多大小不一、形态各异的社团组织，那里的人们关心公共事务和社区事务，相互信任，横向互动较多。相反，在制度绩效差的地区，人们不愿意参与社会团体和公共生活，认为公共事务是别人的事务，居民互不信任，社会成员之间的横向联系很少。观察整个南方的社会生活，政治参与的动机是个人依附或者私人贪欲，而不是集体目标；私人的考虑替代了公共的目的，贪污腐败和违法乱纪是家常便饭。于是帕特南得出结论，即公民生活与制度绩效具有决定性的正相关关系。尽管意大利经历了巨大的经济、社会、政治和人口的变迁，20 世纪末那些公民参与状况良好的地方，几乎都是 19 世纪拥有众多合作社、互助会和公民团体的地方。

帕特南在制度绩效的分析过程中引入了社会资本的概念。他认为，社会资本包含信任、互惠规范和公民参与网络，其中普遍信任是社会资本的核心要件，互惠规范和公民参与网络能够促进社会成员之间信任的生成。社会资本具有“用进废退”的特性，在拥有良好公民基础的地区，社会资本的良性循环有助于公民共同的稳定运转；在缺乏公民精神的地区，也会形成恶性循环。帕特南深刻指出，社会资本是解决集体行动困境的一种选择，社会资本是“使民主运转起来”的关键要素，但是社会资本的建立需要很长时间，甚至是一个漫长的历史过程。“社会资本是社区前进车轮的润滑剂，在社会成员稳定互动且相互信任的地方，市场交换和社会交往的成本大大降低。社会资本深化我们的社会认知，培育我们的健全人格，对他人信任且交往密切的人们创造并维系着一种有益于他人和社会的性格。社会资本通过生理和心理过程全面介入社会生活，可以阻止坏事情发生在好孩子身上。”①

帕特南还具体阐释了社会资本究竟如何支撑着良政善治和社会发展。“首先，稳定的公民参与网络造就了普遍的互惠惯例，我现在对你的付出并不期望立刻得到回报，只希望你或者他人在我需要的情况下恰当地施以援手，对这种确定性让生活变得更加方便。其次，致密公民参与网络

---

① ［美］罗伯特·帕特南：《独自打保龄——美国社区的衰落与复兴》，刘波等译，北京大学出版社 2011 年版，第 4 页。

提高了沟通效能，放大了他人值得信任的信息。当市场交易和政府行为交织于致密的社会网络之中，单次博弈的机会主义行为就减少了。稳定而密集的社会联系容易产生公共舆论的压力，这是复杂社会中建立信任的必要前提。最后，公民参与网络的存在和维系体现了过去协作的成功，为未来的合作提供了文化模版。总之，以信任、互惠规则和公民参与网络为主要表征的社会资本的存在，有利于成员的协调沟通，规范彼此行为，营造了一个重复博弈的情境，增加了单次博弈的机会主义成本，培育了强大的互惠规范，作为一种具有文化内涵的模板，未来的合作在此基础上进行。普通公民广泛参与的志愿性团体的存在和维系可以弥合社会裂缝，涵化社会分歧，整合具有不同背景和不同价值观的人们，促进妥协、宽容、合作、互惠等'心智习惯'的形成，培育社会信任。"①

帕特南在另外一本著述中，阐述美国社会资本下降的问题。"具有讽刺意味的是，在社团参与政府的活动急剧增长的同时，公民对政府和社团的参与却在衰退。更多的社团并不意味有更多的成员。更多的成员不意味有更多的参与。总之。美国人已经在远离人群，不仅远离的是政治生活，而更普遍的是有组织的社区生活。"② 他列举了一系列公民参与的现象来说明美国社会资本的下降趋势，并且认为，由于过分个人主义的影响，美国人与其社区的联系减弱了，主要表现为有组织的公民参与相比于托克维尔时代明显下降了。他选择社会生活中的一个微小的现象，以小见大来说明问题。他发现与过去相比，今天有更多的美国人正在打保龄球，但在过去的十年，有组织的保龄球社团却大量减少。他认为，或许美国公民组织的传统形式已经被生机勃勃的新组织所替代，但大多数情况只是表面上会员数量的增长，而很少有人参加这种组织的任何会议。因此他得出结论，美国以公民团体形式体现的社会资本，比上一代人大大削弱了，托克维尔式的公民参与和公共精神在美国社会降低了。

与科尔曼一样，帕特南认为，社会资本是一种公共品，私人部门无

---

① ［美］罗伯特·帕特南：《使民主运转起来》，赖海榕译，江西人民出版社 2001 年版，第 203 页。

② ［美］罗伯特·帕特南：《独自打保龄——美国社区的衰落与复兴》，刘波等译，北京大学出版社 2011 年版，第 47 页。

法提供，通常是某种社会活动副产品。社会资本是公共政策的前提，在某个方面还是它的结果，但社会资本并不能替代公共政策的功能。帕特南在后期研究中也论及社会资本的消极影响。虽然社会资本并无好坏之分，但它可能被用于坏的目的，也可能会破坏个人自由，因此需要权衡社会资本的成本收益。

社会资本作为社会共同体和民族国家的特征，既是原因也是结果，所以帕特南的社会资本理论难免陷入逻辑循环论证的困境，没法解决“先有鸡还是先有蛋”的问题。另外，他的评判者还把争论的焦点放在美国的社会资本是否真正衰落，还是只是某种形式的转换，或者美国的社会资本并没有下降，只不过是某些参与形式衰落了，而新的参与形式正在出现。有学者认为，“帕特南站在精英立场认为美国的社会资本正在衰落，并且把这一衰落的责任完全归结于大众的休闲行为，没有阐明这一表象后面的深刻原因是企业和政府的既得利益集团所造成的政治和经济变化。如果那些首先摆脱地方社会公共参与的精英阶层，现在转过身来主张甚至指责那些曾被他们甩在身后、缺乏特权的美国人必须修补国家的社会联系，实在是荒谬”①。

尽管帕特南关于美国社会资本下降的研究和分析引起了广泛的争议，但是其提出的一般性命题对于我们理解社会资本仍具启发意义。一是将“社会资本”概念界定为社会团体、社会参与网络、互惠规范以及信任等有助于促进合作、增进利益的要素；二是将社会资本与政治参与的含义和所指区分开来，政治参与关注的是我们与政治制度的关系，而社会资本关注的是我们彼此之间的关系，尽管二者有密切联系；三是按照社会资本理论的假设，我们与他人的联系越是密切，我们越会倾向于信任他人，反之亦然，社会信任和公民参与之间又存在着高度关联。

（四）波茨的社会资本理论

布迪厄、科尔曼和帕特南的社会资本理论都谈及社会网络，但在他们那里，社会网络更多的还只是一种隐喻。基于社会网络理论的社会资本观，超越了社会网络的隐喻阶段，把整个社会看作一个相互交错或平

---

① 周红云：《社会资本与中国农村治理改革》，中央编译出版社2007年版，第11页。

行的网络系统，以连接一个社会关系结构和社会关系网络为分析基础，探索深层社会结构也就是固定网络模式对社会行为的影响，研究社会网络中的联系模式如何给行为者提供机会与限制。社会网络分析将整个社会视为一个依赖性的联系网络，社会成员按照联系点的不同，有差别地占有稀缺资源，并对这些资源进行结构性分配。这一分析思路的特点在于强调按照行为者的结构性限制而不是行为者的内在驱动力来解释具体行为。其中较有代表性的学者是波茨、伯特和林南①。

波茨的“社会资本”概念有四个方面的理论来源。一是马克思、恩格斯的动态团结理论，即不利情形可能成为社会成员团结一致的动力来源，可以增强群体的凝聚力；二是齐美尔的互惠交易理论，即在人与人之间相互交换产生的互惠和规范网络，可以有效地约束网络成员的行为；三是迪尔凯姆和帕森斯的价值内化理论，即人们的道德信念和价值观念先于外在的契约和规范存在，而不仅仅是一种工具性的价值；四是韦伯的强制信任理论，即正式制度和特殊团体各自机制不同，但一样都能保证既定行为规则的遵守。

波茨认为，社会资本是“个人凭借其团体成员资格，在社会网络结构中获取稀缺资源的能力。这种能力不是个人固有和先赋的，而是蕴含在与他人关系中的一种资产”②。波茨还从“社会资本”概念四个方面的理论来源去找寻社会网络的结构性特征。“互惠交易，这是一种基于个体理性的嵌入，存在于双方预期和权衡的关系中；强制信任，这是一种结构性嵌入，是在更为宽泛团体中的强制约束，一般表现为某种制度性规范；价值内化，就是基于一种道德命令而把资源让渡给他人；动态团结，即是以团体内部认同为目的的资源让渡和转换。互惠交易和强制信任受理性选择的驱使，而价值内化和动态团结则超出了理性选择的解释范畴，承认了道德文化和价值规范的作用。”③

波茨认识到了社会资本作用的两面性，作为社会控制的来源之一，

---

① 卜长莉：《社会资本与社会和谐》，社会科学文献出版社 2005 年版，第 44 页。

② ［美］托马斯·福特·布朗：《社会资本理论综述》，木子西译，《马克思主义理论与现实》2002 年第 2 期。

③ 卜长莉：《社会资本与社会和谐》，社会科学文献出版社 2005 年版，第 46—47 页。

通过动态团结和强制信任，社会成员之间形成一个密切联系的关系网络。特定结构特征是理解社会资本消极作用的关键。社会资本用规范来消除客观存在的差异。对团体成员要求过多，限制个人的行动自由，产生向下的压力，也会阻止组织的创新和变革。波茨社会网络视角的社会资本研究，使我们把社会资本视为一个对称分布的、社会成员和关系网络之间因果互惠的结果，将网络成员社会联系特征的差异抽象化为社会网络特征的差异，理性、全面地看待社会资本的功能和价值，将社会资本的承载主体界定为个人；同时，它也一定意义上忽视了宏观层面社会资本的考察。

（五）伯特的社会资本理论

伯特从社会结构出发研究社会资本，认为社会资本不仅是一种资源，同时也是一种社会结构。他提出“结构洞”理论，将研究的关注点从社会关系网络资源转向社会关系网络结构，以及由此决定的社会关系网络资源的分配结构。他整合前人的社会资本理论，另辟蹊径，从结构角度定义社会资本，即能够带来资源和控制资源的网络结构。

科尔曼也从网络结构角度探讨社会资本。他提出闭合网络，以仅有三个成员的三角形网络为例，成员之间两两联系，是为闭合。闭合的社会网络中，所有的节点都是有联系的，但切断其中任何一方的联系，那些被切断联系的节点就形成“结构洞”，其独特的位置结构，能够坐收渔利，获取更大收益。伯特继承了格兰诺维特“弱关系力量”的观点。格兰诺维特认为，信息来自非重复的弱关系，因为强关系的信息是在同一网络内的、结构中普遍共享的，具有重复性。伯特认为，重点并不在于关系的强弱，而是与已有关系网重复与否。“结构洞”不仅提供了更大的获取非重复性资源的机会，还能产生控制资源流动的权力。他还将其用于市场竞争行为分析，认为市场竞争的优势不单单是资源的优势，更重要的是社会关系的优势，即拥有结构洞越多的竞争者，竞争优势越大，获得利益回报的机会越高。每个主体都有自己的网络，在交往结构中占据特定位置，正是这种网络结构和位置关系，创造了各自的竞争优势。

伯特从网络结构角度研究社会资本，重视人际关系形成的网络结构以及个人身处怎样的网络，关注网络中的人际联系和资源嵌入，看重个人能够在这种网络结构中摄取资源数量和质量，而不是占有多少资源。伯特的网络结构观是通过人们的资源摄取行为来反映其社会地位，增强了社会资本分析框架的可操作性，却忽视了网络成员身份归属、文化背景、制度规范等其他客观因素的存在及其作用。

（六）林南的社会资本理论

林南对社会资本的理解以其社会资源理论为基础。他认为，所谓社会资源，就是内嵌于社会关系网络中的社会价值物，例如政治权力、经济财富和社会声望，并不为个人直接占有，必须与他人发生交往才能获得，存在于人与人的互动之中，它的存在有益于行为者目标的达成。林南对关系的理解，超越了格兰诺维特的信息沟通作用，从资源层面解读人与人之间关系的意义。林南认为，获取和交换资源往往是通过弱关系纽带完成，因为弱关系连接着具有不同资源的人，具有互补性，而强关系关联着具有相似资源的人，并没有资源交换的必要。他认为，社会资源仅与社会网络相联系，而社会资本所涉及的范围更广。将社会资源与社会网络联系起来，更容易认识关系在社会网络中的作用。社会资本是投资于社会关系网络之中并希望在市场领域得到相应回报的一种资源①，这一定义强调了社会资本的先在性。社会资本天然存在于特定社会关系或结构之中，要想获得社会行动所需要的社会资本，必须遵循内嵌其中的规范，做到主观与客观的统一。

有学者批判，林南将社会资本这一复杂概念仅看作社会网络和社会资源，难免降低社会资本的解释力度，也不利于社会资本理论的独立发展。另外，他对社会资本的论述没有涉及社会资本的负面影响，这也是其理论的缺憾之一。

（七）福山的社会资本理论

福山从文化视角来解读社会资本。他认为，社会资本的基础是社会信任，而社会信任又是由深层次文化因素决定的，故而社会资本的背后

---

① Nan Lin, *Social Capital*: *A Theory of Social Structure and Action*, Cambridge: Cambridge University Press, 2001, pp. 19 – 29.

是深层次的文化动因。他把社会资本理解为“社会总体或特定社会成员之间的信任普及程度，这种信任的社会根基可大可小，小到我们熟知的家庭这一最基础的社会组织，也可以大到规模宏大的国家，又或者是介于二者之间的大小不一社会团体。社会资本的形成机理与宗教信仰、传统习惯、历史背景等文化机制紧密相关。固然市场经济条件下的利益关联和契约关系对于群体关系的维系至关重要，但现实情况是运转效率最高的通常是成员拥有共同伦理价值的团体和组织，由于共同价值的存在，这类组织不需要冷冰冰的契约关系和制度设计来规范成员行为，先天的道德共识是信任维系的基础”①。社会资本是由内在社会成员之中的整体性价值观念和道德准则所决定，所以一般来讲，社会成员单个个体社会资本存量的增加或减少，并不会直接影响社会资本的总体状况。社会资本的存在基础，是社会成员普遍具有较高的道德水准，只靠个体成员美德其实意义不大。而且，同人力资本相比较而言，社会互动以及参与公共生活的心智习惯更加难以建立，内在的伦理习惯几乎很难依靠国家外在力量加以调整或摧毁②。

福山认为，社会资本与一个国家的私营大企业的经营状况密切相关，以信任为基础的社会资本可以节约交易成本，影响企业发展规模和国家整体竞争力。更宏观地讲，“一个社会的经济繁荣程度取决于社会的信任程度，或者说取决于社会资本的存在状况。既然社会资本深层基础是文化因素，那么经济研究中同样要重视文化因素的作用，从事经济活动的人们或许并不简单是古典经济学的理性经济人假设，而应该重视道德价值观念作为经济行为底色的客观存在。从人的本性来讲，都是自私自利的，但人性中同样有归属感和群体性的一面，每个人都要隶属于某个社团，从而满足自己追求认同的欲望，如果人们一旦断开了与其他人的联系，缺乏维系这种联系的规则，人们就会感到普遍的不安和焦虑”③。市场经济社会的存在不仅仅是为了满足一己私利，同样也是社会成员交往

---

① ［美］弗朗西斯·福山：《信任——社会道德与繁荣的创造》，李婉容译，远方出版社1998年版，第35页。

② 同上书，第35—36页。

③ 同上书，第7页。

合作的重要场域。深层文化动因的意义在于让人找到经济利益之外的另一种价值存在，并直接影响经济利益的获取手段和效率。单纯从经济利益角度解释人类行为未免过于褊狭，经济领域的研究绕不开文化背景和社会资本。

福山笔下的文化包括两个层面的意义，有关理性的文化和无关理性的文化，进一步讲，也就是理性选择形成的传统习惯和伦理规范所确立的传统习惯。福山认为，不同类型的文化传统塑造不同类型的信任关系，也决定了不同类型的社会资本和社会自发力，进而影响社会组织发展状况甚至经济社会发展总体格局。另外，社会经济组织运行过程中生成的经济伦理也会反作用于社会资本，不断巩固原有的文化传统，二者共同致力于经济发展和社会进步①。福山还提出了建立社会信任的可能性途径，尤其强调介于政府和公民个人之间的社会团体，认为这些社会中介组织对于社会信任的建立和维系起着决定作用。福山的“社会资本”概念把社会结构也划归文化动因的范畴，把社会资本等同于文化资本，忽略了政治经济和社会制度因素对社会结构的直接影响，也就陷入了“文化决定论”。

上述梳理可能挂一漏万，但可以发现的是，社会资本理论得到广泛关注和讨论的同时，研究视角越来越丰富，其含义也越来越模糊不清。有学者说，社会资本貌似可以解释很多社会现象，但实际上它也什么都解释不了。暂且不谈这种观点是否有失偏颇，这可能是因为研究者对社会资本的含义尚未达成共识，又缺乏系统的社会资本测量工具，学科视角千差万别，对社会资本的理解也各有侧重。

武考克指出了社会资本研究的四个局限：社会资本理论的修正派，存在概念界定过于狭窄、解释范围过于宽泛的局限；社会资本这一概念的定位十分模糊，究竟它是社会关系的基础还是社会关系的内容，不得而知，究竟它是社会交往中介还是作为某种信息，抑或是二者的结合，悬而未决；社会资本在社会政治领域的效用分析呈现出两种完全不同甚至相反的解释结果；在社会资本数量测度的问题上，认识还十分模糊。

“社会资本”这一跨学科概念为很多现象的解释提供了崭新的视角，

① 张连：《孔子道德信仰研究》，南京理工大学2014年博士学位论文，第32页。

目前学界对于这一理论的研究还处于很不成熟的阶段，基本上还处于从逻辑思辨到实证研究的过渡阶段，理论层次过低，缺乏对社会资本问题的一般性、系统性、理论性的探讨和论述，存在理论匮乏的情况。主要表现为社会资本内涵不清晰，理论体系不完整，对于社会资本概念的界定角度、涵盖范围和拥有主体等方面存在明显差异。从界定角度看，一部分社会资本研究偏重于资源结构，另一部分社会资本研究偏重于社会关系；从拥有主体上看，分别有个体、组织和社会等不同层次；从概念外延上看，多数学者认为社会资本涵盖范围很广，包括规范、组织、关系、信任，也有学者认为关系就是社会资本①。总之，中西方学者对社会资本的研究各有侧重，只有时间先后之别，并无对错之分，作为一个尚不成熟的跨学科概念，社会资本研究还有很长的路要走。

二　社会资本理论在中国的发展

如上所述，“社会资本”是一个具有概括力和解释力的概念，中国的社会特征使社会资本在中国能够找到理论原型和证明依据，“社会资本”概念具备中国适用性。“中国传统社会是一个关系取向、伦理本位的社会，近百年来的现代化进程，中国传统社会方方面面发生深刻变化，但关系对于人的行为的重要影响一如既往，关系对于社会行为的决定和支配作用依然存在。”② 社会资本在中国通常被当作是关系或关系资本，这其实是对社会资本含义的片面理解。社会资本的内涵是相对确定的，其外延也不是可以无限扩展的。国内针对社会资本理论和应用研究都还有一定的欠缺，虽然对西方社会资本理论做了大量的引介工作，但就现有研究来看，理论性、系统性不强，没有形成一个相对完整的理论体系和分析框架，多为零星的专题研究，关键在于对西方社会资本理论及其前沿缺乏整体把握，深入、典型、系统、全面的研究成果较少③。值得肯定

① 卜长莉：《社会资本与社会和谐》，社会科学文献出版社 2005 年版，第 71—72 页。

② 奂平清：《农村社区社会资本状况研究——西北弓村实地研究》，西北师范大学 2002 年硕士学位论文，第 5 页。

③ 周红云：《社会资本与中国农村社会治理改革》，中央编译出版社 2007 年版，第 7—8 页。

的是，国内学者对社会资本做了大量的实证研究，在社会资本的培育策略方面有相对独到的见解。下面按照含义、测量和效用等维度对国内研究进行一个梳理。

（一）社会资本含义维度的发展

国内最早系统关注社会资本的学者，把社会资本等同于社会网络。社会网络是最为重要的关系资源，而社会资本可以有效地配置这种资源，还有学者认为，社会资本本质上是一种社会关系结构，这一结构可以促进社会生产和良性运转，社会团体对社会资本的再生产起着关键作用。还有学者把社会资本视为社会行动主体之间的社会联系，以及社会行动主体通过这种联系以获取稀缺资源的能力①。

也有学者从个体与社会关系角度出发，把“社会资本”概念泛化为存在于社会领域中个体以外的各种资源要素的总和，具体包括社会财务资本、社会人才资本、社会文化资本和社会关系网络资本四个方面的内容。这个社会资本界定过于扩大了社会资本的外延②。其中较为典型的界定认为，社会资本是处于某个共同体之内的个人或组织通过与共同内、外部对象的长期互惠合作而形成的一种认同关系，还包括认同关系背后更深层次的历史传统、价值理念、内心信仰和行为模式。社会资本不仅体现为社会成员之间的广泛联系，也表现为社会联系的稳定性和可拓展性。社会资本承载于诸如个体家庭、关系网络、社会信仰和互惠规则、传统惯例之中③。

燕继荣（2015）归纳了社会资本的五种类型。第一是资源说，认为社会资本是通过体制化关系网络而占有或获取的资源；第二是能力说，社会资本是行动主体通过社会联系攫取稀缺资源的能力；第三是功能说，社会资本是能够给人们的工作生活带来便利的社会关系；第四是网络说，社会资本就是社会关系网络；第五是文化规范说，社会资本从本质上说

① 边燕杰、丘海雄：《企业的社会资本及其功效》，《中国社会科学》2000 年第 2 期。

② 储小平：《家族企业研究：一个具有现代意义的话题》，《中国社会科学》2000 年第 5 期。

③ 李晓红、黄春梅：《社会资本的经济学界定、构成与属性》，《当代财经》2007 年第 3 期。

是信任、互惠、参与等文化规范①。

可以看出，对于社会资本，国内学界同样没有普遍认同的定义，而且国内学者对社会资本的几种代表性界定，并没有跳出西方学者所阐述的资源说、结构说、功能说以及信任、规则和网络等。

（二）社会资本测量维度的发展

关于社会资本的测量是一个充满争议的问题。讨论社会资本的测量，首先要划分社会资本的分析层次。第一种划分方法是以个人为分析焦点的社会资本和以群体为中心的社会资本。前者以林南、伯特、波茨等人为代表，关注的焦点在于个人如何对社会关系进行投资并获得收益，以及如何获得嵌入在关系中的资源。后者是以科尔曼、帕特南、福山等人为代表，分析的焦点在于特定群体如何发展和维系作为公共资产存在的社会资本，以及如何利用社会资本增加和提升群体成员的生活机会和生活水准。第二种划分方式包括微观、中观和宏观三个分析层次。微观层次的社会资本是指作为个人联系存在的社会资本，拥有主体是个人，通常可以在社会网络分析中找到，主要关注个体通过包含自我在内的社会网络动员资源的能力，社会资本最主要的形式是与潜在帮助者之间的联系。中观层次社会资本拥有的主体是社会组织，强调社会资本的公共产品特性，关注特定结构化社会关系网络。这一层次的社会资本关注的重点是集体行动困境的解决。宏观层次社会资本分析又叫作嵌入结构，拥有主体是层次不一的社会共同体，关注的重心是社会资本如何嵌入政治经济系统和文化规范系统，以及如何与集体行动和公共政策相联系。

国内最早关注社会资本测量的学者边燕杰（2004），从网络规模、网络顶端、网络差异以及网络构成等方面对社会资本进行操作化定义②。他和丘海雄还曾提出一套测量企业社会资本的指标，主要涉及以下三个方面，以企业法人代表是否在主管机关任职来衡量纵向网络关系；以企业法人代表是否在跨行业企业任职来衡量横向网络关系；以企业法人代表

① 燕继荣：《社会资本与国家治理》，北京大学出版社 2015 年版，第 80 页。

② 边燕杰：《城市居民社会资本的来源及作用：网络观点与调查发现》，《中国社会科学》2004 年第 3 期。

的社会交往和联系来综合衡量企业的社会关系。还有学者考察宏观层面的社会资本度量问题，从社会风气观、公共参与、处世之道、信任安全感以及关系网络五个维度，对宏观社会资本进行了测量①。也有学者将社会资本划分为信任、公共参与、社会联结、社会结构网络、社会规范等几个基本结构要素，进行宏观层面的测量②。

客观而言，个人所用的社会资本多寡可以根据个体的教育背景、社会联系的广度和深度、社会关系的强弱、社会交往频率的高低、相对社会地位、社会关系网络规模与网络位置结构等具体指标进行测量③。国家层面的社会资本测量要考虑两个方面的问题，一是对社会关系网络的结构性要素进行测量，二是对规范态度、价值观念等认知性要素进行测量。在这一基本立论之下，作者对介于宏观国家和微观个体之间的社区层面的社会资本测量进行了实证研究④。

学界对社会资本的地区差异也进行了关注，通过社会团体、慈善组织和献血情况等指标的概念化操作来衡量中国各个地区的社会资本状况，并进一步建立了实证模型，得出社会资本是影响中国各省区长期经济发展的重要因素这一结论⑤。有学者格外关注社区社会资本研究，其对“社会资本”概念进行深入研究的基础上，构建了一套涵盖参与社区志愿性组织与社团、社区社会关系网络、社会互动、居民信任、志愿精神、社会支持、社区凝聚和社区归属的社区社会资本测量指标体系，对辽宁省38个城市社区的社会资本进行实证研究。研究发现，城市社区之间并非互不相关，而共同构成了地域共同体⑥。

另外，对社会资本的经济增长效应研究表明，社会资本对经济增长具有边际效应递减的促进作用，中西部地区社会资本产出明显高于东部地区，还基于结构性社会资本网络嵌入性特征，构建了地级市层面的社

---

① 林聚任、刘翠霞：《山东农村社会资本状况调查》，《开放时代》2005年第4期。

② 张文宏：《中国的社会资本研究：概念、操作化测量和经验研究》，《江苏社会科学》2007年第3期。

③ 卜长莉：《社会资本的负面效应》，《学习与探索》2006年第2期。

④ 桂勇、黄荣贵：《社区社会资本测量：一项基于经验数据的研究》，《社会学研究》2008年第5期。

⑤ 潘峰华、贺灿飞：《社会资本和区域发展差异》，《学习与探索》2010年第4期。

⑥ 方亚琴、夏建中：《城市社区社会资本测量》，《城市问题》2014年第4期。

会资本测量指标①。

迄今为止，对社会资本的测量方面还没有形成较为成熟的测量体系。但比较妥当的做法应该是考虑到网络规模、网络水平等结构型社会资本，也不能忽视信任、互惠和参与等认知型社会资本。当然，测量指标的选取还是需要依据研究目的而定。对社会资本测量的研究，有助于社会资本变量与其他变量综合作用。这一复杂情况之下，更好地对各自作用进行量化，同时也增强了社会资本理论的说服力，为社会资本理论的检验和发展打下了良好的实证基础②。

（三）社会资本效用维度的发展

社会资本与社会治理的互动关系研究。在系统介绍国内外学者在社会资本领域的研究情况的基础上，有学者为中国的社会资本找到了存在的依据和渊源，并且认为，社会资本是当代中国社会发展的新课题，是资源配置的第三种方式，是社会支持的重要渠道，是劳动力流动的主要途径，有助于促进的人的全面发展。同时也意识到了社会资本可能存在的消极作用。社会资本是造成和加剧社会不平等的条件之一，也可能会固守群体内已有的社会资本，不求创新和发展③。从国家与社会关系角度来看，发育良好的社会资本是政府与公民社会良性互动的基本前提。就中国社会而言，传统的宗族家庭本位、伦理本位、权力血缘依附的社会资本严重限制了社会管理的创新可能④。基于政府回应性的视角，可以这样界定社会资本的构成和效用。网络、信任、互惠等因素，有助于公共参与过程中实现个体公民之间、公民与社会组织之间、政府与公民之间的信任与合作。利用社会资本庞大的关系和组织网络，还可以整合各种差异化的利益诉求，为良政善治和社会公正创造基本的社会前提⑤。

---

① 张梁梁等：《社会资本的经济增长效应》，《财经研究》2017 年第 5 期。

② 宋方煜：《企业社会资本对创新绩效的影响》，吉林大学 2012 年博士学位论文，第 26 页。

③ 卜长莉：《社会资本与社会和谐》，社会科学文献出版社 2005 年版，第 326—385 页。

④ 王强：《治理与社会资本问题研究》，《内蒙古民族大学学报（社会科学版）》2007 年第 4 期。

⑤ 郑光梁：《从社会资本的视角看政府回应不足》，《企业经济》2009 年第 2 期。

也有学者重点关注社会资本的性质和来源，认为“社会资本”是一个复杂概念，人际信任、互惠规则、关系网络以及传统惯性都是社会资本的基本构成要素，这些要素同样构成了社会存在和发展的基本要求①。关于社会资本对于乡村治理的意义，有学者指出，要想提高乡村社会治理绩效和水平，既涉及乡村社会治理结构内部权力配置的进一步合理和均衡，也涉及各乡村社会治理主体之间的有效沟通与合作。在新型城镇化背景下，重提社会资本对改善目前乡村社会治理的内源性困境，实现有效治理，具有重要意义。一方面，社会资本的丰富程度能够影响各主体对社区治理的参与水平；另一方面，规范、信任和参与是影响构建乡村社会多元治理网络的主要因素②。

良好的政治秩序需要有好政府和好公民，善治需要良政，良政培育良民。打造好政府的工程，限制政府权力，规范政府行为，强调治官；培育好公民的工程，保障公民权权利，规范公民行为，强调治民。这两项工程在各国的实际效益不同，对于其中差异，社会资本理论给出的答案是，人们之间结成的社会网络联系以及信任互惠合作，是影响工程投入产出的重要因素。如是，为社会资本而投资就成为任何一国谋求政治发展的重要途径③。社会资本的存在，意味着社会行为者具有了社会生活得到互惠预期、自发信任、共同认知和一致期望的要素，国家的经济社会管理绩效也要依赖上述要素。社会资本来源与社会成员与地方政府的交往互动的常态过程，是调整政府、社会关系进而提升经济管理绩效的有效凭借④。

下面谈谈社会资本培育策略研究。如何将社会资本的理论分析同社会治理的实践相结合，实现社会资本与社会治理的良性对话，以推动中国特色社会管理体制机制创新，不同学者做了诸多思考⑤。在社会主义市

---

① 唐贤兴、肖方仁：《社会资本积累：社会管理创新的逻辑起点》，《学术界》2012 年第 4 期。

② 闫臻：《嵌入社会资本的乡村社会治理运转：以陕南乡村社区为例》，《南京农业大学学报》（社会科学版）2015 年第 4 期。

③ 燕继荣：《社会资本与国家治理》，北京大学出版社 2015 年版，第 2 页。

④ 靳文辉：《论政府经济管理中社会资本的功能》，《国家行政学院学报》2017 年第 2 期。

⑤ 谭新雨：《社会资本视角下民族地区乡村社会管理创新研究》，云南师范大学 2014 年硕士学位论文，第 7 页。

场经济体制转型的背景下，中国的存量社会资本所产生的积极影响正在缩水，甚至开始成为制约发展的关键因素。因而有必要对现有的存量社会资本进行创造性转化，扩大现代性社会资本所占的规模①。

社会资本与社会稳定之间存在内在的紧密联系。有学者以民族地区为切入点，认为民族地区丰富的社会资本有助于生存发展条件的改善、社会秩序与社会和谐的维系、公民政治素养的提升、民族地区良政善治的达成，因此要优化社会资本生成环境，营造良好的社会政治生态，拓展社会资本的生存空间和作用领域，提升和优化存量社会资本。还有人强调社会管理体系的良性运转对于社会资本培育的意义。首先，社会资本存量为社会管理创新创造了土壤和生态，社会管理的广度、深度和质量都有赖于社会资本良性作用的发挥。其次，理想的社会管理实践有利于社会信任、互惠规则和关系网络的构建，这些要素又会促进社会资本水平的提高②。另外，有学者从社会政治角度考察社会资本理论的中国适应性问题，他认为，尽管社会资本理论具有强大的解释力度，但是其理论层次和分析维度的复杂多样，也增加了这一理论应用的不确定性。社会资本理论在中国语境下具备有条件的适用性，需要解决从小农意识向公民意识的转变、从原始组织形态向法人组织形态转型、建立相对独立的社会空间和制度空间等问题③。

针对前述国内社会资本的研究现状，未来研究需要向以下几个方面努力。首先，进一步发挥“社会资本”概念的作用，做多学科、宽领域的社会资本研究。其次，继续深化社会资本理论的研究层次，尤其要重视社会资本的多样性、本土化、应用性研究，为许多实际问题的解决提供有效的分析工具。同时，针对社会资本的中国国情，盘活存量与扩大增量并重。传统意义的社会资本存量可观，其现代性转化是摆在中国学者目前的一项重大课题。再次，正确看待社会资本作用的两面性，经济运行和民主发展需要去探索有效途径和机制，最大限度地发挥社会资本

① 朱鸿伟、李青青：《中国经济转轨中社会资本存量的制约与重构》，《特区经济》2010 年第 8 期。

② 陈述飞：《整合社会资本：一种创新社会管理的新视角》，《唯实》2012 年第 4 期。

③ 朱天义：《社会资本理论及其在中国的适用性研究》，华中师范大学 2014 年硕士学位论文，第 59 页。

的积极作用。最后，摒弃社会资本的工具性利用倾向，重视社会资本的社会政治、文化指引功能和本身的理论建构。

总体来看，我国社会资本的研究主要有以下特点。系统引介性和实证应用性研究大量存在，涵盖社会学、经济学、政治学、管理学等学科；跨学科研究成果突出，但是理论上的创新不够，呈现出重应用、轻理论的倾向；社会资本理论尚不成熟，争论的存在甚至理论的混乱在所难免。但不可否认它为我们提供了一个透视社会现象的全新视角，为社会科学研究开辟了一个新的领域。我们有必要对社会资本作出科学界定，在学理上对其进行分析概括，也有必要对社会资本进行系统化和理论化研究，形成学术研究上的基本共识，以利于学术对话和研究推进。

三　社会资本理论在民族地区社会治理中的价值分析

约瑟夫·斯蒂格利茨在《中国第三代改革的构想》中写道，中国过去几十年的改革没有破坏传统的社会资本，这是改革成功的深层次原因。事实是改革开放从“文化大革命”的极左倾向中掉头，那时的中国完全有可能使信任网络和互惠契约得以重建，而这种信任网络和互惠契约是任何社会从容面对市场经济的基础所在。中国的改革开放没有破坏这些原本就存在的社会资本，保持了社会资本所具有的基本管理职能的发挥以及社会总体平稳运行，更好地保证市场作用的发挥。多数转轨国家的休克疗法导致了严重的经济混乱和社会失序，社会资本的破坏又会导致物质资本状况的恶化。让我们庆幸的是，中国在过去的改革中没有破坏这样的社会资本①。

社会资本作为公民社会核心基础向我们揭示，人类社会发展过程中面临的许多问题，单凭个人一己之力无法解决，通过上层的国家调节和间接的民主程序也难以得到明显的改善。相反，依靠社群和社区层面的自我调节，再加上政府权威的运用，则可以达到较好的治理效果。以社

① ［美］约瑟夫·斯蒂格利茨：《中国第三代改革的构想》，应春子等译，《经济导刊》1999年第5期。

会资本的分析框架思考中国的某些问题，可能会有另辟蹊径的解释路径。

其一，社会资本或许可以解读传统中国社会的“超稳定结构”。中国传统社会是一个高度整合的社会，国家即社会，大一统的国家制度延续了两千多年，究竟是什么机制造就了这种强大的制度生命力。首先是封建国家强大的政治控制，基层政府自主性空间十分有限。其次，维持高度统一的机制除了自上而下的政治控制，还有自下而上的自治要素。秦晖曾经总结传统中国的基层政治，就是国权不下县，县下唯宗族，宗族皆自治，自治靠伦理，伦理造乡绅。自治、宗族、伦理和乡绅等要素，都涵盖着传统社会资本的内容，传统中国的国家力量和社会力量，共同维系了传统社会“超稳定结构”。

其二，社会资本可以从全新的视角分析现代集权模式的形成。关于社会资本理论的引入，我们可以找到这样一个视角：不可逆转的现代化进程使得传统社会式微，传统社会资本大量流失，新兴社会政治秩序难以在原有权责边界之内获得社会根基以作为自身存在发展的合法性来源，这就为国家公权力全面介入基层社会治理提供了可能。“需要承认的是，国家的强控制是与社会自治不足相匹配的，但由此得出国家公权力的退出是社会力量成长的先决条件，这或许就是一个伪命题。社会资本理论认为，社会自治程度高低取决于社会资本的性质和数量，而社会资本质和量的累积和改善是整个社会共同体的事业，取决于公民个人、社会力量和国家公权的共同投资。肯定国家公权力在公民社会建设中的积极作用，显然更加符合中国实际。”①

（一）民族地区社会治理的特殊性

我国仍处于从农业社会向工业社会过渡的时期，社会问题层出不穷。在民族地区，转型时期的一般问题与民族问题相互叠加，使这一地区社会治理面临的现实情境更为复杂。多年的改革开放让民族地区的社会现状发生巨变，其中最为核心的是普通民众需求层次的变化。民族地区的社会治理要解决的是数量众多、结构复杂、层次各异的差异化公共诉求，这并不单单是发展经济、改善民生、尊重传统和民族团结的问题，而是

---

① 燕继荣：《社会资本与国家治理》，北京大学出版社2015年版，第11—17页。

多重因素共同作用的复杂结果。

另外，少数民族地区多处边疆偏远地区，与邻国的民族文化和传统风俗有着或多或少的近似之处，伴随着经济全球化的深入发展，在国家认同教育缺位的情况下，极易被境外反华势力所蛊惑，所以，民族地区社会治理通常是国家治理体系中最脆弱的一环。民族地区的特殊背景使民族地区的社会治理呈现诸多特色。其中民族传统文化的历史惯性和社会变革的渐进性和外生性特点，决定了民族地区社会治理必须从民族地区本身的社会形态出发，必须立足于这个最大的实际，探寻最适合这一地区的治理方法①。

总体来讲，一方面，民族地区具有汉族贫穷落后地区的一般性特点，即传统文化保持相对完整并仍然发挥作用，就像费孝通的《乡土中国》所呈现的以血缘、地缘关系为基础的“熟人社会”和“差序格局”②。另一方面，民族地区社会治理最突出的特性表现为以下几个方面。

1. 传统文化惯性大

民族地区封闭的社会环境使传统浓厚的民族文化保存得相对完整，这阻碍了国家公权力的渗透，增加了民族地区社会治理的复杂性。民族地区社会生产生活条件落后于中东部地区是客观事实。少数民族地区社会交往还带有浓厚的传统痕迹，长期以来的自然和社会条件仍在限制社会转型和发展，尽管新中国成立初期民主法治理念在民族地区已有一定的渗透，历经数十载的改革开放政策的实施也增强了社会流动性和开放性，但是由于几千年的传统文化惯性，民族地区的传统特性不可能骤然改变，这需要一个漫长的过程。否则，某一民族就会失去区别于其他民族的本质属性。

具体而言，民族地区传统文化主要表现为封建宗族型、村落型、臣属型文化，这种文化属性必然会排斥现代社会治理理念。以至于当国家权力下沉到民族地区的基层社会时，国家公权和社会权力无法耦合，两种不同性质的权力出现了冲突和碰撞，国家权力无法完全下沉，社会权

① 韦正富：《论民族地区公共治理合法性再生产——基于中国西南民族地区的视域》，南京大学2012年硕士学位论文，第198页。

② 费孝通：《乡土中国》，人民出版社2008年版，第25—34页。

力随社会变迁也有所弱化。在民族地区基层社会，两种权力形成了一定的真空地带，会引发一些稳定问题。

2. 宗教文化氛围浓厚

部分少数民族是全民信教的族群，民族文化大都具有浓厚的宗教性色彩。少数民族群体一般有着虔诚的宗教信仰，通常把自己的人生理想与宗教信仰相关联。少数民族中，信仰宗教人口的比重较汉族要大得多，而倾向于将宗教信仰和族群意识融合，比一般意义的信仰程度更为深刻而且稳定①。

宗教信仰作为一种精神力量，深刻影响着少数民族群众日常生活的方方面面，它与民族感情的凝聚与巩固、传统风俗的认知和传承息息相关，成为民族社会生活不可或缺的一部分，维系着族群内部的稳定和团结。宗教往往是跨越民族和国界的，因而，宗教信仰和宗教文化也经常与普世人权、民族极端、宗教极端、恐怖主义势力相关联，甚至影响一国的政权更替和社会稳定②。此外，宗教传统习惯也会内化为日常生活习惯，并通过频繁的宗教活动加以巩固，从而形成一种稳定而深刻的宗教心理、宗教情感和宗教意识，也塑造了一个民族特定的心理结构，从而使民族问题与宗教问题相互交织，互相制约，形成民族地区社会治理和公共生活的所必须遵循的重要逻辑。

3. 公共性发展滞后

公共性以公民个体为存在基础，强调人的公民属性，是对民主人权的基本保障。公共性是相对于私人性而言的，只有与私人性相比较时才获得其规定性，国家与社会也正是借助公共性而相连。

哈贝马斯在《公共领域的结构转型》中说："古希腊高度发达的城邦文明之下，全体公民共同所有的公共领域和个人特有的私人领域之间严格区分、毫无关联，如果说本能的求生欲望和基本生活资料的获得发生在私人领域，那么公共领域则为个性发展提供了充分的展示空间。"③ 公

① 牟钟鉴：《宗教在民族问题中的地位和作用》，《中央民族大学学报》（哲学社会科学版）1998 年第 3 期。

② 钱其琛：《当前国际关系研究中的若干重点问题》，《世界政治与经济》2000 年第 9 期。

③ ［德］哈贝马斯：《公共领域的结构转型》，曹卫东等译，学林出版社 1999 年版，第 3—4 页。

共性的产生需要哈贝马斯所说的那样一个“公共领域”。哈贝马斯的“公共领域”不是一个实体空间，而是存在于商谈会话中，公共性通过持续的商谈交往过程中形成的公共舆论表现出来[①]。

社会领域的良政善治的存在基础是成熟的公民社会和良好的法治意识，具体而言，公共精神和法治素养为良好的社会治理提供了最深厚的土壤和生态。韦伯认为，现代经济社会的高速发展必然伴随着社会领域的高度分化，日益分散且多元的社会，需要政治领域的发展来弥补和维系。他指出，落后民族之所以落后，就是民族的去政治化，部分民族被排挤在政治之外，成为政治社会的边缘群体。究其原因，是由于缺乏一套能够使全体国民不分民族、无差别地参与其中的政治机制和过程。将特定公民排除在政治机制之外的政治体制，只有在经济发展缓慢、社会尚未分化的情形之下才有可能。

在经济飞速发展、社会高度分化的现代社会，这种将不同公民区别对待的公共治理逻辑难以存在和维系，因为这种逻辑无法把高度差异化的利益诉求纳入公共治理的同一轨道。

4. 社会结构紧张

“结构紧张”是美国社会学家默顿提出的一个专门概念，用以说明什么样的社会结构更容易引发社会问题。“结构紧张”就是指这样一种社会状态，即社会文化氛围所标示和认同的成功期望同特定社会结构所能提供的成功手段之间难以匹配，甚至严重失衡[②]。通俗地说，就是社会结构的不合理、不协调导致的社会冲突和危机状态。在这样一种非正常状态之下，矛盾容易被激化，问题易于发酵，危机容易产生。“在中国当下的情境中，结构紧张具体表现为社会结构分化速度快于制度规范整合速度而导致的各种结构要素之间的紧张与脱节状态。”[③] 有学者认为，中国的现代化发展模式是一种以空间置换时间的现代化，一种以牺牲一部分地

① 郑杭生、胡宝荣：《包容共享：社会管理的精神内核》，中国人民大学出版社 2014 年版，第 157—158 页。

② Robert K. Merton, “Social Structure and Anomie”, *American Sociological Review*, Vol. 3, No. 5, Oct., 1938.

③ 李汉林等：《社会变迁过程中的结构紧张》，《中国社会科学》2010 年第 2 期。

区和一部分人的利益为代价的不完整现代化①。中国作为一个发展中国家，发展的不平衡性尤为凸显，“结构紧张”所带来的负面效应在民族地区表现得尤为严重。

上述既是民族地区社会治理的特殊表征，也是社会资本引入民族地区社会治理的可能性所在。在民族地区，政府治理能力受到社会发展程度、资源、管理成本等影响，治理能力仍需提高；但是，民族地区的宗教资源、民间权威、习惯法、社会组织、传统文化等社会资本却很丰富②。

少数民族社会资本主要包括以宗教信仰和宗教组织为主的宗教资源、以长辈为主的民间权威、以传统风俗习惯为主的习惯法、以民间组织为主的非正式权力。民族地区丰富的传统权威，纯朴的参与网络，较强约束力的传统规范，丰厚的信仰资本，可以在合理引导的前提下，对民族地区社会治理产生正向作用。社会资本在民族地区社会治理的价值内蕴丰厚，有助于重建信任，有助于改善居民的生存和发展条件，有助于增强社会凝聚力和认同感，有助于提供良好的社会规范和秩序，有助于提高公民参与意识。

因此，要在正确认识的前提下合理利用社会资本，改善民族地区社会资本生态，推进多元民族文化的挖掘与整合，增加民族地区社会资本储量，提升和优化民族地区社会资本，是社会资本有效参与民族地区社会治理的实现路径③。

（二）社会资本在民族地区社会治理中的价值

社会资本的效用和功能几乎是所有社会资本研究者的共识。社会资本的功能可以从微观和宏观两个层面来界定。社会资本微观层面的功能体现为以下四个方面：社会资本的存在可以为个人行动提供各种物质支

---

① 陈文江、周亚平：《西部问题与“东部主义”——一种基于“依附理论”的分析视角》，《北京工业大学学报》2010 年第 2 期。

② 吴开松：《社会资本与民族地区农村社会管理创新》，《华中师范大学学报》（人文社会科学版）2012 年第 2 期。

③ 黄增镇：《基于社会资本视角下的民族地区社会治理创新研究》，《广西民族研究》2015 年第 4 期。

持和方法指导；社会资本可以提供社会成员特定条件下所需要的情感支持，包括友谊、鼓励、安慰，等等；社会资本能够有效地塑造社会成员的道德观念和价值准则，将外在规范内化为自觉行为，让人们更加理性地考虑特定行为的影响、责任和后果，行为和态度更加谨慎；通过社会资本获取有效信息和社会机会，是社会成员最经济、最理性的选择，并且直接影响个人职业生涯的发展。

社会资本宏观层面的功能有以下几个方面：社会资本是将物质资本、人力资本结合起来的"介质"，有利于公民共同体的形成和社会公共事业的发展，促进社会成员之间的合作与协调；根据格兰诺维特的"嵌入性"理论，企业经济行为内嵌于社会关系网络和社会政治环境之中，良好的社会关系网络和社会政治环境，有助于节省企业的交易成本；社会资本还能有效地识别哪种社会结构能够更好地提供个体行动的资源；社会资本会影响经济资源和社会资源的分布，社会关系网络丰富与否，决定了经济和社会资源分配的均匀与否，不同网络的联合，有助于网络间的资源互补①。

社会资本和社会治理之间天然契合，殊途同归。合理引导之下的存量社会资本，为社会治理创新提供了土壤和生态，是社会治理模式创新和提高的前提所在，也使现代性背景下的增量社会资本的培育变为可能。总而言之，社会资本有序、有效地参与社会治理，是社会领域良政善治实现的必要条件②。社会中积累的众多社会资本，为健康公民社会的出现提供了舞台，也为民主政治形成和发展创造了动力。民族地区社会治理既需要契合社会治理理念一般价值，也需要尊重民族地区的客观现实和历史情境。各民族生存环境和历史背景的差异，使得民族地区的社会治理面临着复杂的自然差异和社会结构差异，进而导致经济利益的分配结构和格局也有所不同③。正视民族地区与东中部地区的客观差异之存在，是改善民族地区社会治理的基本前提。社会资本理论在民族地区社会治

---

① 郑传贵：《社会资本与农村社区发展：以赣东项村为例》，学林出版社2007年版，第11页。

② 黄增镇：《基于社会资本视角下的民族地区社会治理创新研究》，《广西民族研究》2015年第4期。

③ 高永久：《对民族地区社会稳定的思考》，《兰州大学学报》2003年第3期。

理过程中，主要有以下几个方面的价值。

1. 民族地区社会流动中的桥梁性价值

要想使社会流动由可能变成现实，外在制度规范的有序引导和内在经济诉求的合理刺激只是必要前提，还需要社会资本发挥“导流”作用。基于理性经济人的立场，人们只有拥有一定的社会资本，并确信这种社会资本可以带来大于机会成本的预期收益时，这样的社会流动才有可能，才有底气①。社会流动按照流向分类，可以分为两种。第一种是横向流动。横向流动中的社会资本，主要是以宗族血缘和地缘为特征是强关系，同质化程度高，有效信息传递十分有限。这种横向流动客观上降低了社会风险，但也限制了社会成员向上流动的可能。第二种是垂直流动。垂直流动中的社会资本主要表现为以业缘、学缘和趣缘关系为纽带的弱关系，这种社会资本异质化特征明显，包含着更多的有价值信息。

目前来看，民族地区的社会流动仍然以横向流动为主，垂直流动为辅，社会流动的范围及频率都受到了情感约束。民族地区的社会流动基本呈现出有流动、无发展的状态，社会资本分析框架的引入，有利于提升民族地区社会流动的总体质量和水平，同时也能更好地保证社会流动的有序性和可控性，在有效规范横向流动的基础上，探索垂直方向社会流动的可能性和实现路径。民族地区的传统社会资本多以血缘、地缘关系为纽带，其中依附的有效信息不多，需要关注民族地区传统社会资本的现代性转化，通过国家外力作用和民族内源发生的方式，改造、优化和传承民族地区以传统社会组织、宗族权威、习惯法和宗教氛围为特色的社会资本。

2. 民族地区社会控制的工具理性价值

任何社会的存在和发展都离不开稳定的秩序，而社会的良性有序发展，需要一定程度和一定力度的社会控制手段。社会资本作为一种由社会关系网络衍生出来的资源，又是获取社会结构资源的一种能力，甚至作为一种行为习惯和传统惯例，其与生俱来的信任、互惠和网络的工具性特征，决定了社会资本可以成为重要的社会控制手段。

---

① 卜长莉：《社会关系网络是当代中国劳动力流动的主要途径和支撑》，《长春理工大学学报》2004 年第 6 期。

具体而言，一个人所拥有的社会资本，限制了该个体社会交往活动的范围和可能。人际联系的一切活动无不是在自己所处关系网络中进行，人们所处的网络联系，限制了网络成员交往的形式和内容。处在特定社会关系网络中的行动者，为了享受社会资本所带来的便利，不得不接受他所在社会关系网络中的“社会资本流动规则”，诸如约定俗成的社会道德规范、具有刚性约束的政治法律制度、共同体成员所制定的规范和所达成的共识，等等。

另外，社会资本的政策意义不言自明，显而易见。首先，“政府所有政策的制定和执行都应该考虑尽可能不要破坏业已形成、正在运转的社会资本生成机制。历史和现实表明，公共政策实施的社会资本代价或许难以用数字衡量，但确定的是我们最终会为此付出代价。其次，政府作为政策主体也会自觉考虑社会资本所决定的制度绩效问题。不应该仅仅把宏观经济背景和国家制度设计视为政策制定和执行的主要考量，更应该关注社会底层的行动能力和社会自发力，因为这事关政策落地的问题”①。需要说明的是，社会资本的政策意义并不意味它可以替代公共政策。客观地说，社会资本可能是公共政策成功的前提，在某个方面还可能是公共政策的结果。讨论社会资本的政策意义，并不等于不要政府和政策。“明智的政策能够鼓励社会资本的形成，而且社会资本也会提高政府行为的效力。”②

毋庸讳言，民族地区的社会控制和政治控制单单依靠国家强力和意识形态，难以做到公权和私权的啮合，还必须借重社会资本的力量。民族地区的社会资本同样具有强制信任、价值内化和有机整合的特征和功能，对社会关系中个人的交往活动和行为存在约束和规制作用，极大地减少了单次博弈带来的机会主义问题，因为人们但凡要依靠社会资本来获得某种资源，就不得不自觉遵守和维护社会资本所附带的互惠规则和行为约束。

就民族地区而言，传统社会资本所发挥的社会控制作用仅仅体现为

① 燕继荣：《社会资本与国家治理》，北京大学出版社 2015 年版，第 172—173 页。

② ［美］罗伯特·帕特南：《繁荣的社群——社会资本与公共生活》，转引自《社会资本与社会发展》，李惠斌等译，社会科学文献出版社 2000 年版，第 163 页。

民族内部基层社会的稳定维系，民族之间、民族地区的总体稳定和社会治理还需要对社会资本这一政府和市场之外第三方力量进行挖掘。

3. 民族地区资源配置的另外一种方式

国家权力关系的固有刚性特质在基层社会中，会出现约束效力的弱化；而市场关系在特定地区的发育尚不完全，存在较大模糊性和不确定性，社会行为主体会感受到制度刚性的压抑与行动者本身的无力。制度安排的不可穷尽性，决定了单靠制度设计无法解决全部问题，需要找到另外一种资源配置和行为约束方式作为补充。社会资本作为一种社会关系网络，一种网络结构资源，一种资源配置方式，是将特定的社会关系看作某种社会资源，借助关系本位的运作机制，直接作用于不同社会成员的社会生活和资源分配①。

客观而言，中国人倾向于承认特定制度安排合法性的同时，也偏爱于非制度问题解决方式的运用。中国人永远习惯于将自己的身份地位和社会关系等同于自己的势力范围和活动领域，追求这一范围内的认可。这一行为本身合乎理性、无可厚非，它确实有助于特定范围内交易成本和社会风险的降低②。社会资本分析框架的引入让人们意识到，资源配置的手段除了国家和市场之外，还有重要一方也就是是社会，实现善治，必须要建立国家权力和社会权力良好的共存关系，这也是社会发展的必然趋势和必由之路。尤其是对于民族地区来讲，更要超越政治国家和民族社会的二元对立，避免任何一方偏执地、单向度地发挥作用。尤其需要建立国家和社会之间相互制约又彼此合作、相互独立又彼此依赖的有机统一体，克服“非洛即黑”的国家社会观。民族地区在市场配置资源起决定性作用的情境下，明显无力与同等条件下的东中部地区相抗衡，仅仅依赖国家再分配中的政策倾斜，也无法从根本上改善民族地区在市场配置资源中的劣势地位，必须要发挥另一只看不见的手的作用。社会资本的资源配置作用的发挥，是民族地区社会治理良性运行的基础性保障。

---

① 张宛丽：《非制度因素与地位获得》，《社会学研究》1996 年第 1 期。

② 吕凯：《社会资本理论的应用价值及其局限性分析》，东北师范大学 2007 年硕士学位论文，第 17 页。

4. 民族地区社会和谐的文化治理价值

民族作为一个被外部客位识别和内部主位认同的群体，其文化网络具有较强的地域性，恰恰由于这种地域性文化传统的多样性，维系着底层社会的稳定，同时也为促进底层社会的发展提供了有效的动力。从民族地区治理的核心、权力的本质或者根本目的来说，人们在社会上生存和发展，不得不依靠各种社会关系网络，最大限度地利用各种价值资源和有效信息，这就需要某种行为模式对自己和他人进行有效制约，以符合特定的行为预期。显然，以生存和发展为基本出发点来看，没人能够脱离权力网络的制约。

民族地区权力网络中，民族文化是一种重要的影响因素，是网络的核心要素之一，民族文化在某种意义上，不仅是权力文化网络的基本影响因素，更是有机组成部分，这种文化在网络中发挥的是缓冲润滑、消解冲突的强大功能①。从个人角度来讲，处于拥有丰富社会资本的社群，会让工作生活更加便利；从社会整体而言，一个拥有丰富社会资本的社会就意味着安宁有序和良政善治。而且，在一个相对较短的时期内，国家通过一系列的政策举措进行社会资本投资，培养和提升公民的集体行动能力是可能的。政治国家也可以优雅地撤离原来的领域，必须存在的部分，可以引导和参与社团活动，提供优质高效的公共服务②。

民族地区的宗族权威、信仰文化、传统习俗和习惯法，在合理引导之下，可以发挥朴素的规约作用，民族地区的社会治理必须挖掘文化的治理功能。民族地区的社会资本有深刻的文化印记。一方面具有朴素的规约功能，一定程度上有利于维系民族地区的社会秩序和稳定安宁；另一方面优良的民族传统文化也可以发挥教化功能，净化社会风气和民众的心灵。

社会资本理论让我们重新审视人类所谓“革命性”社会改造方案，让我们重新审视社会的传统和风俗，让我们重新评估自发组织的自治规则，让我们真正明白一种好的社会治理模式的真谛。道家所说的“无为

---

① 罗明军：《民族地区权力、文化与社区治理：一个彝族社区的政治人类学研究》，中国书籍出版社2016年版，第285—287页。

② Anirudh Krishna, *Active Social Capital: Tracing the Roots of Development and Democracy*, New York: Columbia University Press, 2002, p. 3.

而治”或许可以得到重新解读，适度减少政府作为，让社会自我管理，已成为当今最时髦的施政理念[①]。谈民族地区社会资本与民族地区社会治理，绕不开民族地区传统社会资本的创造性转化和现代性发展[②]。

当然，社会资本也是具有负效应的。“在某种环境中获得社会资本的人们也必然受到社会环境的规则和限制。社会关系网络越致密，社会联系越复杂，个人受到现有网络的约束也就越明显。致密的网络关系提供了各种资源的同时，也限制了个人的创造性和可能性，将人们局限在网络之中。另外，社会关系和政治权力的不当结合扩大了腐败范围和危害，影响政治生态的风清气正”[③]。

民族地区的社会资本大多以宗族血缘、地缘关系为纽带，深刻影响着民族地区的基层社会治理形态。社会结构还是熟人社会的差序格局，由此衍生出来的社会资本相对封闭，延伸半径有限，弱化了社会总体层面的聚合能力，强化民族的封闭性，加剧民族间的隔阂，不利于民族地区社会治理的长远发展和良性循环。同时，民族地区是一个多元文化的汇聚地，形态各异的民族文化、地域文化在此碰撞、交融，但并没有形成一种共同的文化认同。一方面，会产生文化保守心理，排斥、拒绝非本民族文化传统；另一方面，民族间文化碰撞也可能滋生各种矛盾冲突，影响民族地区社会和谐稳定。

另外，宗教因素也可能对民族地区社会治理产生负面作用。一是不同的教派纷争会引发局地政治和社会不安稳，甚至演变为具象层面的激烈社会冲突。二是信教民族群众法治意识淡薄，有的信众倾向于认为宗教教义高于法律，为法治文化的普及和推广制造了精神和心理障碍。三是民族地区社会资本的运行空间和功能发挥可能出现“越位”“错位”和“缺位”的情况。一些借助社会网络和行政特权获得非法利益的社会现象，给群体成员形成了一种错误示范，越来越多人寄希望于拉关系、走后门的“非生产性努力”，社会资本的“越位”“错位”和“缺位”都会

---

① 燕继荣：《社会资本与国家治理》，北京大学出版社 2015 年版，第 176 页。

② 彭庆军：《乡村治理现代化视域下民族地区少数民族传统社会组织的功能——以黔东南 L 村侗族“寨老”组织为例》，《西南民族大学学报》（人文社科版）2015 年第 6 期。

③ 郑传贵：《社会资本与农村社区发展：以赣东项村为例》，学林出版社 2007 年版，第 12 页。

扰乱和排挤法治安排和市场作用。在某些落后的传统民族中，宗族势力凌驾于法律和市场规律之上的现象依然存在①。

社会资本其实是一把双刃剑，尤其是民族地区传统的宗族权威、信仰文化和习惯法等，需要政府和市场的正向引导才能发挥其应有的价值和功能。

政治学家詹姆斯·斯科特写道："纵观历史，政治国家开展大型工程而招致悲剧事件的例证，大多有四个要素的结合。这四个致命要素同时满足才导致一个灾难事件的充分呈现。一是以大规模行政手段来人为安排自然和社会；二是高度现代化的社会意识形态，民主意识开始觉醒；三是存在一个威权国家，有意愿且有能力将这些现代性设计变成现实；最后是公民社会弱小无力，无力抵抗这些来至国家的设计。"②

十八届三中全会在《关于全面深化改革若干重大问题的决定》中，谈到了"系统治理、依法治理、综合治理和源头治理"的社会治理理念，明确了社会治理的多元主体及其相互关系。更明确地讲，就是社会治理由谁领导、由谁主导以及社会治理主体之间怎样互动。多元治理结构的核心是合理调整公私权力的界限和关系。一元化社会管理结构下，政府公权力全面进入社会领域，侵占社会权力的生存空间。而在多元化社会治理结构下，"政府充分尊重社会领域的合法权利和活动空间，借助法律约束和道德自律来完成社会的基础性整合，避免公私混淆，禁止公权侵犯私权，保护所有社会主体的全部合法行为，以提高社会整体运行效率，实现大多数社会成员的自有和公益"③。

郑杭生对"四个治理"做过这样的阐释，系统治理是指借鉴西方社会治理的通行规则的同时尊重中国国情，做到世界眼光与中国特色的有机结合；依法治理强调社会治理各个主体都要依法行事，谁也没有超越法律规范的特权；综合治理的重点是高度重视道德自律，最大限度地协调利益关系，规范社会行为。社会矛盾纠纷频现，往往是越轨行为"合

---

① 辛文卿：《社会资本与民族地区社会稳定的负相关分析》，《前沿》2010年第15期。

② 引自周雪光《中国国家治理的制度逻辑——一个组织学研究》，生活·读书·新知三联书店2017年版，第333页。

③ 张为波、仁孜泽仁：《西部民族地区社会管理现状与对策研究》，西南交通大学出版社2017年版，第50页。

法化”的恶果，让老实人吃大亏，严重影响社会风气。源头治理明确了社会治理的先后次序，各种治理手段和方式谁先谁后、孰轻孰重以及各自关系，改善民生是重中之重，基本公共服务均等化是基本前提，制度安排的公平正义是关键所在①。

“四个治理”对于民族地区社会治理没有特殊表述，但针对民族地区一般问题与民族问题混淆、传统社会资本丰富、社会发展落后于经济发展的现实，其指导意义更为凸显。

诚然，一统体制和有效治理一直是中国国家治理的一个深刻矛盾。在其他条件给定的情形下，国家治理模式就决定了政治体系的特定优势、治理负荷和困难挑战。国家治理模式有两个主要线索，即中央与地方、国家与民众。治理负荷是国家治理不可忽视的问题。首先，国家治理的规模取决于国家的物理空间和人口规模；其次，治理规模取决于治理的内容，即国家承担的各种公共物品责任；最后，治理规模也取决于治理形式，即集权和分权的问题②。

在根本上解决威权体制和有效治理之间的矛盾，需要在制度安排上另辟蹊径。其一，以治理模式的创新来化解这一矛盾。例如，通过精巧的制度化设计，明晰权责界定。其二，克服治理雄心和治理能力不匹配的尴尬，缩小各级政府有效治理的范围，代之以社会机制。目的相同，但方法各异，都是旨在缓解威权体制的运行负荷，给这一矛盾的根本解决寻求出路③。历史上的社会自组织能力和“政不下县”的治理制度，大大减轻了治国负荷。当代中国的国家建设和民族自治进程中，一方面，中央政府与地方民众建立了全面的连接纽带，提供了巨大的社会动员能力；另一方面，区域发展不平衡、民生压力、民权维护、民族统一等，又对一统体制形成了新的挑战。

① 郑杭生、胡宝荣：《包容共享：社会管理的精神内核》，中国人民大学出版社 2014 年版，第 3—4 页。

② 周雪光：《中国国家治理的制度逻辑：一个组织学研究》，生活 · 读书 · 新知三联书店 2017 年版，第 12—17 页。

③ 同上书，第 438—439 页。

第四章

风险管理理论与民族地区社会治理

进入21世纪以后，在贵州、云南、西藏、四川汶川、新疆、内蒙古的种种突发事件警示我们，风险无处不在，我们正处于一个新的社会形态——风险社会。

一 风险管理理论的提出

风险（risk）在所有学科领域因研究的内容及范围的不同，迄今没有一个各学科公认的标准定义。但是，研究风险的含义及其特征，科学定义其内涵与外延，是风险管理的基础和理论前提。综合来看，各个学科领域对于风险的含义的不同解释，主要有以下几种。

（一）相互竞争的定义

1. 风险是一种可能性损失

风险是个人、组织或社会遭受某种损失的可能性时的一种状态。在这种状态下，风险是一种主、客观的现实存在，有可能发生，也可能不发生。客观而言，整个社会面临各种不可抗力的损失是一种符合一般规律的状态，如地震损失、飓风损失、洪水损失，等等；主观而言，还会面临由于自身行为导致的责任风险等。这一定义强调了风险是否从主、客观上存在的可能性，却没有包含对风险可能性的高低、大小、频率等关于风险预测与衡量的内容。

2. 风险是导致损失产生的不确定性

风险损失的不确定性（uncertainty of loss）是决策理论学家提出的关于风险的另一种定义，包括人的主观不确定性和不以人的意志为转移的客观不确定性两个方面。风险的主观不确定性与个人的经历、认知、精神以及心理状态息息相关，是个人对风险的主观评估。不同的人对同一风险会有不同的主观感受，风险的程度、大小对于心理的影响会完全不同。客观不确定性能够利用统计学工具加以测量，是损失实际发生的结果与预期损失之间的离差。上述风险的定义包含了两个因素。一方面，由于人的认知能力的有限性（主观）和环境因素的无限复杂性（客观），对于会产生何种损失以及损失的程度，人们无法确切地把握。另一方面，由于个人得到的信息不同，对风险的认知不同，承受风险的能力不同，即使受到相同的损失，人们对损失的感受与解释也会不尽相同。风险的这一含义也表明，它与人的主观心理状态相关。

3. 风险是潜在的损失

收益风险、失业风险与责任风险等，就是从潜在损失的角度来定义风险的。潜在损失的风险是指尚未发生，它可能发生，也可能不发生，甚至可能永远都不会造成损失。从这个定义来看，损失的可能性与潜在损失不同，潜在损失强调的是损失的存在性，而损失的可能性意在说明损失具有非预期性。

4. 风险是损失出现的概率

风险从概率论的视角解释，是指在一定时期、一定范围出现损失的概率或机会，损失概率或机会在 0 到 1 之间摆动，越趋向于 0，风险发生的概率就减少或越小；反之，损失概率越趋向于 1，风险发生的概率就增加或越大。这一含义表明，风险是能够被测量的，在某一确定的范围内，损失将会出现。损失发生的概率说明，能够对损失的可能性进行定量分析，这是量的多少和度的高低；损失的可能性则强调，对损失是否存在定性分析。当损失的概率确定为是 0 或 1 时，就不会有风险存在了。

5. 风险是潜在损失的变化范围与幅度

这一含义与风险是损失出现的概率定义相似，二者都认为，风险与损失的大小可以进行定量分析。损失出现的概率强调的是当概率为 1 时，损失必定出现；当概率为 0 时，无损失出现。与风险是损失出现的概率相比，这一概念更为实用，其更偏向于对风险进行全面、综合、科学的定量分析之后，计算出损失的大小以及程度，这对有效的风险管理与应对风险十分有帮助。

6. 风险是财产损失与人员伤亡

这是从保险的视角，将风险定义为财务上的亏损以及人员的伤亡。着重从保险实务中的具体风险案例所产生的后果来对风险进行阐释。

总而言之，人们将一定时期、一定条件下以及一定范围内可能发生的各种不同程度和结果的不确定性，称之为“风险”。这是人们主观意识对客观事物运动规律把控的不准确性，其运作过程从主观上来说是无法控制和操纵的。同时，由于事物运行结果的复杂多变性，使得人们不能完全按照其主观意志所设想的掌控事物的发展，可能会产生与预想完全不同的结果，抑或本来无须发生的损失。

（二）风险的构成要素

风险的要素由风险事件、风险因素和风险损失三方面构成。

1. 风险事件

风险事件或风险事故是指造成生命和财产损失的事件，是多种因素综合作用的结果，是产生损失的直接原因和条件。也就是说，风险由可能发生变成实际已经发生，并且造成损失。例如地震、洪水、火灾等，都是典型的风险事件。风险事件与风险因素不同，风险事件是损失的媒介，是损失的结果，是现实的损失，是直接原因；风险因素是产生风险事故的潜在条件，是间接原因。两者之间存在着前后的逻辑关系，风险因素在前，风险事件在后。风险因素是风险事故的必要条件，而且在风险形成过程中，造成的损失也是不一样的。

2. 风险因素

风险因素指的是能够引起或增加风险事件发生的概率，或者是对损失的范围以及程度造成影响的因素，构成风险因素的条件越多，发生损失的可能性就越大，损失就会越严重。风险因素是事故发生的潜在条件，从性质上看，可分为自然因素和社会因素；从作用过程看，分为主要因素和次要因素；从对象看，分为人为因素和非人为因素；从形态上看，可以分为有形风险因素和无形风险因素，或称为物的因素和人的因素。

人的因素属于无形的，指人的思想、行为等；物的因素属于有形的。人类社会的风险因素主要分为以下几种。

（1）实质性风险因素。这是增加某一事件产生风险的概率或增加其损失范围和程度的直接条件，是基础和根本的条件。例如恶劣的气候条件、地形的异常变化等，这属于有形因素。

（2）道德风险。这与人的道德修养有关，属于无形因素。

（3）心理风险因素。也属于无形因素，是人们主观的有意或者无意。

（4）制度风险。制度包括自然积淀形成和人为制定两个层面，但都是特定环境的产物，与时代的发展相比具有滞后性。在未来社会的管理中，都存在某种不确定性。

（5）文化风险。不同国家、不同民族、不同地区都有文化的差异性，且良莠并存。文化和行为具有互动性，其文化劣根性会导致行为的风险。

风险发生的过程中，有时是以人的因素为主，是人为因素的风险或“人造风险”；有时是以物的因素为主，如技术进步的风险；有时是以自然因素为主，如地震；有时是以社会因素为主，如文化、制度及传统习俗。而且，主要因素与次要因素的地位不是固定不变的，是可以相互转化和彼此影响的，随着时间、范围的不同而变化。

3. 风险损失

风险损失是指不是人为的、不在设想与计划中的经济价值的减少与损失，包括直接损失和间接损失，可以用货币来计量。直接损失包括人、财、物的损失等，比间接损失更加直观和更好计量；间接损失包括名誉、信用、形象、地位、相互关系、社会利益等的损失，以及由于直接损失导致的第二次损失。风险是原因，损失是结果。风险与损失的区别在于，风险是指损失发生的一种可能性状态，但风险本身并不是损失，只有当风险转化为现实的人、财、物等的耗损，才造成损失。而损失是指实际上发生的人、财、物等的消耗或损耗。风险与损失的这种因果关系只适用于分析纯粹风险（静态风险），而不适用于分析投机风险（动态风险）。

（三）风险管理的提出

1. 企业风险管理发展的历程

从风险管理理论产生的历程看，其思想与方法起源于企业的安全管理。企业的安全管理制度是维护企业生产、经营正常稳定的内生性的一种企业内部的保障性机制，广泛地运用与实践的效果，启迪和催生了风险管理研究者的进一步研究。企业风险管理概念，最早由现代管理之父——法国管理学家亨利·法约尔（Henri Fayol）于1916年提出。由于人们对之重视不够，这一理论在当时的影响并不大。与当时流行的企业管理不同，法约尔从全面管理和整体管理着手，把简单的风险管理思想糅进企业经营管理之中[①]。

工业社会的发展，推动企业生产经营规模的扩大和组织管理的复杂化，社会进步要求企业管理的进一步发展，20世纪30年代，风险管理组织在主要资本主义国家开始萌芽。由于经济危机（1929—1933）的影响，美国的银行和企业有40%左右破产。出于应对危机、减少风险的考虑，风险管理在企业发展中的作用日趋重要，这已是企业的共识。此后，众多美国的企业开始在内部设置保险管理部门来应对经营上的风险，这就是最早的风险管理的出现。虽然这个时期的理论和实践还不完善，但企业的保险管理职能为风险管理做出了有益的探索，拓宽了管理研究的视野，积累了丰富的材料，是最早的现代风险管理实践[②]。

20世纪初，美国铁路和钢铁行业的一些现代企业开始出现“保险经理”的职务，用保险来应对其面临的纯粹风险。1921年，马歇尔（Marshall）提出了风险分担管理（administration of risk-bearing），探讨通过防止、预测等进行风险清除，应用保险、担保、补偿和套期保值交易等进行风险转移。1931年，美国管理协会成立保险分会，成员信息共享，情报互通。1932年，成立“纽约保险采购员协会”，对全面风险管理已经有了一定的认识。1950年，“全美保险采购员协会”成立，1997年更名为“美国保险管理协会”（ASIM）。

第二次世界大战以后，随着全球相互交往合作频繁，政治、经济和社会的多元化和国际化占主导地位，经济和社会的发展呈现加速的状态，企业管理复杂性和日趋增加的风险呈现扩展化的势头，单一的保险项目

① 王晓群：《风险管理》，上海财经大学出版社2003年版，第7页。

② 唐钧：《政府风险管理——风险社会中的应急管理升级与社会治理转型》，中国人民大学出版社2015年版，第1页。

和保险职能在日益复杂化的问题面前已经覆盖不足，单一的保险管理与分担向多元化转变成为必然，由此导致企业保险管理的职能从传统保险组合等单一职责向全面风险管理转型。

20 世纪 50 年代中期，企业保险管理职能在社会生产力和生产关系的推动下相应地发展与扩张，引起了理论界的关注。学界普遍认为，最早正式提出“风险管理”概念的是美国学者加拉赫（Gallagher）。他于 1956 年 9 月在《哈佛商业评论》发表《风险管理，成本控制的新阶段》一文①。60 年代初，风险管理研究成为理论界和行业内的一股潮流，开始对风险管理进行全面广泛的定义。作为风险管理学科研究和发展的初级阶段，这期间的研究取得了丰硕的理论成果。与此同时，1932 年创立的“美国大学保险教师学会”于 1961 年更名为“美国风险与保险学会”（ARIA），其著名期刊《风险与保险》（*Journal of Risk and Insurance*）对风险管理进行研讨。业界在实践中，也不再使用“保险经理”而用“风险经理”代替原来的保险管理职能。

20 世纪 60 年代以后，鉴于保险管理及其职能的局限性，企业风险管理开始多样化，以适应企业风险管理的新要求。企业从自身风险深覆盖保障出发，不再完全将保险作为风险管理的唯一手段。主要原因如下：一是企业发现一些风险是不确定的，不可控的，没法通过保险来抵御和回避；二是保险主要针对确定性的风险，其保险项目无法满足企业特定的风险管理需要；三是企业可以根据自身经营管理，内控建设，通过预测、控制、计量来有效应对风险对组织的影响。认识的提升和实践的效果，推动了企业“自我保险”和“自我保障”，促进预防风险管理模式的产生。在注重保险管理的同时，加强内部控制，通过对冲、转移、补偿，控制应对企业风险，其相应的理论研究也与企业的实践同步发展，相互推进。70 年代，随着“自我保护”在企业风险管理中的巨大成功和有效作用，“安全工程”在企业内部经营管理流程和制度建设中，逐步整合到企业风险管理职能体系的一部分，虽然这时还不够成熟，但完整的“风险控制”观念及其策略体系、制度建设、职能框架，成为现代风险管理重要组成部分。

---

① 叶成徽：《国外风险管理理论的演化特征探讨》，《广西财经学院学报》2014 年第 6 期。

20 世纪 70 年代中期，风险管理运动兴起，风险管理开始国际化。此时，美国的风险和保险管理协会开始与欧洲和亚洲的风险管理专家交流研讨。理论的成熟和实践的效应，加上企业自身风险控制的内生动力，推动了许多国家和地区（如日本、新加坡、澳大利亚和中国台湾地区）的组织和企业建立风险管理的专业性协会。在 70 年代和 80 年代，风险管理的影响更加全球化，理论和实践得到业界的广泛认可，对企业产生的积极作用和企业应用风险控制的丰富的实践成果，推动风险管理的实践与理论日益朝着丰富化、完善化、复杂化的方向发展。80 年代中期，企业风险管理的多样化造成美国商业保险市场出现了严重的萎缩，导致非传统保险的风险融资活动的兴起。风险融资是风险管理手段的创新和完善，这一创新和完善形成了现代风险管理理论与实践中研究和操作的两大组合——风险控制和风险融资。

风险管理是一种策略管理、确定性管理，强调通过对风险的识别、预测、计量、评估和处理，着力解决风险不可控和不可预测的问题，科学地分析风险边际，准确控制和把握风险的影响，实现以牺牲最小的成本获得最大的利益和安全保障。20 世纪 50 年代，风险管理以系统论、信息概率论、运筹学和人工神经网络法等理论为基础，发展为一门应用性管理学科，主要集中在一些风险爆发将引发巨大损失的领域，例如金融、信用、项目、投资等。

20 世纪 70 年代以后，风险管理理论与实践在全球性风险管理运动中逐渐发展与成熟，其影响日益扩大，效果日益显著，理论框架日益完善，实践运用遍地开花结果，从而掀起了全球性的风险管理运动。美国、英国等国家先后建立起全国性或地区性的风险管理协会。1983 年，在洛杉矶举办了第一届世界风险管理年会，风险和保险管理协会在年会上发布了“101 条风险管理准则”，包括 8 条一般准则、9 条风险辨认衡量准则、9 条风险控制准则、8 条风险理财准则、9 条索赔管理准则、8 条员工福利准则、8 条退休年金准则、6 条国际性风险管理准则、10 条风险管理行政准则、9 条风险管理技巧准则、10 条风险管理沟通准则、7 条风险管理哲学准则。该准则说明了企业风险管理理论与实践进入了一个新的阶段，这在一定程度上标志着风险管理正在成为备受重视并能实际应用的管理门类。

美国学者沃恩（Vaughan，1997）将“风险管理”定义如下：风险管理作为一种处理纯风险的科学方法，通过预先判定可能的潜在损失，制定和采取各种措施来降低损失发生的概率，或减少损失所造成的经济影响。这是一种受发展和认知影响的不全面的风险定义，沃恩忽视投机风险的管理职责，认为风险管理是纯粹的风险管理，只存在管理对象的不同、管理技术的差异，而风险管理自身是相对恒定、不变的，风险管理在未来主要是纯粹风险的管理。

20 世纪 70 年代以后，随着贸易和金融的全球化以及自由化浪潮，自由竞争和自由市场让市场环境和市场风险多元化、复杂化，各企业和金融机构面临新的更具风险的挑战，如信用风险、交易风险、利率风险等。20 世纪 90 年代以后，由于现代企业面临的风险日益多样化与复杂化，企业必须对纯粹风险和投机风险进行综合管理，其风险管理理论和实践的发展，已经不局限于管理纯粹风险及其损失的不确定性。

20 世纪 90 年代，西方银行业爆发了一系列危机，银行业因此认识到风险的重要性，由此各金融机构将金融风险管理摆在重要位置。期货、期权和互换等金融风险管理工具便在这一时期产生。肯洛曼（Kloman，1992）提出了“全盘管理组织所有风险”（Manage Holistically all Organizational Risks）的思想，认为要重视和管理未发生的风险所带来的可能发生的负面影响。哈伊姆（Haimes，1992）从经营管理与流程入手，运用系统工程学和运筹学，全面性构建企业内部系统共同协调的风险管理机制，提出了企业“全面风险管理”（Total Risk Management）的理论框架。多尔蒂（Doherty，2000）则在金融全球化和金融创新层出不穷的背景下，将金融工程学融入风险管理，提出建立规划模型，优化战略结构的企业“综合风险管理”（Integrated Risk Management）理论体系。美国的一些大公司跟随市场变化，开始设立“首席风险官”的职位，其职责就是应对社会和经济全球化、自由化发展带来的新挑战、新问题，专门对公司面临的由于市场变化而产生的多元的、复杂的纯粹风险和投机风险进行综合处理。

2. “风险社会”理论的提出及其发展

风险管理思想的形成还与对利率期限结构的研究有关。共分为三个阶段。一是伊文·费歇尔在 1896 年第一次提出期限结构理论，即纯粹预期假设理论。这个理论是定量化期限结构理论，在证券市场应用广泛。纯粹预期假设理论认为，长期债券的预期平均年收益，是预期短期利率的几何平均；预期的未来短期即期利率，等于收益率曲线所隐含的远期利率。二是 J. R. 尼克斯（J. R. Nicks）和 J. M. 卡尔博特森（J. M. Culbertson）提出流动性偏好理论。尼克斯和卡尔博特森对纯粹预期理论进行了修正，建立需求模型，加入了风险因素。他们认为，短期债券的流动性比长期债券的流动性高，为了吸引人们购买长期债券，长期债券要有比短期债券更高的流动性风险补偿，因此在一般情况下，长期债券的收益率较高。这一理论促进了对利率风险管理的研究。三是麦考利（Frederick Macaulay）于 1938 年提出了利率的久期（duration）和凸性（convexity）的概念，久期是持续期，凸性就是久期的变动度。久期和凸性分析是最早的风险管理工具，也是利率风险管理的重要工具①。

随着社会的发展和技术的进步，风险的不确定性从企业生产、经营领域扩展到环境、公共安全和健康问题，风险问题的社会化引起了社会公众的广泛关注。20 世纪 80 年代，学术界在企业风险管理研究日趋深入和成熟的基础上，开始从环境和社会结构的角度来研究风险。其研究对象从注重企业内部及其经济形态的研究逐步扩大，从单一对生产经营的影响，扩大到对生产、生活乃至社会的影响，并逐渐扩大到其他形式的社会风险。

德国著名社会学家乌尔里希·贝克于 1986 年在《风险社会》一书中开启独特的角度，首次使用“风险社会”的概念来描述当今充满机遇与挑战风险的后工业社会。通过对社会发展历史的深入分析与研究，他提出了“风险社会”理论。风险（Risk）一词的概念，来源于西班牙的航海术语，本意指冒险和危险，从字面意义上来理解，本意指冒险和危险。“风险”是风险社会的基本范畴，也是构成“风险社会”理论的基础。贝克认为，风险社会是人类社会的必经阶段，是人类社会由工业社会向现代化社会发展高级进程中的一种社会形态。他提出，要依靠风险社会内的“自反性”来突破以韦伯、涂尔干等人为代表的以工业社会为现代性

① 许国栋、李心丹：《风险管理理论综述及发展》，《理论探讨》2001 年第 9 期。

终结的“历史终结论”，为“现代性的未完成性”谋求出路[①]。

贝克认为，我们现在正生活在一个与传统的现代化社会完全不同的风险社会中，在贝克的“风险社会”理论中，风险被赋予了新的含义，贝克将“风险”定义如下：风险是处理因现代化本身所引起的危机以及不确定性的一套专业的、系统的方法。他指出，风险表明了自然与传统的终结，也就是说，在自然和传统失去效力、需要人去做出决策的地方，风险才会出现。

风险是人们创造的一种文明，是由人类社会的发展、技术的进步等现代化进程自身制造的，是人类自己的行为或决定而造成的不可预见的后果，是人为或人造的不确定性，具有可预见性。人类可以通过采取预防性行动，制定相应的制度化措施来避免尚未发生的事情，控制可控制的事情，针对已发生、已造成的损失，降低其带来的副作用以及不良后果[②]。贝克所谓的“风险社会”有三层意思：第一，它是由人类社会的发展、技术的进步等现代化进程自身制造的；第二，它不是某些具体的风险事件，而是抽象的、超越人类认知水平的，对人类社会具有毁灭性后果；第三，它不是地方性的，而是全球化的、世界的，超越了民族和国家的边界，在风险面前，人人平等[③]。

默克胡佛（Merkhofer，1987）指出，风险并不是单一维度的、可以简单地由损失概率和损失严重程度构成的数理概念。可度量只是风险的一个方面，风险还是一种具有心理、社会、经济、技术多维属性的概念。有学者从心理学的角度研究大众心理对风险的影响与作用，认为，现代风险被公众所认知时，会由于公众融入感情因素而呈现各种特征。“社会风险管理”理论与风险管理理论的视角不同，它从技术进步、社会发展、经济联动的角度认为，“社会风险”应该是一种一般由社会产生而不是由自然决定的风险，社会性是其显著的特征。工业革命之前的风险主要由自然事件引发，人为和技术的影响有限；工业革命以来的风险，主要是人

① 陈盛兰：《新常态下社会矛盾综合治理——基于风险社会理论视角》，《中国福建省委党校学报》2016 年第 4 期。

② 吴开松：《当代中国公共危机管理理论》，湖北教育出版社 2012 年版，第 19—24 页。

③ 肖瑛：《风险社会与中国》，《时事观察》2012 年第 4 期。

为和技术发展的结果。技术的发展具有两面性，技术的进步让风险被预测与被识别的可靠性大大提高，社会对风险的控制能力大大加强。但技术进步会产生新的风险，技术进步使公众对风险变得更加敏感，感知更强烈，心理更紧张。

“社会风险管理”理论认为，现代社会风险的影响更大，风险情况更透明，公众参与度、关注度、知情度更高，公众在社会风险管理中拥有更多的知情权、管理权、参与权，公众的广泛参与有利于发挥公众的作用。有人利用大众智慧，提出了公众参与社会风险监管的六种模式。

“风险的社会管理模式理论”重视社会各个层级（国家、组织、个人）在风险管理中的不同作用，特别强调政府的作用，提出风险社会管理模式应该是由政府通过对各种公共政策、法律和规章制度的制定和安排，对宏观、中观和微观风险进行全面、系统的管理。一方面，在市场失灵时，政府要提供风险管理工具，帮助个人、家庭、组织和社区降低损失和伤害；建立、完善监督和监管，发展规避市场风险的机制，解决市场运行失衡状况，有效控制市场风险的伤害。另一方面，要避免出现政府失灵和政治风险，增加透明度，进行权力制衡，解决政府和公众之间的信息不对称问题。因此，在现代社会，政府与公众的沟通格外重要，并且政府在社会风险管理中扮演着十分重要的角色。

吉登斯（Giddens，1991）通过对现代社会的宏观考察，从时空转变的角度来定义风险。他认为，“风险”概念逐渐从最初的具体地点、具体事件的对地理空间的探索，转移到对时空相对分离的时间的探索。现代社会风险包涵时间和空间两个维度。吉登斯主要从风险的不确定性的角度来阐释风险，他认为，人类知识增长的结果，让我们在认识世界、改造世界的同时，生活和环境比以往更加不可预测，人类认知的局限性，滞后性，增加了人类社会现在所面临的不确定性，现代社会的风险是人为制造的不确定性。吉登斯还认为，新的社会风险是核心和根本的问题，是我们过去的时代所没有遇到的问题。这是一个悖论的时代，一方面，传统的威胁个人生活的危险在减少；另一方面，全球化带来了一种内在的、不稳定的风险气候，它可能会产生高风险的后果，没有人能逃脱这种风险气候。

吉登斯认为，风险是随着现代化的发展而出现的，风险是现代社会十分重要的特征，现代社会的风险可以分为两大类。一类是“外部风险”，也就是自然风险，它不以人的意志为转移，是人类社会外部的、传统或者自然界的固定变化所带来的风险，如地震、飓风、洪涝等。这种风险虽然严重，不可抗拒，却由于经常发生以及技术进步而变得可以预测。另一类则是“人为风险”。人为风险指的是人类在认识世界、改造世界的过程中，不断发展的经验、知识、技术对这个世界产生影响进而引发的风险，是由于人的发展、特别是由科学技术的进步所造成的，是在人们没有多少历史经验的情况下，分析判断利弊不准确，对后果预测不足或预测不到所产生的风险。

对于人为风险，由于过去没有为我们提供可借鉴与参照的经验和知识，我们对这些风险知之甚少，不能对风险进行准确的计算，更不能对风险进行预测，风险成为人们无法规避的事实，致使人们面临前所未有的风险环境。

吉登斯在《风险社会的政治》一文中，提出“自然界的终结”（the end of nature）。他认为，随着知识的增长和科学技术的影响力不断增强，人类改造世界达到了空前的高度，使人类生活发生了变化。终结包含两种，一是自然的终结，二是传统的终结。人为因素和人类在社会生活中制造的风险，成为主要的风险来源。自然界的终结并不是指自然环境消失了，自然环境的作用无效了，自然规律被人类全部掌握了，而是人类及技术对自然界的人为干扰，使得自然不再是自然。自然界的终结并不意味着一个自然环境消灭了的世界，而是指最近40年或50年，在物质世界的各个方面，由于科技变迁的加剧，几乎没有未受人类干预影响的领域，几乎都不再是自然的了。

吉登斯将七种不同类型的风险从两个方面进行了概括。一方面，从风险的客观分布状况看，在现代社会，风险强度空前加剧，风险环境也日益扩张，风险环境范围的全球化和风险环境类型的复杂化，已经不可逆转地摆在人类面前；另一方面，从治理风险的经验或对风险观念的理解看，又表现为“风险意识本身作为风险”（风险意识的高低、强弱）、“分布趋于均匀的风险意识”和“对专业知识局限性的意识”三个方面。同时，制度化风险环境也不仅限于市场的适当范围之内，制度框架结构内的决策后果，也不断从外部对这些风险施加影响。

3. 公共部门风险管理的发展

公共部门风险管理的实践活动早在20世纪90年代以前就已经存在。但是，一直到20世纪末，在该领域都没有专门的、系统的研究。由于非营利组织活动具有风险性，许多美国的医院和公用事业企业都是“公共风险和保险管理协会”（Public Risk and Insurance Management Association，PRIMA）的成员。由于美国政治、经济、文化和社会结构的变化，公共部门开始重视在风险管理方面的问题及规划，陆续成立了州政府风险与保险管理协会、大学风险管理和保险协会以及美国健康风险管理协会等各种专业化的风险管理协会。

公共部门领域的风险管理实践落后于私营部门。美国作为现代风险管理理论与实践最为发达的国家，在20世纪70年代以前，公共部门的风险管理几乎不存在。到了20世纪70年代初期，公共部门才开始对风险管理进行组织和规划。此时，由于政府的责任风险在商业保险市场上的“可保性”和“可支付性”存在重大问题，美国政府部门开始寻求商业保险市场的替代机制，“自我保险组合”（Self-Insurance Pool）开始在政府部门成为主流。这种替代机制对公共风险管理的理论研究产生了举足轻重的影响，是公共部门风险管理在风险融资方面的一个重要举措。

“公共风险管理”的范畴远远超出了公共部门风险管理的范畴。公共部门对自身风险的管理，局限于职责范围内的与公共部门相关联的领域，即公共部门风险管理，与公共风险管理并不完全等同，公共风险管理是全社会各个层面和各种风险的管理。

4. 政府风险管理的产生与发展

（1）政府风险管理的产生。政府风险管理起源于20世纪80年代末，随着社会管理事务的增多与日趋复杂，美国、德国等西方主要发达国家相继开展政府风险管理工作。

政府风险管理的产生具有深刻的社会背景，政府管理面临的风险加剧，要求政府加强风险应对。20世纪80年代，除经济风险、自然风险等传统风险之外，环境风险（如核泄漏、臭氧层破坏、水污染）、技术风险（如基因编辑和克隆风险）、公共健康风险（如食品卫生、传染性疾病）以及社会风险（如贫困、失业和犯罪）等新型风险日益涌现，且风险带来的损失增大，政府管理因此面临的挑战加剧。例如，1984年，美国联合碳化物公司在印度的一家农药厂发生毒气泄漏事故；1986 年，苏联切尔诺贝利核电站发生核事故；1996 年，英国疯牛病事件震惊世界。

20 世纪 80 年代，新公共管理运动兴起，“企业家型政府”成为政府改革的发展方向。在企业中已经十分成熟的风险管理，被引入政府管理中。越来越多的国家将风险管理纳入政府讨论的重要议题，开始在政府管理中引入风险管理理念，并且将企业风险管理的做法运用在政府管理活动中。

1983 年，在美国召开第一届风险和保险管理协会年会，会上讨论并通过了“101 条风险管理准则”，成为风险管理科学化、规范化的标志。在实践中，企业风险管理日趋成熟，风险管理成为规避风险的重要手段，这使得政府部门逐渐认识到风险管理的重要性。1997 年，英国财政部发布《绿皮书：中央政府的评价与评估》，要求政府机构将风险与不确定性因素加入评估项目与计划方案中。1999 年，美国联邦审计署发布《联邦政府内部控制标准》（Standards for Internal Control in the Federal Government），提出联邦政府内部控制的五项标准，其中就有风险评估。标准提出，内部控制应提供联邦政府所需应对的内外部环境的风险评估。

（2）政府风险管理的发展。21 世纪，政府风险管理得到进一步发展。政府风险管理实践由分散走向整合，由粗放式走向精细化。越来越多的国家将风险管理作为优化政府施政手段的重要方式，从而提高政府决策的科学性。

第一，设立主导机构，政府风险管理走向整合集成。政府风险管理走向整合集成的标志之一就是设立主导机构，整合各部门的风险管理。2001 年 7 月，英国内阁办公室国民紧急事务秘书处成立，下设一院三部（紧急事务规划学院、评估部、行动部和政策部），它是英国政府整体风险管理建设的领导核心。2002 年 11 月 25 日，美国小布什总统在白宫签署《2002 年国土安全法案》，宣布成立国土安全部，保卫国家领土安全及处理相关事务是其主要职责，使其能够高效地、有组织地、迅速地处理恐怖袭击威胁。为了提高联邦政府对突发事件的应急效率，2008 年，美国国土安全部专门成立风险管理与分析办公室，它成为美国政府风险管理的核心领导机构。2009 年，德国也专门成立了联邦风险分析委员会，由内政部部长牵头，整合各联邦部门（环境部、卫生部、交通部、经济与技术部、劳工和社会事务部等）与公共安全相关的部门，加入该风险分析委员会，负责德国联邦政府的风险管理工作。

第二，构建政府风险管理框架，精细化水平提升。政府风险管理的另一个发展特点是风险管理框架逐步构建，风险管理标准和技术工具不断成熟，精细化水平得到提升。2001 年美国“9·11”事件发生后，许多国家高度重视国土安全，对国家面临的风险展开分析和评估，构建风险管理框架，注重开发风险管理标准和技术工具，以指导政府风险管理工作。

在风险管理框架方面，2001 年 4 月，加拿大财务委员会秘书处签发了《综合风险管理框架》（Integrated Framework），形成了综合风险管理模式。2003 年，澳大利亚维多利亚州针对公共部门的风险管理问题开展了一次名叫“管理风险”的调研，并制定了《维多利亚州政府风险管理框架》。同时，对政府风险管理的相关概念作了界定，并且制定政府风险管理的标准化流程。2004 年 10 月，英国财政部发布《风险管理——原则和概念》（Management of Risk—Principles and Concepts）橘皮书，对风险管理框架作了详细说明。2005 年，国际风险管理理事会（International Risk Governance Council，IRGC）发布《风险治理白皮书：面向一体化的解决方案》（White Paper on Risk Governance：Towards an Integrative Approach），整合了风险管理分析框架。2006 年，美国国土安全部发布《国家基础设施保护计划》（National Infrastructure Protection Plan），为国家重要基础设施和关键资源风险管理提供了实施框架。

综合来看，各国的政府风险管理框架中都包括沟通与协商、明确风险管理的风险识别、风险分析、风险评价、风险应对、风险监控以及内外部环境等流程。

在风险管理标准和技术工具方面，英国内阁办公室在 2002 年发布《风险：提高政府应对风险和不确定性的能力》（Risk：Improving Government's Capability to Handle Risk and Uncertainty），提出了政府风险管理的总体方法，并确定了政府风险管理的范围。2008 年，德国联邦风险分析与公民保护指导委员会发布《重要基础设施保护——企业和政府部门风险和危机管理指南》（Protecting Critical Infrastructures Risks and Crisis Management：A Guide for Companies and Government Authorities），为政府风险管理提供指导。德国联邦政府于2010年正式颁布《公民保护中的风险分析方法》，指导联邦、州及地方政府开展公民保护的风险分析。2009年，国际标准化组织（ISO）技术委员会发布《风险管理——原则与实施指南》（ISO31000：2009），为风险管理实践提供了标准化指南。这些风险管理指南和标准的发布，使得政府风险管理更加规范化、系统化和精细化。

5. 风险治理的主要阶段

风险社会的根本选择在于风险治理。风险治理是风险管理更为具体化的一种表述，更强调多元主体之间的沟通。国际风险管理理事会（IRGC）对风险治理提出的定义如下：风险治理是在更宏观的背景下处理风险，包括对风险的识别、评估、管理和沟通。风险治理分为两个阶段，即分析和评估风险、采取应对措施。国际风险管理理事会认为，风险治理框架包括四个相互影响的阶段。

（1）评估准备（pre-assessment）阶段。对风险进行早期的预警和对风险进行问题建构。这个阶段的主要任务有识别风险和机遇，厘清评估的范围；识别利益相关者，并梳理出对问题和建构产生的影响；梳理评估风险的现有科学分析工具；梳理当前的法律、行政等规定对问题产生的潜在影响。

（2）分析阶段。包括科学风险评估（a scientific risk assessment）和关注点评估（a concern assessment）。科学风险评估包括以下主要内容：梳理潜在的破坏结果，判断风险出现的可能性和概率；预判这些破坏性产生和扩散的机制，以及是否具有可逆转性；分析能否形成因果关系，总结评估需要运用的知识；判断主要的和次要的收益和机会，列举潜在的副作用。关注点评估包括：识别公众关注点和认知，判断社会回应方式；判断政治动员或潜在社会冲突的可能性；理解当下的治理体系以及媒体对公众关注点的定义。

（3）风险的类型化与估算（characterisation and evaluation）阶段。这个阶段的核心点是把科学分析与社会价值观结合在一起，对风险进行分类。从其特征来看，风险分为三类：可接受的风险（削减风险被认为是不必要的）、容忍的风险和不可容忍的风险。对于不可容忍的风险，要采取风险补充或削减的应对措施。

（4）风险管理阶段。这个阶段包括设计并采取行动，以有效地应对风险，包括风险的避免、削减、转移或留存。其主要内容有：采取决策，主体承担风险化解的责任；技术、管制、制度、教育、补充的管理工具设计，对这些措施进行评估和优先性排序；对由于采取风险应对措施而造成的次生风险的评估，对风险应对措施持续效果的评估。

（5）沟通阶段。有效沟通在风险管理中是建立信任的关键。通过有效的双向沟通，利益相关者、公众和民间组织等能够理解并认识到行动者在风险治理中的作用，并给予这些行动者充分的发布意见的机会，为风险决策提供理性的、公开的讨论和协商机制。沟通不仅使社会公众和官方的信息充分交换，还是公众表达需求、偏好、谈判和协商的过程。这是对关注点评估的主要路径①。

风险治理是把治理的内容和核心原则引入风险情景和与风险相关事宜的决策。它包括而且不限于传统风险分析的三个要素：风险评估、风险管理和风险沟通。首先，风险治理包含着民主治理的因素，尤其是应对社会稳定风险的治理机制的设计，在很大程度上是一种民主机制的建构。其次，民主治理的框架包含着化解冲突、解决争议、培育认同、增强合法性资源的功能和作用，因此，民主治理对于治理社会稳定风险的源头具有积极意义。最后，风险治理与民主治理各自都有多重的制度，交叉点集中在应对风险与危机的制度安排。其中风险治理关注的是相关的风险信息收集、分析和沟通，以及如何采用管理由决策方面的行动者、规则、习俗、过程和机制等构成的复杂网②。

治理是多主体、多结构和多机制相互交叉的过程，风险治理沿用了风险与治理两者重叠之处。风险源既有来自经济、社会和价值转型汇总积聚的宏观因素，又有来自政府自身改革过程中积聚的触发因素；既要运用风险治理的理论提升政府的应对能力，又要在提升政府应对能力的过程中，推进政府自身改革，聚焦地方决策过程的转型。政府风险管理

---

① 朱德米：《重大决策事项的社会稳定风险评估研究》，科学出版社 2016 年版，第 96—98 页。

② Ortwin Renn, *Risk Governance: Coping with Uncertainty in a Complex World*, London, Sterling: Earthscan, 2008, pp. 8 – 9.

的多元治理理论表明，政府在风险管理中，必须充分发挥多元主体作用，形成政府与社会的治理的协作伙伴关系。通过鼓励公民和社会各界的制度化参与，建构政府主导下的共同治理，形成统一领导、分工协作、利益共享、责任共担的共同治理机制。

政府风险管理多元治理模式的核心在于以政府为主导，通过公众、社会组织、媒体等相关主体之间强势与弱势的有效互补，实现风险管理的共同治理。政府风险管理的多元治理格局的重要特征是各主体的优势互补，具体如下：政府具有管制的强势与专业的弱势，公众具有规模的优势与专业的弱势，社会组织具有专业的强势与管理的弱势，媒体具有信息的强势与专业的弱势。总之，在政府主导与社会协作的基础上，其构建策略在于创造政治支持的管理环境，建立多主体参与的管理机制，实施无缝隙管理流程，形成专业化的管理方式，培育风险导向的管理文化①。

二　风险管理理论在中国的发展

风险管理在我国起步较晚，发展也比国外滞后，其理论与实践还在起步阶段，但风险管理的要求却十分紧迫。当前中国社会正面临着转型期，风险放大，存在着诸如社会信任缺失、社会组织不发达、社会矛盾和冲突增加等不稳定因素，处于传统风险与现代风险并存、全球性风险与本土性风险重叠的阶段，风险呈现类型多样化、主体多元化、关系复杂化特点。正如贝克所说："由于社会的巨大的变迁，当代中国社会正步入风险社会，甚至将可能进入高风险社会。借鉴西方社会发展的态势来看，中国目前可能正处于泛城市化发展阶段，表现为发展不平衡、城市饱和问题以及社会阶层分裂，以及城乡之间差异的持续扩大，所有这些都集中表现在安全风险问题上。"②

---

① 唐钧：《政府风险管理——风险社会中的应急管理升级与社会治理转型》，中国人民大学出版社2015年版，第15页。

② 薛晓源、刘国良：《全球风险世界：现在与未来——德国著名社会学家、风险社会理论创始人乌尔里希·贝克教授访谈录》，《马克思主义与现实》2005年第1期。

（一）中国正步入风险社会

毋庸讳言，当前我国正在发生着剧烈的社会转型，我国的所有制结构、经济产业结构、市场结构以及与之相关的生产力和生产关系结构，都随着社会转型发生了广泛而深刻的变化。改革开放在推动和促进经济社会发展、改善人民生活的同时，也强烈地冲击着我国现有的社会结构。

当代社会呈现出多种所有制并存的经济主体多样化、城乡二元结构的阶层政治诉求多元化、公众社会结构分层化、层级利益冲突显现化等明显的结构性特点。这种结构性转变使得人们在整体社会转变下难以适应，由此产生了一系列甚至是从未经历的风险，社会治理创新中的结构性风险滋生，并且迅速蔓延。我国的社会结构呈现出差异性、多样性及矛盾性等特点。贫富分化加剧，城乡差距拉大，标志着“断裂的社会”的到来，这也对我国经济社会的发展和人民的生活与利益诉求带来了严峻的考验。现如今，我国存在的结构性风险特征主要表现为以下几个方面。

1. 社会结构紧张

“社会结构紧张”或称“结构紧张”（structural strain），是社会矛盾激化、社会问题和社会危机尖锐的一种表现，是指由于社会政治、经济、文化、教育等发展不平衡、不充分，现实中的多极社会结构的构成部分不协调，各个层级的社会主体的认知不一致甚至分歧巨大，使得社会群体之间的关系处在一种紧张的、对立的、矛盾的、冲突的状态下。或者说，社会关系处于一种很强的张力之中。

斯梅尔塞提出了与默顿相似的观点。他认为，在一个社会中，如果人们的多元化需求在社会中不能有相关的制度去满足，利益诉求得不到回应，社会结构就呈现紧张状态。这是一种失衡的社会状态，主要表现为人们对自身生活、工作状态的焦虑和安全感缺失。所以，这种极化的结构必然造成尖锐的社会对立。

贝克在对世界风险社会的研究中提出，结构紧张是晚期现代性的重要标志[①]，是一种社会不能满足人们需要的失衡状态。随着全球化的深入推进，社会变革迅猛而快速，强烈冲击着传统的社会结构、制度规范和价值观念；而新的制度体系和价值规范还在完善，人们的思想观念还在逐步转变，新旧思想、制度的冲撞打乱了原来的轨迹，导致新旧两种结构摩擦不断。人们在面临各种潜在社会风险与不确定性时，会产生担忧、恐慌以及焦虑感。社会结构紧张，表现为社会公正与社会成员权益保障之间的紧张，潜存着社会结构风险和制度风险。

2. 社会极化突出

随着不同阶层收入差距的拉大，出现了社会阶层距离拉大的贫富阶层分化现象，尤其是高收入阶层与低收入阶层之间的差距拉大[②]。中国社会目前的贫富分化已近最大阀值。有资料显示，中国当前的基尼系数多年来持续超过国际公认的警戒线（0.4）。在过去的几年间，官方公布的反映居民收入差距的基尼系数曾现下降的态势，2015 年更是落到了近 15 年来的最低点，全国居民收入基尼系数为 0.462，这是继 2008 年达到 0.491 之后的第 7 年下降，也是 2003 年以来的最低点。从理论上说，社会进入不稳定状态，也就是说，当前我国社会极化的趋势已然非常明显，收入差距悬殊，进一步加大社会风险累积的力度，直接导致社会结构性风险加剧。

3. 风险分配的不公平性促使利益冲突多元化

风险分配不公平，是指在风险分配的过程中，由于社会制度的体制和机制的不健全、不完善，各阶层的风险承担主体受到制度不公平、不公正、不对等、不合理的影响，对分担风险和分享社会利益的机会不对等，相对弱势的主体承担了更多的风险。贝克指出，风险面前人人平等。在全球风险社会背景下，风险的影响是普遍的，风险的分配是“民主”的，是平均分布的[③]。由于目前我国财富分配机制与利益协调机制相对不健全，分配不合理，社会中的弱势群体和个体相对承担着较大的社会风

---

① ［德］乌尔里希·贝克、约翰内斯·威尔姆斯：《自由与资本主义——与著名社会学家乌尔里希·贝克对话》，路国林译，浙江人民出版社 2001 年版，第 119 页。

② 杨上广、丁金宏：《论社会极化及其影响因素》，《社会科学辑刊》2005 年第 2 期。

③ ［德］乌尔里希·贝克：《从工业社会到风险社会——关于人类生存、社会结构和生态启蒙等问题的思考（上）》，武龙译，《马克思主义与现实》2003 年第 3 期。

险。我国目前存在着众多由于社会转型带来的社会结构失衡的现象，风险承担与风险分配的不对等的局面，为我国社会治理创新制造了难题。

社会风险涉及不同的社会利益群体的利益关系与利益诉求，而利益分化是经济发展的必然结果。我国从全民“共享型”到“部分获益型”转变，从全民无风险博弈到“零和博弈”①，这是我国社会经济主体、组织形式、就业方式、分配方式的多元化发展及改革的结果，不可避免地带来社会利益结构冲突，即一方利益的增长，一定会造成另一方利益的减少或损失。良性的利益博弈能促进社会发展，但利益的分化会加剧各社会群体之间的利益冲突和博弈，甚至导致一系列过激的群体性风险事件的发生。

4. 风险的复杂性与突发性导致高破坏性

传统社会与现代社会的并存、全球性风险与本土性风险交织，新旧理念与体制的对立，造成了我国社会转型期风险的多样化、多元化、复杂化。发生风险的各种因素重叠交织，使得风险的形成因素十分复杂。风险不可预期，也无法预期，难以准确预测与评估。某一风险的发生，不论是“黑天鹅”还是“灰犀牛”，都可能造成另一未知风险的生成乃至发生，甚至引起多种风险嵌套，发生连锁反应。在这个充满社会风险的时代，中国社会的转型性风险，不是单一、简单的社会风险，而是多方面、多层次的复合性风险，包括政治、经济、文化、社会、生态等各个方面，不仅有存在于社会内部的风险，还有来自于外部的风险，甚至超越了民族、国家的界限，它们交替出现，重叠增强，并且难以预测。

如前所述，由于发展的全球化、现代化、信息化、开放化，使得我国正处于社会转型和急剧的社会变迁时期，人们的社会生活方式、交往方式都在发生着巨大的变化，必然滋生出各式各样的风险与不确定性，使得我国处在一个新旧风险不断交替的时期。任何一种风险的发生，都可能对我国社会造成严重威胁甚至破坏，影响我国社会的发展和稳定。由此，我国既有的社会结构发生了一系列的分化、变迁以及调整之后，呈现出各种隐藏的和显性的具有高破坏性特征的风险。

---

① 赵中源：《“弱势”心理蔓延：社会管理创新需要面对的新课题》，《马克思主义与现实》2011 年第 4 期。

风险的多发性与高破坏性，主要是指各种风险既有来自内部的，也有来自外部的；既有全球性的，还有来自政治、经济、文化、社会、生态等各个方面的，给我国社会的和谐发展带来巨大的破坏性。因此，在此时期，有效地规避风险，高效地化解风险，成为迫切需要解决的社会治理创新的现实问题。

（二）风险社会的安全需求：应急、减灾、维稳

稳定压倒一切，稳定是社会和谐发展的基石。社会风险与风险社会的新问题、新挑战，以及公众本能地对于安全和生活质量稳定的渴求，迫切要求政府的应急、减灾、维稳体系向适应风险社会的新形势进行升级。在当今社会，自然灾害频发，生产事故也频频发生，生态环境恶化加重，问题食品层出不穷。在这样的背景下，中国学界出现了风险社会研究的热潮，将贝克、吉登斯等人提出的风险社会理论，代替亨廷顿的转型政治发展理论，并成为政府认可的新的话语解释体系。

亨廷顿过于乐观地认为，风险仅仅存在于现代化社会转型时期，在完成现代化转型之后，就会进入和谐社会，风险将不再存在。与此相反，风险社会理论则强调，虽然在某些领域和生活方式中，现代性降低了总的风险性，但是由于现代社会的全球化特征，现代性同时也增加了一些人类所不甚了解的，甚至是全然无知的新的风险参量，并且可能引发后果严重的风险。贝克进而提出“风险造就社会，全球风险造就全球社会”的观点。

一方面，在风险社会的背景下，我国社会历史因素长期累积起来的矛盾和问题，并没有在发展中自行消亡，在内外因素的共同作用下，潜伏的危机一经触动就有可能随时爆发，将可能性转化为真实伤害或损失，并产生巨大破坏性。另一方面，自从改革开放以来，以经济建设为中心，人民生活越来越富裕，正在向全面小康迈进。人们在基本满足了生存需要之后，根据马斯洛的需求层次理论，安全便替代生存，上升为第一位的需求，社会关系中交往与尊重的需要，也在社会主体意识上得到相应提高。适应社会变化，把握发展趋势，在高风险社会下确保民众的公共安全需求，创造稳定安全的社会公共环境，就成为政府行使社会管理职能的重要职责。

在风险社会阶段，为了应对日益严峻的自然灾害、公共卫生以及社会安全事件等突发性危机事件，保障民众的生命财产安全，我国建立了“一案三制”（应急预案和应急的体制、机制、法制）的应急管理体系。实践证明，这种管理体系在风险控制中的作用巨大，对于减灾和维稳两方面取得的成效显著。但这一体系只重视事后管理，不重视事前管理，存在防控的滞后性、善后性。重应急管理、轻风险管理的应急管理模式，存在被动性、应付性，无法解决关系国计民生和大众关心的食品安全、防灾减灾、环境污染等重大问题，而这些问题对社会的和谐稳定造成了一定的影响。因此，现有应急管理体系还需进一步深化，尽快将针对突发事件的应急管理转换为有预案的、从源头上进行防御的风险管理。2011 年，胡锦涛在中共中央党校省部级主要领导干部社会管理及其创新专题研讨班开班式上的重要讲话就提出，要进一步加强和完善公共安全体系，健全食品药品安全监管机制，建立健全安全生产监管体制，完善社会治安防控体系，完善应急管理体制。习近平强调：“要更加注重联动融合、开放共治，更加注重民主法治、科技创新，提高社会治理社会化、法治化、智能化、专业化水平，提高预测预警预防各类风险能力。要坚持问题导向，把专项治理和系统治理、综合治理、依法治理、源头治理结合起来。”①

（三）中国风险管理的发展

中国正处在全面建成小康社会的关键时期，既有传统风险的威胁，也面临信息化、网络化、智能化、新型城镇化带来的挑战；既存在着亨廷顿等人所说的现代化社会转型期的动荡与风险，又存在着贝克、吉登斯所说的风险社会的风险。中国正走在现代化的快车道上，几乎所有风险社会理论所提到的、源于现代性的社会风险，在当下开始都渐渐显露端倪。相比较现代化过程中的工具性、物质性的变迁来说，相比较西方发达国家的社会发展历程来看，中国社会体制转型的变迁更为激烈而迅猛，社会体制和社会结构的变革更为根本，影响和冲击更为强烈。中国

---

① 习近平：《完善中国特色社会主义社会治理体系　努力建设更高水平的平安中国》，新华社 2016 年 10 月（http：//www. xinhuanet. com/politics/2016 - 10/12/c_ 1119704461. htm）。

正在经历的社会转型，使得社会体制与社会结构处于急剧的变革中，这种变革也蕴含着各种各样的风险。从这个角度来说，中国社会面临的风险是叠加的或曰共生的。

在中国的语境下，社会稳定是与社会秩序联系在一起的。社会稳定是社会脆弱性（social vulnerability）的直接体现。社会秩序的良好是社会稳定的基础，社会稳定又推动社会秩序良好和规范。社会脆弱性是需要社会重视和解决的社会问题，来源于社会不公平，是人们在社会关系中现实的客观事实和主观感知的自我评价，嵌入在复杂社会关系和社会过程中，体现人对社会的承受和修复能力及敏感性。社会承受和修复能力强，社会韧度就高，社会秩序就好，社会稳定性就强；反之，社会韧度就低，社会秩序就乱，稳定性就差。社会稳定风险实际上是社会秩序受到了挑战而引发的风险，例如，发生社会群体性事件、社会骚乱、集体上访等事件。

对社会稳定风险评估，拓展了社会影响评估的范畴，其关注的是风险的评估、预测与防范等。而根据因果关系强弱，可以把风险划分为四类：线性风险（因果关系比较清晰化）、复杂性风险（因果关系具有多重性和网络形状，相互交杂）、不确定性风险（缺乏可靠的或可信的因果关系知识）、模棱两可的风险（对风险及其风险容忍度存在着对立的看法）。社会稳定风险评估制度是内生于中国社会和国家双重转型过程，经历了地方试验—中央认可—全国推广三个阶段。制度安排成长的方式和路径，决定了全国各地对社会稳定风险评估制度安排的设计、运作和功能定位的差异。

中国作为一个外源型后发展中国家，社会阶段因发展历程的特殊性，其现代化过程中的社会转型与变迁具有自身的特点，同时并存前现代、现代和后现代这些不同历史发展阶段的表现特征，它们交织在一起，相互制约，相互影响，致使现如今中国的社会结构呈现出十分复杂的局面，历时态的矛盾累积在一起，共时态地表现出来。

中国目前是一种混合形态的社会，既不是纯传统的，也不是纯现代的。在这种社会里，历时态的社会形态和社会生活共时态地存在，这与我国发展不平衡、不充分的社会主义初级阶段相适应，从风险分析的角度看，也就表现为历时态的风险类型共时态地存在，传统风险与现代风险和社会风险交织，形成所谓“风险共生”现象[①]。

中国特色应急管理的体系是“一案三制”（应急预案和应急的体制、机制、法制）。它在应对突发事件方面发挥出了显著的优势。首先是分类管理，统一领导。我国应急管理体制实行行政领导负责制，在各级党委带领下进行统一领导。按照危机的不同类型，确立不同的主管部门，负责相应的应对和处置工作，进行分类管理。其次是分级负责，属地管理。分级负责是按照危机的级别和突发事件的影响范围，分别由各级政府启动相应的危机管理响应机制，实施危机管理。属地管理就是实行谁主管谁负责原则，是指危机管理工作由事发地的地方人民政府负主要责任，本辖区、本单位、本部门的主要负责人是突发事件应对的第一负责人，由此明确了应对突发事件的责任主体。虽然分级负责，属地管理，必须综合协调。总的来说，中国特色的应急管理体制为“统一领导，综合协调，分类管理，分级负责，属地管理为主”。

在“一案三制”不断建立健全的基础上，我国在应急管理的实践过程中，也逐步呈现出“横向到边，纵向到底”的格局。通过分类管理、统一领导，分级负责、属地管理，形成了覆盖深入、广泛，有分工、能合作、结构完整、功能全面的应急管理工作格局。

我国还在逐步建构着“标准化，全统筹”的部署，以预案建设全面带动各重要环节的标准化创新，追求规范化和精细化的应急管理。以运转高效、配合协调、口径一致、保障有力的要求，来实现科学化和富有成效的应急管理。

我国政府风险管理呈四阶段循环演进的状态，囊括应急管理与社会治理。政府风险管理的四阶段理论表明，政府风险管理可划分为四个阶段，即被动应急的粗放式阶段、统一标准的规范化阶段、主动预防的精细化阶段、以公民为中心的人性化阶段。通过危机态和正常态两种状态，经由内而外和由外而内两个维度，采取八项管理手段予以实施[②]。

粗放式阶段属于政府风险管理的初级阶段。危机态风险管理强调被

---

① 张翼：《当代中国社会结构变迁与社会治理》，经济管理出版社 2016 年版，第 391 页。

② 唐钧：《论政府风险管理——基于国内外政府风险管理实践的评述》，《中国行政管理》2015 年第 4 期。

动应急，即当重特大灾难发生后，被迫开展应急措施来“灭火”，尤其是自然灾害应对与国土安全保障。正常态风险管理以社会治理的形式，列出正向的“权力清单”与负向的“权力清单”，规避重特大风险项。在此阶段，危机态政府风险管理有以下特征：一是其管理对象根据风险来源的不同，分为自然灾害、事故灾难、公共卫生事件和社会安全事件四类突发公共事件。二是管理主体根据风险的范围和层级不同，确定风险发生地辖内属地主管，具体职能部门负责，明确职能范围内部门职责的风险所有权，落实专门部门和专门人员，分级负责风险管理各项具体工作。三是管理责任按层级和主次要求明确分责。四是在管理方式上，以应急、事后为导向，出现风险事后被动“灭火”，侧重以突发事件为解决导向，强调被动应急，善后处置，各部门之间欠缺联动。五是缺乏外防意识，风险外防体系薄弱，维度单一，缺少以民意治理为核心的实践。六是追责考核非常态化，制度执行宽松，呈现社会倒逼式的被动状况。

在规范化阶段，危机态下实施标准化应急。我国实施“一案三制”，即通过应急预案、应急体制、应急机制、应急法制的建设实施标准化应急，既可提高效率和效益，又可防止现场随意行为的失误。在正常态中，普遍实施节点管理，通常精细化官员人事管理与规范化公共财政预算审计，明确主导责任机构，制定规范行动指南，健全管理规则体系。其政府风险管理的特征如下：一是风险管理对象是风险源，按照该行业或领域的具体内容中涉及的风险源，对风险进行分类，针对具体领域与行业的风险进行分类，呈现精细具体的特点。二是在管理主体及责任上，加强统一领导，实现管理责任连带，打破部门之间隔阂的“部门壁垒”，各部门之间有效联动，紧密配合，初步实现“纵到底、横到边”。三是在管理方式上制度完备，采用一案三制，实施标准化应急。四是风险外防的意识和机制还未建立，缺乏以民意治理为核心的实践。

在精细化阶段，危机态下实施主动风险防治，重点是主动预防风险，提前治理中高风险项。在应急管理过程中坚持公民中心、能力导向、公信力递增、责任共担、标本兼治、共同治理等原则。正常态下实施全面精细管理，既可防止越权或权利滥用，又可最大限度地降低失误的风险，从全局与重点兼顾的职能设定、权威与实际操作并存的机构设置、全面风险为范围的对象设计、标准管理为特征的操作平台、全面改革为基奠的运行规划、培育文化为导向的发展理念六个方面加以强化。政府风险管理具有以下特征：一是在管理方式上，以“主动防、科学管”为管理特征，实行“纵到底、横到边”。以管理的职能分工为依据，采取精细分类、条块整合与属地管理相结合的手段，实现系统管理。具体而言，“纵到底”，就是确定各级政府内部四级风险责任体系。实现主体责任明确、内部相互联动、整体综合管理的工作格局。“横到边”，政府部门之间也明确划分风险责任，做到风险责任划分上无空白，无遗漏。实现系统内部的上下联动、左右协同，并配套建立健全部门协调机制，定期举行跨部门的联席会议，开展部门间合作与联动。二是管理对象是对风险源的进一步细化，按照部门职能分工和公共事务内容，进行风险源识别与评估。三是在风险外防与民意治理上，内外结合和立体联动的风险治理还没有形成，缺乏民意治理理念。

人性化阶段是危机态下政府风险管理的高级阶段。首先，在管理手段和方式上，强调公信力管理。在政府风险管理过程中，官员坚守公共利益底线，把公众利益与部门利益和国家利益放在平等的地位，一视同仁，不以权谋私，不越位错位。重视公众利益层面的社会风险，恪守公信力所需的真实性底线，坚持公信力所处的公正定位，官方信息的权威性进一步提高和增强。其次，在风险管理对象上，从风险源导向转变为后果导向。从个人、社会、政府三个层面考虑风险后果。在个体层面，考虑后果以公众财产损失与心理伤害为主；在社会层面，考虑后果以社会恐慌危机为主；在政府层面，考虑后果以公信力危机为主。政府风险管理优先考虑和处置的风险就是公信力危机，也是社会后果最为严重和最难应对的危机，公信力的保护与修复被提到重要位置，公信力危机处理能力是衡量政府风险管理好坏的终极标准。最后，在风险外防上，纵深推进规范和精细内部联动，外部社会联动与内部联动同频共振①。

在规范化阶段与精细化阶段，对重点及大多数人的责任保障问题已经解决，政府风险分类中重视敏感事件，强化个别处理，责任管理以极

① 崔维、刘士竹：《当前我国政府风险管理水平研究——以山东省问题疫苗事件为例》，《行政管理改革》2017 年第 5 期。

端情况分类为主，着重保障少数个人和极端情况，从而做到保障全体①。

政府风险管理的阶段分割维度理论表明，在粗放式阶段、规范化阶段、精细化阶段、人性化阶段四个阶段，以内部主体为中心，兼顾外部评委来开展风险管理工作。这四阶段经由内而外的维度，通过责任管理，尤其是责任倒查来处置外部风险。

人性化阶段经由外而内的维度，通过形象风险来推动内部改革，最终实现内外有机结合，全方位推动应急管理和社会治理的全面进步。在人性化阶段，以公民为中心，危机态强调整体上的公信力管理，以公信力的提升为最高标准；正常态以群众的容忍度为尺度，以公众需求为中心，倡导差别化服务，满足最广泛群众、尤其是弱势群体的差别化需求，追求反对的最小化。

政府风险管理的四个阶段是一个良性循环的整体，是一个不断演进与发展深化的过程，而不是互相割裂的单一阶段。阶段良性循环，深化提升是政府风险管理的发展规律。

三 风险管理理论对民族地区社会治理的价值分析

民族地区具有的自然特征、人文特征以及经济社会文化生态发展现状等，使民族地区的风险具有自身的特点，其风险治理也具有区别于其他地区的理念、原则、方法。

（一）少数民族地区制约因素

从历史与现实结合的角度考察，少数民族地区是中国经济发展和社会发展中基础最为薄弱、发展条件恶劣、生产方式落后、人口素质参差不齐、市场化程度低的区域。

1. 自然环境劣势突出

从地理结构与生态环境看，自然环境恶劣是不可改变的劣势。少数

① 张成福：《风险社会中的政府风险管理——评〈政府风险管理——风险社会中的应急管理升级与社会治理转型〉》，《中国行政管理》2015 年第 4 期。

民族地区大部分处在自然条件恶劣、封闭、偏远的高原山区、荒漠地带、喀斯特地貌区以及黄土高原水土流失严重地区，这些地区往往地质地貌复杂，自然灾害频发，生存环境恶劣。恶劣的自然环境、频发的自然灾害是少数民族地区经济社会发展长期的制约因素。民族地区可利用的优质土地资源非常有限，安全水资源难以保障，交通网络不完善，构成了该区域艰难的生存发展空间。恶劣的自然环境条件长期制约了少数民族地区的经济发展，使得维护民族团结、社会稳定和国家安定的成本大大提高。除了旱灾、冰雹、地震等自然灾害，由于光、热、水、土等资源区域分布极其不均衡以及独特的高原山地构造、岩溶地貌，经常发生泥石流、滑坡、崩塌等地质灾害，给该地区人民的生产和生活造成了巨大的灾难和严重的损失。

2. 发展基础极端薄弱

大部分民族地区社会形态更替慢，社会发育程度低。有的民族地区甚至直接从封建农奴制过渡到社会主义社会。在相当长时期内，先进的社会主义制度内包含了各种不同的落后的政治制度，如血缘家族制、政教合一制、土司制度、封建王公制度等。落后的经济制度和野蛮的政治制度严重地阻碍了少数民族地区社会生产力的发展。新中国成立前，有的民族还没有完成人类社会初期的两次社会大分工，没有单独的手工业，许多地区在农业上一直使用木器、石器这样一些十分简陋的生产工具，进行刀耕火种，广种薄收。生产力低下，生产方式落后。有些少数民族群众长期过着游耕的生活，随耕地的改变而迁徙，其社会形态原始落后。物质生活匮乏，活动半径狭小，原始落后的生产、生活方式，使得该地区民众观念陈旧，视野狭窄，形成了不思进取、得过且过的思想观念，至今还深深影响着许多的少数民族，并常在这些民族日常生产、生活中表现出来。他们的价值观只注重眼前，只重消费，忽视再生产积累，鄙视经商。极为低下的生产力水平和陈腐的思想观念，是这些民族长期无法摆脱贫困的重要原因。

3. 生产方式落后

1998 年，中央民族大学的施正一教授提出，整个国民经济和民族地区经济的发展还严重地存在着梯形状态，从落后到先进表现为多级阶梯形。例如，生产力发展状态就可以概括为狩猎—游牧—牛（马）耕—机械化—现代工业化，所有这些生产力形式，在民族地区都能找得到。生产方式落后导致的经济发展水平低下，是少数民族地区的显著外在特性。从历史与现实结合的角度考察，少数民族地区落后的生产方式和交换方式所形成的广种薄收、单一经营、粗放管理、靠天吃饭，是贫困产生和加剧贫困的重要原因。

新中国成立后，许多少数民族经历了大跨度的社会形态转变，有的从农奴社会进入社会主义社会，有的从自给半自给封建社会进入社会主义社会，但生产力、生产方式、生产关系在巨大的社会制度变迁中，以传统农业为经济基础的社会资本结构并未根本改变，社会资本的农业性特征并未得到扭转。根深蒂固的传统力量使社会资本时差现象凸显，直接表现为这些地区在完成社会制度形态的外形转变后，缺乏内生冲动和外力涌入的生产方式，很难突破均衡状态。甚至保守的文化还强化了这些特性，广大少数民族地区仍沿袭着刀耕火种、逐水草而居的传统农牧业生产方式。社会资本中的消极因素长期固化，落后的生产方式和低下的生产力水平不能支持生产关系的突进，使得经济增长缓慢，少数民族地区经济社会发展长期落后。

少数民族地区的贫困是物质和精神多种因素构成的综合型贫困。少数民族地区社会发育程度低，区位上的边缘分布，交通不便，地形闭塞，成为先天制约发展的劣势；人口文化素质低，劳动者受教育程度低，文盲半文盲占有相当大的比例，是处于自然条件劣势下的文化教育短项，在参与现代分工和商品市场竞争中劣势明显；思想观念陈旧封闭，排斥新的、先进的科学技术知识信息和有价值的商品信息，造成贫困地区的封闭循环格局。生产生活方式落后，生产力水平低下，小生产方式下单一的产业结构，让他们习惯于“日出而作”“日落而息”的自然经济生产方式；经济上的贫困，社会保障严重不足，封闭循环的经济结构和闭塞的自然环境等，使社会基础结构的演进和进化在少数民族地区进展缓慢。

4. 落后原因多重因素叠加

在我国，民族问题与宗教问题、历史遗留问题与现实新问题、国际问题与国内问题、物质贫困与精神贫困、优秀的传统文化与落后的生活方式等种种问题交织在一起。美国人类学家克罗伯（A. Kroebter）和克拉克洪（C. K. M. Kluckhohn）在其《文化：概念的批判考察》一书中认为，在历史上形成和选择的传统思想和文化系统，一方面可以看成是行动的产物，另一方面又是进一步行动的制约因素。从文化的结构来看，要有一定的经济基础，非物质文化才得以发展，并反作用于社会经济的发展，其影响着社会经济发展的运行方式、发展的速度和质量①。大多数少数民族远离政治经济文化中心，远离发达地区，分布在边远的牧区、山区、边境、高原、森林地带。区位的边缘分布，交通的闭塞，经济的贫困，观念的封闭，长达两千余年厚重的自然经济文化和农耕文化的历史积淀，巨大的惯性使生活在小生产方式下的少数民族固守稳定、传统、一成不变的社会资本，形成了保守、重义轻利、法治缺乏的文化理念。这种文化时差性和文化封闭性不但缺乏与外来文化的交流与互动的内生动力，也很难与其他外来民族包容性融合，甚至抵制现代文明的启蒙和传播，与市场化在一定程度上存在极大的冲突。这种根深蒂固、封闭性的社会群体意识，限制了市场经济的发展和科学知识的吸收，使资源优势难以转变为经济优势，成为少数民族地区发展缓慢的最大阻滞因素。

5. 宗教文化影响极大

马克思主义认为，宗教是一种积极性和消极性共生共存的现象。宗教积极性和消极性社会作用的两重性规律表现如下：从积极性看，有心理调节、道德约束的作用，可以成为增进社会和谐的力量，从消极性看，有麻痹和控制人们思想意识的作用，可能成为引发社会仇恨和冲突的诱因。宗教作为一种意识形态、社会属性和文化的载体，将会长期存在，并通过人的精神信念和社会活动等方式，对社会的发展产生巨大影响。

少数民族地区是我国藏传佛教、伊斯兰教、东巴教、毕摩教等宗教信仰集中地，尤以伊斯兰教和藏传佛教影响最大。宗教文化已经成为少数民族文化中最具特色的组成部分，其超常的凝聚力和影响力已经渗透教育、生活和传统习俗的各个领域，成为人们思想文化的核心。宗教教义所推崇的部分思想观念和行为方式如只求来世而不求今生的宗教心态，严重影响人的社会行为。宗教文化天然具有封闭、自我循环特征，极易造成人们思想僵化，激烈抵御并反对来自异质文化的冲击。

① 郭蕾：《文化因素对区域经济发展的影响》，《郑州航空工业管理学院学报》2007 年第 5 期。

宗教文化影响着少数民族社会生活的方方面面。一方面，少数民族文化表现为极为稳定的、保守的特征，以传统风俗和生活习惯等各种方式最为突出。少数民族地区民众普遍具有封闭保守心理、自卑自满心理、狭隘的乡土地域认同意识等。在这种意识形态下，又形成了对本民族的单一认同心理、对其他民族强烈的歧视心理、消极的民族分离心等政治心理，这种封闭的、排他的、孤立发展的文化形态难以融入和接受先进文化，甚至强烈抵制和反对现代科学文明和优秀文化，无法与其他民族进行交流与融合。在一定条件作用下，这些消极的心理意识影响民族团结与社会稳定。另一方面，文化教育落后必然使劳动者素质低和能力差，形成恶性循环。封闭半封闭的环境中相互隔离的社会文化机制，使科学文化和现代化信息的传播受到时空的限制，教育、科技、文化的发展落后使丰富的自然资源不能得到充分的开发利用，制约了生产的发展和收入的增加，经济发展缓慢使潜在的资源优势无法转换为现实优势，限制了民族地区经济和社会发展水平。

（二）民族地区发展的特殊性

少数民族地区是中国发展极为特殊的区域，其相对落后的经济基础、恶劣的自然环境、复杂的地缘格局、丰富多彩的民族文化、极端曲折坎坷的发展历程、广泛分布的贫困态势、敏感重要的功能定位，决定了少数民族地区经济社会发展问题具有历史性、长期性、复杂国际性、敏感性和重要性特性。

1. 历史性

少数民族地区经济社会发展问题的民族问题的长期性，是由少数民族的自身发展规律决定的。民族的产生和发展是一个漫长又曲折的过程，随着社会经济文化的发展，各民族相互学习，相互交融，共同因素在不断增多，但由于各民族有其自身的特点以及各民族有不同的风俗习惯，使得民族差异将长期存在，民族问题也将长期存在。由于自然地理条件相对封闭和历史发展的原因，少数民族主要分布在边远山区及贫困地区，基本游离于现代社会文明之外，并伴随着社会形态、生产发展、民族演进而不断固化，少数民族地区与中东部发达地区不仅在经济发展、技术进步等方面存在极大的差距，而且在思想、文化等人类发展的内在方面存在着历史阶段性的差距。要缩小或消除这些差距，必须经历一个渐进的过程，需要更特殊的政策、更多的综合投入和更艰苦的工作努力。这种特点不仅决定了少数民族地区发展的特殊性，而且决定了少数民族地区发展的艰巨性。

2. 民族性

民族性是指在历史、经济发展、社会发展、语言、文化、生活、风俗习惯、宗教信仰等方面，各民族之间相互交流交往与发展差异的总和。民族性的承认、尊重与保护状况，涉及民族间的相互交流、相互吸收、相互渗透乃至相互斗争，涉及民族之间政治利益、经济利益、精神利益矛盾、冲突与协调，涉及各民族的团结、和谐、进步及社会稳定与国家安全。民族地区与其他地区差异的根本原因在于民族之间的差异。民族之间的差异，与历史文化、道德伦理、宗族、经济等因素息息相关，它的形成与发展往往根植于特有的生存、生产和社会形态，民族性与宗教性的结合、民族性与地域性的结合、民族性与心理倾向性的结合，是少数民族民族性的基本特征。

3. 复杂性

少数民族问题的复杂性，是由少数民族共同体在中国民族地区独特的地理空间和独特的社会系统所具有的独特社会结构和社会功能所决定的。几千年来，民族问题涉及政治、经济、文化、宗教信仰、社会生活等方方面面，与经济社会发展状况、宗教、种族、信仰、历史传统等因素融合在一起，导致民族问题盘根错节，错综复杂。

4. 国际性

我国是一个跨界民族较多的国家，如菩提亚人生活在南亚诸国，至今还保持着讲藏语等西藏文化习俗。在我国边疆少数民族地区，由于边疆线长，跨界民族具有地域相接、往来频繁、交往多、人口数量大、分布广、语言和宗教信仰复杂的特点。由于拥有共同的民族宗教信仰、血缘感情和历史文化，跨界民族容易产生心理上的认同感、亲近感和归属感，在政治、经济、文化上相互影响。跨界民族的存在，使我国的民族问题具有国际性特征。跨界民族问题也一直是国际反华势力和组织干涉我国内政，阻挠我国和平发展的主要借口，它会直接影响与周边国家的关系，影响我国边疆的稳定。

5. 敏感性

民族关系历来是少数民族最为敏感、最重要的社会关系类型。由于历史、社会、宗教、国际政治等方面的原因，民族矛盾和不稳定因素依然存在。由于历史发展的曲折性和民族关系的复杂性，少数民族对其他民族如何对待他们普遍非常敏感，虽然各民族认同感因人因地不同，但是民族情感和民族意识表现得异常强烈，往往一触即发，导致民族冲突和社会动荡。

同时，跨界民族虽然分属不同的国家，政治、经济、文化、社会等方面存在巨大差别。对民族问题的敏感性，让他们与境外同一民族产生对比心理，不仅与本国的其他民族，还会与边界另外一边的同民族的人作比较，任何的差别都可能触发民族情绪，产生冲突摩擦。

6. 重要性

民族问题对经济社会的发展具有重大的影响，民族问题可能引发具有国际性的问题，甚至会导致国际关系发生变化。我国作为一个统一的多民族国家，民族问题关系到国家主权、领土完整、社会稳定、经济发展以及国内各民族之间的团结。少数民族分布的特殊性以及发展态势的敏感性、民族关系的复杂性，民族矛盾、少数民族聚居地区的经济欠发达状态及其所处的边疆地缘位置，决定了少数民族地区发展具有重要的战略地位。少数民族地区在整个国民经济发展和国家现代化格局中，占据非常重要的地位，在一定程度上影响着国家政治、经济、生态和社会发展的进程。

民族因素是一个关系到国防安全和国家社会政治稳定的政治因素。从经济发展的角度考察，在少数民族地区，由于相对贫困，各地经济、文化发展不平衡，导致在世界文明进步的总趋势中，少数民族群体性人类不安全感增加，大幅度降低了区域各族人民对社会主义改革发展、经济现代化与和谐社会建设的认同和支持，动摇区域各族人民对党和政府的信心，产生消极对待甚至抵触情绪。而且极易被国外极端民族势力、极端宗教势力、暴力恐怖势力和极端黑恶势力所利用，由此可能引发具有国际性的问题，甚至会导致国际关系发生变化，引发一系列区域性或整体性的社会政治动荡，进而成为影响中国国家安全和中华民族发展战略全局的重大问题隐患[①]。

（三）民族地区风险管理

随着国内外经济社会的快速发展，尤其是在我国周边国家复杂多变的局势下，民族地区的和谐稳定受到极大冲击和影响。加之民族地区地质地貌复杂、交通闭塞、经济科技落后、社会发展滞后，且各民族之间在宗教信仰、生活方式、风俗习惯、经济、文化等多方面存在着巨大的差异性，所以，始终存在着差异性导致的社会不稳定因素。同时，民族地区经济社会在现代化建设和文明程度不断提高的过程中，也不断积累着民族社会自身发展的风险。文明的发展，意味着民族之间的壁垒和障碍要不断被打破，意味着一个稳定的民族社会系统的基本价值和行为准则将要重新建构，也意味着民族地区走向更高文明中风险的加剧。正如美国政治学家亨廷顿所言，"现代性孕育着稳定，而现代化过程却滋生着动乱"[②]。这些因秩序重新建构而带来的社会不稳定因素，很可能会引起突发事件，导致社会处于危机状态，直接给各族群众的生命财产造成严重损害。

突发事件的发生往往是由于构成和谐社会的几对重要关系失调造成的。一是人与自然的关系失调，导致自然界对人类进行"报复"；二是人与社会关系失调，导致社会矛盾剧增，事故灾难和社会安全事件频发；三是人与人自身关系失调，使公共卫生事件频频发生，也使人的精神世界失衡，社会问题不断产生，社会秩序遭受破坏。

在民族地区，一是多处于山区或荒漠地带，自然地理条件恶劣，交通通信等基础设施条件缺乏，发展难度较大；二是社会发育程度低，信息闭塞，群众思想观念落后；三是长期肩负维护边疆安宁的国家任务，为国家发展做出了巨大贡献，经济社会发展滞后。重新建构这几对重要关系，有效处置因关系失调引发的突发事件，需要将和谐治理的观念贯

---

① 赵曦：《西南边疆少数民族地区反贫困与社会稳定对策研究》，西南财经大学出版社2014年版，第78—81页。

② ［美］塞缪尔·P. 亨廷顿：《变化社会中的政治秩序》，王冠华等译，上海世纪出版集团1989年版，第38页。

穿始终，从民族地区自身的特殊性出发，寻找到突发事件处置的关键环节。所谓关键环节，是突发事件处置中可能使事态得到控制或失控的“关节点”。不同突发事件的特点和处置措施不同，其“关节点”也各异。找到突发事件处置的关节点，对提高应急管理能力可以起到事半功倍的效果。在民族地区，尽管各类突发事件处置的关键环节不尽相同，但首要的问题就是要充分考虑民族地区与一般地区的不同之处，即民族性、宗教性。

民族和宗教问题始终是民族地区风险管理中一项非常重要而敏感的工作。民族宗教无小事，能否正确处理突发事件中的民族与宗教问题，直接关系到民族关系和谐、社会稳定以及边疆巩固。民族地区的和谐治理，是在社会主义政治制度的框架下，始终坚持和贯彻党的民族宗教政策，坚持民族区域自治制度，以各族群众的共同意愿和利益为导向，有效应对各类突发事件，处理民族间的利益纠纷，化解社会矛盾，逐渐实现社会和谐的一个动态过程。

风险管理是与突发事件相伴而生的，它是为了应对突发事件，通过建立必要的应对机制，采取一系列必要措施，用科学的方法对其加以干预和控制而进行管理的过程。主要任务是科学预防、有效处置、及时管理各种突发事件，最大限度地减少突发事件的损失和危害，确保公众的生命财产安全，促进社会和谐稳定健康发展。民族地区的应急管理，是为了保护民族地区群众的生命财产安全，维护国家安全、边疆安宁而进行的预防和减少突发事件发生、控制或减轻突发事件的社会危害、消除突发事件的影响而采取一系列管理活动。风险管理作为社会综合治理的重要内容，在民族地区和谐社会建设中发挥着至关重要的作用[①]。

“风险研究和管理的目的，就是要最大限度地降低人类社会悲剧的发生。”[②] 风险管理是以社会的系统变化和各种关系的变化作为调整对象的，其最终目的就是使无序的社会系统重新恢复到有序状态，及时变“非良

① 朱秦：《边疆民族地区和谐治理——在应急管理框架下的考察》，云南人民出版社 2010 年版，第 7—16 页。

② 胡宁生主编：《中国政府形象战略》（上下册），中共中央党校出版社 1999 年版，第 1159 页。

性运行”为“良性运行”，推进社会从不和谐不断走向和谐。建立完善的风险管理体制机制，提供风险管理能力，减少突发事件造成的损害，这是民族地区提供各族群众生存质量和发展质量，实现非常态下社会和谐的重要环节。

1. 民族地区面临的风险环境特殊性

民族地区社会风险在一般地区社会风险的共性特征的基础上，有其鲜明的个性特征。

（1）地理环境的特殊性。经济社会发展程度的高低与自然地理条件的优劣存在着彼此制衡、相互依存、互为因果的互动关系。总体上看，少数民族地区地处偏远，深居内陆，自然条件恶劣，环境封闭，资源开发难度大，能够为生产、生活利用的有效空间极为有限。有什么样的自然环境，就会有什么样的生产关系与生活方式。由于客观的历史和自然原因，民族地区受自然环境的制约，生存空间相对狭小，交通、通讯等基础设施较差。经济落后加大了民族地区政府风险识别的难度，进而影响到民族地区基层政府风险识别、防范、处置能力的提高。

（2）文化的特殊性。民族文化是一个民族社会关系及其民族成员个体行为的价值评价总和，是一系列风俗习惯、社会舆论、成文与不成文法律中的规范体系综合反映。民族文化也是一个民族在特定发展时期群体的价值观和文化取向的集中反映。民族地区的社会关系，与民族文化特点紧密联系，带有鲜明的民族特色。民事交往中渗透着浓厚的民族传统风俗习惯。民族文化深刻地影响与制约民族地区的发展。少数民族地区特有的传统节日、宗教和生活习惯，体现出文化环境的多样性、特殊性和鲜明的民族特色，这就要求民族地区的政府在提供普通的大众服务外，还要提供一些适合民族特色的服务内容，以满足民族地区的群众特殊的符合本民族特色的公共需求。这种差异性和特殊性的要求和需要，对民族地方政府的风险识别能力、危机处理能力提出了新要求①。

（3）经济环境的特殊性。生产方式落后、经济发展慢、生产力水平低是少数民族地区经济环境总体状况，与此相适应，存在着政治、经济、

① 王胜章：《加强民族自治地方政府公共服务建设需要注意的几个问题》，《云南行政学院学报》2006 年第 3 期。

社会体制转轨慢、财政收入不足等特点。这些问题成为制约政府风险识别能力发挥的瓶颈。因为地方政府在面临风险识别的同时，还要求承受经济社会发展的多重压力，受多重因素制约，所以很多地方政府在风险识别能力和水平的提升上，心有余而力不足[①]。

（4）政治环境的特殊性。在民族区域自治制度下，民族地区的政府与其他地区政府的政治环境和治理环境有本质的不同，根据民族区域自治法规定，民族自治地区享有科技、教育、文化、卫生等自治权，其本质是以民族区域自治为核心的政治环境。中央政府与民族地区的关系是为了实现民族自由、平等和国家统一而进行的权力分配。这就要求少数民族区域自治地区的政府处理风险事件时，不仅要考虑人财物的安全性和社会影响性，还要从全局、大局出发，统筹考虑民族的特殊需求。

2. 民族地区风险的特点

民族地区社会面临的特殊性，使民族地区的风险具有民族性、复杂性、隐蔽性、跨国性、不易控制性等特点。了解、分析、把握民族地区风险的特点，对深入研究、准确预测、科学管理如何提高我国民族地区政府风险识别、判断能力，具有非常重要和十分紧迫的现实意义。

（1）表现形式的复杂性与多样性。与其他地区相比，民族地区的风险事件形式表现为复杂性与多样性。复杂性主要表现在宗教、文化、经济、政治及环境的特殊上，多样性主要表现在风险重叠、交织、共生、多维度上。除了不可控的一般的自然灾害外，还大量表现为非自然因素的暴力事件、恐怖事件、矛盾冲突等。一件非常简单的民族个体间的矛盾，处理不当，原本简单的事件可能演变为民族矛盾、宗教矛盾和群体矛盾，甚至是政治事件或国际事件。达赖集团于2008年利用宗教制造的拉萨事件，就是深层次民族意识和文明的冲突中民族隔阂与敌视的充分体现。这类民族、宗教性质的风险事件一旦发生，会迅速蔓延，引起激烈的冲突，造成难以控制的局面，演化为大规模的政治事件，具有极大的破坏力，影响边疆的安全和社会的稳定。

（2）民族性。这是民族地区风险区别于非民族地区的显著特征。在民族地区，由于各民族之间宗教信仰、风俗习惯、民族利益、生活方式

① 温军:《民族与发展——新的现代化追赶战略》，清华大学出版社2004年版，第25页。

等方面的巨大差异，不可避免会产生对立、不相容的矛盾和冲突。加上民族地区民众思想保守，观念相对封闭，文化教育发展又滞后于时代，新旧理念、传统与现代的对立相对明显，而且，当地民众对转型、转轨社会时期出现的新问题、新矛盾以及国家宏观新政策认识不足。所以，更容易在言行上产生抵触或反感情绪，心理上产生严重偏差。这些原本简单的问题若与民族地区特殊情况交织在一起，一般矛盾就容易上升为风险事件，使事情变得极其复杂。

（3）隐蔽性。民族隔阂、民族问题是多民族国家必然存在并且必须面对的问题，不同的文化诉求和利益分歧是现实存在的。这些问题的累积稍有不慎就会演变为民族风险事件，更显紧迫与重要性。我国民族地区存在民族文化和经济社会利益上的差异，无法回避，更不可能消失。加上一些汉族干部认识不深，重视不够，民族感情淡薄，与民族群众之间缺少真诚有效的交流沟通，不了解少数民族群众的心理，容易使少数民族群众的民族感受挫，再加上对民族矛盾和问题不熟悉，这些都为准确认清民族地区风险事件的性质和科学把握风险的动态添加了难度。宗教的戒律、教义是民族地区人民群众日常生活的重要部分，是维护社会生活的道德规范。正因为如此，容易成为民族分裂分子的工具。民族分裂分子充分利用宗教的作用，打着“宗教”的旗号搞分裂活动，具有隐蔽性很强的特点。而民族地区的风险往往与宗教问题混杂交织在一起。所以，隐蔽性是我国民族地区政府面临风险的一个主要特征。

（4）跨地区性。我国少数民族地区主要聚居在边疆地区，边疆的少数民族一般与周边邻国接壤，跨境而居，与周边邻国同源民族，有着本民族共同的民族情感和意识，日常联系紧密。同源民族内部关系又受周边国家政治关系的影响，由于邻国政体、国体的不同，经济发展的差异，往往内外关系与民族关系交织在一起，这种复杂的民族关系会影响到民族地区的稳定。

在动荡复杂的国际政治环境下，一有不稳定因素，境内外分裂分子内外勾结，趁机破坏挑衅，达赖集团、恐怖势力、国外敌对势力相互联系响应，影响民族地区的稳定。如新疆的恐怖势力与国际恐怖组织联系，培养、训练恐怖分子潜入国内，进行恐怖破坏活动；逃亡的达赖集团在国外利用国际反华势力，对西藏进行宗教渗透；等等。

（四）民族地区风险管理工作运行机制总体架构

胡锦涛指出："要加大增强应对风险和突发事件的能力，经常性地作好应对风险和突发事件的思想准备、预案准备、机制准备和工作准备，坚持防患于未然。"为应对经济全球化带来的严峻挑战，共同科学处置社会风险，世界银行提出了基于风险管理的社会保护政策设计思路。社会风险管理政策体系坚持以风险补偿机制为核心，通过多种风险预防措施控制社会风险，综合运用社会保障等政策手段，处理日益复杂的社会风险，创造稳定和谐的社会环境，实现经济社会协调发展。

社会风险作为风险管理的一个方面，将科学完善成型的风险管理的理念和技术运用于社会风险管理领域，运用现代风险管理方法，对社会风险进行识别、评估、测量和控制。因此，必须调动社会各个层面在社会风险处理中的积极作用，全面应对已经存在的社会风险，并减轻或减少其可能造成的灾害或损失，有效防范和规避可能产生的社会风险。

在社会风险管理构建的完整体系中，包括正式制度安排和非正式制度安排两个层面。作为社会风险管理的正式制度安排，以政府提供的社会保障机制作为最主要的社会风险管理手段，以市场提供的商业保险机制对社会保障的进行有益的补充。作为社会风险管理非正式制度安排的社会互助和家庭保障，政府要合理引导，积极鼓励，发挥好其在社会风险治理中的基础性的作用。在社会风险治理模式中，只有政府、组织、个人、家庭多个层面的正式制度与非正式制度有机结合，科学运用，社会风险管理政策体系的效能才能够呈几何级放大，更好地化解社会风险，维护社会稳定。

贝克指出，我们正处在一个社会风险不断积累、突发事件频发、公共安全危机的破坏性不断扩大的风险社会（Risk Society）之中。应急管理转变为风险常态管理，就是立足于建立常规性的管理制度和落实长效管理措施，从突发事件的预防、准备、监测、预警、处置、恢复重建、总结评估等各个流程进行"全过程"的制度设计，促进应急管理活动常态化和规范化。

中国共产党第十六届中央委员会第四次全体会议通过的《中共中央关于加强党的执政能力建设的决定》明确指出："建立健全社会预警体

系，形成统一指挥、功能齐全、反应灵敏、运转高效的应急机制，提高保障公共安全和处置突发事件的能力。”发挥制度优势、多方联动，是做好风险管理工作的根本力量。能够集中力量办大事，形成上下协调、部门联动的良好工作机制，实现区域、组织之间的制度合作。提高突发事件处置效率，需要在较短事件内组织到应有的资源，并在区域、部门的合作下，进行资源的调配和人员救治。

近几年来，民族地区在认真总结历史经验、借鉴国内外做法的基础上，通过不断探索和实践，发挥社会主义制度的优越性，逐步建立了具有中国特色的民族地区风险管理体系，风险管理工作从思想观念、体制机制、应对方式、工作格局等方面发生了深刻变化。由于“一案三制”，各地都建立了预案体系，民族地区的总体的、专项的、部门的、企事业单位的、社区街道的以及重大活动方面的风险预案体系，也建立起来了。层级之间联动反馈流程清晰，达到了“横向到边、纵向到底”的目标。民族地区在各类风险预案中，有建立领导机构、办事机构、工作机构、专家组、联络员等风险管理组织的相关规定。目前，各级政府也成立了地方应急管理委员会，并在其下设立应急管理办公室（以下简称“应急办”）。应急办是对区域突发事件进行处置的综合管理机构，各个专业工作机构则设在政府的各个职能部门中。针对不同领域、不同层次的突发事件，需要各个专业部门之间迅速、高效的沟通。

在十八届三中全会上，习近平在《中共中央关于全面深化改革若干重大问题的决定》指出：“全面深化改革的总目标是完善和发展中国特色社会主义制度，推进国家治理体系和治理能力现代化。”“创新社会治理，改进社会治理方式，激发社会组织活力，创新有效预防和化解社会矛盾体制，健全公共安全体系。”

民族地区公共危机应急管理运行机制是公共危机预测、预防、预警、应急处置、信息报告及调查评估等管理机制，由自治区政府自上而下按行政机构设置的层级，分级次建立部门联动、联络、联系的体系。各级各部门借助计算机、通讯信息网络平台，信息互通，依托运转高效、反应快捷的应急指挥管理系统，结合各自职责任务和管理要求，科学有效地管理和处置民族地区公共危机。

一是在预测与预警阶段，通过信息和数据统计分析，进行全面准确的预测。进行风险分析，把可能的风险及影响，用广播电视系统、信息网络系统、通信系统与人力宣传等手段，及时发布公共危机信息预防与预警，广而告之，全面主动做好前期的风险应对举措，把风险尽可能控制在危害最小范围内。二是在公共危机处置阶段，按照责任权限、报告流程和路径，通过构建科学合理的报告制度和信息互通互联反馈体系，使前期处置行之有效，应急响应快捷灵活。三是在信息报告和调查评估阶段，即公共危机的善后处置阶段，对危机发生的各种因素及其危机的性质、影响、责任、经验教训等进行全面分析，对公共危机造成破坏与社会震荡做全面的调查与评估，对重建工作合理安排部署，并通过不同信息平台和渠道，发布相关信息，积极引导舆论，消除社会恐慌，减少负面影响，维护社会稳定①。

1. 统一领导，分级负责

建立健全自治区党委和政府的统一领导下的“分类管理、分级负责、条块结合、属地管理为主”的应急管理体制。实行行政主要领导负责制，各级政府主要领导人是该行政区域应急管理和突发公共事件处置的第一责任人。

首先是分类管理。根据突发公共事件严重程度不同，分为一般性、较大、重大、特别重大四类。按突发公共事件发生的严重级别的分类以及对应部门的职责，由相应的部门负责。分类管理的具体要求如下：(1) 属地发生一般性突发公共事件，对应区域政府启动县（区）级应急预案，上级主管部门预案按事件的控制情况决定是否启动。(2) 属地发生较大突发公共事件，即三级突发事件，对应区域政府启动市级预案，相关涉及县（区）、乡镇预案必须同时启动，并根据控制情况上报自治区有关部门，视进展情况启动相应的应急预案。(3) 发生特别重大（Ⅰ级）、重大（Ⅱ级）突发公共事件，应立即启动地、州级预案，有关市、县、乡镇同时启动预案，由地、州应急总指挥部统一指挥，并迅速报告自治区人民政府。自治区级应急预案一旦启动，各级要在区应急指挥部的领导下，统一开展应急处置工作。其次是分级负责。按照上下级职责

① 左孟新：《转型期中国西藏及甘青川滇藏区公共危机应急管理体系研究》，华南理工大学2010年硕士学位论文，第28页。

划分所属人民政府负责应对突发事件现场的具体工作，较大级别的突发公共事件，由市人民政府统一负责，统一指挥协调，进行处理。

2. 风险管理与应急管理密切配合

应急管理按照政府部门职能进行分类管理，应急行政管理工作由各地、州、市政府辖内应急管理办公室负责，主要职责是全市应急预案体系的建构以及应急处置措施落实等工作。应急联动指挥中心是应急管理的枢纽，是应急管理的信息中心和应急事件处理的指挥平台。在接到突发事件的信息后，指挥中心第一时间将信息发送给事发地人民政府，接到信息后，事发地人民政府的专项指挥部立即组织人员前往现场进行前期处理，并将现场情况实时报告给市政府应急管理办公室和主管部门。根据现场反馈的实时信息情况，市政府应急管理办公室和市级主管部门进行科学研判，立即进行关于是否启动该市相关应急预案，并按规定上报给分管副市长决定。若事情紧急或情况较为严重的，特事特办，直接向市长或分管副市长报告，不可延误。一般或较大的突发事件，由事发地区县政府、市级主管部门及市专项指挥部指挥处置；对于重大的突发公共事件，由市政府负责成立总指挥部，视情况决定是否进驻现场指挥或进入市应急联动指挥中心进行统一指挥处置，并派出工作组与事发当地县人民政府组成现场指挥部，负责现场处置的指挥协调。

3. 整合资源，规范建设

各地、州、市、区县建立应急联动指挥中心，负责建立支撑应急管理与应急处置的基础数据库，完善完备确保系统正常运行的软件、硬件等设施设备，市应急联动指挥中心统一承担应急信息管理，建立统一接管、分级分类处置的汇总各区域的信息资源的管理机制，及时高效整合信息资源，定期上报给市政府应急管理办公室和市应急联动指挥中心，建立联动协调制度，形成统一指挥、反应灵敏、处理快捷、运转高效、信息准确、功能齐全、协调有序的应急管理机制①。

4. 以人为本，预防为主

增强忧患意识，坚持以人为本，高度重视公共安全工作，做好应对突发公共事件的思想准备和机制准备，常抓不懈，防患于未然。坚持预

---

① 马涵：《民族地区公共危机管理研究》，内蒙古大学2013年硕士学位论文，第14页。

防为主，预防与应急相结合，常态与非常态相结合，特事特办，急事先办，将突发公共事件处理在萌芽状态①。

5. 快速反应，协同应对

站在社会综合治理、齐抓共管的高度，在加强政府管理为主和政府自身应急体制机制建设的同时，建立和完善社会防控体制机制，依靠社会力量和公众力量，动员和发挥社区街道、企事业单位、人民团体和志愿者的作用，建立起联动互动协调制度，形成统一指挥、互动互联、反应灵敏、处理快捷、运转高效、信息准确、功能齐全、协调有序的应急管理机制。

6. 依靠科技，提高素质

公共安全管理和风险管理离不开现代科学技术，特别是计算机技术和信息技术。建立政府应急管理专家队伍和专业人员队伍，发挥专业人员的作用，开展公共安全科学研究，建立相关风险模型，开发公共安全技术，依靠先进的技术及设施进行应急处置的监测、预测、预警和预防，全面提升应对突发公共事件中科技的应用水平，提高科学管理和科学指挥能力。统筹进行全社会风险教育，加强宣传和培训工作，增强公众自救、互救意识和风险意识，通过系列宣传教育活动，提高全民应对各类突发公共事件的综合素质，以避免发生次生、衍生事件，造成伤害。

（五）风险管理工作对民族地区的价值分析

1. 风险管理是构建社会主义和谐社会的必要保证

构建社会主义和谐社会，维护良好的社会秩序和环境，就是要有效消除社会的不和谐、不稳定的风险因素。保持社会稳定，是推进改革开放和社会主义现代化建设的基本前提，是全面建设小康社会的重要保证，也是构建社会主义和谐社会的必然要求。改革开放的不断深入，推动了民族地区的经济社会发展，但民族地区市场经济体制发育迟缓，还不完善，人治观念还有市场，法治观念相对落后；法治尚不健全，社会转型带来的区域发展不平衡，造成民族地区原有的社会结构解体分化重组，

---

① 韩璐：《我国民族地区政府危机管理研究》，内蒙古大学 2011 年硕士学位论文，第 22 页。

形成了不同的社会利益群体和利益主体；腐败、渎职等现象有蔓延的趋势；多元化的利益主体追求自我利益最大化需求，收入分配差距拉大导致贫富分化，由此产生的社会各阶层不同利益诉求的矛盾和冲突，加剧了社会矛盾和社会问题，影响着和谐社会的构建。要构建和谐社会，首当其冲要完善法制和改革措施，走共同发展、共同富裕的道路。解决区域发展不平衡问题，消除社会一切不稳定因素，切实打造和维护社会安定团结。因此，提高政府风险管理能力是构建民族地区社会主义和谐社会的必要保证①。

2. 风险管理是提高政府行政能力的必然途径

政府处理各种突发事件的能力，是政府能力高低的重要表现。政府职能转变的核心，就是市场的事交给市场，政府的事政府管好。维持社会正常秩序，做好社会风险管理和公共管理就是政府的职能，这一职能是当代政府面临的重大挑战。风险既是挑战也是机遇，如何及时有效地应对和化解各种突发性风险事件，考验着政府的风险识别能力，民众会以一个政府的风险识别能力的高低来判断政府能力的高低。

如何预防和减轻风险事件及其负面影响，检验着政府的风险管理能力和行政执政能力。政府对于风险处理措施得力，有效保护了人民群众的生命财产安全，民众就拥护；如果政府措施失当，给人民群众的生命财产造成损失，就会弱化自身的合法性。所以，政府的风险识别水平成为衡量政府能力的重要标志。提高政府风险识别能力，减少和降低灾害损失，是政府的重要职能，是社会认同政府执政能力的基础。

3. 风险管理关系到边疆政治经济局势的稳定

我国大部分民族地区与邻国接壤，共与 16 个国家和地区接壤，处在陆地边境线上的民族自治地区达 1.9 万公里。新疆就依次与 8 个国家接壤，包括蒙古国、俄罗斯、哈萨克斯坦、吉尔吉斯斯坦、塔吉克斯坦、阿富汗、巴基斯坦、印度。我国边疆少数民族地区由于边疆线长，具有地域相接、往来频繁、交往多、人口数量大、分布广、语言和宗教信仰复杂的特点。如内蒙古自治区，内蒙古族占有很大的人口比例，与蒙古

---

①　丁金涛：《民族地区基层政府风险识别能力研究》，中南民族大学 2013 年硕士学位论文，第 32 页。

国接壤，在贸易、文化等方面往来频繁。由于拥有共同的民族宗教信仰、血缘感情和历史文化，跨界民族总体来说共同性多于差异性，容易产生心理上的认同感、亲近感和归属感，在政治、经济、文化上相互影响。

在动荡复杂的国际政治环境下，我国边疆民族地区的受影响范围也是跨国境的。跨界民族问题也一直是国际反华势力和组织干涉我国内政、阻挠我国和平发展的主要借口，境内外分裂分子内外勾结，趁机破坏挑衅，达赖集团、恐怖势力、国外敌对势力相互联系响应，影响民族地区的稳定。所以，我国边疆民族地区政府建立高效的风险管理体系，对于政治经济局势的稳定具有重要的政治意义，对本地、国内和国际安全形势都有着重要的屏障作用①。

4. 风险管理对促进民族团结与各民族共同发展具有重要意义

民族团结是民族内部的团结和不同民族之间的团结。社会主义民族关系的基本特征和核心内容也是民族团结，这是建设中国特色社会主义和谐社会的要求，也是党和国家所追求的目标。在中国社会主义现代化建设中，民族地区客观存在经济发展基础薄弱、自然灾害频繁、群体性危机时有出现等影响改革发展的不利因素，再加上受宗教、民族文化等因素的影响，国外极端组织和势力与境内分裂分子内外勾结，趁机破坏挑衅。逃亡的达赖集团在国外利用国际反华势力，遥控对西藏的宗教渗透；2009 年新疆的恐怖势力与国际恐怖组织制造的事件，严重影响了我国民族地区的团结与稳定，对民族团结和国家安全构成极大威胁，使民族地区本已脆弱的经济社会结构更加无力承载。民族地区经济社会发展的前提是民族团结，加强对民族地区各类风险预警与疏缓，才能促进民族团结与各民族共同发展。

5. 风险管理是民族地区经济可持续发展的必要保障

稳定是发展的前提。只有团结、和平和稳定的环境，才能谈得上发展，经济才可实现平稳发展，甚至是跨越式发展。民族地区经济要想实现可持续发展，民族地区政府完善的危机管理体系是基础。在社会转型期，民族地区不稳定因素增多，一些风险的爆发不仅会破坏大量的社会

① 韩璐：《我国民族地区政府危机管理研究》，内蒙古大学 2011 年硕士学位论文，第 20 页。

资源，一些风险的发生，也对当地居民的生命构成了极大的威胁，对其心理造成极大伤害。加上民族地区客观存在的自然条件恶劣和经济落后，民族地区政府风险管理的薄弱，这些因素都间接影响着经济的发展。因此，必须提高民族地区政府风险管理能力，科学高效地化解风险，促进民族地区社会稳定，推动民族地区经济可持续发展。

6. 风险管理是民族地区整体社会和谐与发展的基础

党的十六大报告第一次提出，将“社会更加和谐”作为重要目标。党的十六届四中全会进一步提出，构建社会主义和谐社会的任务。社会和谐与发展一直是我们孜孜以求的目标。我国正处于改革开放以来社会急剧转型期，经济社会发展所带来的利益失衡的矛盾和冲突与利益诉求机制缺失的矛盾和冲突，是政府不能忽视且必须想办法加以解决的。民族地区政府要主动作为，创新理念，及时对各类潜在风险进行常态化监测、分化和处置，从根本上利用政府资源和多种手段，把风险化解在萌芽阶段，提升民族地区社会的安全系数，维护稳定的良好局面，为社会的和谐与稳定提供必要的保障。总之，加强民族地区政府风险管理，创造安全、稳定的大环境，是民族地区整体社会和谐与发展的基础，也是新的机遇孕育的开始。

第五章

社会冲突理论与民族地区社会治理

冲突作为社会发展过程中的一种普遍现象，是社会主体之间的一种基本互动方式，是社会发展的孪生姐妹。社会治理不能消除冲突，但可以预防冲突、缓解冲突，降低冲突造成的损失。社会冲突理论作为现代社会理论的一个重要组成部分，一直备受关注。尤其是近几十年来，各国或地区的社会矛盾日益突出，社会冲突日趋严重，相关的研究也在不断加强。

一 社会冲突理论的提出

19 世纪末至 20 世纪初，社会冲突一直受到许多社会学家的广泛关注，但社会冲突在当时还没有形成专门理论加以研究。自 20 世纪 50 年代中后期开始，第二次世界大战结束后，冲突现象开始逐渐增多，社会冲突理论逐渐发展，许多相关论著应运而生。20 世纪 60 年代后期，随着功能主义的衰落，社会冲突理论开始兴起。社会冲突以古典社会学和政治经济学的思想为理论基础，逐渐演变和发展成为西方社会学理论的一个重要分支。在西方工业化过程中，西方社会学家越来越多地将关注点集中在社会冲突上，并且将社会冲突作为他们分析社会变迁和社会进步的重要依据。西方社会冲突理论以社会学、政治学、经济学及哲学为理论基础，以广泛存在于社会中的矛盾和冲突作为研究对象。社会冲突理论虽然在学术界并不是一个独立的学派，但是它的诞生和发展对各国进行社会建设和社会改革具有较大的借鉴作用，其实质是一种社会建设理论。

（一）社会冲突理论形成的背景

19 世纪 30 年代，资本主义社会动荡不安，社会矛盾突出，社会冲突不断，经济危机频繁爆发，大批工人失去工作。如何让社会稳定、有序地发展，成为当时资产阶级学者需要思考的重要问题。在法国学者孔德看来，社会作为一个有机整体，要维持正常的运转，就需要保持社会各个部分的和谐与平衡，当整个和谐的社会状态被打破时，社会就会处于一种失序状态，就会产生相应的社会冲突和社会动荡。当时，孔德的观点引起了许多社会学家的共鸣，并在社会学界产生了重大的影响，占据了社会学理论的主导地位。

1. 结构功能主义的盛行

第二次世界大战后，世界政治格局发生巨大变化，各种矛盾日益激化，基于此背景，结构功能主义学派应运而生。1945 年，“结构功能主义”这一概念首次由美国社会学家塔尔科特·帕森斯提出，一经提出，就受到了美国社会学界的广泛关注和传播，风靡整个美国社会学界。到 20 世纪 50 年代已取得了统治地位，产生了重要的社会影响。在结构功能主义看来，一切社会都有属于自己的基本制度模式，有自己的社会结构，这些制度模式和社会结构之间具有一定的联系，具备一定的功能来维持社会系统的生存①。当把社会生活看成是一种系统时，社会生活是由相互关联的部分组成的。对这些相关部分的分析，集中在它们怎样实现系统整体的必要条件及它们怎样维持系统的常态性或均衡上。从结构功能理论主义的观点来看，一个正常有序运转的社会，系统中的各个部分都应该分工明确，相互协调均衡，而不应该出现内部的冲突；社会冲突作为一种反常状态，应该极力避免。

美国当时的社会现实恰好为结构功能主义的盛行提供了社会环境，这使得许多社会学家，尤其是结构功能主义者运用系统论中的结构功能分析方法去研究、分析当时的社会问题。正如美国当代社会学家李普塞

---

① 张卫：《当代西方社会冲突理论的形成及发展》，《世界经济与政治论坛》2007 年第 5 期。

特所说，结构功能主义的内在属性即是强调系统的秩序和一致性。结构功能主义者认为，“社会秩序是使得社会聚集在一起的方式，这一点是毫无疑问的”①。由此我们可以看到，结构功能主义理论将秩序、均衡、适应、稳定等内容看作维持社会系统运行的必备条件，而忽视了社会中存在的压力、冲突、失调等现象。他们甚至觉得，这些现象的存在是一种反常状态，会阻碍社会系统的正常运转，应该极力避免。

2. 社会冲突理论开辟的新天地

20 世纪 60 年代后，随着西方社会的不断发展，社会矛盾日益增多，社会动荡不安。在当时的背景下，结构功能主义已经无法解释社会生活中所出现的种种矛盾和冲突，人们需要新的理论来解释社会中凸显的各种矛盾和冲突。在这种情况下，社会学家需要对此作出合理的理论解释，要么肯定社会的失序状态，并承认这种社会病态；要么否定之前的社会理论对社会基本特点的解释。

以结构功能主义的理论为基础和背景，社会冲突理论得以发展。从某种程度上看，社会冲突理论是对结构功能主义的反思和对立②。由于未能充分地重视社会冲突现象的意义和作用，仅将冲突看作是健康社会的“病态”，结构功能主义理论在社会现实问题面前丧失了解释力。而由于社会冲突理论的研究重点在于社会冲突的现象，部分社会学家认为，在某种程度上，社会生活中的矛盾和冲突可以促进社会的发展与变迁。社会冲突理论与结构功能主义不同，并且逐渐取代了结构功能主义的地位。从马克思、韦伯到齐美尔，社会冲突尤其是社会革命，一直是社会学所关注的焦点之一③。尽管社会冲突的理论体系形成较晚，但这并不妨碍其理论的发展与繁荣，它阐发了一系列关于冲突的理论观点，这对于社会秩序的维护与促进，有着巨大的指导意义。

西方社会冲突理论的主要代表人物是达伦多夫以及科塞。社会冲突理论在吸收结构功能主义的部分观点的同时，也批判了它所强调的社会

---

① ［美］西摩·马丁·李普塞特：《一致与冲突》，张华青译，上海人民出版社 1995 年版，第 4 页。

② 郑杭生：《社会学新修概论》，中国人民大学出版社 1994 年版，第 552—556 页。

③ 贾春增：《外国社会学史》，中国人民大学出版社 1989 年版，第 226 页。

完全和谐稳定的状态。为了表明社会冲突理论在学界的立场，社会冲突理论不仅直接指出了普遍存在于当时社会各阶层之间的矛盾和冲突，而且提出了解决问题的方法，为人们答疑解惑。总之，社会功能主义理论的应运而生，解释了产生动荡社会现象的原因，并提出了相应的解决办法，为社会冲突理论开辟了一片新天地。

（二）社会冲突理论的发展

理论学界对于社会冲突的起源有两种不同的观点。一种观点认为，社会冲突理论源于马克思①。还有一种观点认为，现代社会冲突理论主要继承和发展了两条理论主线，一条是达伦多夫吸取了马克思和韦伯的冲突论思想；一条是科塞在对功能主义批判的基础上，吸收了齐美尔和弗洛伊德的精华。

1. 达伦多夫吸收了马克思和韦伯的思想

拉尔夫·达伦多夫所提出的社会冲突理论，在20世纪受到了广泛的关注。追溯其思想来源，我们不难发现，他早期受到马克斯·韦伯、马克思、米尔斯等思想家的影响较多，中后期则受到波普尔、雷蒙·阿隆、马歇尔等学者的思想启迪。纵观其思想来源，看似较为复杂，却有着明晰的思想主线，即吸收了马克思和韦伯等思想家的主要思想后，着眼于现代社会中冲突的产生和社会秩序的建构。

（1）马克思的阶级冲突理论

西方社会冲突理论最伟大的代表人物是马克思，马克思对于西方社会冲突理论的贡献具有不可替代的历史价值。马克思第一次描述“社会冲突”这一概念，是在1843年9月他写给卢格的信中，马克思认为，应该把客观存在的社会冲突看成是西方社会斗争、社会利益和社会真理的反映。而马克思第一次对社会冲突进行明确的定义，则是在他和恩格斯共同书写的《德意志意识形态》中。在这本书及《政治经济学批判》序言中，马克思对于社会冲突做了详细而深刻的论述。也正是这两本书，对发展中的西方社会学产生了深远的影响。马克思的社会冲突理论不仅

---

① ［美］戴维·波普诺：《社会学》，李强等译，中国人民大学出版社1999年版，第18页。

是马克思个人的经典著作，同时也是社会学理论体系的理论基石。从内容上看，作为社会冲突理论的基础之一，马克思的社会冲突理论为社会发展提供了一定的理论指导。

在《共产党宣言》中，马克思、恩格斯提道："到目前为止的一切社会的历史……都是阶级斗争的历史。自由民和奴隶、贵族和平民、领主和农奴、行会师傅和帮工，一句话，压迫者和被压迫者，始终处于相互对抗的地位，进行不断的、有时隐蔽有时公开的斗争，而每一次斗争的结局都是整个社会受到革命改造或者斗争的各阶级同归于尽。"① 由此可以看出，阶级冲突一直是马克思的冲突理论所关注的焦点，并且他认为，阶级冲突是社会发展的根本动力。

马克思和恩格斯认为，经济发展和资源占有的不平衡，在很大程度上是产生社会冲突的主要原因之一。正如他们所言，人们在自己生活的社会生产中发生一定的、必然的、不以他们的意志为转移的关系。即同他们的物质生产力的一定发展阶段相适合的生产关系。这些生产关系的总和构成社会的经济结构。即有法律的和政治的上层建筑竖立其上，并有一定的社会意识形态与之相适应的现实基础。社会的物质生产力发展到一定阶段，便同它们一直在其中活动的现存生产关系发生矛盾。这些关系便由生产力的发展形式变成生产力的阻碍。那时，社会革命的时代就到来了。工业的发展是加快资本主义社会形成的一个重要原因，这也导致了剥削阶级和被剥削阶级矛盾的加剧，因此，产生社会冲突最直接、最根本的原因就是生产力和生产关系之间的矛盾。

（2）韦伯的多元分层冲突理论

马克斯·韦伯认为，冲突不仅存在于资产阶级和工人之间，还有其他的表现形式，社会中的不同群体和个人利益之间也会产生相应的冲突。因此，韦伯强调从阶级、地位和权力组织等维度来看待社会分层的多维层级。从多维层级的角度看，韦伯认为，社会存在不同的利益类型，如社会地位、政治利益、公共资源等，都可能是产生社会冲突的直接原因，而政治利益和政治统治是其中最为重要的一种类型。冲突和统治不会因为社会性质的改变而发生终结，并且社会冲突永远存在于社会运行过程

① 列宁：《论马克思和恩格斯》，人民出版社1971年版，第13页。

中，在社会发展的过程中，冲突只是以不同的形式表现出来而已。“在韦伯看来，社会冲突产生的根本原因是财富、权力和声望的高度相关性报酬分配的垄断化程度；低水平的社会流动率。从社会不平等的多层面来看，韦伯解释了社会冲突产生的缘由，并强调魅力型领袖和组织同样是社会冲突的关键要素。”① 韦伯还认为，政治权威的合法性缺失，在很大程度上是产生冲突的一个重要因素。一旦统治者的政治权威的合法性被撤销，他们可能会在其他方面寻求冲突。由于有效流动和竞争机制的缺乏，使得权力、财富和声望几乎集中在少数人的手里，而绝大多数被统治者则不具备这些权力、财富及声望，于是，他们怀疑这种政治权威分配的合法性，一旦这种质疑产生，势必会激发部分被统治者的不满情绪，这时候，社会阶层之间的冲突就不可避免地产生了。

韦伯主要是从社会冲突的合法性来解释社会问题的。他认为，产生社会冲突的原因主要来自于其他三个方面：一是权力、财富和声望的高度相关；二是报酬分配的垄断化；三是较低的社会流动率。这说明，社会冲突的起源主要是来自多维度的社会不平等。韦伯还强调，社会冲突产生的关键因素就是存在魅力型领袖和组织。马克思强调的是经济发展的不平衡会导致两极分化，贫富的差距可能会引发冲突；韦伯则持有不同的观点，韦伯的多元分层冲突理论与马克思的阶级冲突理论观点的分野，为社会冲突治理提供了一种多元性的选择。

（3）达伦多夫的辩证冲突

“以帕森斯的观点来看，社会学的最高目标就是解决‘秩序问题’，要想理解社会体系的边界，秩序问题显得尤为重要。因为秩序问题从某种程度上看是一种整合问题，在面对相互冲突的利益分配问题时，它仍能使社会成为一个整体。”② 然而，20 世纪 50 年代，早在帕森斯功能主义兴起之际，就有学者对其理论观点提出了质疑，认为功能分析模式对社会充满均衡性的假设及其功能分析，只是出于研究的需要所做的一种假设，而完全均衡的功能自足的社会系统，只是一种虚幻的假象。在所有对帕森斯的研究方案与功能理论的批评中，德国社会学家拉尔夫·达伦

① 包仕国：《和谐社会构建与西方社会冲突理论》，《学术论坛》2006 年第 4 期。

② ［英］安东尼·吉登斯：《现代性的后果》，田禾译，译林出版社 2011 年版，第 12 页。

多夫的无疑是最严厉的。需要明确的是，马克思虽不是一切冲突理论的唯一源泉，但毫无疑问，达伦多夫的辩证冲突论更多地被视为与马克思主义冲突论一脉，其对帕森斯功能理论的批判及其辩证冲突论的思想，都受益于马克思的灵感。

作为当代辩证冲突论的主要代表之一，德国的社会学家拉尔夫·达伦多夫针对结构功能主义提出了一种辩证的冲突理论，他的辩证冲突理论不仅促进了当时美国社会学理论的发展，而且对其产生了重大了影响。他对帕森斯的结构功能主义持反对态度，认为帕森斯过度强调了社会系统的均衡与和谐，忽视了社会系统中可能产生的社会冲突。他认为，充满着辩证关系是所有社会现象所具备的特征，社会现象往往是相互矛盾却又相互协调的，例如，稳定与变迁、整合与冲突、价值共享与利益对立，等等。因此，从社会冲突的角度来说，达伦多夫的主要论点是："产生社会冲突的主要原因不是经济发展的不平衡，而是与权力的分配有关，所以，最好的解决冲突的方法就是各个利益集团互不干扰、各司其事，这样虽然可能会产生一些小的矛盾冲突，但是却限制了严重冲突的集中爆发。"①

达伦多夫还强调，占有生产资料的方式并不是划分这种阶级的依据，主要是以统治阶级与被统治阶级的权威关系为依据划分。统治阶级与被统治阶级形成的最大的区别便是权威的不均衡分配，而这种权威的不均衡分配也加剧了冲突的产生。差异分配的权力和权威，加剧了子集团之间的"强制性群体"中子群体之间的斗争。事实上，社会冲突双方之间利益的对抗，是造成社会冲突的最根本原因。相互冲突的团体中矛盾的爆发，可以打破对抗的局面，使得整个社会结构发生变迁，导致权威与利益支配关系的重新分配。他还强调，一旦出现了社会冲突，这种社会冲突是不可能被镇压或者消除的，社会冲突存在于现代生活的方方面面，只能通过制度化的手段进行调节。

社会冲突与社会变迁在社会发展过程中随处可见，产生社会变迁的因素也是错综复杂的。在《走出乌托邦》（1958 年）一文中，达伦多夫认为，帕森斯的结构功能主义观点过于片面，他把整个社会看得过于和

① 郑杭生：《社会学概论新修》，中国人民大学出版社 1994 年版，第 552—556 页。

谐、均衡和统一。在《工业社会的阶级和阶级冲突》（1959 年）一书中，达伦多夫对 20 世纪发达资本主义社会的发展过程进行了深入系统的分析，并总结了整个过程中解决冲突问题的经验，汲取了教训，为建立辩证冲突理论的理论框架奠定了基础。

达伦多夫认为，从哲学层面来看，社会既有稳定、和谐与一致的一面，同时也有变迁、冲突和压迫的一面。对社会学问题的解释同时需要社会均衡模式与社会冲突两种模式。但达伦多夫对帕森斯的结构功能主义理论大行其道、一家独大表示了深深的担忧，认为功能主义理论既不能反映社会现实，也存在使现代社会学丧失理论研究“问题意识”的严重隐患，是一种思想意识上的乌托邦。达伦多夫说：“依我之见，鉴于我们学科近期发展和本文前面所作的批评分析，我们最好建议将来不仅要关注具体问题，而且要运用强制、冲突、变迁等术语对这些具体问题做出阐释。也许从审美上说，社会的另一面相比于社会系统的（稳定和谐的）一面更令人不悦，但是如果社会学所应提供的只是一种导入乌托邦的安宁之路，那么它就不值得我们为之努力了。”① 因此，达伦多夫主张一种社会辩证冲突论，并以此作为比帕森斯功能主义更准确描述社会现实、反映社会现象本质的研究方案。

达伦多夫的观点主要概括为以下几点：第一是对后资本主义社会中的阶级状况和各种冲突模式及冲突特征进行了分析，认为冲突最终必然会达到和谐。第二，现代社会中，冲突是一种常态，并且具有双重功能，这需要我们辩证地看待它，必要的时候，可以通过协商等方式来化解冲突和矛盾，以便维持社会秩序的稳定和有效运转。第三，经济因素不是导致现代社会冲突的根源，导致社会冲突产生的主要原因是权力和权威的分配不平衡，现代社会的主要冲突已经不再是以往的阶级斗争，而是围绕着权力及利益的分配产生的冲突。第四，建立完善的法治秩序是调节冲突的必要条件，与此同时，稳定的经济增长和公民权力的扩展都可

---

① R. Dahrendorf, “Out of the Utopia: Toward a Reorientation of Sociology Analysis”, *The American Journal of Sociology*, Vol. 64, 1958, p. 127.

以在一定的程度上调节冲突①。

可见，达伦多夫的社会冲突研究既是经验性的，又是现实性的。他强调社会冲突与社会变迁的普遍性，因此给社会功能主义观点以有力的反击，使社会会学家的社会观具有更强的现实感，也使人们对现实社会的认识更加全面。

2. 科塞继承了齐美尔的思想

20 世纪 50 年代后期，社会冲突学日益盛行，科塞就是当时社会冲突学派的代表人物之一。出生于德国的著名社会学家刘易斯·科塞深受德国理论尤其是德国著名社会学家齐美尔社会冲突思想的影响。移民美国之后，科塞接受了系统的结构功能论训练，做过著名结构功能论社会学家默顿的学生。结合科塞学术生涯的两种背景，其冲突功能论的理论立场也就变得不难理解了。科塞批评当代社会学家屈从于雇主的意志，摒弃了早期社会学家对冲突存在并发挥作用的理论传统，把研究的、焦点转移到价值或规范一致、秩序与社会均衡上来，视冲突为对立各方的沟通中止，是一种功能失调现象。

科塞批判功能主义学说无视冲突，同时试图用“整合”“适应”等冲突功能，纠正马克思主义冲突理论分析上的偏激。科塞认为，有关价值、稀有地位和权力资源之间的斗争，都有可能产生冲突。但他同时强调，我们需要关注的是社会冲突的功能。社会冲突在一定程度上可以增强某些特定群体或者社会关系的适应性能力，社会冲突绝不仅仅是“起分裂作用”的消极因素，在人际关系的很多方面，社会冲突甚至能起到一些决定性的作用。科塞在齐美尔冲突思想的基础上建构自己的理论，区别了社会冲突的类型及其功能，并进行了详细的论证，开启了一种冲突的功能研究新取向。

（1）齐美尔的有机功能论

德国社会学家齐美尔（Simmel）看来，社会冲突作为社会互动交往的一种普遍形式，是不可能完全避免的。冲突既可以反映社会系统中各个部分之间的冲突，也是社会行动者的一种本能反应。社会冲突对保持

---

① 赵华兴:《冲突与秩序——拉尔夫·达伦多夫的政治社会学思想研究述评》，《河南社会科学》2009 年第 1 期。

社会系统的稳定和有效运转有一定的积极作用，并不一定都是引起社会系统的崩溃和社会变迁。科塞的社会冲突理论思想的理论渊源是德国社会学家齐美尔①。齐美尔认为，任何一个社会组织都不可能是完全和谐的，完全和谐的社会组织必然是没有生机与活力的，因为它缺乏一个动态的发展变化和调整的过程，社会组织中需要各种不同的因素，既需要对立，又需要合作，他们之间产生的社会冲突不一定会破坏社会系统的平衡。冲突和合作是社会组织运行的两种表现方式，都具有一定的社会功能。要想形成群体并维持群体生活，一个很重要的因素就是一定程度的社会冲突。齐美尔在这里所提到的冲突，是不太激烈的冲突。如果冲突过于激烈，则会破坏社会的稳定；相反，不太激烈的冲突在某种程度上反而能促进社会的整合与发展。

齐美尔认为，社会冲突是社会发展过程中的一种具体表现方式，是无法避免、无处不在的。就像秩序与合作一样，一定程度上的社会冲突可以更加清晰地划分群体的边界，集中权威，加强不同冲突群体内部的团结，这在某种程度上来说具有积极的作用。在现代社会中，激烈程度较低但频率较高的冲突，并不一定会激化矛盾或者产生社会变迁，反而会释放紧张的压力，使得系统内部的矛盾得到缓和，为社会的稳定运行起到了一定的作用。而且，产生冲突的各方群体内部的组织化和冲突各方的紧密联系，也会使冲突的暴力性得以减少②。

齐美尔认为，社会是一个蕴含着协调和冲突、吸引和排斥、爱和恨的统一体。在他看来，充分协调的社会群体是不可能出现的。如果有这样一个群体存在，它就不会有充分协调的社会团体，它没有生命力，是不可能改变和发展的。冲突会使群体中的某人感到不满，但冲突与社会网络有关。面对个人和团体发泄不满，社区有安全阀的作用，如果没有这样的安全阀，很多社会关系长期不能持续。造成社会矛盾的因素是不能否定的，但这些因素可以在维护社会关系中发挥积极作用。因此，对引起社会冲突的因素不能一概否定，它可能对社会关系的维持起着积极

① ［美］玛格丽特·波洛玛：《当代社会学理论》，孙立平译，华夏出版社1989年版，第93页。

② 包仕国：《和谐社会构建与西方社会冲突理论》，《学术论坛》2006年第4期。

的作用。齐美尔的社会冲突思想，对于社会学理论的发展，对于人们解决现实社会中的矛盾与冲突，都有重要的意义。

（2）科塞的冲突功能论

作为功能冲突学派的重要代表，路易斯·科塞（L. A. Coser）把冲突定义为有关价值、对稀有地位的要求、权力和资源的斗争，在这种斗争中，对立双方的目的是要破坏以致伤害对方。在科塞看来，社会冲突的发生与某种社会结构有关。各类社会结构都可能存在社会冲突，因为在对权力支配、声望和稀有资源的需求方面，个人或子群体之间经常会提出对抗性的要求。同时他还指出，社会结构在允许表达对抗的要求方面是不同的。不同的社会结构所能承受冲突的能力也不尽相同。

科塞从内部群体和外部群体、封闭的社会和开放的社会等不同方面具体分析了冲突的过程、强烈程度、持久性等问题。他说，在那种具有高频度互动和成员人格参与的高度密切结合的团体内，有一种压制冲突的倾向。所以在结合紧密的团体中，敌意的情感易于积累，从而加强他的强烈程度。假如冲突爆发在这样一个经常压抑敌意情感表达的团体中，它就显得特别强烈。

科塞指出，群体中人们卷入感情的程度是影响冲突的重要变量。当冲突产生于坚定关系的时候，人更容易动感情，冲突也就更为激烈。即“团体越密切，冲突就越强烈”。而与其他群体或外部群体的冲突，或有利于增强内部的凝聚力，或有利于明确群体之间的界限。他说，在冲突爆发前，群体的一致程度与冲突是否会增强群体的团结有直接的关系，内部团结可能在与外部发生冲突的过程中得到加强。而群体或国家之间的冲突，常常导致混乱而不是内部团结的加强。但是，当冲突产生时，如果内部的团结不够，不能采取一致的行动，就有可能产生专制，而这种专制主义会加剧冲突。

科塞的理论以结构功能论为背景，站在冲突论的角度，更加重视社会冲突形成的过程和结果。他不仅对结构功能主义过分强调社会的整合和统一，将把社会冲突视为“社会病态”的观点持批判态度，同时也反对达伦多夫认为一切社会冲突都有可能破坏社会稳定的观点。

与其他冲突理论学家不同的是，科塞更加强调的是社会冲突的功能。他认为，社会冲突不仅仅是具有破坏社会稳定、引起社会变迁的负功能，还有促进社会整合和稳定的正功能。不能完全否定社会冲突所产生的社会效果，需要用辩证的眼光加以看待。科塞指出，冲突扮演了“激发器”的角色，它激发了新规则和制度的建立。他认为，社会冲突不仅可以整合社会系统中冲突各方的利益，还促进了社会的完善，并且分化而形成新群体，激发了制度和秩序的创新，生成了新规范和新制度。社会冲突经过自身的消解和缓和，完成了与社会系统的互动，形成一种新的平衡。总之，科塞认为，社会冲突表面上是社会稳定的破坏力量，究其本质，则为一种社会不断向前发展的推动力量。因此，社会的和谐稳定是由“发展—冲突—再发展—再冲突”的不断循环表现的。

科塞的社会冲突理论对社会冲突的功能进行了阐述和分析，尤其对社会冲突的“正”功能做了肯定性的总结。科塞指出，人类生活的社会是由各个部分通过联系组成的整体，而相互联系的部分之间难免存在着摩擦、冲突与矛盾。产生冲突的原因是处于不平等地位的底层弱势群体对社会产生了严重的不满，最终进行反抗和斗争。科塞在冲突理论中提出了一个非常重要的概念，即“社会安全阀制度”，这一制度对于缓解社会冲突有着积极的社会作用。

（3）“安全阀”制度

科塞说：“冲突对于产生冲突的双方或者是内部团体之间并不总是反功能的，很多时候，一定程度的冲突可以维持他们之前的相互关系。如果一个系统内没有发表不同意见和发泄相互之间不满情绪的渠道，群体成员就会长期处于重压之下，会感到不堪重负，可能会作出过激的反应，冲突可以通过将这些敌对的情绪释放来维持相互之间的关系。而‘安全阀’制度便是为人们提供一种释放不满和敌对情绪的出口。”① “冲突充当了释放敌意的出口，如果不提供这种出口，就会损害对立双方的关系。”② 这类安全阀制度为群众发泄不满情绪提供了一定的渠道，可以释放系统的压力，并且将系统内可能发生的冲突或者是冲突所产生的消极影响降到最低，以此来维持整个社会系统的稳定。安全阀制度对任何社

① ［美］刘易斯·科塞：《社会冲突的功能》，孙立平等译，华夏出版社1989年版，第58—59页。

② 同上书，第26页。

会都是必要的，对结构僵化的社会尤其如此。安全阀制度实际上是一种社会安全机制。科塞在强调安全阀制度正面的、积极的功能的同时，也没有忘记提醒我们，安全阀制度的作用是宣泄敌意，而不是消除敌意产生的根源与机制，令人不满的状况依然保持，甚至变得更加严重，社会中依然存在着一定程度的隐患。

二 社会冲突在中国的主要表现形式

（一）社会冲突在中国的一般性表现

在现代社会中，很少有单一民族的国家，大多数国家都是由多个民族组成的，并且这些多民族国家或多或少存在民族问题。自20世纪80年代末以来，越来越多的民族冲突在世界各地爆发，如印度尼西亚、科索沃、索马里、刚果、波斯尼亚和黑塞哥维那（波黑）地区、布隆迪、卡拉巴赫、卢旺达、南北苏丹等，其中最严重的是卢旺达事件。1994年，卢旺达的图西族人和胡图族人的冲突演变成激烈的暴力事件，最终造成50万—100万人死亡，200多万人逃离本国领土。1992—1995年波黑内战期间，由于围绕领土的划分产生了不同的分歧，最终穆斯林族、克罗地亚族、塞尔维亚族发生了严重的冲突，导致20多万人丧生，60多万人伤残，200多万人无家可归。据统计，1945—1999年，民族冲突所导致的人员伤亡人数已达到约169万人①。从1990年到1999年这十年间，世界上有53个国家和地区产生了不同程度的民族冲突，149个国家和地区中有112个存在民族问题隐患②，民族问题隐患比例高达75.2%。1989—2002年，世界上发生的116起主要武装冲突中，有109起是国内民族冲突，比例高达93.9%。冷战结束后，民族冲突的表现形式越来越多样化，逐渐演变成国际政治的一种常态。

作为西方社会学主流理论之一的社会冲突理论，不仅强调了社会中

---

① ［埃及］萨阿德·埃丁·易卜拉欣：《阿拉伯世界中的民族冲突与建国》，漆芜译，《国际社会科学杂志》（中文版）1999年第2期。

② Ted Robert Gurr and Michael Haxton, *Peoples Versus States : Ethnopolitical Conflict and Accommodation at the End of the 20th Century*, Washington , D. C. : US Institute of Peace Press, 2000, pp. 1 –10.

可能产生的冲突，而且解释了冲突所产生的社会变迁。社会冲突无处不在，从时间角度看，迄今为止，社会冲突存在于整个人类发展的每一个阶段，不存在没有社会冲突的历史发展阶段。从空间角度上看，社会冲突存在于同一国家的不同地区以及不同国家、不同地区，尽管所表现出来的社会冲突在内容、形式和性质上可能存在一定的差别，但是他们都是不可避免地真实存在的。相对来说，中国的传统文化以“和”为核心价值，中国人自古强调人际和谐，又特别忌讳人际不和。然而，在现代社会中，尤其是对于正处于转型期的中国社会来说，如达伦多夫所言，一定程度的社会冲突是无法避免的。

“改革进入‘深水区’以后，大家才发现，所有被小心翼翼绕开的问题，最后形成了一种滞后效应，累积成今日无法避免的社会矛盾。”① 过去20多年的实践表明，社会转型中的结构转型和制度同步改革，触动和冲击了部分群众的利益，导致了权力关系的变化，不仅使得社会冲突产生的可能性大大增加，而且使得矛盾冲突日益错综复杂。导致社会冲突的因素不尽相同，改革开放所带来的社会变迁和社会分层所导致的政府公信力降低、政府服务能力不足，都是引发社会冲突的因素之一。我国社会管理过程中不可避免地产生一系列冲突事件，这标志着我国社会管理进入了发展与风险并存的“阵痛期”。

冲突在任何时期的任何社会都存在。在开放的社会，冲突的表现形式更是多样化。中国的传统文化中的“和谐”“大同”理念，使人们长期认为冲突是社会中一个消极的现象。然而很多时候，冲突是彼此对立的各群体之间关系的润滑剂，冲突对社会的积极功能长期以来遭到忽视。当然，无序的冲突对社会所构成的危害也是不言而喻的。当前社会中一个不容忽视的问题便是要正视社会发展和社会运行过程中所产生的冲突，建立一个合理的机制，保证冲突在可挖范围内。在我国这样一个统一的多民族国家，如果能够协调各民族之间的矛盾与冲突，化解利益纠纷，并制定相应的利益保障机制，就会有利于维护政治的合法性。

---

① 何清涟：《现代化的陷阱——当代中国的经济社会问题》，今日中国出版社1998年版，第1页。

（二）民族地区社会冲突的特征

冷战后，国际冲突的形式发生了巨大的变化，由国际战争转变为一国内部冲突，而民族冲突是国内冲突的重要起因。据资料显示，冷战后，在世界范围内发生的冲突中，宗教、种族冲突约占60%，并且根据世界各地潜在的冲突热点分析来看，种族和宗教冲突的比例会只增不减[①]。有人甚至得出结论：当今人类社会的冲突诱因主要归结于民族宗教冲突。基于此背景，民族地区冲突管理不仅成为我国政治的核心议题，也是当今处理国际关系以及全球治理的核心议题。

20世纪90年代以来，在苏联东欧剧变的背景下，随着政治全球化、经济一体化、文化多元化的推进，包括中国在内的广大发展中国家内部民族关系发生了深刻变化。随着民族主义的不断发展，少数民族权利保障机制中政治机制薄弱的问题开始凸显。少数民族群体开始注重增强合作意识和提高权利要求。这种趋势意味着，单单依靠经济、文化发展以及优惠宽容政策来解决民族问题是远远不够的。多民族国家内部在经济利益方面的冲突，时常借助民族矛盾的形式体现出来。

依据俄罗斯学者B. A. 季什科夫的观点，民族冲突可以在一定程度上看作是对现有社会的抵抗，大多是有组织的政治行为、社会运动、群众性的骚动、分离主义行动，更有甚者是在民族内部范围内发生战乱[②]。为了解决社会的现实问题，西方学者将关注点集中在民族冲突的民族性、群体性、敏感性和暴力性四个方面。

1. 民族性

民族冲突中至少有一方必须是民族，并且民族冲突必须发生在不同或者相同的民族之间，或者是民族与主权政府之间[③]。少数民族冲突是在悠久历史中逐渐衍化和形成的，伴随着少数民族的政治和经济的发展变化而变化，其中包含少数民族传统思想结晶、文化积累和日常生活的方

---

① 潘忠岐、谭晓梅：《论未来世界冲突趋势》，《欧洲》1997年第5期。

② 张俊杰：《俄罗斯避免民族纠纷与冲突的法律机制》，《辽宁大学学报》（哲学社会科学版）2008年第1期。

③ Daniel L. Byman, *Keeping the Peace*, *Lasting Solutions to Ethnic Conlicts*, Baltimore and London: The Johns Hopkins University Press, 2001, p. 3.

方面面。

2. 群体性

民族冲突一般会呈现出群体性的特点，是冲突方个体数量累积到一定规模后，相关民族成员通过直接参加或者间接支援的方式所采取集体行动。在整个冲突过程中，冲突双方内部有明确的组织分工。

3. 敏感性

在各民族成员交往的过程中，每个民族的成员都会有意无意地注重自己所在民族的民族特征、社会地位和权利，并且比较在意其他民族成员对自己民族的看法。当他们感觉到自己的民族语言、风俗习惯、宗教信仰等没有得到其他民族成员的尊重时，很容易会引发民族之间的冲突，究其原因就是民族成员对于这些问题比较敏感。

4. 暴力性

相关的民族或民族成员往往通过极端甚至恐怖暴力的方式，寻求国际关注，寻求相关问题的解决。尽管社会学界有学者认为，民族冲突有暴力冲突和非暴力冲突两种方式，但是目前大家所关注的还是极端的民族冲突，即暴力冲突。

就当代中国而言，民族地区的冲突还具有国际性。“三股势力”在我国民族地区甚嚣尘上，制造了许许多多的矛盾和冲突，把经济发展、区域发展的问题改头换面为民族问题，蛊惑极少数人，激化各民族间的矛盾。另外，国际反华势力贼心不死，不择手段破坏民族团结，培养西方社会的代言人，国内外反动势力纠结在一起，试图演变中国。

（三）民族地区存在的主要的社会冲突

从公元1500年前后至今，先后有9个世界性大国成功崛起，即西班牙、葡萄牙、荷兰、俄罗斯、英国、美国、日本、法国、德国。它们崛起的要素各不相同，但有一个规律性的通则，即没有一个国家的崛起是建立在民族分裂的基础上的。可见，民族团结、国家统一是世界大国崛起的重要基石。在《种族、民族主义暴力》一文中，罗杰斯·布鲁巴克（Rogers Brubaker）曾说道，民族理论和冲突理论是研究民族和种族冲突不可忽视的两个主要方面，但纵观社会学、人类学、民族学和政治学的一些文献，并没有建构起解决民族冲突的研究范式和框架，甚至对于民族冲突的范畴都没有统一的界定。由于尚未形成比较系统的有关民族冲突的研究，目前而言，民族冲突的暴力性和民族关系的冲突性，是社会学界关注的两个方面①。

民族地区的社会冲突是民族关系的一种极端形态。从不同的历史时间来看，在任何一个时间点上，不同的民族都处在不对称的发展水平中。不同民族群体为稀缺性资源而展开持续的争夺，如土地人口、宗教信仰、血缘融合等。伴随着西方的殖民扩张，“民族国家”这一“全球规范”在世界扩散。民族矛盾的内涵与表征进入新的历史阶段，以“民族国家”为主体的国际政治秩序的构建充满了冲突。对于一个主权国家来说，考察其社会整合程度和稳定程度的一项重要指标，就是这个国家内部的民族关系是否和谐②。

随着西方社会冲突理论的盛行，我国受西方社会冲突理论的影响也越来越大。中国是一个多民族国家，民族地区的民族群体众多，平等、团结、互助、和谐是民族关系的主流，各个民族团结和睦，各民族正在为全面实现小康社会宏伟目标而努力奋斗。但是，由于经济、政治、社会和文化发展的不平衡，民族地区出现了发展中难以规避的种种冲突，有些冲突甚至非常复杂。民族地区曾经出现的社会冲突，主要表现在以下几个方面：

1. 族群冲突

斯蒂芬·芬顿指出，每个时期的每个社会都会存在文化差别和族群认同，但其与政治行动的相关性的变化，主要的原因却在于族性之外。换句话说，导致族群冲突的因素往往是多样化的，社会、政治、文化等方方面面的因素，都有可能导致族群冲突，因此简单地将族群冲突看作是不同族群之间的冲突和对立是不全面的。发展中国家最可怕的族群冲突是1994年发生在卢旺达一个很小国家的暴力冲突。由于社会两个主要宗教团体之间持续的敌对情绪，最终在仅仅几周内，至少50万人被屠

① 严庆、青觉：《从概念厘定到理论运用：西方民族冲突研究述评》，《民族研究》2009年第4期。

② 关凯：《民族关系的社会整合与民族政策的类型——民族政策国际经验分析（上）》，《西北民族研究》2003年第2期。

杀，酿成历史悲剧。

许多学者认为，一个国家内的暴力事件的发生，在很大程度上是由内部政治和族群政治内部的动力所决定的。如果某一个族群有野心，具有强烈的认同感和对抗策略，那么暴力冲突的可能性就很大；如果各个族群的目标是对抗的，族群内部的比较又激发了竞争，随着焦虑的增加，也可能产生更大的矛盾和冲突。另外，新族群的出现造成族群内部权力分配不均匀，也可能导致族群冲突。

族群关系通常是冲突和对抗的。族群异质是处于不同社会经济发展阶段的国家所具备的共同特征。一般来说，国家的族群关系通常被描述成充满敌意的和暴力的。几乎所有的理论家都将冲突视为族群关系的一个基本特征。尽管冲突可能并不总是明显和极端的，但它依然是种族不平等体系的首要的、基本的面相。基于这种看法，蒂斯勒和贝里认为，如果我们认识到以下事实，即冲突也包括当冲突中的一方试图削弱而不是彻底消灭对手时那些隐微的、克制的交往方式，那么，当不同的人们相遇时，冲突总会发生。不管支配—从属关系看起来多么稳定、和平，潜在的冲突总是潜伏在表面之下，会在阶段性的、出乎意料的爆发中显现出来。因此，族群关系中一定包含着某种程度上的冲突，支配群体常常采用武力方式、控制意识形态的方式，或者是两者相结合的方式来实现其权力，从而确保自己的统治地位。从属群体则只能选择顺从、屈服或反抗。

尽管冲突确实是族群关系的一个特征，但我们必须在意识里对这一准则加以一些限定。首先，不同社会之间甚至在同一个社会中，族群冲突并不是静态的，不会采取同样的形式，也不是基于同样的原因。显然，在某些情况下冲突更加强烈、持久。族群冲突可能被缩减，某些社会（虽然为数不多）甚至可能成为这样一个体系：不同群体比邻而居，在一个大体和谐的状态下度过很长时期（参见 Gilen，1948；Redfield，1939）。瑞士就是这样一个范例，讲四种语言，社会还进一步被分化成两大宗教派别。语言和宗教上的宽容是瑞士族群关系的特征，许多代以来都没有发生过严重的族群冲突。

我们应该懂得，冲突并不仅仅是多族群社会的特征，即便是在族群异质的社会中，族群冲突也不是整个社会唯一或者主要的冲突形式。导致社会冲突的因素是多样化的，除族群性之外，阶级、年龄、性别和权力分配等其他因素的差异，也有可能导致社会冲突。

斯蒂芬·斯坦伯格曾经说过，族群问题中存在着一个普遍的规律，那就是当各个族群的地位、权力、财富不平等时，冲突就极有可能爆发。大多数族群社会所表现出来的最显著的共有特征，便是政治和经济上的不平等。此外，当一个族群觉得遭受到其他族群不平等的对待或者歧视的时候，冲突也极易爆发。

当族群之间存在严重的权力和财富的不平等时，支配群体可能会通过偏见与歧视的各种手段和意识形态的有效传播来达成稳定。然而，最终总会有一个或多个少数群体向这种统治挑战，随后冲突显现。引发冲突的原因不一定是很严重的甚至还有可能是不明显的。并且，当少数族群实际社会经济地位得到提升时，他们的怨恨情绪不一定会削减，甚至会增加。因为随着情况的好转，他们的期望和要求也会增加。当没有在预期的时间内达到他们想要的效果时，少数族群会更多地关注没有达到的效果，而忽视已经改善了的状况。

族群多元化是导致族群冲突的前提，却不是直接必然的原因。引发族群冲突的因素复杂多样，族群认同是其中一个主要的因素，当然更有经济、政治等其他方面的深层诱因。除了经济、政治方面的不对称发展，文化上的差异也可能导致族群冲突。各族群之间对彼此的文化不认同，担心被其他族群的文化同化、支配，这也极有可能引发冲突。族群认同是长期生活在一个既定环境中的一群人所固有的特征，如传统习俗、语言文化、宗教信仰等，这种认同在孩童时代就慢慢建立，直到内化到人的意识之中①。当不同的族群之间发生冲突的时候，族群认同才会具体表现出来，但是，这并不代表发生冲突的族群的所有成员之间都会发生冲突。对于不同的个体而言，可能会存在身份认同上的重叠。比如一个人既有可能属于某一宗教组织，同时又是某个文化群体的成员，还有可能加入过某个地域性组织。在这些不同的身份中，选取哪一种作为最主要的标识，需要视具体情况而定。即便如此，这些身份认同并不是导致权

① 左宏愿：《现代国家构建中的族群冲突与制度调控研究》，南开大学2013年博士学位论文，第43页。

力争夺、资源竞争等冲突的直接来源。

与此同时，在族际交往中，如果一方对另一方抱有民族偏见，在言行或者文字里表现出不友好的态度和不公正的行为，会给民族成员造成不可磨灭的心理创伤，从而影响正常的族际交往，甚至引起纠纷和冲突[①]。由于民族偏见的存在，族际交往中排斥对方文化的现象也时有发生。民族偏见如果被加以强化或利用，就有可能走向民族歧视或种族歧视的极端，从而导致民族分离主义和族际冲突，威胁到国家的安全和统一。各民族成员之间在交往的过程中，加强彼此之间的沟通交流，互相尊重，和平共处，是克服民族偏见的最好途径。

2. 宗教冲突

马克思主义哲学认为，宗教作为一种晦涩复杂的社会现象，没有具象的表达，主要反映的是人们头脑中一种虚幻的意识形态。宗教可以被看作是一个个相同信仰的群体的聚集，在这种情形下，一般所提到的宗教冲突，大都指的是不同宗教团体之间的相互对抗。产生这种冲突的主要原因，是由于不同宗教群体成员之间的宗教歧视或者宗教斗争。宗教冲突作为一种社会现象，具有不同的表现形式，主要表现为宗教压迫和宗教迫害等。

同时，宗教冲突还具有历史性。在原始社会时期，人们的认知水平和社会生产力都相对落后，开始有了鬼魂崇拜、自然崇拜、图腾崇拜等原始宗教，这些原始的宗教信仰可能会引发矛盾或冲突，进而导致战争。随着时间的推移，人类逐渐进入阶级社会，宗教逐渐表现出阶级性，社会压迫和阶级压迫是产生宗教冲突的根本原因，这种压迫一直存在，因而宗教冲突也不会消失。

正如马克思所说："只有当实际日常生活的关系，在人们面前表现为人与人之间和人与自然之间极明白而合理的关系的时候，现实世界的宗教反映才会消失。只有当社会生活过程即物质生产过程的形态，作为自由结合的人的产物，处于人的有意识有计划的控制之下的时候，它才会把自己的神秘的纱幕揭掉。"[②] 民族地区作为原始人类共同体的历史延续，

---

① 韩忠太：《论民族偏见》，《云南社会科学》2001 年第 4 期。

② 《马克思恩格斯全集》，第 23 卷，人民出版社 1972 年版，第 96 页。

自然也就伴随着宗教继承和发展。在全世界所有民族中，几乎不存在不信仰宗教的民族，部分民族甚至全民信仰宗教①。

在有些学者看来，21 世纪，全球范围内关注的焦点之一便是民族问题与宗教问题，这也是一大热点和难点。据统计，全世界范围内，在冷战后武装冲突中，由民族宗教冲突引发的比例，已占到世界冲突总数的 50% 以上②。我国各少数民族一直有着各民族不同的宗教信仰，宗教信仰的多元化也是引发冲突的因素之一。在各种冲突类型中，宗教问题引发的社会冲突破坏力最强，波及范围最广。

据统计显示，我国民族地区主要信仰的宗教是佛教、道教、基督教、伊斯兰教和各种原始宗教等。一方面，宗教信仰的差异会导致信仰不同教派的群众之间产生冲突；另一方面，信教群众与不信教群众之间也有可能因为宗教问题引发冲突。

如云南某个民族社区内就发生过这种类型的冲突。该社区为多民族社区，社区内的三个民族成员分别信仰不同的教派，即信仰基督教、佛教和原始宗教，其中信仰基督教的居民认为，社区内应该为他们提供相应的宗教活动场所，而这个要求引起了其他居民的反对。同时，信仰不同的宗教群体的成员之间，可能会在言行上表现出对对方的不尊重和歧视，导致冲突发生。

同时，同一宗教的不同教派会影响到各少数民族的关系，引起社会纠纷。如佛教影响下的藏族与傣族，在社会纠纷上表现出不同的特点。近代基督教传入西南少数民族后，信教民众与不信教民众在社会纠纷的种类、数量、解决机制上都不同。

少数民族中教案纠纷是由于基督教传入后导致的。基督教对西南少数民族社会的影响很大。如怒江地区，从 20 世纪 20 年代到 1949 年之间，现在怒江州四个县的基督教徒达到 21062 人，占当地人口总数的 10%，教堂有 204 座，各类教职人员达 734 人。苗族中有大量基督教徒，于是导致大量因信仰产生的纠纷。例如清朝光绪三十三年（1907），贡山出现怒族、藏族等反对当地基督教的“白汉罗教案”，引发了宗教纠纷。少数民

① 常庆：《宗教极端势力与中亚地区安全》，《国际观察》2000 年第 4 期。

② 潘忠歧、谭晓梅：《论未来世界冲突趋势》，《欧洲》1997 年第 5 期。

族地区大量存在因原始巫教而导致的社会冲突。该类社会冲突成为西南少数民族社会冲突中较为普遍的类型。从记载看，几乎所有的少数民族中都存在类似的冲突，只是名称、形式略有不同。如彝族中的“发婆”、苗族中的“放五海”、傣族中的“琵琶鬼”、傈僳族中的“杀魂”等，都曾引起社会冲突①。

3. 利益冲突

对于一个统一的多民族国家来说，如果能够协调各民族之间的利益纷争与冲突，化解利益纠纷，制定相应的利益保障机制，就有利于维护政治统治的合法性。人们追求的最终目标都是利益，导致社会冲突产生的一个重要原因就是人们对利益的不断争夺。社会不同地位阶级的存在会导致利益的对立，从而会引发相应的冲突。

如同利益竞争导致国家之间的冲突一样，利益竞争还可能导致不同民族之间的冲突。历史经验表明，利益格局是民族关系的核心。目前，有部分学者片面信奉“民族团结”始终需要靠经济发展来解决，而不是紧靠长期灌输的友谊和理性。从经济角度解决民族问题，被认为是进行民族地区社会冲突管理的主要途径。

阶级社会中，政治冲突的根本原因来源于利益的矛盾和冲突。民族共同体想要生存和更好地发展，首先需要解决最基本的生存需求，其次才是追求利益。列宁曾经说过：“在社会历史中利益推动着民族的生活”②。当民族社会群体的最基本生存需求得到保障后，他们在追求利益的同时，也向往更好的生活。

正如柯林斯所说：“人类的本质是一种群居动物，具有合群性的特征，在长期共同生活的过程中难免产生一定的冲突。而生活的本质其实是一场有关权利和地位的争斗，在这个过程中，人们或多或少的会表现出对地位和权力的欲望。”③

共同的利益使得各个民族的人们聚集在一起，民族与利益已经形成

① 王大广等：《关于中国民族地区稳定问题的反思》，《北京教育》2009 年第 12 期。

② 王仲士：《列宁〈哲学笔记〉研究》，人民出版社 1964 年版，第 334 页。

③ ［美］柯林斯：《冲突理论的基础》，费涓洪译，《现代外国哲学社会科学文摘》1984 年第 11 期。

了一种不可分割的关系。少数民族群体或者个体在追求独自的利益或者共同利益的过程中，便会体现出少数民族的政治根源。在现实社会中，各种因素都会引发不同群体之间的利益矛盾或冲突，如果没有有效的政治机制来调节和缓解这种冲突，可能会导致冲突的积累，更有甚者，会直接导致恶性群体性事件。在不同民族之间的交往过程中，不同民族的成员都会更多地关注本民族或者自身的利益，这就导致了有关利益冲突的产生。所以，民族地区的民族利益直接关系到我国少数民族地区的经济建设和社会建设，甚至会影响民族地区的政治和谐。

中华人民共和国成立之前，在中国，土地私有制使得各民族之间的土地争夺成为民族矛盾产生的主要原因之一。在民族地区土地的占有、买卖和经营的过程中，也会发生各种纠纷。自古以来，在藏区，畜牧业一直是牧民和部分农民谋生的产业，因此，草场作为生产资料，对于农民和牧民来说都具有重要的价值，而草场又具有不可增长、不可扩大的特性，这种资源的稀缺性，导致草场的资源纠纷成为藏区的主要矛盾。然而，在过去几百年间，草场一直是根据某一个地域群体来划分，不像农田那样是农户私人占有，在归属上很难进行准确的划分，同时在管理和维护上也具有一定的难度。但是，草场的存无和大小与生活在其中的每一个成员的切身利益相关，再加上藏区牧民对于畜牧采用的大多是放养的形式，容易在草场资源恶意侵占方面产生纠纷。因此，绝大多数草场纠纷都表现为群体性冲突。

1993 年以后，随着市场经济的推行，传统“熟人社会”中的以血缘、邻里为网络的社会关系开始削弱，人们构建社会关系的前提便是共同的利益基础。利益的推动改变了民族地区人们的生活方式和生活条件。如 1990 年到 1999 年这十年间，在民族聚居区的社会冲突中，婚姻纠纷占据了主要的地位。有统计显示，当时的社会冲突中，50%—80% 是婚姻家庭纠纷所导致。

1993 年以后，社会冲突的类型发生了相应的改变，占主导地位的不再是婚姻纠纷，而是与利益有关的纠纷或冲突。调查显示，在现如今民族地区，县、乡、村中特产的价格浮动都直接关系到当地的经济利益，从而引发一系列与利益有关的社会冲突。如 2007 年，云南省的普洱茶价格大幅度上升，导致当时云南省的部分民族地区与茶叶、茶树相关的利益纠纷和冲突迅速增长。再如西藏江达县岗托镇是著名的虫草之乡，这几年，由于虫草价格的迅速增长，使得当地的利益纠纷多与虫草的定价、售卖有关，其中巴村、协洪两个村还因此发生了群体性纠纷事件。

4. 民族认同与国家认同

从1960年到1980年，民族矛盾与宗教冲突成为了当时社会冲突的一种主要类型，因此，西方政治学家、社会学家、民族学家将关注的焦点迅速集中到民族认同与国家认同问题上。“国家认同”的概念起源于20世纪80年代的政治学领域，当时，行为主义盛行于整个西方社会。但是，“国家认同”这一概念在当时并没有得到认可和重视。随着全球化进程的加快，民族国家主权受到了严重的冲击，因此，国家认同越来越显示出重要的地位。世界文化与发展委员会提出过这样一个观点：“在对抗全球化压力的过程中，民族认同起到了至关重要的作用。种族问题可能导致暴力冲突的一个重要原因，是种族问题可能被利用和操纵……要想真正意义上的建设国家，不能通过采取种族同化的方法，这是不可取也是行不通的。”①

20世纪90年代冷战结束以来，民族认同与国家认同的张力在不断扩大，导致了一些民族冲突和战争。从国家层面上来看，这些类型的冲突和战争打破了国家原有的稳定秩序，阻碍了国家的发展；从国家之间的关系来看，这些类型的冲突和战争引发了国家之间的冲突，恶化了国家之间的关系，破坏了世界和平。

在“冲突论”中，相关研究者认为，民族认同与国家认同是相互对立的，民族认同在很大程度上会引起国家的动乱和分裂②。当然，“冲突论”具有一定的片面性和局限性，实际上，民族认同与国家认同的负面影响并没有那么夸张。但是不可否认的是，民族认同与国家认同之间因为存在各种差异而引发冲突的事实随处可见。“认同危机”愈演愈烈，不仅可能对人们的生活产生重要的影响，甚至可能导致民族冲突、国家分

---

① 联合国教科文组织、世界文化与发展委员会：《文化多样性与人类全面发展——世界文化与发展委员会报告》，广东人民出版社2006年版，第3页。

② 高永久、朱军：《论多民族国家中的民族认同与国家认同》，《民族研究》2010年第2期。

裂等问题[①]。

从古到今，大多数多民族国家都会因为民族认同与国家认同的不一致性而产生各种冲突[②]。随着全球化的发展，这个问题不仅没有得到根本上的解决，反而愈演愈烈。民族认同和国家认同常常导致地区的冲突和战争。尤其是对于多民族国家而言，民族认同与国家认同既互相冲突又相辅相成，对维持国家内部民族关系和推进社会稳定发展起到了一定的作用。正如美国学者约瑟夫所言："对立种族之间关于认同、领土要求和政治制度的冲突并非现代独有的现象。但形成对照的是，迅捷而深远的社会、技术和经济变革带来了跨国认同、国家认同和次国家认同的错综交织。这些认同交织在一起，颇具张力。鉴于传播的瞬时性，它们能够促使潜在的紧张关系转化为突然的冲突。"[③]

最近200年的历史表明，一个国家可以因民族热情建立、发展和壮大，也可能因为民族的耻辱而毁灭、消失，但是民族的文化是无法被摧毁的，长期受到压抑和羞辱的民族情感积累到一定程度时，往往会产生摧毁性的力量。正是由于这种原因，从古到今人们都将民族认同视为一种先天的政治资源。不过，民族认同是一柄双刃剑，需要我们辩证地看待，学会和掌握这一政治资源的正确利用。由于民族认同具有"认同"与"认异"的一体两面性，民族认同的强化往往伴随着民族认异的强化，这又会导致民族之间的偏见、歧视、隔离、排斥乃至压迫，甚至引发多民族国家或多元社会的动荡。所以族群意识可以建立一个国家，也可以分裂一个国家。因族群认同而造成的冲突，曾给历史带来极大的浩劫[④]。民族认同会产生程度不同的对外排拒性，对其他民族的东西带有一种天然的偏见[⑤]。民族认同发生的基本动力往往源于外在的敌意和排斥感，或

---

① 覃彩銮：《壮族的国家认同与边疆稳定——广西民族"四个模范"研究之二》，《广西民族研究》2010年第4期。

② 都永浩：《民族认同与公民、国家认同》，《黑龙江民族丛刊》2009年第6期。

③ ［美］约瑟夫·S. 奈：《硬权力与软权力》，门洪华译，北京大学出版社2005年版，第86页。

④ ［美］白鲁恂：《族群认同的先知》，邓伯宸译，广西师范大学出版社2008年版，第5页。

⑤ 王希恩：《民族认同与民族意识》，《民族研究》1995年第6期。

者说，认同意识是通过对“他者”的排除和隔离而体现出来的①。如果不能正确看待和解决这些问题，那么所产生的差异就会越来越大，可能会造成民族之间的冲突，影响民族自身的发展②。

民族认同不仅仅是引发社会冲突，从某种方面来说也起到了一定的积极作用。如民族认同对民族地区的社会稳定起着预警、整合、调控和保障等方面的作用。同时，民族认同对维持民族地区的社会稳定和推动民族地区经济和文化的发展起到一定的积极作用。

三　社会冲突的价值分析

社会冲突不是永恒的，也不是静态的。一方面，在全球化和信息化的多族群社会里，整个世界联系日益紧密。尽管矛盾和冲突不可避免，但在各国家和各民族之间并不是只有矛盾和冲突，也表现出一些共同的利益和共同的特性。人类是一个整体，存在共同的利益、共同的价值判断。这种趋势不仅打破了族群之间的障碍，更加深了各族群间的相互了解，强化了群体的团结。但另一面，全球化是一个不断体现冲突的过程，主要表现为全球化与本土化的冲突、不同民族之间或同一民族内部的冲突，或者基于不同文化背景下的风俗习惯、宗教信仰的冲突。如果这些冲突不加以适当控制和调节，可能会激化，进而引发暴力冲突。同时，内部迁移、移民、政治事件、变动的经济条件等，都会影响冲突的发生和进程。

种族或民族冲突一直以来是全球化过程中一个不可避免的问题。仅在1990年到2000年这十年间，据统计，有53个国家和地区发生了种族或民族冲突；在149个国家和地区中，就有112个存在种族问题隐患，比例高达75.16%。我国是一个多民族国家，少数民族大多聚居在西部地区，这使得西部民族地区既有民族融合又有民族冲突。近些年，随着我国西部大开发战略的部署，我国对于民族地区制定了一些倾斜政策，但

---

① 吴玉敏：《公民道德建设中的民族认同与国家认同相统一探析》，《青海师范大学学报》（哲学社会科学版）2010年第3期。

② 姜勇：《论庸俗民族认同观》，《新疆大学学报》（哲学社会科学版）2002年第2期。

是在全球信息与经济一体化的背景下，处于社会转型期的中国，民族格局仍然存在不稳定因素。民族地区社会冲突是民族关系由“融洽”向“隔阂”单向升级过程中的一种短暂形态①。从各方面来看，引起民族地区社会冲突的因素众多，社会冲突是个体层面因素、群体层面因素和社会层面因素共同作用的结果。

（一）社会冲突学派对社会冲突的评价

在社会学研究领域，社会冲突理论大部分来源于结构功能主义社会冲突理论，大致可以分为两大学派，即以达伦多夫为代表的辩证冲突学派和以科塞为代表的功能冲突学派。两大学派最大的区别是，辩证冲突论强调的是冲突的辩证作用，但是它忽略了矛盾在社会冲突中的根本作用；功能冲突论则强调了社会冲突发展的过程和结果，忽略了社会冲突产生的实质原因。但是，功能冲突论学派创造性地提出了社会冲突的“正”功能，为世界各国矛盾和冲突的缓解提供了政治思路。

社会冲突作为社会主体之间的一种互动方式，伴随着人类社会的产生而存在，许多社会学家将社会冲突视为一种“社会病态”，其实不然，社会冲突是维持社会稳定有序发展的重要组成部分。社会冲突所起的作用极可能是消极的，具有破坏性的，但是需要辩证看待，社会冲突的作用也可能是积极的，建设性的。

1. 社会冲突的负功能

西方理论学家一开始仅将社会冲突看作是健康社会的一种病态，认为，社会冲突是社会生活中不协调现象的具体表现形式，社会冲突的本质就是影响社会的稳定。在他们看来，社会冲突主要有以下几个方面的消极作用。

第一，社会冲突容易造成社会资源的浪费和损失。社会资源是人类赖以生存和发展的物质基础，而社会冲突的爆发会导致社会公共资源的破坏或损害，阻碍社会发展。首先，社会冲突直接导致社会人力资本的流失。社会的人力资源是社会最宝贵的资源财富，一旦损害，长时间内很难进行弥补。在每一次的社会冲突中，都会造成或多或少的人口消亡，

① 蒋海蛟：《民族冲突及应对研究》，兰州大学2015年博士学位论文，第1页。

人类史上大大小小无数次的战争已经使得不计其数的人死亡，给国家甚至全世界带来了巨大的损失。其次，社会冲突还会造成财产的巨大损失。每一次战争的爆发，不仅仅只是人员的伤亡，更是整个国家甚至世界的巨大物力和财产的损耗，其损失是不可估量的。最后，随着技术的发展，社会冲突对大自然的破坏越来越大。尤其在核武器和生化武器被运用到战场之后，对大自然的破坏几乎是致命的。环境污染、生态失衡所造成的影响，在几百年的时期里都无法抹去，严重降低了大自然的自我修复能力。

第二，社会冲突严重破坏良好的社会秩序，不利于社会安定。首先，社会秩序对于维持社会稳定发展具有重要的作用，而社会冲突严重威胁着社会秩序的稳定，社会冲突从某种层面上甚至破坏了社会的稳定。任何一个运行中的社会，都有使其正常运行的社会结构和社会秩序，冲突的产生会使得原有的社会秩序被打破，一旦这种秩序被打破，社会将处于无序的状态，人们的生活和工作将无法得到保障。其次，社会冲突对社会秩序有着重大的影响。社会秩序是约束社会成员行为的有效法则，社会成员一言一行都受到社会秩序的约束。在社会冲突中，社会秩序处于失控状态。尤其在冲突的过程中，大量的越轨甚至违法、犯法行为随处可见，严重破坏了社会的稳定与和谐，最终导致整个社会处于一种无序的状态中。最后，社会冲突对经济、政治以及文化秩序等有着巨大的危害。

第三，社会冲突的爆发引发了一系列的社会问题。社会冲突就其本身来说，是社会群体的爆发式行动，社会冲突直接产生了社会问题。社会冲突所引发的社会问题主要表现在以下两个方面：其一，社会冲突的存在本身就是一种社会问题。例如，和平与发展虽然是当今世界的主题，但局部仍然存在各种动乱与冲突，民族冲突、宗教冲突包括恐怖袭击就是社会问题，国际社会时时刻刻将关注的焦点集中在这一类问题上。其二，社会冲突是社会问题的导火索。社会冲突一旦发生，相应的社会问题便会凸显。例如，当今世界上一些国家所产生的社会问题，究其原因，都是因为国家内部存在着某种程度上的民族、种族冲突。处于转型期间的中国建设尤其需要重视社会中出现的各种问题，避免社会冲突产生的负面影响，危害社会稳定。

2. 社会冲突的正功能

西方冲突理论学者在承认社会冲突具有破坏性和分裂性反功能的同时，还认识到了社会冲突所产生的积极影响，即社会冲突的正功能。齐美尔认为，处于同一个生活环境之下的人们或多或少会产生冲突，适当的冲突有助于表达和发泄他们的不满情绪，同时可以增进社会成员之间的互动关系，有助于提高他们的自信心①。科塞所论述的社会冲突的正功能，并不是泛指一切社会冲突，这种社会冲突是基于社会系统可以容忍和利用的对抗。他认为，冲突是社会互动交往的一种形式，社会冲突可以缓解各群体之间的敌意，使他们不至于处于完全对立的局面。作为规范改进和形成的“激发器”，冲突使与已经变化的社会条件相对应的社会关系的调整成为可能②。他指出，在一个社会系统中冲突越频繁，其激烈程度越低，就社会层面而言，社会冲突可以防止社会分裂和社会僵化，促进社会的整合。

（二）社会冲突理论在民族地区的价值分析

随着西方社会冲突理论的盛行，我国受西方社会冲突理论的影响也越来越大，我国目前正处在社会转型和发展的重要时期，社会矛盾和冲突呈现的特点越来越多样化，社会冲突问题成为影响我国顺利进行社会主义现代化建设事业的重要因素。近年来，纵观世界，民族冲突占主导地位，并且呈上升趋势，民族地区的冲突往往表现出民族的特殊性，这对于我国管理冲突的手段有一定的考验。过去，我国政府在处理民族地区矛盾冲突时，手段单一，时间滞后，因此，想要更加深刻地认识民族地区的社会矛盾并增强中国政府在国际社会的话语权和主动性，加强我国民族地区的社会冲突管理是十分必要的。

民族地区社会冲突引发因素多，影响大，如果处理不当，会从侧面“鼓励”类似事件不断发生。民族地区由于经济发展滞后，贫富差距分化明显，环境污染问题严重，资源开发所得分配不均，经济发展问题与社会问题、宗教信仰问题等交织在一起，造成各利益主体间的利益冲突矛

---

① ［德］齐美尔：《社会学：关于社会化形式的研究》，林荣远译，华夏出版社 2002 年版。

② ［美］刘易斯·科塞：《社会冲突的功能》，孙立平等译，华夏出版社 1989 年版。

盾频发。此外，民族基层领导干部群众意识淡薄，体制有待完善，且民族群众利益表达渠道不通畅，容易激化民族群众情绪，在此基础上，如果境内外敌对分子利用宗教文化和风俗习惯的差异性进行蛊惑和煽动，就极容易引发民族地区群体性突发事件，造成政治、经济、社会等各个方面的消极影响。

一方面，社会冲突是导致不稳定的重要根源，社会冲突容易引发民族地区群体性事件，会造成多方面危害，如民族关系、社会秩序、政治稳定、甚至对民族群众心理都会带来严重影响；另一方面，群体性突发事件成为释放社会不满情绪和怨恨的途径，在不超越国家主权统一和四个基本原则的情况下，在可控范围内能起到“安全阀”作用，在某种程度上起到维护社会和谐稳定的作用。因此，对民族地区的社会冲突不能一味否定，对冲突产生的影响分析不能脱离全面视角，要从正反两面看待民族群体性事件，在此基础上探讨更为科学的应对机制。

1. 社会冲突的消极影响

社会冲突所产生的消极影响在社会的整个发展过程中不容忽视。社会冲突在许多社会学家看来一种社会病态，在他们看来社会冲突会产生破坏性或者分裂性的消极影响。一般而言，对人类和人类社会的发展产生消极作用和破坏性后果的冲突是恶性社会冲突。尤其是在民族地区，恶性社会冲突所产生的消极影响更是不容小觑。

第一，恶性社会冲突伤害社会心理。历史唯物主义持有这样一种观点，社会心理是人在社会交往过程中自发产生的一种社会意识，主要通过信仰、风俗习惯、传统礼节、文化背景等方式表达，社会心理可以直接支配人的社会行为。在现实生活中，人们对事物不同的认知和看法都可能造成矛盾和冲突，在矛盾和冲突爆发的过程中，可能会影响个人与个人、个人和群体、群体和群体之间的感情，从而伤害人们的社会心理。民族地区群体性突发事件往往伴随着许多违法行为、暴力行为，而这些事件在发生过程中，会给民族群众带来许多危害，如身体上的伤害、物质财富上的损失，甚至造成了心理上难以磨灭的心理创伤。恶性的社会冲突会破坏人们之间的和谐关系，如果民族地区长期出现突发事件，整个民族地域就会逐渐趋向形成一种无秩序意识，这对民族群众的心理危害非常严重。

第二，恶性社会冲突激化社会矛盾，影响民族地区社会稳定。恶性社会冲突会激化矛盾，从而产生一系列的社会问题。社会矛盾和社会冲突是导致社会问题最直接的原因。一方面，随着矛盾的加深和社会问题的不断积累，社会冲突不可避免地发生，另一方面，社会冲突的爆发又会激化各种矛盾，从而产生更大的社会问题，这是一个恶性循环的过程，这种恶性的循环过程会影响社会稳定，阻碍社会发展。恶性社会冲突引发的群体性突发事件，会导致民族地区原有的政治秩序受到冲击，破坏地方政府形象，削弱政府公信力。大多数民族地区群体性突发事件的引发，都与政府行政行为有着紧密关联。如 2013 年 5 月 4 日，昆明 PX 项目遭受昆明市民群体性抗议，就是由于政府决策不当，决策前与民众沟通对话不够，没有充分听取民众的利益诉求，最终引发群体性反对事件。尤其是在我国民族地区，由于敌对势力的渗入，容易将人民内部矛盾引发的冲突转化为敌我冲突群体性事件，这都导致民族地区的部分群众对政府的行政能力产生了怀疑，致使政府公信力下降，损害民族地方政府的形象，不利于民族地区的社会稳定与和谐。

第三，恶性社会冲突破坏民族团结。民族地区的各个少数民族在生活和交往过程中，由于传统风尚、宗教信仰、行为礼节、生活习性、文化传统等的差异而不可避免地产生矛盾和冲突，当矛盾和冲突积累到一定程度，就会破坏民族团结。我国是一个多民族国家，各民族都保持着自身民族的风俗习惯，因此，在民族相互交往和生活中，尊重民族风俗习惯是处理民族关系的一个极为敏感的问题，要特别慎重对待，稍有不慎，就会引起他们的不满和反感。可以说，诱发民族地区社会冲突的一个主要因素之一，就是少数民族风俗习惯的不同。

少数民族特有的风俗习惯是民族文化的重要组成部分和具体表现形式，更是受法律保护的公民人身权利，一旦侵犯了少数民族的风俗习惯，有些少数民族群众就会感觉自己的权利受到了侵犯。因此，要尊重民族风俗习惯，任何针对民族风俗习惯的轻视、刺激乃至伤害，都有可能影响民族情感，引发民族矛盾，造成民族危机。如前些年对苗族“吃牯脏”的处理，引起了贵州苗族群众的不满。在宗教信仰方面，由于宗教本身具有双重特性，宗教既可以促进民族团结，又可能引发民族地区恶性冲突事件。

从民族团结来看，宗教信仰的价值规范可以形成一种民族间的团结友爱和奉献牺牲的精神，增强民族凝聚力。从另一方面来看，民族地区宗教信仰一旦形成，民族群体间就会产生强烈内聚情感，而这种情感具有敏感性、易触发性和盲目性的特征，当这种情感遭受到伤害、轻蔑或侮辱时，很容易形成民族对立和排斥，甚至会被敌对分子进行煽动，从而成为诱发民族地区社会冲突的重要因素。这种行为伤害了具有信仰宗教民族信众的情感，容易引发民族间的冲突和对立。尤其是近年来，境内外的敌对势力和达赖集团利用宗教进行分裂活动和思想渗透，企图通过宗教手段来迷惑、煽动群众和信徒，以制造群体性动乱。因此，正确看待和尊重少数民族的风俗习惯和宗教信仰，既能避免不必要的冲突，也有利于民族团结和民族地区社会的稳定发展。

2. 社会冲突的积极影响

我们必须一分为二地看待民族地区社会冲突造成的影响，既要看到其负功能，又要看到其正功能。过去，我们往往过分强调民族地区社会冲突的消极影响，认为社会冲突在加剧社会矛盾的同时，势必会打破社会的稳定，引起整个社会的动荡不安，而忽略了社会冲突产生的积极影响。社会冲突的积极作用主要表现在社会和个人这两个大的层面。

（1）社会冲突理论促进人的发展。社会冲突带来的积极影响对整个社会的发展起到了不可忽视的作用。库利认为，“社会冲突从某种意义上来看是社会的活力所在，进步产生于个人、阶级或群体为寻求实现自己美好理想而进行的斗争中”①。我们不能一味地追求经济的发展，需要将传统因素和现代因素结合考虑，既要克服传统因素对经济进步和现代化的阻碍，又要将传统文化融入现代文明之中②。在传统和现代两者之间寻求一个平衡点，达到互补互动。

第一，社会冲突有助于促进不同民族成员之间的交往，形成良性互

---

① Charles H · Cooley, *Social Organization*, New York: Scribner's Sons, 1909, p. 199.

② 朱虹：《国际关系中的民族文化》，中国商务出版社 2008 年版，第 172 页。

动。科塞认为，冲突是几种有限的人类互动的基本形式之一。从社会交往方面来看，社会冲突就是存在于人们交往的过程中，社会冲突是社会交往过程中的一种互动方式。与竞争和合作一样，社会冲突作为社会交往的一种方式，促进了社会成员之间的交往，形成一种良性的互动网络。例如，在全球化的今天，文化冲突是全世界都不可避免的，尤其是对于我国这样一个多民族国家来说，当少数民族的风俗习惯没有受到尊重或者他们感觉到自己遭受歧视时，各民族之间就会产生一些摩擦行为，这就是文化冲突的具体表现形式①。

在我国民族地区，随着各民族交往的不断深入，少数民族文化的存在环境也在悄然改变。不同民族的成员在不同的生活领域中会形成他们特有的思维方式、风俗习惯、价值取向，导致他们在物质文化和精神文化上存在着一定的差异。这种差异在某种程度上加强了各民族成员的往来，形成了一种良性互动。

第二，社会冲突对少数民族群体有聚合功能，增强少数民族群体的凝聚力。每个社会团体或多或少都会存在着分歧，无论是外部的对抗或者是内部的争论，都是将群体紧密联系在一起的重要因素。敌意能够保持群体的疆界，以防其缓慢消失。齐美尔认为，在一定程度上，不太激烈的冲突会增强群体内部的凝聚力和群体意识。换句话说，一个群体要坚持自己的模式，就需要将自己与环境严格区分开来。斯大林认为："民族是人们在历史上形成的有艺同语言、艺同地域、艺同经济生活以及表现于共同文化上的共同心理素质的稳定的共同体。"②

群体冲突和社会分化使得我国社会的阶层分化得以实现。尤其是对于民族地区而言，各个民族成员之间的相同价值观和利益追求使得他们成为一个群体，在与其他群体间产生冲突的时候，他们的群体意识就会凸显，这也促进了社会的分工与合作。

在群体关系中，社会冲突可能会产生两个完全不同的结果，要么促进群体的整合，加强群体内部的团结；要么导致群体的部分解散。但是，这两种结果都会使群体内部的凝聚力得以增强。因为一旦群体之间发生

---

① 孟立军：《我国现阶段的民族问题和政治稳定》，《民族论坛》1995 年第 4 期。

② 《斯大林全集》第 2 卷，人民出版社 1953 年版，第 294 页。

了冲突，群体内部的认同感就会使得群体内部集中力量，一致对外。当群体意识到外部的冲突会给整个群体的利益带来损失的时候，群体内部的凝聚力就会不断加强。

近年来，民族地区的群体性事件频发，从侧面证明了冲突可以导致各少数民族内部凝聚力增加。在民族地区的群体性事件中，当利益被侵犯的时候，少数民族成员会表现出对本民族强烈的认同感，产生一些激进的行为，这种时候，如果不加以调节和制止，可能会演变为暴力事件。对于复杂的社会体系而言，社会冲突是普遍存在的社会现象，冲突产生的过程中，群体意识的凸显可以使群体内部的凝聚力得以加强，在一定程度上也能促进社会的整合。在冲突产生的过程中发现问题症结，调整社会秩序，寻求有效的缓解冲突的机制，有助于保持社会的动态平衡。随着全球化浪潮的推进，我国民族地区的社会治理在民族、族群问题上的“政治化”趋势，已经转变为“文化化”的新方向，也就是说，把少数民族问题逐步“去政治化”。从“国家认同”和“民族认同”这两个层面来看，一定程度的社会冲突对于淡化族群意识、增进各民族的价值认同、增强民族内部的凝聚力、维护祖国统一和民族团结所起到的作用不容小觑①。

第三，社会冲突有助于促进民族地区自身经济发展。经济发展是民族团结进步的物质基础。马克思唯物史观认为，物质资料生产是民族团结存在与发展的先决条件，共同经济利益是民族团结的直接动因，民族问题归根到底要靠发展经济来解决②。费孝通认为，中华民族在形成和发展中每前进一步，都是经济基础为其开辟道路。他指出，中华民族在新石器时期就有了不同的文化区，随着时代的变迁和社会的发展，各个文化区逐步融合，华夏文明随之出现。当时以匈奴为主的牧区和华夏文明（即后来的汉族）之间存在着一定的利益冲突，在经历了中原地区的汉族向周围扩散和北方民族进入中原地区，进行利益往来后，才逐步形成了

---

① 罗大文：《民族国家认同与中华民族凝聚力问题研究》，《广西民族研究》2012 年第 2 期。

② 陈辅逵、那章：《经济发展是民族团结进步的物质基础》，《贵州民族研究》2000 年第 2 期。

以农业和牧业发展为主的统一体。在各个民族迁移、混居、交往的过程中，汉族成了核心，汉族人民通过各种方式团结其他民族，将其他民族串联在一起，形成了一个统一的格局①。

冲突作为社会发展过程中的一种普遍现象，它的产生可能是由利益的分配不均或价值观念的不同所导致。拥有同一社会地位的不同人，很难发现他们之间的共同利益，只有当他们身处于冲突之中时，共同的利益才会显现。

历史经验表明，利益格局是民族关系的核心。因此，有人评价甚至信奉：民族团结始终需要靠经济发展来解决，而不是仅靠长期灌输的友谊和理性。从经济角度解决民族问题，被认为是进行民族冲突管理的主要途径。但经济发展不是解决民族问题的“万能药”②。

总体而言，我国民族地区往往自然条件恶劣，基础设施建设部后，基础教育和社会保障不足，社会发达程度较低，群众自我发展能力较弱，是国家扶贫开发最难攻克的堡垒。2012 年，中国少数民族地区农村贫困人口数近 4000 万。在广西，贫困人口中，80% 以上是少数民族人口。在新疆，南疆 80% 是贫困人口，北疆贫困人口中 80% 是少数民族。因此，国家扶贫开发的对象主要是少数民族群众。自 20 世纪 50 年代以来，中央政府在人力、物力和财力上，对上述欠发达地区的建设事业给予大力支持和政策倾斜，是完全必要的，也取得了显著的成果。从目前我国的民族分布情况来看，民族因素和地域因素是我国管理少数民族过程中需要考虑的两个重要因素。随着经济的发展和各个民族之间的交往日益频繁，部分民族地区的少数民族群众的文化程度和生活水平都有了很大的提高，因此，对于少数民族的支持不应该只强调对特定的民族的支持，应该更多关注自然条件艰苦、发展落后的边疆地区，更多地保障贫困地区少数民族群众的基本利益。

（2）社会冲突促进民族地区社会的发展。社会冲突和社会动荡往往存在于一个急剧变化的社会之中。当前，中国的民族地区正处于改革发

① 费孝通等：《中华民族多元一体格局》，中央民族学院出版社 1989 年版。

② 赵磊：《国际视野中的民族冲突与管理》，社会科学文献出版社 2014 年版，第 410 页。

展的关键阶段，比以往任何时候都更加需要社会稳定[①]。对于正处于社会转型关键期的我国来说，各民族文化的多元化和差异化，会导致民族发展的不均衡。在此过程中，更需要正确处理促进改革发展与维护社会稳定之间的关系，在承认文化差异的同时，也要理智地对待民族文化的冲突，在继承和弘扬民族优秀文化和寻求民族地区发展过程中，找到一个平衡点[②]。

第一，社会冲突有助于民族地区社会结构体系的优化和完善，产生新的规则制度。西方社会学家布劳认为，社会系统运行的过程中，冲突是无处不在的。在产生冲突的过程中，人们可以及时发现社会系统存在的制度缺陷，进而优化运行系统。科塞认为，冲突扮演了"激发器"的角色，它激发了新规则和新制度的建立，作为规范改进和形成的"激发器"，冲突使与已经变化的社会条件相对应的社会关系的调整成为可能。部分新的社会思想、社会规则和社会制度，就是在冲突产生的过程中建立的。

在《社会冲突的功能》一书中，科塞再一次强调了齐美尔的观点："在一个具有共同的规范或者社会规则的系统内，冲突的产生可以使得这种规范、规则的建立、扩展和完善。"[③]"在冲突发生的过程当中，人们可以很明确地看到旧规则的空白与漏洞 ，冲突好比一种催化剂，促使旧的规范改进，新的规则产生，同时为社会的稳定有序发展提供了一种制度环境。"[④] 例如，适度的劳资冲突可以帮助人们发现法律制度的空白，补充和完善原有的法律制度；而不同党派之间的社会冲突，则助于社会新制度的产生。总之，科塞认为，社会冲突有助于社会成员释放不满的情绪，并且激发新的规则制度的产生，促进社会的变革，使得社会系统有效运行。

从人类历史的发展过程来看，"政治革命"这种最激烈的社会冲突方

---

① 宋建钢：《维护社会稳定是民族地区的硬任务》，《人民日报》2009 年 8 月 19 日第 7 版。

② 杨贺男、齐宏伟：《文化冲突视角下民族地区社会稳定的影响因素及对策》，《学术界》2010 年第 7 期。

③ 参见［美］刘易斯·科塞《社会冲突的功能》，孙立平译，华夏出版社 1989 年版，第 108 页。

④ 同上。

式，是产生一切社会制度的主要原因。例如，欧美国家资本主义制度的产生，主要来源于英国革命、法国大革命、德国革命、美国的独立战争和南北战争；中国社会主义制度的建立，则是来自于新民主主义革命和社会主义革命。社会冲突给社会制度的产生提供了一种新的环境，在使社会制度加速生成的同时，还可以增加社会的弹性，从而提高了社会和谐度。

社会冲突可以加快促使新的思想和规范的产生。社会冲突可以起到“激发器”的作用，在社会冲突产生后，冲突各方会对原有的规范和秩序重新审视，在发现漏洞的过程中，改进旧的规范，创设新的规范。民族地区的社会冲突会引导少数民族成员的行为，使他们趋向于某种固定的秩序，这就是习惯法产生的缘由。由于民族地区地理位置特殊，政治、经济、文化发展相对落后，各民族成员之间因文化背景、风俗习惯、宗教信仰等差异会产生一系列的社会冲突，正是在这种冲突之下，产生了一些维护民族地区内秩序的习惯法、行为规范、乡规民约等。

第二，社会冲突能够加强民族群体与民族地区社会的整合，推动社会的发展。一般而言，社会冲突总是会带来一些消极的影响，影响社会的稳定。因为冲突带来的往往是犯罪，甚至是战争。冲突具有双重特性，在阻碍社会发展、导致社会不和谐的同时，又会对社会的整合与动态平等起到一定的积极作用。

科塞认为，“冲突有助于整合族际关系，不同群体之间的冲突或者同一群体内部的冲突都有助于群体本身内部的整合和加强群体内部的凝聚力”①。当然，并不是所有的冲突都能促进社会的整合，增强群体的凝聚力，是有一定的限定条件的。但是，冲突发生的过程可以反映一定的社会问题，如制度的不完善和规则的漏洞与空白，通过发现这些问题，可以找到解决冲突问题的最佳方法。

首先，冲突的产生有助于增强群体意识，促进群体内部的团结。随着社会的不断发展，也相应产生了越来越多的社会群体，这些群体内部

---

① 参见［美］刘易斯·科塞《社会冲突的功能》，孙立平译，华夏出版社 1989 年版，第 108 页。

的整合程度会对社会的稳定和正常运行产生一定的影响。当不同的群体之间发生相互冲突的时候，同一个群体内部的成员会紧密结合，一致对外，使得群体内部原有的冲突得以缓和，增强群体内部的凝聚力。中华民族的发展史就是一个很好的例证。民族冲突是所有民族关系中最为普遍也是最为极端的一种形态，从不同的历史时间节点来看，任何一个时间点上的不同民族的发展水平都不尽相同。伴随着西方的殖民扩张，“民族国家”这一“全球规范”在世界扩散。民族矛盾的内涵与表征进入新的历史阶段，以“民族国家”为主体的国际政治秩序的构建充满了冲突[①]。然而，当不同的民族之间发生外部冲突时，民族内部成员之间的冲突和矛盾往往会暂时缓解，在一定程度上又可以增加民族内部的凝聚力和促进社会的整合。

其次，社会冲突可以使冲突各方为了达成某种目的而形成新的结合或联盟。一方面，当冲突所产生的问题得到了很好的解决，原本处于对抗关系的双方可能改变原有的关系，形成新的结合。实际上，产生冲突的各方都有隐藏的某种内在联系，这种关系可能在最初是具有敌意的，但是并非不可缓和的，在对抗的互动过程中有可能化解冲突，产生结合。另一方面，社会冲突可能产生新的联盟。在一个多群体、多民族的国家，本来毫无联系甚至可能是充满敌意的群体，可能会因为与同一对手的冲突而联合在一起，形成新的联盟。

最后，社会冲突可以提高社会的整合能力。“冲突还使冲突各方建立联系，并且冲突可以起到催化剂的作用，加快新规则和新制度的产生，有利于社会的整合；低烈度、高频度的冲突对冲突双方敌意的释放也起到了至关重要的作用。敌意得到释放，冲突得到缓解，社会必然会朝着更加稳定和谐的方向发展”[②]。在民族地区，不同的民族可以通过适当的低烈度冲突来维持自己民族的独特性，使社会系统中的各个要素达到一种动态平衡，同时可以使得各群体、各民族之间的联系更加紧密，使社会既有分化又有整合。

---

① 关凯：《民族关系的社会整合与民族政策的类型——民族政策国际经验分析（上）》，《西北民族研究》2003年第2期。

② 刘少杰：《西方社会学理论》，中央广播电视大学出版社2011年版，第156页。

第三，社会冲突具有“社会安全阀”和缓冲器的功能，对民族地区的社会冲突起到一定的缓解作用。罗伯特·达尔认为，既然社会冲突是社会交往过程中不可或缺也不能避免的要素，已经爆发出来的冲突比隐藏的未爆发的冲突要好。“既然冲突要寻求一定的方式表现出来，那么让它公开表现出来难道不是比偷偷摸摸更好吗?”① 任何一个社会系统在运行的过程中，社会主体之间都会存在一定的矛盾或冲突，产生不满情绪，这种负面情绪积累到一定程度的时候，会超过系统的耐压能力，这时，系统内部极有可能会失序，更有可能会直接导致系统的崩溃和瓦解。因此，寻求恰当的渠道和方式来发泄成员的不满和敌对情绪是十分必要的。

从历史经验来看，社会冲突为社会成员发泄不满情绪提供了较好的发泄渠道，人们通过释放自己的负面情绪而寻求心理上的安慰，社会得以稳定有序地运行。相反地，如果不满情绪一直被压制，得不到释放，积累到一定界限时自然会引发冲突，冲突的爆发可能会产生激进的行为，造成社会的分裂，产生不良的影响。因此科塞认为，社会冲突具有“社会安全阀”的功能，并引入了“社会安全阀机制”的概念。科塞所提出的“社会安全阀机制”是指社会存在的制度或习俗，可以作为解决社会冲突的途径和方法，为社会成员宣泄不满、敌对情绪提供恰当的渠道，以达到缓和甚至消除负面情绪的目的，起到“安全阀”一样的作用②。“安全阀”是一种有效合法的化解矛盾冲突的机制，通过释放不满情绪或者转移矛盾焦点，来避免矛盾和不满情绪的过多积累。

社会的制度越僵化，人们越不能公开表达不满的情绪。这时候，“安全阀”的制度就可以起到很好的缓解作用，社会的制度越开明，就代表社会允许冲突的存在，社会冲突越制度化，越有可能通过系统化、规范化的手段化解冲突，避免社会冲突所产生的恶性影响。尤其是对于民族地区而言，由于特殊的地理位置以及不同的文化背景和宗教信仰，民族地区存在特殊的社会冲突。

---

① ［美］罗伯特·达尔：《多元主义民主的困境》，尤正明译，求实出版社 1989 年版，第 10 页。

② 刘泽君：《合理与现实——社会学基本理论》，学苑出版社 1998 年版。

社会冲突好比蒸汽锅上的“减压阀”，当人们有不满或者敌对情绪时，可以及时释放和宣泄这种情绪，从而保证社会稳定有序地运行。因此，辩证地看待民族地区的社会冲突问题，充分利用冲突的“安全阀”作用，对于民族地区的社会治理具有重要意义。

第六章

信息化理论与民族地区社会治理

党的十八大报告指出，坚持走中国特色新型工业化、信息化、城镇化、农业现代化道路，推动信息化和工业化深度融合、工业化和城镇化良性互动、城镇化和农业现代化相互协调，促进工业化、信息化、城镇化、农业现代化同步发展。就社会治理而言，信息技术、网络技术、人工智能发展，互联网、物联网、移动互联网、云技术、大数据等技术创新，为提供快捷便利服公共服务、快速解决矛盾纠纷、提升社会治理效率开辟了重要途径，也是改变传统管理方式，提升社会治理现代化水平和能力的重要保障。

一　信息化理论的提出

“信息化”最早起源于日本。日本的小松崎清介等人曾在《信息化的由来及其经济含义》一文中，追溯了“信息化”一词的产生与由来，并在文中详细探讨了信息化在经济、社会方面的含义①。

20 世纪 60 年代，日本学者从社会产业结构演进的角度，提出了“信息化”的概念。首先是日本学者梅田忠夫（Tadao Umesao）在 1963 年的《论信息产业》一文中提出。上岛（Kamishima）教授于 1964 年发表了《信息社会中的社会学》，文中首次提出了“信息社会”这一概念。梅田

① 郑建明：《信息化指标构建理论及测度分析研究》，中国社会科学出版社 2011 年版，第 2 页。

忠夫将以信息为中心的社会定义为"信息化社会"[①]。日本学术界、政界、企业界和新闻界经过热烈讨论，大家普遍接受并且达成共识：客观规律存在于自然界和人类社会。人类社会的发展与自然界动物进化一样，也是遵循客观规律的，是逐步由低级社会形态向高级社会形态迈进的。相比较农业社会和工业社会以生产物质产品占主导地位，其他无形的非物质产品占从属地位。在人类社会进化升级发展的客观规律推动下，人类社会正经历着由相对低级形态的工业社会，向相对高级形态的信息社会过渡的过程，社会的主导和构成要素发生了质的变化。信息社会的社会构成要素不再以有形的物质形态主导，而是以无形的信息占据主导地位，信息成为发展的第一要素，由信息创造社会价值。

1967 年，日本政府的科学、技术和经济研究小组的对信息化的观点是：信息化是在科技发展推动下的人类社会的发展进步过程，是从低级社会形态向高级社会形态升华的过程，是由传统工业社会向现代信息社会发展转变的过程，也是由可触摸的、有形的物质产品起主导作用向不可触摸的、无形的信息产品起主导作用的社会形态改变的过程，信息社会呈现出的社会形态是信息产业高速发展，并且与过去的社会生产不同，其在产业结构中占据主导地位。

20 世纪 70 年代，托夫勒、奈斯比特和丹尼尔等人相继出版了一系列关于信息化的著作，即《第三次浪潮》《大趋势》《后工业社会的来临》。这些著作让信息化理论在世界范围的影响迅速扩大，并为人们所广泛接受。托夫勒（A. Toffler）认为，人类文明经历了三次浪潮。第一次浪潮大约开始于公元前 8000 年，取代了人类懵懂时期的捕鱼、打猎生活，它以农业社会为特征。第二次浪潮发端于 16 世纪，工业文明持续了 300 多年，统治着世界达到炉火纯青的境界。第三次浪潮在 1955 年以后的十年间接踵而至。前两次浪潮逐渐被以信息社会为基础的第三次浪潮所取代。1974 年，丹尼尔按照原料、资源、信息在社会结构中的地位不同，把人类社会发展分成以原料占主导地位的前工业社会暨农业社会、以资源分配和生产占主导地位的工业社会、以信息或知识占主导地位的后工业社会暨信息社会三个阶段。1977 年，诺拉（S. Nora）和麦恩（Alan Mine）

---

① 周宏仁：《信息化论》，人民出版社 2008 年版，第 96 页。

对信息化社会所构建的新型社会关系模式、新型社会结构特征和社会信息化的宏观、微观政策，以及信息化社会运行机理与其带来的影响和挑战等方面进行了研究。1980 年，阿尔温·托夫勒明确指出，人类社会发展过程分为三个阶段，自给自足的农业经济为基础的农业社会阶段、机器化为特征的推动社会化大生产的工业经济占优势的工业社会阶段、信息技术和信息、知识经济为主导的信息社会阶段。他将“信息社会”定义为以信息技术为手段，以信息为社会发展的动力，以信息经济为主导经济，改变人类知识、生活和工作以及价值观的新型社会形态。德鲁克称信息社会为“知识社会”，即用信息和知识取代资本、自然资源及劳动力成为基本的生产方式，是一种后资本主义社会。

随着人们对信息化认识的不断加深，实践和研究的进一步深化，信息化在经济社会发展中的重要作用日益凸显。学者们在对信息化不断总结发展完善的基础上，开始从信息化所具有的与其他社会阶段不同的特征来诠释信息化，注重对“信息化”概念的广度与深度、内涵与外延的研究，进一步丰富对信息化的认识。

（一）信息经济视角

以马克卢普、波拉特等为代表的经济学家，通过对人类社会活动中信息交流、信息交换和信息运动等信息化现象的研讨，认为，信息在经济中的作用与过去社会经济发展阶段中物质的作用不同，将之描述为一种新的经济形式，称为“信息经济”。他们把信息经济简单地定义为“经济活动中的信息活动”，认为信息技术的发展和生产系统与社会系统日益连接紧密，且构成复杂，信息的生产、流通、使用及其产生的效益在社会生产中已非常普遍，信息及其围绕信息的活动日益重要，由此导致了信息经济的产生。同时他们认为，如今信息经济的发展已经达到了一个相当高的水平，并且推动和促进了产业结构的变化，是在传统的工业、农业、服务业基础之上催生的“第四产业”，是一种新的业态。与更多的学者称其为“信息产业”不同，马克卢普称其为“知识产业”。波拉特则把信息产业分成两个部门，其中第一信息部门是信息服务部门，直接面向市场，向市场提供信息产品和信息服务；第二信息部门是不进入市场的部门，只把信息劳务和资本提供给内部。

国内信息经济学家乌家培教授认为，信息产业是从事信息技术设备制造以及信息的生产、加工、存贮、流通与服务的新型产业部门。一些信息经济学家在信息产业和信息经济概念基础上，通过一些信息经济指标来计量信息资源的丰裕程度和信息化的水平，并把这些指标用于宏观领域，特别是产业的层面来计量和统计。指数计量方法在宏观和产业领域的成功经验，让这一方法逐渐扩张到了微观领域，如用信息化指数来衡量一个企业、一个城市的信息化水平。由于可以从经济的角度来阐释信息化现象，提供定量分析，这就为国家和社会的宏观经济决策提供量化依据，不仅在学术领域有较大的影响，也得到了各国政府的采纳与大范围运用。

国际经合组织（OECD）对信息产业的推动具有十分重大的意义。按照国际经合组织的定义，一切从事信息的生产、处理、分发、维护的活动均为信息活动。由于信息经济定义的信息活动并不清晰，而且难以界定，其方法单一的维度也让一些专家提出质疑。另外，信息化过程的复杂性及其带来的社会经济变化是巨大的，是不可能用一些经济技术指标来进行简单描述的，用简单的指标描述和归纳复杂的信息化现象，可能会以偏概全。最后，经济技术指标只代表信息化某些方面的某一特征，它们之间关系的复杂度，不是完全显现和简单关联的，也不太可能完全是独立的，有可能是非线性的，甚至不可能为人们所完全理解。况且信息经济学家在处理这些指标之间的关系时，通常也缺少令人信服的依据以及充分的证据。

（二）信息社会视角

以贝尔为代表的一些社会学家的观点与信息经济学家的观点不同，他们称当今社会已经进入一个信息社会，所发生的变化是全社会的、多维度的变化，已经渗透到整个社会的方方面面，而不仅仅是经济维度发生了变化。

贝尔阐释信息社会的特征时，首先从社会发展不同阶段的生产方式的探讨入手。农业社会的主要生产方式是土地种植，工业社会的主要生产方式的使用自然资源（原材料、能源）生产工业，而信息社会的主要生产方式是信息的生产。他认为，在标示社会特征方面，除了生产方式外，另外一个重要特征是社会的根本趋向，他称之为“轴心原理”。贝尔认为，信息社会与农业社会和工业社会不同，信息的获取、开发、使用将成为社会的总体趋向。

正如贝尔所说，信息社会的到来有两个非常重要的因素，一是日新月异的信息技术的创新与发展，二是知识的迅速扩展迭代。这两个因素对其他社会变革因素起到了重要的“导入”作用。

苏伊特等人根据工业社会中社会的主要价值来源于工业部门，而信息社会或后工业社会的主要价值来源于非工业部门（信息服务部门），主张将“信息社会”称作“后工业社会”。

有些学者对信息社会和后工业社会这两种观点提出了质疑和批评。例如，葛术尼认为，信息服务部门需要不断地使用工业产品，需要工业部门和工业产品的支撑与支持，这就是是服务部门的工业化过程。他批评苏伊特等人的后工业社会的观点的“去工业化”（de-industrialisation）。对贝尔的信息社会将取代工业社会的说法，更多的人认为其缺少依据，认为工业社会和信息社会是人类文明的两个方面，是相互联系、相互依存、相互促进的，信息技术或信息社会推动了工业社会的发展，带来了社会经济结构、形态、层级等方面的巨大变化，但这是信息社会与工业社会并存的一种新的社会形态。

（三）工业革命视角

斯特因、穆勒等人认为，第一次工业革命以蒸汽机为代表，解放的是人们的体力；第二次工业革命以信息技术为代表，解放的是人们的脑力。他们称正在发生的现象为“第二次工业革命”。柏宁格描述了这两次革命之间的关系。第一次工业革命后，社会分工越来越细，产业复杂维度增加，产品的生产系统与物流系统日趋复杂，导致决策、计划、控制、管理活动日趋繁杂。传统手段和技术无法应对日益复杂的社会经济活动，而信息技术可以帮助管理者解决这些问题。使用信息技术把复杂的社会经济活动信息化，提高了社会经济效率。柏宁格的理论蕴含了第二次工业革命的“需求拉动”假设，他认为，第二次工业革命的产生是为了解决第一次工业革命所带来的“管理危机”。

与柏宁格不同，很多学者认为，信息技术作为推动的力量对社会的发展造成了影响。在作用于社会各个方面的过程中，社会的反馈就是为了适应信息技术而作出了相应的调整；而社会不对技术形成影响，信息技术独立于社会。第二次工业革命是“技术推动”，而非社会推动的结果。这种技术推动的理论通常基于“心田技术”（heartland technology）概念。按照普瑞兹对心田技术的理解，心田技术是指一种横跨许多生产过程，可降低成本、节省时间、提高质量、产生效益，并且因此而迅速扩散的技术，这种技术带来的结果是新的生产方式、新的组织形式、新的工作技能等社会经济基础的变革。

与强调信息技术的学者相比，鲁宾与韦伯斯特等人认为，随着全球化的加剧以及相应的决策不确定性的增加，社会将更多地使用信息技术，信息将成为越来越重要的资源。他们赋予信息在第二次工业革命中的中心地位，认为在信息技术的作用中，信息的活动起主要作用。

（四）信息化概念

从以上的分析我们可以看出，尽管针对信息化理论还没有形成完整的、全面的、系统的阐释并且让所有人认可，但是所有的学者都认为，信息化具有十分重大的意义，对社会的变革影响深远。

基于“信息与信息技术对社会经济具有正面影响”的价值判断，有学者将信息化（informatization）这一概念定义为“主动地推进与使用信息与信息技术”。也有学者认为，此概念以偏概全，认为应将定义中的“主动地”（actively）一词改为“有目的地”（intended），信息化就是有目的推进与使用信息与信息技术，这样，行为主体推进与使用信息技术的价值判断的指向性更加明确。信息化作为科学术语，涵盖信息与信息技术两方面，这是它的基本属性，我们应将信息化作为一种科学并加以研究，探索其规律，解释其现象。

信息化的衍生属性，是具有政治色彩的术语，指行为主体在信息技术影响社会结构变革与挑战时，为实现自身战略目标所做的有目的的选择与行动。这蕴含了行为主体行动的价值取向。信息化的行为主体是多层面的，大略包括宏观（国家与国家合作）、中观（企业及组织）、微观（个体）三个层面。从宏观的层面看，国际之间的信息化合作紧密，而且，推进信息化是大多数国家在“国家”的最高层面上的战略选择。我国在信息化建设上也不例外，信息化已成为国家战略。

由于各国的社会、政治、经济、文化、科技发展水平不同，进行信息化战略选择的环境并不相同。以美国、英国为代表的西方发达国家，信息化是在工业化完成后进行的。我国的经济与科技水平落后于发达国家，为了不失去信息化的发展先机，我国的信息化发展战略是在工业化进行的过程中提出来的。鉴于信息与信息技术不仅本身将成为最重要的生产力资源，信息与信息技术还可以优化、整合其他生产力资源，我国的信息化产业还肩负着“以信息化带动工业化”的历史的、战略的、杠杆式的使命。

二 世界网络技术发展及中国信息化发展

（一）以网络信息技术发展为代表的信息化

全球信息化浪潮发轫于美国。20 世纪 80 年代后期，信息化理论日趋完善成熟，实践方兴未艾，成果丰硕，信息技术发展迅猛，对经济的推动作用和社会发展的影响力越来越大。针对于此，美国政府从国家层面提出了建设信息超级高速公路计划。

1992 年，克林顿竞选美国总统的竞选纲领是“发展信息高速公路，振兴美国经济，恢复企业竞争活力”。竞选总统成功后，克林顿延续竞选纲领的思路，把信息高速公路建设上升为任期内政府的施政纲领。他提出任期时间计划，通过信息技术，把学校、机关、企业、图书馆、家庭联动成一个整体，建设成为真正意义上的美国的信息高速公路。信息高速公路建设的实施，使得美国经济连续十年保持低通胀、高增长，“新经济”成为信息化的代名词。

特别是 1993 年，美国商务部提出了建设国家信息基础设施（National Information Infrastructure，NII）的信息高速公路行动计划，指出：“国家信息基础结构的好处远远超过经济增长，诚如公民网络中心（Center for Civic Network）所述：‘一个国家能灵活自如，其政府高效、节俭，并由识广、明达的社会舆论所引导；能创造优质职位并造就相应人才去担任此等职务；能促进终身学习、社会生活以及社区文化生活。这就是国家信息基础结构的承诺所在。'"[①] 为推动本国 NII 的发展，美国政府不遗余力，在政策上大力倾斜。1996 年，美国对执行了 60 多年的《通信法》做了重大修改，旨在为电信、广播电视和计算机等行业相互进入对方市场展开竞争扫清障碍。1996 年 10 月，美国政府宣布实施"下一代互联网计划"，用 5 年时间以提高网络的通信能力和速率，扩大互联网的应用。1997 年，美国政府提出《全球电子商务政府框架》，提出要把计算机网络空间建成一个免税区，呼吁各国政府减少对电子商务的行政干预，大力推进电子商务，特别是基于互联网的网上商务。

网络技术的发展最先始于美国，1969 年，美国建成了世界上第一个采用分组交换技术的计算机网络 ARPANET。1986 年，美国建成了国家科学基金网（NSFNET），这就是互联网的真正起点，主机时代结束，微机加局域网时代开始。1991 年，互联网开始进入商业领域，并得到迅速发展，逐步进入大众化阶段。

随着现代信息技术和通信网络的发展，"泛在化"在国际上日益受到重视，它是微处理技术、传感器技术、计算技术、网络技术、无线通信技术等不断发展和融合的结果，对我们生产、生活诸多方面都产生了极大影响。泛在化包括泛在化信息收集、处理、交换三个方面，在个人电脑时代，它为人机互动提供了新模式，将信息采集、处理、交换直接嵌入任何物品之间或者人与物的互动之中，可以随时随地进行。另外，射频辨识（RFID）技术、人工智能技术、全球定位系统技术相结合，可以构成各种商品辨识系统、物流运输管理系统、物流信息跟踪系统等，形成物联网，然后通过云技术、超级计算机、无线传输、传感等信息技术，将物联网整合起来，从而使人类更加精细地管理生产生活，即将互联网与物联网整合，构建无所不在、互联互通的庞大信息网络[②]。

（二）中国信息化的发展

与发达国家相比，由于认识、制度、政策等方面的原因，我国信息

---

① 国家科委科技信息司等编：《美国国家信息基础结构：行动计划》，科学技术文献出版社 1994 年版，第 23 页。

② 马庆斌：《网络信息化背景下的社会管理创新研究》，中国经济出版社 2013 年版，第 3—8 页。

化理论与实践起步较晚，改革开放后，不断涌入的国际信息化的发展，推动信息化的建设与实践。在中国，信息化于20世纪80年代中后期才开始起步。早期的规模很小，影响有限，还处于试验阶段。随着国外信息化的快速发展，认识的不断深化，到20世纪90年代，伴随我国理论研究的不断丰富，信息化理论与实践对政府决策开始产生重大影响。

乌家培（1993）认为，信息化是指在社会生产和生产关系中，由物质产品在社会生产中起主导作用向信息产品在社会生产中起主导作用过渡的过程。李富强、张景增、关忠良等（1998）认为，信息化指信息观念在社会深度普及，被大众普遍接受、认可和使用，同时也包括信息服务业的生产、流通、运用的发展与完善。信息服务涵盖社会生产、生活的各个层面和环节，其外延就是指一国或一地区的信息技术和信息机制配套建设环境。吕新奎（2002）认为，信息化的核心是在经济、社会各领域及各环节充分使用以现代信息技术为代表的先进生产工具。

国家信息化领导小组（2002）《国民经济和社会发展第十个五年计划信息化重点专项规划》中，将信息化概括为“六要素”：“信息化是以信息网络为基础、信息资源为核心、信息技术广泛应用为主导、信息人才为依托、信息产业为支撑，政策、法规和标准为保障的综合体系。”

信息化一直是我国的国家战略，受到中央领导人的重视。1984年，邓小平为《经济参考》创刊题词“开发信息资源，服务四化建设”。同年他提出，“计算机要从娃娃抓起”。1991年，江泽民指出：“四个现代化，哪一化也离不开信息化。”党的十六大报告中，指出了信息化在中国社会发展进程中的地位：“实现工业化仍然是我国现代化进程中艰巨的历史性任务。信息化是我国加快实现工业化和现代化的必然选择。坚持以信息化带动工业化，以工业化促进信息化，走出一条科技含量高、经济效益好、资源消耗低、环境污染少、人力资源优势得到充分发挥的新型工业化路子。”

信息化在中国经济发展中发挥着越来越重要的推动作用和先导作用，成为新的重要的经济增长点。运用新知识、新技术，人类文明从工业经济走向信息经济，从工业社会向信息社会发展，这是人类文明的发展过程，也是信息化的演进过程。

我国信息化发展的时代特征明显。十一届三中全会以前，信息化在中国主要是以“电子工业”的面貌予以体现，其理论与实践处于起步阶段，研发、技术、规模、产品都与世界发达国家存在较大的差距。改革开放以后，市场的开放搞活，全面放开，被禁锢的生产力得到解放，生产关系得到重构，生产方式发生质的飞跃。信息化在中国国民经济的不同发展时期，分别体现为“电子信息产业”“电子信息产品制造业”“通信与信息服务业”。如今，信息化建设进入全面推动阶段。纵观我国整个信息化发展历程中，受国际信息技术发展和发达国家信息化战略的推动、国家经济发展的迫切需要和市场动力的影响，我国的信息化从实验室走向社会生活，从幕后走向前台，实践与理论研究相互交融、相互促进，不断完善和积累经验，共同推动了信息化的迅猛发展。综合来看，我国的信息化历程大体可以分三个阶段。

1. 计算机用于数据运算为主要特征的初级阶段（1949—1978）

在初级阶段近30年时间里，国内主要是研究电子信息技术。主要特点是信息化理论研究围绕着军事需要，服务军工，计算机的生产使用坚持电子工业为军工部门服务、兼顾民用的发展方针。此时研究领域狭小，研究面也很窄，呈现出研究的封闭性、附属性、分散性、专门性、狭窄性五大特点。研究和生产涉及信息经济、信息产业极少。

2. 以重点信息化系统工程建设为标志的发展阶段（1978—2000）

20世纪80年代初，改革开放激活了沉睡的生产力，政府以军转民为改革突破口，将为军工服务的封闭、狭窄的信息技术研究与应用的大门打开，作出重大政策调整，引导国民投资走向，开始在电子、电信、广电等领域实行一系列信息化建设。市场多元主体的发展格局初步形成，中国信息化真正从幕后走向前台，不再神秘，而为大众所认识，从实验室走向社会生活，面向大众，面向市场，从理论走向实践与应用。广泛开展商业化、市场化应用，从服务军事的目的向服务社会和大众的目标转化，范围更广，影响更大，应用更广泛，信息化建设步入全面、快速发展的时代。随着程控交换技术和数字化转输技术运用，信息化进入平常百姓家，通信营运业得到了飞速发展。

这个时期，信息化发展的两大特点如下：一是电子工业向信息化系统工程建设发展转变，真正实现了军民结台、相互推动和以民为主的发展道路，市场多元主体的潜力和积极性得到充分调动；第二个特点是信息服务业成为信息产业的重要组成部分，信息产业成为国民经济的支柱产业。这一时期，信息化理论研究的三个特点是研究主体多元化、研究内容广泛化、研究方法多样化。

3. 国家战略层面规划的全面部署、快速发展阶段（2000 年以后）

鉴于发达国家在信息化建设上全力布局，以及信息化超常规的发展速度和其在社会、经济、国家安全等方面的重要作用，中共中央、国务院掌控发展大局，高度重视，于 2001 年从战略高度作出重大决策，将信息化上升为国家战略，重新组建了信息化领导小组，时任总理朱镕基任组长，并成立了国务院信息化办公室来实施信息化发展战略，从国家层面加强了对信息化工作的领导。

2002 年 10 月，我国出台了国家信息化“十五”专项规划，把信息技术推广应用、现代信息基础建设和加快发展电子信息产业三大任务作为我国信息化发展的方向和重点。2006 年 5 月，中办、国办印发了《2006—2020 年国家信息化发展战略》和“十一五”专项规划，确立了信息化发展的指导思想和战略目标，明确了信息化在经济、社会、政治、文化、国防等方面重要地位。

这一时期，我国信息化理论研究和实践经验创新并行发展，从实践到理论论证了信息化是当今世界发展的大趋势，是推动经济社会变革的重要力量。“大力推进国民经济和社会信息化，是覆盖现代化建设全局的战略举措”，“以信息化带动工业化，以工业化促进信息化，走新型工业化道路”等观点，成为十六大报告中的重要内容。国家相关部门提出了“信息资源作为生产要素、无形资产和社会财富，与能源、材料资源同等重要”的论点，以及“信息实力是国家重要的竞争力”等判断，提出了“以发展的眼光认识和解决信息安全问题，以安全保发展，在发展中求安全”以及“技术与管理并重、预防为主、综合防范”等信息安全原则。

我国《国民经济和社会发展第十个五年计划信息化重点专项规划》指出：“信息化是以信息技术广泛应用为主导，信息资源为核心，信息网络为基础，信息产业为支撑，信息人才为依托，法规、政策、标准为保障的综合体系。”这一规划准确、清晰地阐释了这一时期我国信息化建设的主要内容和发展方向，重点是把握好应用、资源、网络、产业、人才、法规政策标准这“六大要素”在信息化体系中的位置以及相互之间的关系①。

信息化不仅影响了全球经济社会的发展方向和发展速度，而且将深刻改变人类的生活方式与发展条件。涉及与生产、生活、文化、道德、伦理等密切关联的社会生产关系、生产方式、上层建筑、国际政治关系、家庭关系，以及人类几千年来形成的思想意识、生活方式、思维方式等诸多方面的变化。信息化是一个具有跨时代意义的社会转型变迁过程，它已远远超出经济的范围。因此，完整的信息化概念必须要包括信息网络体系、信息产业基础和社会支持环境三个层面。这三个层面相互影响，相互促进，不断完善，共同发展，构成完整的、全部的信息化内容。

对于信息化，目前主要有三种提法。第一种提法是国民经济信息化。主要是从经济基础的层面考虑信息化的问题，以及信息产业和信息技术在国民经济中的作用和地位，其发展是逐渐对经济增长发挥主导作用的过程。第二种提法是经济和社会信息化。关注信息化在社会发展、人民生活和上层建筑等领域的影响与发展。经济信息化包括信息产业和信息技术的产业化及发展，社会信息化则主要指信息技术和装备在政治、军事、国防和社会管理各个领域的应用，以及在个人生活中的应用、作用和影响。第三种提法是国家信息化。国家信息化突出了国家和政府在信息化进程中的影响和作用，是在国家规划、指导和组织下，在各行各业和社会生活各个方面推广应用现代信息技术，引入社会资本和智力，普及信息化知识，传播信息化文化，利用信息资源加速实现现代化进程。

李仕波（2014）认为，社会信息化过程，是社会形态发展转变的过程，是经济结构重心从以物质资源为主过渡到以信息资源为主的一个过程。信息资源成为社会经济结构的主导，通过信息技术的广泛应用，以信息资源的生产、流通、应用与服务为媒介，实现社会认知转变，经济

---

① 张锐昕：《政府上网与行政管理》，中国大百科全书出版社 2003 年版，第 28 页。

结构转型，商业模式以及管理模式的改革、创新①。

《2006—2020年国家信息化发展战略》中对信息化的表述更为具体："信息化是充分利用信息技术，开发利用信息资源，促进信息交流和知识共享，提高经济增长质量，推动经济社会发展转型的历史进程。"基于这一认识以及信息化的战略地位，我国制定了信息化发展的三个阶段战略。第一阶段（2001—2005）的主要目标是信息化工程初具规模；信息化产业及技术有较大的发展，占国民生产总值的比例显著提高。第二阶段（2006—2010）的目标是初步建立能覆盖全国的国家信息基础设施，建立起健全的、完善的、具有相当规模的、先进的信息化体系，信息产业成为国民经济的支柱型产业，占国民生产总值的比例或超过50%。第三阶段（2011—2050）的总体目标是信息化综合指数（广播电视人口覆盖率、计算机普及率、电话普及率等）接近或达到世界中等发达国家的平均水平。

"十二五"时期特别是党的十八大之后，对信息化的认识、信息化的应用及信息化的发展达到了空前高度，中央从国家层面加强信息化工作，成立中央网络安全和信息化领导小组，习近平总书记亲自担任组长。通过完善顶层设计和决策体系，加强统筹协调，作出实施网络强国战略、大数据战略、"互联网+"行动等一系列重大决策，开启了信息化发展新征程。发展目标和具体措施如下。

（1）信息基础资源居世界前列。信息基础设施建设实现跨越式发展，信息化环境达到国际先进水平。截至2015年年底，我国网民数达到6.88亿人，互联网普及率达到50.3%，互联网用户、宽带接入用户规模位居全球第一。3G覆盖全国所有乡镇，4G商用全面铺开，5G研发步入全球领先梯队。广播、电视、电信三网融合在更大范围推广。（2）信息产业链体系初具规模。有机发光二极管（OLED）实现28纳米（nm）工艺规模量产，设计水平迈向16/14nm。"神威·太湖之光"和"天河二号"超级计算机连续两年居世界第一。高世代液晶面板生产线建设取得重大进展，迈向10.5代线。2015年，信息产业收入达到17.1万亿元，手机、

① 李仕波：《工业化、信息化、城镇化和农业现代化的互动关系与同步发展》，《湖北农业科学》2014年第7期。

计算机等智能终端、光纤、光缆通信设备等多个领域的电子信息产品产量、出口量居全球第一，涌现出一批世界级的网信企业（如华为），自主研发拥有知识产权的核心技术取得突破。（3）互联网经济新业态发展良好，引领世界潮流。2015 年，电子商务交易额达到 21.79 万亿元，跃居全球第一。“互联网 +” 蓬勃发展，信息消费大幅增长，产业互联网快速兴起，阿里、百度等从零售、物流等领域逐步向第一、第二、第三产业全面渗透。网络预约出租汽车、大规模在线开放课程等新业态、新商业模式层出不穷。（4）电子政务内、外部应用全面展开。统一完整的国家电子政务网络基本形成，基础信息资源共享体系初步建立，网格化、信息岛、网上办公等电子政务服务不断向基层政府延伸，政务公开、网上办事和政民互动水平显著提高，有效地促进了政府管理创新。（5）信息化惠民、富民、便民作用显著。“信息进村入户工程”取得积极成效，互联网助推脱贫攻坚作用明显。大中小学各级教育机构初步实现网络覆盖。国家、省、市、县四级人口健康信息平台建设加快推进，电子病历普及率大幅提升，远程会诊系统初具规模。医保、社保即时结算和跨区统筹取得新进展，截至 2015 年底，社会保障卡持卡人数达到 8.84 亿人。（6）网络安全保障体制进一步完善。网络安全审查制度初步建立，信息安全等级保护制度基本落实，网络安全机制逐步完善。国家关键信息基础设施安全防护水平明显提升，国民网络安全意识显著提高。发展了具有中国特色的社会主义治网之道，网络文化建设持续加强，互联网成为弘扬社会主义核心价值观和中华优秀传统文化的重要阵地，网络空间日益规范。（7）信息化建设军民融合推动作用彰显。网信军民融合顶层设计、战略统筹和宏观指导得到加强，实现了集中统一领导和决策，一批重大任务和重大工程落地实施。军民融合式网信产业基础进一步夯实，初步实现网络安全联防联控、网络舆情军地联合管控，信息基础设施共建合用步伐加快。（8）国际交流合作全面深化。我国成功举办了世界互联网大会、中美互联网论坛、中英互联网圆桌会议、中国—东盟信息港论坛、中国—阿拉伯国家网上丝绸之路论坛、中国—新加坡互联网论坛。数字经济合作成为多边、双边合作新亮点。一批网信企业加快走出去，积极参与“一带一路”沿线国家的信息基础设施建设。跨境电子商务蓬勃发展，年增速持续保持在30%以上（表6—1）①。

表6—1　“十二五”信息化发展基本情况

指　标	规划目标		实现情况	
	2015年	年均增长（%）	2015年	年均增长（%）
总体发展水平				
1. 信息化发展指数	>79	—	72.45	—
信息技术与产业				
2. 集成电路芯片规模生产工艺（纳米）	32/28	—	28	—
3. 信息产业收入规模（万亿元）	16	10	17.1	13
信息基础设施				
4. 网民数量（亿）	8.5	13.2	6.88	8.5
5. 固定互联网宽带接入用户（亿户）	>2.7	>15.7	2.1	10.1
6. 光纤入户用户数（亿户）	>0.77	>103.6	1.2	126.8
7. 城市家庭宽带接入能力（Mbps）	20	38.0	20	38.0
8. 农村家庭宽带接入能力（Mbps）	4	14.9	4	14.9
9. 县级以上城市有线广播电视网络实现双向化率（%）	80	〔55〕	53	〔28〕
10. 互联网国际出口宽带（Tbps）	6.5	42.7	3.8	37.5
信息经济				
11. 制造业主要行业大中型企业关键工序数（自）控化率	>70	>6.08	70	6.08
12. 电子商务交易规模（万亿元）	>18	>31.7	21.79	35.5
信息服务				
13. 中央部委和省级政务部门主要业务信息化覆盖率（%）	>85	〔>15〕	90.8	〔20.8〕
14. 地市级政务部门主要业务信息化覆盖率（%）	70	〔30〕	76.8	〔36.8〕
15. 县级政务部门主要业务信息化覆盖率（%）	50	〔25〕	52.5	〔27.5〕
16. 电子健康档案城乡居民覆盖率（%）	>70	〔>30〕	75	〔35〕
17. 社会保障卡持卡人数（亿）	8	50.7	8.84	53.7

注：〔〕表示五年累计数，单位为百分点。

① 国务院关于印发“十三五”国家信息化规划的通知国发〔2016〕73号。

（三）信息化对我国经济社会的影响

1. 信息化对经济的影响

信息化形成海量信息，种类繁多，数量庞大。获取方便而且传播速度惊人的信息，可以充分满足人们对共享信息的需求，也可以满足不同群体对所需要信息的需求。信息化使资源的配置不再受到方方面面的限制，加大了人们选择时空、选择对象的自由度，方便人们通过信息交流与协商达成交易，推动全社会大范围共享市场资源，优化了资源配置。信息化使产业经济“跨界”更为便捷，产业规模化加速。信息化的发展造成产业分工和管理的边界日益模糊，通过网络获得生产、经营上的成功，已成为现实。对企业而言，落伍就意味着一落千丈，失败也只在顷刻之间。信息化不仅仅是信息传输的通道，它还是生产力水平的一个体现。信息化技术最终为人类社会提供的不是直接的消费，而是通过网络技术的创新与应用，提高整个社会经济的运行效率，降低社会运行的成本。信息化技术不仅提升了传统产业的竞争力，还将成为整个经济发展的支撑点。

2. 信息化对我国社会进步的影响

衡量一个国家信息化发展水平的标志，是信息化在国民经济中的作用大小及影响力高低，对国民经济发展的推动力越大，发展的水平就越高。2003 年年初由于“非典”（SARS）爆发，信息化的作用得到了充分的展现，对信息化的认识在人们的心中得到提升。信息化向社会生活的各个方面（网上学校、商场、图书馆、医院、银行、证券、电影院、音乐厅等）的渗透也明显提速，人们足不出户就能在网上进行办公、娱乐、购物、教育等活动，加上信息化服务形式、服务内容从深度和广度上不断扩展，可以满足不同群体的爱好、需求和欲望。信息化改变了人们的生活、工作和思维方式，提升了人们的生活质量和工作效率，从最初的计算、文字处理、统计分析等一般性应用，逐渐成为人们日常生活、工作和学习不可分割的重要组成部分。

信息化的应用主要体现在四个方面：（1）作为通信平台的信息化，主要包括电子邮件、短信、即时通信等；（2）作为信息发布平台的信息化，包括门户、搜索引擎；（3）作为数字娱乐平台的信息化，包括网络游戏、MP3 等；（4）作为交易平台的信息化，包括电子商务、网络营销等。总之，信息化已成为人们通信交流、从事商务活动、获取信息、学习知识、休闲娱乐的工具。

信息化的发展速度超过人们的预测及规划。随着信息化网络高速宽带化时代的来临，场景式应用、高质量流媒体应用开始成为信息化的主流，实时与即时的图文高质量传输方式，为远程医疗、互联网教育提供了应用基础和保障。在远程医疗上，推广并使用日趋成熟的交互式全屏幕视频图像技术，使得以前简单的网上医疗咨询开始向网上诊断、远程手术、远程医学教育、多媒体医疗保健咨询系统转变。在互联网教育上，通过扫题、互联网线上营销（O2O）、商对客电子商务（B2C）等模式，让优秀教育资源的公平、共享、开放变成现实。传统面对面的教学方式和传统小众的精英教育开始面向大众教育，开始向自主的自学方式进行转变，真正实现了教育的个性化、多样化和国际化，并稳步推进，纵向、横向不断发展与扩张。信息化已被许多用户看成是非常有用的学习工具，很多用户意识到，可以通过信息化开展学习，进行知识的迭代升级，从而不断完善自我，提高个人社会竞争能力。

信息化将成为主要获取信息的手段。网页所含的大量信息实际上是促进经济和社会发展的宝贵资源，把信息化的资源变成知识，进而把知识变成财富，已成为信息化最基本、最重要、最主要的发展方向。

随着经济和现代信息化的快速发展，网络宽带的推广应用，网络使用资费的进一步降低，信息技术对社会生活的各个方面产生的影响与日俱增，它深刻改变着整个人类的工作与生活方式，对各国政府的管理模式和管理水平也带来了一场深入的革命，电子政务越来越受到关注并发挥出卓越的管理作用。所谓电子政务，就是政府机构应用通信技术和现代信息技术，将传统政府的管理与服务通过网络技术进行整合，在信息化基础上，超越时间、空间与各部门分隔的限制，实现政府组织结构和工作流程的优化重组，全方位地向社会据供优质、规范、透明、及时的管理和服务。

电子政务先行已在各级政府中达成共识，整合资源、统一平台、统一标准的建设思路已经明确，并已经发挥深远的影响，取得了实质性的成绩。在我国，总投资达2500 亿元，以“两网一站四库十二金”为主要内容的国家主导开发的工程已经全面启动（“两网”是指电子政务内网与外网，“一站”是指政府门户网站，“四库”是指人口、法人单位、空间地理和自然资源、宏观经济国家基础数据库，“十二金”是指金税、金关、金财、金盾、金农、金水、金质等12个国家重点业务系统），各级政府部门借助电子政务建设理顺内部管理流程，明确职责权限，改革政府机构，精简部门和职能，利用国家基础网络资源，推进政府网上办公，政府资源和管理优势得到进一步发挥，使得我国电子政务建设进入快速发展和有效运用的新阶段。这增强了政府工作的透明度，提高了政务管理和工作效率。过去办一件事情，有十几个部门审批，需要去各个部门分别办理，观念和人为因素往往成为主要制约因素，不利于提高工作效率，优化服务环境。现代社会的政府和人们需要电子政务作为首选工具和手段来帮助进行体制改革。通过政府对网络技术的应用，给人们提供更加方便的服务，用网络打破时间、空间和部门之间的壁垒，用户可以在自己家中开展各种业务。因此，信息化作为生产工具，可以改变传统的经济运行方式、社会运行方式、政府运作方式、百姓自己的生活方式，从而提高经济效益和社会效益。

三　民族地区信息化发展的水平

民族地区特色鲜明。首先是地域辽阔，资源丰富，能源、矿产、生物、文化、旅游等资源雄厚；其次市场供求潜力大，劳动力成本优势明显；最后是区位优势不可比拟，与周边国家和地区接壤，具有发展周边经济贸易合作的地理优势。加上已有的产业和基地，这就为民族地区的发展提供了十分有利的条件。

但是民族地区与东部地区相比，受自然条件、历史文化和政策体制等多方面因素的影响，经济和社会的发展还存在着较大的差距，存在基础设施水平落后、生态环境保护乏力、产业结构错位、市场化程度较低、科技水平和教育水平发展滞后、信息化的发展水平不足等问题。

（一）民族地区政府信息化内涵

信息技术的发展和网络的广泛应用，促进了经济社会结构的转型升级，加快了人类社会的信息化进程。随着信息化时代的不断发展，我国政府部门办公自动化、网络化逐渐普及并深入发展，信息化电子政务已经成为政府行政管理方式的必然选择，对推动政府与社会公众之间进行政务信息交流起着重要的作用。

我国目前处在“两个一百年”建设时期，建设社会主义政治文明、生态文明、法治国家的任务伟大而艰巨，政务信息化作为政治发展的理想途径以及高效、廉洁政府建设的重要推手，必将成为中国政治发展的现实选择。

政府信息化是相对于国民经济信息化、社会信息化、企业信息化等概念来使用的，是政府以信息技术和网络通信技术为基础，充分运用现代科技手段，构建现代化的决策管理、行政管理电子体系。其实质是通过运用信息技术和网络技术来改造传统落后的办公、管理和决策方式，解决效率低下、办事拖拉、决策缓慢、“权力寻租”等问题，建立办事高效、政务公开、决策科学、行为规范、全天候服务的现代行政管理体系。同时，政府信息化对内解决机构臃肿、人浮于事，进行政府管理流程再造，构建政府内部管理系统、决策支持系统、办公自动化系统，提高政府信息管理和服务水平等，提供了强大的技术支持。政府信息化的目标，是利用信息技术提高政府的运行效率，使政府的决策建立在及时、准确、可靠的信息基础之上，提供更多更好的公共产品和服务，以便更好地为社会服务。政府信息化的最终目标是建立电子政府①。

民族地区政府信息化就是民族地区政府所开展的信息化工作的总称。具体来讲，就是民族自治地方政府在国家信息化总体框架下，利用计算机信息网络技术，适应分众化、差异化的传播趋势，结合地方民族构成、民族语言文字、民族文化、行政环境和经济社会发展水平，构建本级地方政府和下级地方政府的网络平台信息化，建设地方政府内网、外网、门户网站，引领地方社会信息化总体方向和具体模式的一系列政策措施。民族地区政府信息化的发展，可以使政府的管理更加高效和透明，有利于政府加强和改进管理与服务职能，消除冗长拖拉的官僚主义和政府不作为。

---

① 黄峰：《政府信息化与政府管理创新》，《情报杂志》2006 年第 10 期。

信息技术的广泛运用让信息传递更快捷和及时，它克服了传统管理存在的时滞性和静态性的弱点。信息的及时发布和信息反馈的无障碍，为政府开展动态管理提供了可能。各种政策信息的全面公开，便于广大人民群众及时准确地了解和掌握政策，进而加强对政府工作的监督和检查。

特别是对于地广人稀、交通不便、地域偏远的边疆民族地区的民众而言，政府信息化极大地方便了民众，提高了政府的工作和办事效率，拉近了政府与民众的距离，有力地推动了政府形象的塑造。

（二）民族自治地方政府信息化的现状

1. 民族地区互联网基本情况

根据中国互联网络信息中心（CNNIC）于2017年1月发布的《第39次中国互联网络发展状况统计报告》，中国互联网的发展趋势良好，发展速度快捷，网民数量增长迅猛，互联网普及率提高。到2016年年末，网民达到73125万人，十年间增加了近6亿人，互联网普及率达到53.2%（图6—1）。

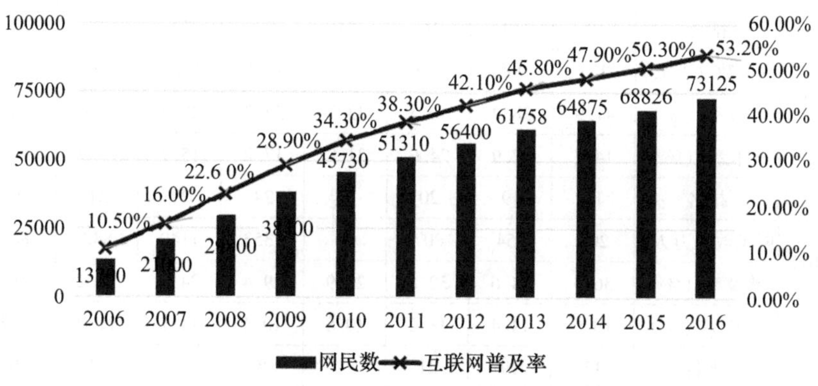

图6—1　中国网民规模和互联网普及率

截至2016年12月，民族八省区网民规模达9044万人，约占全国网民的12.4%，民族八省区的互联网平均增长率为5.73%（表6—2）。

表6—2　　民族八省区网民规模及互联网普及率

民族八省区	互联网普及水平	青海	内蒙古	宁夏	西藏	广西	云南	贵州	新疆
2016	排名	11	15	20	22	23	31	29	10
	网民数（万人）	320	1311	339	149	2213	1892	1524	1296
	普及率（%）	54.5	52.2	50.7	46.1	46.1	39.9	43.2	54.9
	增长率（%）	0.6	4.1	4.0	4.9	8.9	7.4	13.22	2.7
2015	排名	10	14	16	21	23	31	30	9
	网民数（万人）	318	1259	326	142	2033	1761	1346	1262
	普及率（%）	54.5	50.3	49.3	44.6	42.8	37.4	38.4	54.9
	增长率（%）	10.0	10.2	10.5	15.4	10.0	7.2	10.1	10.8
2014	排名	11	16	20	22	23	29	30	10
	网民数（万人）	289	1142	295	123	1848	1643	1222	1139
	普及率（%）	50.0	45.7	45.1	39.4	39.2	35.1	34.9	50.3
	增长率（%）	5.5	4.50	4.2	6.9	4.2	7.5	6.7	4.2
2013	排名	11	17	18	23	22	30	29	9
	网民数（万人）	274	1093	283	115	1774	1528	1146	1094
	普及率（%）	47.8	43.9	43.7	37.4	37.9	32.8	32.9	49.0
	增长率（%）	15.1	13.3	9.7	13.9	11.9	15.7	15.6	13.7
2012	排名	12	19	16	24	22	30	29	11
	网民数（万人）	238	965	258	101	1586	1321	991	962
	普及率（%）	41.9	38.9	40.3	33.3	34.2	28.5	28.6	43.6
	增长率（%）	14.7	12.9	24.6	31.8	17.2	15.9	17.9	9.1
2011	排名	16	19	20	22	24	29	31	9
	网民数（万人）	208	854	207	90	1353	1140	840	882
	普及率（%）	36.9	34.6	32.8	29.9	29.4	24.8	24.2	40.4
	增长率（%）	10.6	14.4	18.2	10.8	10.4	11.7	11.9	7.7
2010	排名	15	19	21	22	25	29	31	9
	网民数（万人）	188	747	175	81	1226	1021	751	819
	普及率（%）	33.6	30.8	28	27.9	25.2	21.4	19.8	37.9
	增长率（%）	21.8	29.9	24.3	52.7	19	20.2	31.1	29.1

2. 网民规模

2010—2016 年，民族八省区网民数量全国占比从 2010 年的 7.2% 飞跃到 2016 年的 12.4%，网民数量总体呈现增长趋势（图 6—2）。广西网民数量在民族八省区中居多，2016 年广西网民数量占全国网民总数的 3.03%。西藏、青海和宁夏的网民增长幅度缓慢且总体数量比其他五个省区少，2016 年仅分别占全国网民数的 0.2%、0.44% 和 0.47%。从普及率水平全国排名看，2016 年新疆、青海在全国排名靠前，分列第 10 位和第 11 位；贵州和云南则排名靠后，分别排在全国第 29 位和第 31 位。

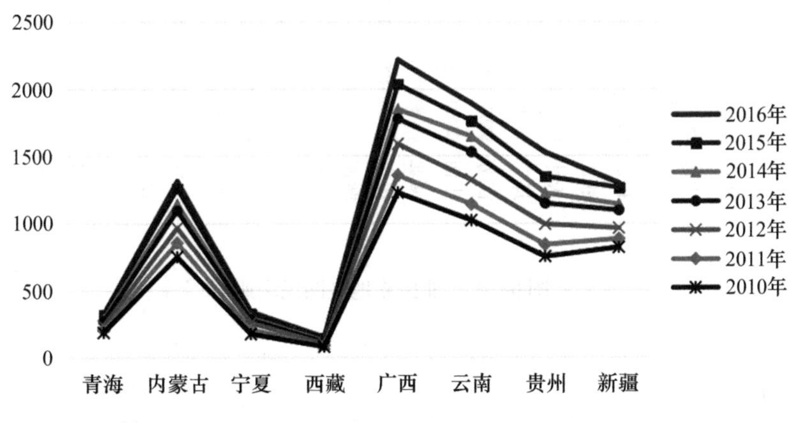

图 6—2　民族八省区网民数量发展趋势

2016 年年末，民族八省区与非民族地区的网民规模在数量上有差距，但在增长速度上的表现并不明显弱化。民族地区增速最高的贵州是 13.2%，比非民族地区增速最高的江西 15.7% 少 2.5 个百分点；民族地区增速最低的青海是 0.8%，比非民族地区增速最低的辽宁 0.4% 多 0.4 个百分点。民族八省区的发展也不平衡，其中贵州与青海增速相差 12.4 个百分点（图 6—3、图 6—4）。

3. 互联网普及率

2010—2016 年民族八省区的网民普及率发展趋势图表明（图 6—5），2016 年，民族八省区互联网普及率（48.5%）总体低于全国平均发展水平（53.2%）。但是，新疆和青海两个省区 2016 年的互联网普及率达到并且分别高于全国平均水平1.7个百分点和1.3个百分点，处于全国中等偏上发展水平。其余六省区也在逐年缩小与全国平均水平之间的差距。但是，广西、西藏、云南和贵州等地仍然与全国互联网普及率的平均水平之间存在较大差距。

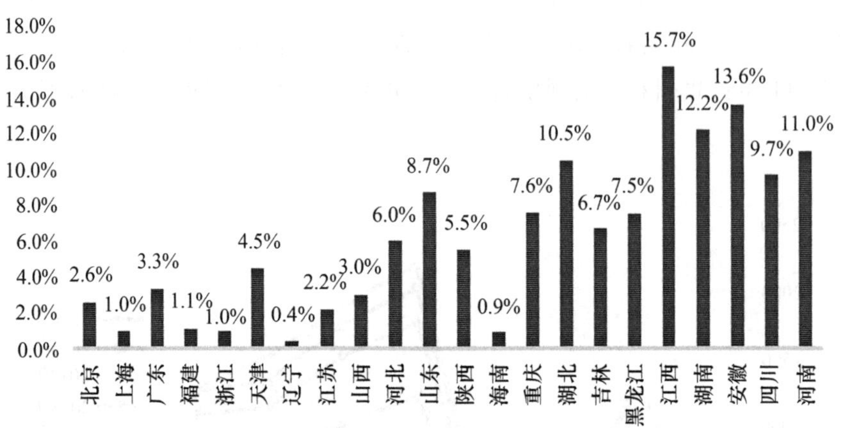

图6—3 非民族地区网民增速

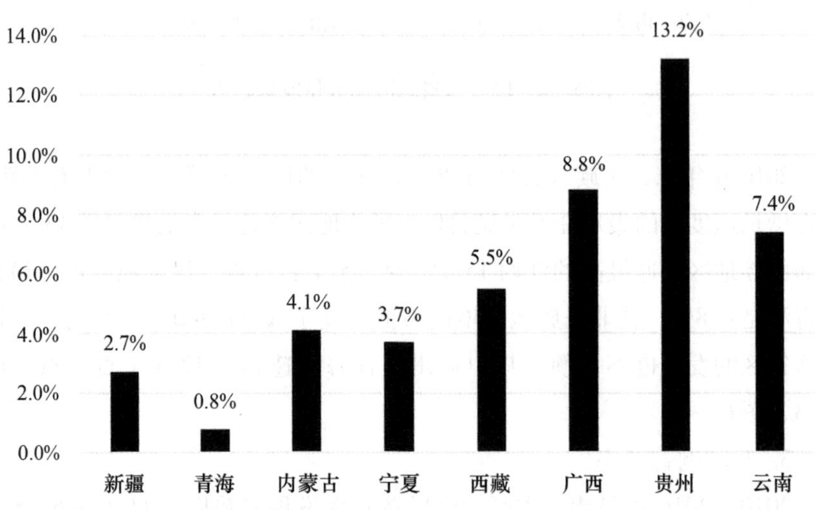

图6—4 民族八省区网民增速

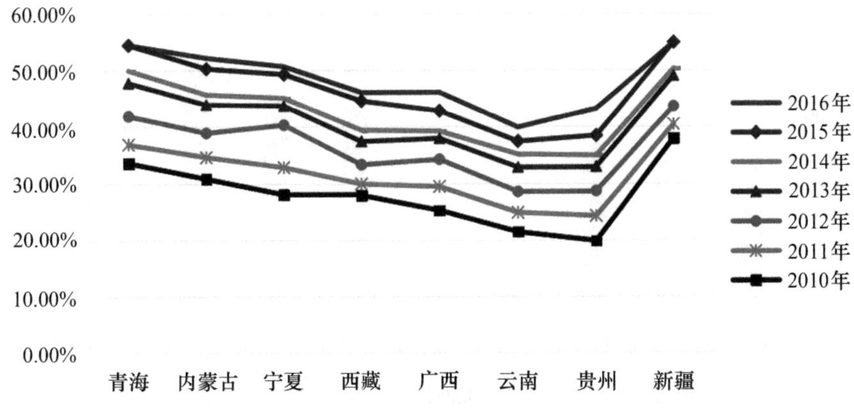

图6—5　民族地区八省区互联网普及率水平趋势

民族地区互联网普及率超过50%的省份有新疆、青海、内蒙古、宁夏，与非民族地区互联网普及率最高的北上广（超过70%）还有近20个百分点的差距。互联网普及率最低的云南只有39.9%，与普及率最高的新疆（54.9%）相差15个百分点（图6—6、图6—7）。

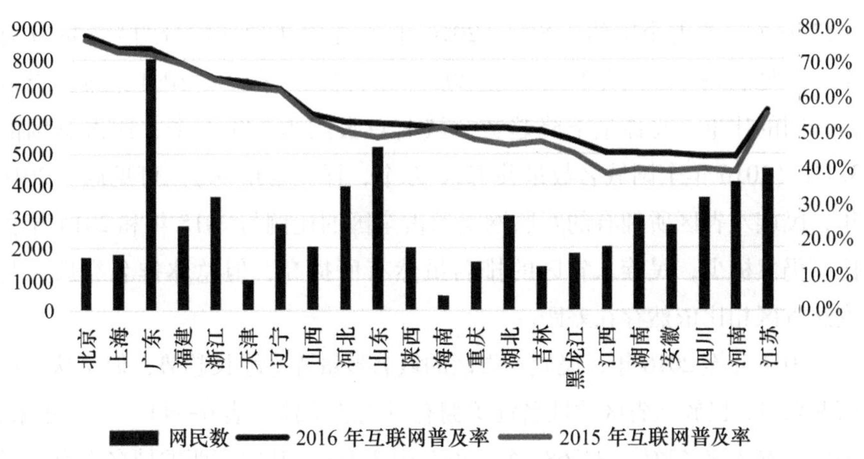

图6—6　非民族地区互联网普及率

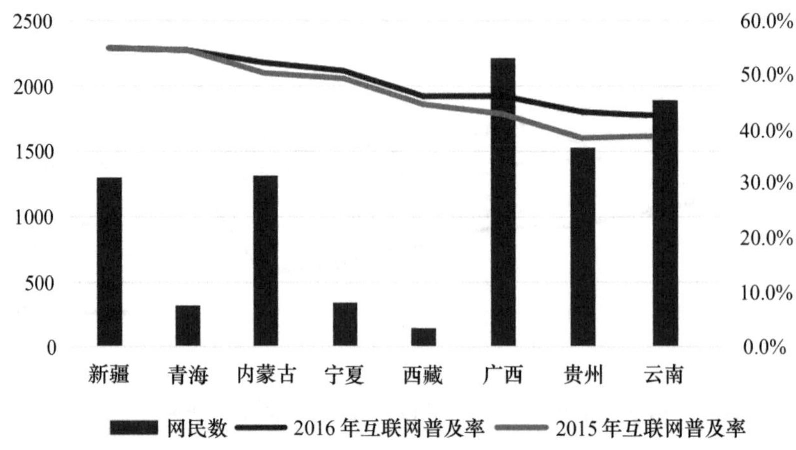

图6—7 民族八省区互联网普及率

4. 互联网信息建设发展水平与趋势

与东部发达地区相比，民族地区信息化发展起步晚，起点低，在信息化综合发展能力、信息化基础设施、电信通信服务水平以及互联网业务发展等方面差距明显。

截至2016年12月，民族八省区拥有的互联网IPv4地址数量约为1613万个，约占全国的4.8%（2016年全国IPv4地址数量约为33810万个，详见表6—3）。从2014年至2016年，民族八省区的IPv4地址拥有量占全国的比重，总体呈下降趋势。域名总数约为133万个，约占全国的3.1%（2016年全国域名数量共4228万个，详见表6—4）。可见截至2016年，民族八省区所拥有的互联网资源占全国的比例与2015年和2014年相比，仍然极少，民族八省区的排名虽然有所提高，但总体排名靠后，与发达省区相比依然存在差距。

2014年至2016年，民族八省区的域名数量皆呈增长趋势，但是从总体情况来看，民族八省区的域名资源拥有量仍然不佳（表6—4）。2016年末，民族八省区域名数量1325687个，占全国3.1%。其中广西的域名拥有量最多，约为52万个，在全国排名第16位；排名与其他几个省区相比较，也最为靠前。其他七省区的总体排名依然处于全国低发展水平之列。例如，青海、宁夏和西藏三地，分别位列全国域名数量排名的第29、30和31位。

表 6—3　　民族八省区 IPv4 地址拥有量

	民族八省区	广西	贵州	内蒙古	宁夏	青海	西藏	新疆	云南
2014	排名	25	31	23	18	24	15	28	29
	IPv4 地址（个）	4，647，835	1，460，748	2，622，707	796，772	597，579	431，585	2，058，327	3，286，683
	IPv4 地址人均拥有量（个/万人）	985	417	1，050	1，218	1，034	1，383	909	701
	IPv4 地址占全国比	1.40%	0.44%	0.79%	0.24%	0.18%	0.13%	0.62%	0.99%
2015	排名	18	28	24	29	30	31	25	23
	IPv4 地址（个）	4，614，636	1，460，792	2，589，508	796，772	597，579	431，585	1，593，543	3，253，485
	IPv4 地址人均拥有量（个/万人）	873	417	1037	1218	1034	1383	714	694
	IPv4 地址占全国比	1.39%	0.44%	0.78%	0.24%	0.18%	0.13%	0.48%	0.98%
2016	排名	17	27	24	29	30	31	25	23
	IPv4 地址（个）	4，665，818	1，487，652	2，637，202	946，680	608，580	439，530	2，028，600	3，313，380
	IPv4 地址占全国比	1.38%	0.44%	0.78%	0.28%	0.18%	0.13%	0.60%	0.98%

表 6—4　　民族八省区域名数、分省 . CN 域名数、分省 . 中国域名数

	民族八省区	广西	宁夏	西藏	青海	内蒙古	新疆	贵州	云南
2016	排名	16	30	31	29	28	26	24	20
	域名数量（个）	522，256	42，549	10，457	45，972	107，501	133，669	188，110	275，182
	占域名总数比例	1. 20%	0. 10%	0. 00%	0. 10%	0. 30%	0. 30%	0. 40%	0. 70%
2015	排名	16	29	31	30	28	27	26	23
	域名数量（个）	376，388	38，130	11，486	25，522	86，570	86，795	136，166	169，587
	域名人均拥有量（个/万人）	71. 26	66. 66	38. 28	48. 42	34. 67	38. 88	38. 88	36. 18
	占域名总数比例	1. 2%	0. 1%	0. 0%	0. 10%	0. 3%	0. 3%	0. 4%	0. 5%
2014	排名	17	24	25	26	27	28	29	30
	域名数量（个）	264，330	22，989	8，645	15，940	63，131	57，172	86，004	111，535
	域名人均拥有量（个/万人）	56. 01	27. 58	25. 25	25. 27	27. 71	24. 56	35. 15	23. 80
	占域名总数比例	1. 30%	0. 10%	0. 00%	0. 10%	0. 30%	0. 30%	0. 40%	0. 50%

截至 2016 年 12 月，我国共有 gov. cn 域名 53546 个，其中民族八省区拥有此类域名 7162 个，占全国该类域名总数的 13. 37%（图 6—8）。最多的是贵州，拥有此类域名 1535 个；最少的是西藏，拥有此类域名 278 个。

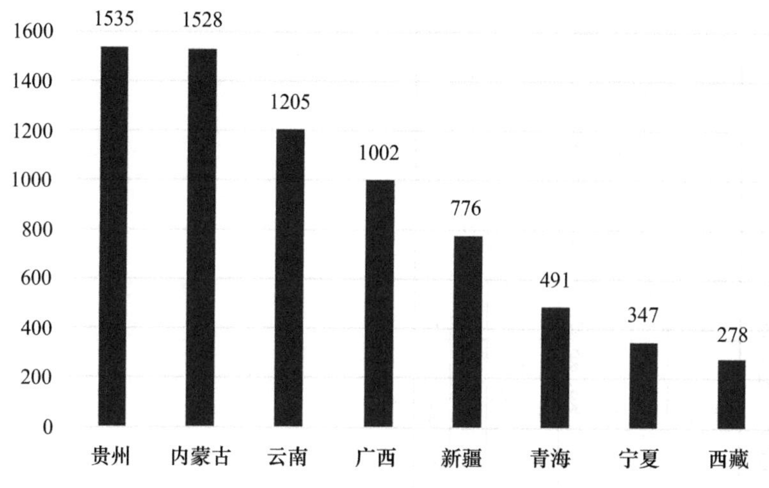

图 6—8　民族八省区域名分布情况

5. 互联网信息建设情况

网站信息建设的统计数据表明（表 6—5），截至 2016 年 12 月，民族八省区网站数量约为 11. 7 万个，约占全国网站总数的 2. 43%（全国网站总数为 482 万个）；网页总数为 3，079，573，323 个，约占全国网页总数的 1. 3%（全国网页总数为 235，997，583，579）；网页字节总数为 149，395，045，903KB，约占全国网页字节总数的 1. 1%（全国网页字节总数为 13，539，845，117，041KB）。

2016 年，民族八省区的网站信息建设量在全国占比较少，从全国人均网站数、网页总数和网页字节数的 PDA 分析综合排名来看，民族八省区的网站信息建设总体处于全国中下水平（表 6—6），广西、云南、内蒙古、贵州、新疆、宁夏、青海和西藏在全国的排名分别为第 19、23、25、26、28、29、30 和 31 位。

表 6—5　　民族八省区互联网信息建设

	民族八省区	广西	宁夏	西藏	青海	内蒙古	新疆	贵州	云南
2015	排名	16	29	31	30	28	27	26	23
	WWW 站点数（个）	36，876	5，051	1，076	2，605	14，499	8，672	13，021	18，727
	网页数（个）	544，731，725	334，951，200	102，444，720	34，051，080	452，043，120	515，367，105	329，923，440	1，303，286，055
	网页字节数（KB）	28，226，426，583	10，409，163，091	7，187，181，567	3，684，968，805	23，535，961，160	20，042，823，862	18，163，391，938	85，153，072，783
2016	排名	19	29	31	30	25	28	26	23
	WWW 站点数（个）	43，281	5，051	1，228	3，524	15，534	10，379	15，491	22，443
	网页数（个）	898，945，013	119，883，614	4，915，396	24，732，937	141，086，211	145，924，093	180，576，357	1，563，509，702
	网页字节数（KB）	50，102，502，038	3，616，100，227	254，909，501	820，408，281	7，032，914，642	6，398，241，885	5，102，327，245	76，067，642，084

表 6—6　　民族八省区互联网信息建设在全国的情况

		WWW 站点数（个）	网页数（个）	网页字节数（KB）
2015	民族八省区	100，527	3，616，798，445	196，402，989，789
	全国	4，230，000	212，296，223，670	14，815，932，917，365
	占全国比	2.38%	1.70%	1.33%
2016	民族八省区	116，931	3，079，573，323	149，395，045，903
	全国	4，820，000	235，997，583，579	13，539，845，117，041
	占全国比	2.43%	1.30%	1.10%

网站信息更新的统计数据表明（表 6—7），除云南外，2016 年民族八省区网站的一周更新状况和一个月更新状况皆高于全国平均水平。六个月更新情况都低于全国平均水平，只有云南、新疆和宁夏的网站六个月以上更新水平高于全国平均水平，达到 56.7%、43.6% 和 49.95%。

表 6—7　　民族八省区网站更新周期网页比例　　（单位:%）

	民族八省区	广西	宁夏	西藏	青海	内蒙古	新疆	贵州	云南	全国
2015	一周更新	4.1	4.0	4.5	4.1	3.3	9.9	4.2	5.3	4.5
	一个月更新	28.7	24.0	34.5	10.4	24.9	39.6	29.4	28.8	24.4
	三个月更新	36.4	37.6	34.2	28.6	41.1	29.2	32.6	39.2	33.0
	六个月更新	21.7	30.3	22.0	37.3	24.9	14.8	20.8	21.2	27.6
	六个月以上更新	9.1	4.1	4.7	19.7	5.8	6.6	13.1	5.6	10.5
2016	一周更新	7.5	10.2	7.0	6.8	9.8	6.7	12.5	4.7	5.3
	一个月更新	20.1	12.7	24.7	33.9	19.3	18.1	25.4	12.6	14.9
	三个月更新	20.0	15.7	27.2	15.2	26.3	18.0	23.4	16.4	19.6
	六个月更新	16.3	11.6	15.0	7.2	15.2	13.5	15.8	11.4	18.1
	六个月以上更新	36.1	49.95	26.0	36.8	29.4	43.6	22.9	56.7	42.1

在网站文种多样性建设方面，2016 年，中文、繁体中文、英文和其他文字网页占比统计数据表明（表 6—8），民族八省区的文种多样性水平与全国平均水平相比总体偏低。其中，西藏网站中文比例比全国低 0.8%，其余七个省区网站的中文比例皆高于全国平均水平。宁夏、西藏和青海三地网站中，无繁体中文的使用。八个省区都有一定比例的英文

和其他文种的网站，但是总体与全国水平相比，仍然较少。

表 6—8　　民族八省区网站文种多样性　　（单位:%）

		广西	宁夏	西藏	青海	内蒙古	新疆	贵州	云南	民族八省区	全国
2015	排名	1	12	17	13	11	29	8	30		
	中文	98.9	99.4	100.0	99.7	99.0	98.9	98.8	98.7	99.18	98.4
	繁体中文	0.1	0.0	0.0	0.0	0.1	0.0	0.1	0.7	0.13	0.7
	英文	0.4	0.0	0.0	0.1	0.9	0.2	0.9	0.2	0.34	0.4
	其他	0.6	0.6	0.0	0.2	0.1	0.9	0.3	0.4	0.39	0.5
2016	排名	6	19	27	20	18	28	7	29		
	中文	99.4	99.9	97.8	99.7	99.6	98.7	99.2	99.5	99.23	98.6
	繁体中文	0.2	0.0	0.0	0.0	0.05	0.7	0.3	0.1	0.79	0.6
	英文	0.2	0.1	1.6	0.1	0.2	0.1	0.5	0.1	0.36	0.4
	其他	0.2	0.0	0.6	0.1	0.1	0.5	0.0	0.3	0.23	0.4

6. 民族八省区网上政务服务发展现状

2016 年 2 月 19 日习近平总书记在党的新闻舆论工作座谈会上强调："要适应分众化、差异化传播趋势，加快构建舆论引导新格局。要推动融合发展，主动借助新媒体传播优势。"因此，如何运用好信息科学的新技术、信息化发展的新平台、信息传播的新方式，成为各级党政机关政务信息传播工作的要点。2015 年 2 月，中央网信办在"政务新媒体建设发展经验交流会"上首次提出"两微一端"政务新媒体的概念。目前，包括 gov. cn 政务网站、政务 APP、政务微博、政务微信公众号、政务头条号在内的互联网政务平台，都成为党政机构发布权威信息、回应公众关注热点的重要平台。截至 2016 年 12 月，我国在线政务服务用户规模达到 2. 39 亿人，占总体网民的 32. 7%。全国共有 gov. cn 域名 53546 个，政务微博 164522 个，政务头条号 34083 个。政府"两微一端"的全面开通表明，政府充分利用新兴媒体平等交流、互动传播，使政府工作达到了新水平和新高度。

（1）互联网政务服务概况

截至 2016 年 12 月，我国在线政务服务用户规模达到 2. 39 亿人，占总体网民的 32.7%。其中，通过支付宝或微信城市服务平台获得政务服务的使用率为 17.2%，为网民使用最多的在线政务服务方式；其次为政府微信公众号，政务服务的使用率为 15.7%；政府网站、政府微信及政府手机端应用的政务服务的使用率，分别为 13.0%、6.0% 及 4.3%（图 6—9）。

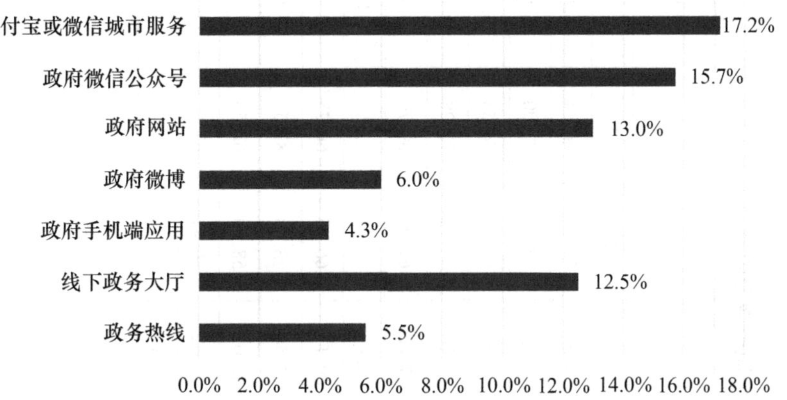

图 6—9　网民各类政务服务用户使用率

2016 年，我国网民在线政务服务使用率已超过线下政务大厅及政务热线使用率。一方面，互联网政务服务平台化、移动化的速度加快，支付宝、微信开通政务服务入口并逐步完善服务内容，微博、今日头条分别开通政务认证微博号及头条号服务，加快线上政务服务布局；另一方面，服务内容不断细化，从车主服务、政务办事到医疗、交通出行、充值缴费等方面，全方位覆盖用户生活。与此同时，资讯类平台内容不断丰富，包括天气、工商、司法、公安等领域在内的微博、公众号、头条号发展迅速。

根据国家行政学院电子政务研究中心发布的《2017 省级政府网上政务服务能力调查报告》所提供的数据以及其网上政务服务能力评价指标体系，笔者将民族八省区的排名以及服务方式完备性、服务事项覆盖性、办事指南准确性、在线服务交互性进行整理（表 6—9）。在评估中进行如下设定：网上政务服务水平 90—100 为指数等级非常高，80—89 为指数等级高，60—79 为指数等级中等，60 以下为指数等级低。

表6—9 民族八省区网上政务服务能力调查

		广西	宁夏	西藏	青海	内蒙古	新疆	贵州	云南	民族八省区
2015	全国排名	6	17	32	19	23	26	7	29	\
	总分	85.01	75.79	60.06	74.55	70.77	66.34	84.60	64.75	72.73
	服务方式完备性指数	82.00	73.00	58.00	79.00	63.00	73.00	95.00	79.00	75.25
	服务事项覆盖性指数	71.28	57.70	54.56	68.64	68.39	54.53	79.55	54.98	63.70
	办事指南准确性指数	94.16	78.97	63.68	78.76	78.72	72.28	79.87	55.97	75.30
	在线服务交互性指数	80.38	88.80	58.94	67.66	61.09	59.79	92.48	83.56	74.09
2016	全国排名	13	23	32	28	30	29	2	21	\
	总分	79.65	73.87	56.33	69.13	66.45	66.73	91.18	75.54	72.36
	服务方式完备性指数	89.95	90.55	58.25	83.58	73.38	83.58	97.00	78.05	81.79
	服务事项覆盖性指数	66.88	67.02	60.94	61.02	58.50	62.53	88.18	65.14	66.28
	办事指南准确性指数	92.68	72.37	50.00	71.62	80.41	67.65	90.18	89.36	76.78
	在线服务交互性指数	68.97	69.70	57.00	63.12	50.52	54.79	91.50	67.91	65.44

从民族八省区网上政务能力调查表（图 6—9、图 6—10）可见，2016 年，贵州网上政务服务水平极高，总分达到 91. 18；其余七个地区的总分皆介于 56—79 之间，网上政务服务能力处于中等水平。且 2015 年至 2016 年，民族八省区的服务方式完备性指数、服务事项覆盖性指数和办事指南准确性指数，总体有所提升。

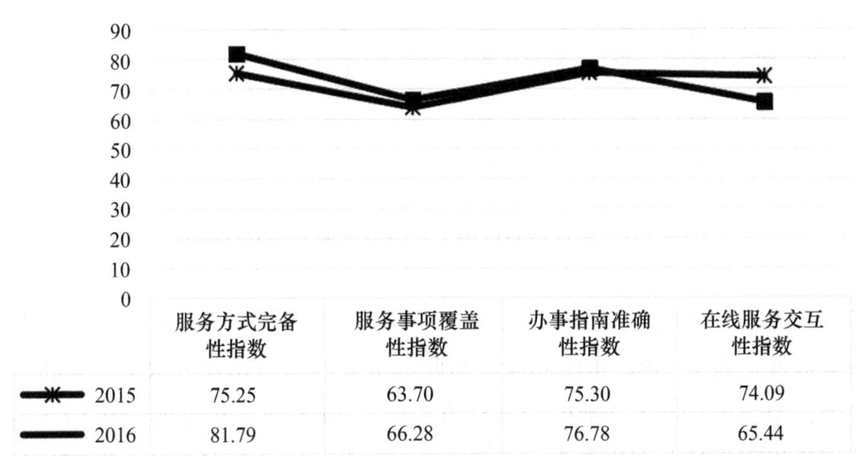

	服务方式完备性指数	服务事项覆盖性指数	办事指南准确性指数	在线服务交互性指数
2015	75.25	63.70	75.30	74.09
2016	81.79	66.28	76.78	65.44

图 6—10　民族八省区网上政务服务能力评估

如图 6—11 所示，虽然 2015—2016 年民族八省区的网上政务服务能力总分整体有所下降，但是其在全国的排名情况有所提升。现总结如下。

（1）民族地区信息化综合发展水平低。信息化指数是一个信息化发展水平的评价体系，是衡量一个国家或地区信息化综合水平和发展程度的指标体系，内容包括信息化基础设施、电信通信服务水平、信息接受能力、信息资源的丰富程度、信息资源的共享程度以及信息资源的开发利用等。根据国家统计局国际信息统计中心提供的信息化指数（2016 年底），北京、上海、广东、浙江、江苏、福建、山东和天津等东部省市始终居于我国信息化发展的领先位置，其次是中部地区，西部地区相对落后。总体来看，从中国东部沿海地区向西北、西南、东北三个方向，信息化发展水平基本呈现出逐步递减的态势。全国信息化平均水平为 72. 45，民族地区均低于全国平均水平。其中广西最高，为 71. 36；新疆

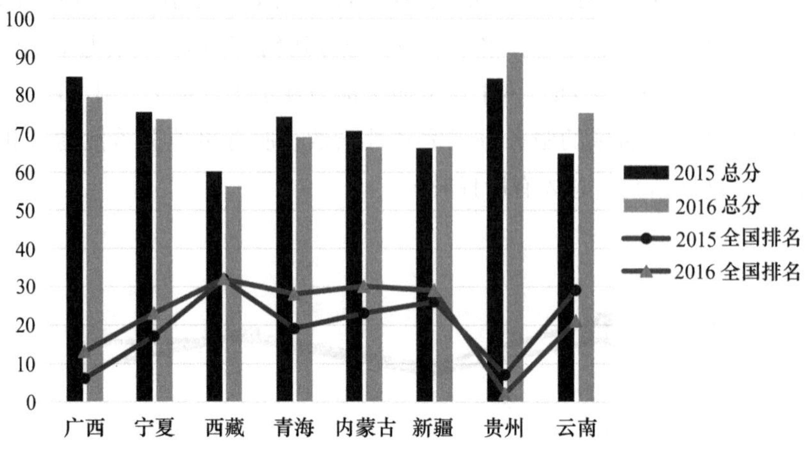

图 6—11 民族八省区网上政务服务能力总分及排名

70.2，贵州 67.08，宁夏 64.34，青海 62.98，云南 59.09，内蒙古 58.08；西藏最低，为 45.49。东中部地区与西部地区的信息化发展水平差距正在拉大，中部地区和东部地区的差距在缩小。2015 年，东中西三个地区的信息化指数增长分别为 7.73 、8.3、7.09，其中中部增长最快，西部增长最慢。这主要由于西部地区地广人稀，西部地区先进的网络基础设施建设和先进信息化应用投入跟不上东中地区的速度（表 6—10、图 6—12）。

表 6—10 2016 年全国信息化发展水平评估各省市信息化发展指数

序号	省份	网络就绪度指数	信息通信技术应用指数	应用效益指数	信息化发展指数
1	上海	95.6	100.05	106.94	99.65
2	北京	97.84	92.75	110.21	98.28
3	浙江	89.78	98.97	101.95	95.89
4	天津	80.96	82.15	121.65	89.57
5	江苏	89.09	83.23	101.23	89.17
6	广东	82.71	92.69	93.66	88.89
7	福建	82.37	77.5	84.71	80.89
8	山东	76.65	72.51	87.28	77.12

续表

序号	省份	网络就绪度指数	信息通信技术应用指数	应用效益指数	信息化发展指数
9	湖北	70.95	76.79	75.24	74.15
10	四川	74.96	73.33	73.07	73.93
11	安徽	64.47	80.82	75.69	73.25
12	重庆	70.92	68.55	81.95	72.18
13	辽宁	77.30	61.06	82.65	71.88
14	吉林	71.99	69.19	75.21	71.51
15	广西	68.75	80.61	58.10	71.36
16	新疆	71.49	76.62	54.78	70.20
17	河北	77.19	64.38	65.06	69.64
18	海南	72.83	74.28	52.58	69.36
19	湖南	66.71	68.98	69.48	68.17
20	贵州	60.48	79.22	55.99	67.08
21	河南	64.93	66.40	68.16	66.16
22	江西	64.65	67.42	65.57	65.94
23	黑龙江	66.48	63	68.25	65.44
24	陕西	68.40	52.21	82.83	64.81
25	宁夏	76.51	57.82	53.02	64.34
26	山西	73.81	53.24	62.83	63.39
27	青海	69.81	61.95	51.38	62.98
28	云南	61.77	61.17	49.58	59.09
29	甘肃	57.16	63.20	50.12	58.17
30	内蒙古	66.82	43.46	69.84	58.08
31	西藏	59.21	33.13	42.75	45.49
	全国均值	73.31	70.86	73.93	72.45

（2）民族地区电信通信服务水平较低。截至2015年，我国信息通信技术应用指数已经达到70.86，民族地区的信息通信技术应用指数均低于全国平均水平。上海、浙江、北京、广东、江苏、天津、安徽、广西8个省市信息通信技术应用指数超过了80，西藏、内蒙古、宁夏、云南、青海等民族地区信息通信技术应用指数均低于65。中西部民族地区的信

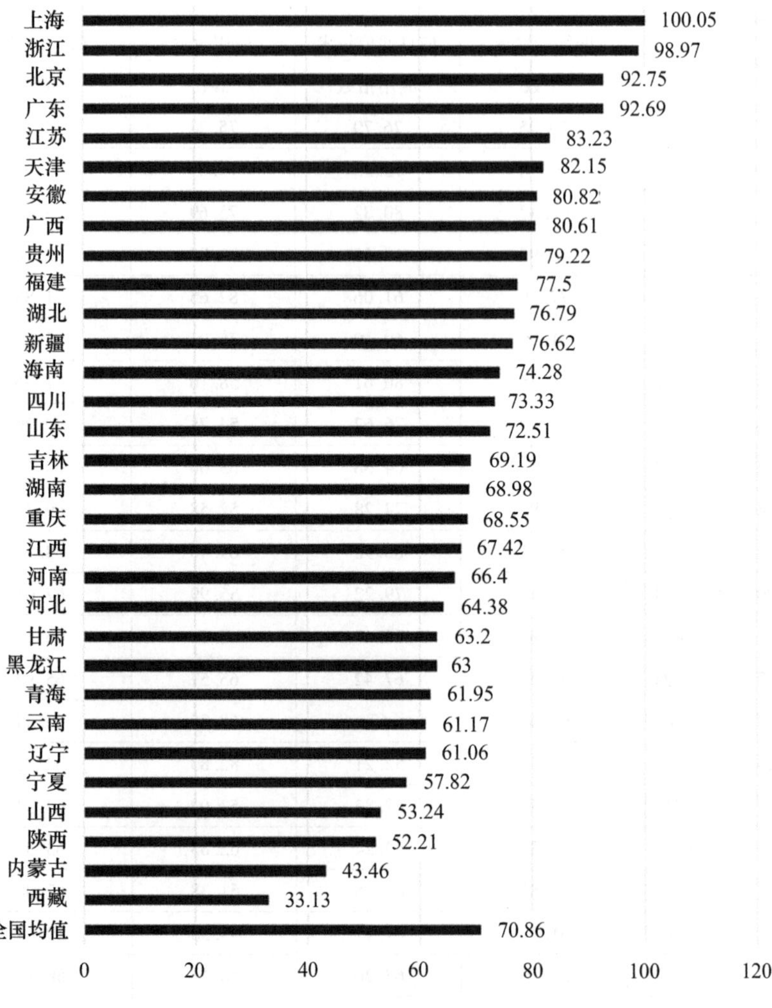

图6—12 2015年全国信息化发展指数

息通信技术应用指数平均值为65.487，低于东部地区的平均水平（85.846）近20个百分点，低于全国平均水平近5个百分点。

民族自治地方政府信息化的现状，既有我国政府信息化的共性成分，又有其自身的特殊内容，总体上具有以下几个特点。

第一，贯穿国家纵向结构的网络办公业务资源系统、网络宏观经济管理系统、金融工程［即金税、金关、金财、金融监管（含金卡）、金审、金盾、社会保障、金农、金水、金质、金旅、金卫、金上、金信、金贸和金智］等网络业务系统建设陆续建成，并取得实效。“两网一站”（即政府内网、政府外网和政府网站）等建设取得了积极成果。初步建立了人口、法人单位、空间地理和自然资源、宏观经济四个基础数据库（即所谓的“四库”）。“两网一站”“四库”等系列信息工程，覆盖了我国电子政务重点建设的方方面面，涉及信息资源开发与利用、信息基础设施建设与整合、信息技术应用等领域，初步构成了我国电子政务建设的基本框架。

目前，民族自治地方政府信息化的机构设置基本完备，与国家和上级政府之间具有明显的对应关系；基础设施和基本数据已全面覆盖，金融工程和“四库”建设工程中的“人口”和“法人单位”数据库的建立，也由国家和上级政府的配套政策资金由上而下得到驱动，并在自治区、自治州、自治县（旗）三个层级上得到较好的贯彻。

第二，政府信息化建设成为一种硬性的政策要求。国家对政府信息化建设的方方面面都有原则性或具体的政策性要求，民族自治地方政府信息化也不例外。但由于自然环境、民族文化、财政资金和人员素质等方面的差异，民族自治地方政府在执行政府信息化政策的主观态度上，主动与被动并存；在建设实践上，原创与模仿并行。这就造成政策性要求的执行效果在民族自治地方政府的纵向上和横向上“参差不齐”的现象。比如，“四库”建设工程中的空间地理和自然资源数据库的建立，以及政府网站的建设，就表现出这一不平衡的现象。民族自治地方政府作为自治机关，对国家和上级政府的法律和政策执行的变通权，成为以上现象的一种政治解释。

第三，信息技能要求成为一种人事制度安排。人是技术的推动者和应用者，是最积极活跃的因素。作为信息最基本的组成部分，民族自治地方政府工作人员的信息技能与一般地方政府相比较，在人数总量、个人能力上相对较弱。而且，这一现象因为受到人员更新周期和人才流失两个方面的影响而在今后一定时期内继续存在。因此，引进人才、培训培养人才、留住人才，是民族自治地方政府的目标，同时也要把信息技能作为公务员招录的考核内容，并以人事制度的方式予以确定下来。招录专门的信息科技人才以充实工作人员队伍，这种信息技能制度的确立以及培养信息人才的发展目标，本质上是受计算机和网络技术在民族自治地方政府的逐步普及所推动的。

第四，公文交换系统成为一种实践共识。信息基础设施是公文交换系统的必要条件，办公自动化是公文交换系统的基础，公文交换系统是办公自动化的延伸。近年来，各级民族自治地方政府建设公文交换系统已经成为普遍现象。信息基础设施的完善为公文交换系统创造了条件。办公自动化的，打好了公文交换系统的基础；公文交换系统的实用性和高效率，又促进了民族地区办公自动化的延伸和深化。部分自治县政府因为上级政府或周围部门开通公文交换系统的压力或示范作用，有跨越或缩短办公自动化阶段的现象。信息基础设施在民族自治地方的覆盖率，决定了公文交换系统的覆盖率。建立涵盖或部分涵盖自治区、自治州、自治县（旗）以及它们的下级政府的公文交换系统，已经成为各级政府及其工作人员的共识。

第五，政府网站建设成为一种形象潮流。1999 年，国家全面部署了“政府上网工程”，拉开了全国各级政府网站建设的序幕。民族自治地方政府在国家政策的要求、其他地方政府的示范、民族群众的呼唤下，逐步认识到政府网站是树立和宣传政府形象的虚拟窗口，并逐步建立起自己的网站。民族自治地方政府网站的内容，除了实现职能职责、办事流程、政府信息等内容的公开外，还增加了民族文化的相关栏目。从第十届（2011 年）中国政府网站绩效评估结果来看，民族自治地方政府网站与往年相比有了较好的发展。

例如，广西壮族自治区政府位居省级政府网站第 24 名，在五个自治区政府网站建设中居于领先地位。部分自治州政府网站也获得了较好的名次。又如，新疆的巴音郭楞蒙古自治州政府网站排名地级市政府第 64 位、云南的德宏傣族景颇族自治州政府排名第 109 位、贵州的黔西南布依族苗族自治州政府排名第 168 位。

四 信息化理论对民族地区社会治理的价值分析

（一）信息化推动社会治理创新

1. 政府门户网站是政府与民众信息交流站

第一，政府信息的效用增值。首先，电子政务网络的共享特性使来自不同政府及其部门的政府信息实现了共享。政府信息通过网络延伸到了每个公务员的办公桌面，使原本分散的信息通过系统界面集中到了一起，为共享创造了条件。政府信息制作统一规范，宽带提速后，传输速度大幅度提高，不同部门、不同岗位各种资源信息方寸间一目了然，交换周期大为缩短，使得政府信息的检索和获取极为方便、快捷、准确。政府信息成为了一种资源，也提高了政府信息的作用和效率。其次，信息资源丰富多彩，包括集中式的和分散式的、文字形式的和图片形式的、表格数据、视频信息，可以满足需要者的不同的需求。再次，信息获取成本低廉，效率高效。政府信息使得政府上下之间、政府部门横向之间获取完整的政府信息的人力成本、物力成本、财力成本和时间成本等降低到了前所未有的程度。最后，信息利用高效。地方政府统一建设的电子公文交换系统，是提高政府信息交换速度、降低政府信息制作、发送和获取成本的系统典型，基本实现了无纸化办公。各级政府所属的档案馆，利用信息技术实现了城建和公文等档案的电子化，将原本装满几个楼层的档案经过扫描等方式，缩存储到了几十张光盘中，使档案工作从原来的被动保护转变到了综合利用状态。

如果说电子公文交换系统提高了政府信息的时效性，那么，政府城建和公文的电子化则是提高了政府信息的可追溯性。

第二，政府信息在政府决策中的基础作用增强。传统的公文制作和发送均使用手工方式，经常发生文件漏发、错发、多发和发送延误等情况。而通过电子政务网络，信息发送实现了全覆盖和实时到达，将过去漏发、错发、多发和发送延误等情况的可能性降低到了最小程度。同时，电子公文系统对公文实行统一规范管理，每个文件都有对应的标题、文号、类别和主题词的标引，便于针对某项工作全面地、准确地检索查阅，为政府准确决策、科学决策和快速决策打下了坚实的基础。

第三，信息互动高效。政府门户网站是政府向社会公众公开政务信息的平台。政府门户网站的信息交流体现在信息的服务和交互上，政府通过门户网站，把政务信息、政府公告、政策法规以及新闻动态及时准确地向社会公布，让社会公众知悉政府的政策、施政治政行为，引导社会公众朝着政府期待的方向前进，或者支持政府的施政治政行动，接受公众社会监督。与此同时，政府通过信息公开、简政放权、网上办公，方便公众进行网上申报、审批，简化办事程序，节约办事时间。有助于政府信息和民意的互动交流，对于地域偏远、信息闭塞的边疆民族地区而言，是一个难得的信息互动平台，也是一个难得的信息传递和交流驿站。信息化实现了政策法规的贯彻执行和公权力的公开透明服务，提高了政府的社会公信力。

2. 政务服务窗口

政府信息化不仅仅在政府和社会公众之间具有信息交流站的作用，还具有政务服务窗口的作用，而且政务服务的作用日趋重要①。政府门户网站的政务服务窗口也是行政事务的办理窗口，一般以场景式服务大厅呈现办事指南、在线办事、在线证件办理等栏目的设置，民众只要在终端设备上登录，进行有效的数字签名和认证后，按照提示或设置要求，就可以向政府的某一部门提交自身的信息资料或完成某些政务事务上的信息处理，减少办事时间，减少路途往返，更可以降低纸质办公以及空间距离的各种费用，提高办事效率②。

3. 民意反馈地点

传统媒体很难全面、真实地反映出普通公众的心声，而网络时代政府门户网站及时公布政府的施政信息，开设新闻跟帖、领导信箱、网上举报、意见建议等栏目，极大地方便了社会公众参政议政和建言献策，激发了民众的主体意识和主体地位，民众通过浏览信息、了解政策、把握动向，一方面明了政府的施政指向，有助于民众主动适应并调整自己的社会行为；另一方面有利于民众监督政府及其工作人员的作为，提出改进的意见和建议。民众表达的观点和发表的看法，是政府正确决策的民意反应和施政效果的民意反馈，有利于政府改进工作作风和施政决策。

4. 舆情引导场所

随着网络技术的普及特别是智能终端的普及，政府必须高度重视网络舆情危机。在中国社会转型过程中，不可避免会发生经济利益、文化观念方面的冲突。政府门户网站因其信息发布的权威性、及时性，应该

---

① 孔飞飞：《我国政府门户网站建设成果及存在问题浅析》，《经营管理》2012 年第 2 期。

② 孙腾：《政府门户网站服务功能的现状及改进方向分析》，《山东轻工业学报》2013 年第 3 期。

成为舆情危机潜伏期的预警平台、初发期的疏导平台、发展期的沟通平台、消弭期的稳定平台。应对新媒体时代的网络舆情危机，可以有效化解社会矛盾，维护社会秩序，考验政府的执政智慧和危机管理能力。政府要借助其权威性的信息发布和处置事件的能力，体现政府对事件的态度，协调多个危机管理部门形成事件的阶段性处理意见，通过政府门户网站及时准确地发布出去，舒缓民众情绪。这样有助于化解社会矛盾，积极主动引导舆情走向，把控事件的发展过程。

5. 政府信息公开地点

政府应当尽量让社会公众知晓那些可以知晓的政府信息。政府信息化则是赋予了公开政府信息新的方式和新的效果。

第一，政府信息化拓展了政府信息的表现形式。政府信息是指行政机关在依法行政过程中，以一定形式记录、保存的信息。是政府行政行为的真实反映。政府信息化为政府信息提供了数字化的表现形式，通过信息技术形成，让计算机接受和存储，并在网络上传输和获取政府信息。电子信息与纸质政府信息相比，数字化的政府信息具有易保存、占用空间小、易复制、易群发的特点。

第二，政府信息化为政府信息公开提供了新的渠道和途径。政府在公共图书馆等公共服务窗口或场所，设立信息公开栏、电子信息屏等设施，为社会公众查阅、获取政府信息提供便利。如云南省在全省市（州）、县（市、区）设置的触屏式政务“信息岛”，包含政府信息、政务服务、机构查询、民生服务、天气状况和新闻浏览等内容，免费为公众提供全天候、自助式的信息查询服务。

这种模式的政务信息，有利于加强党和政府与群众的联系，增进民众对政府的了解，提高政府管理水平和服务社会的效率；有利于发挥政府信息服务经济、社会、民生的作用；有利于加强社会管理和社会建设，具有重要的政治效应和社会效益。

第三，政府信息化为政府执政信息公开提供了新方式。2011 年年底，国务院各部委和 31 个省、自治区、直辖市人民政府建立了门户网站，330 个地级市，90% 以上的县级人民政府建立了政府网站。全国政府网站总数达到26477个（以gov. cn域名数计算）[①]。政府门户网站的政府信息主要包括政府负责人信息、机构职能概况、政策法规、经济数据、政府行政信息、经济社会发展热点，等等。政府网站成为政府信息化建设的重要内容，是我国各级政府及其工作部门为了履行政府职能，进行政府信息公开、提供在线服务、实现政府与公众的互动交流的重要平台。政府各级网站的建立，为我国各级政府及其部门依法公开政府信息，奠定了坚实的基础。办好政府网站，有利于保障公众知情权、参与权和监督权，促进各级政府依法行政，提高社会管理和公共服务水平。

6. 提高政府回应性

政府信息公开和政府网站互动功能建设，改变了过去的单向传递方式，使正向社会回馈成为可能。在政府公开信息的同时，还会让政府通过互动，从社会获取对政府政务的反馈信息，这就不可能回避政府的回应性问题，即对公众和公共信息的回复或回答，采纳公众意见和建议。政府的回应性是现代透明政府和责任政府的基本特征，是指政府、政府各部门及其工作人员对人民群众的要求做出反应的状态和程度。政府回应性的快慢高低，反映了政府的行政能力，影响公众对政府服务能力的综合判断。

首先，政府回应是形式回应和实质回应的统一。信息化社会和政府信息化，政府与公众互动的方式越来越多，互动的内容也越来越广泛。政府与社会互动经历了从不习惯到习惯、从不熟悉到熟悉、从政府被动到政府主动的发展过程。公众参与社会管理的愿望越强烈，政府回应性就会越频繁，形成和谐的良性互动。政府回应包括形式回应和实质回应两种。形式回应是一种应景式回应，是指政府工作人员采用一定方式对公众要求表示知晓的事情进行答复，但并不一定从心理和行为上认同公众要求；实质回应是一种真实意思的表达，是对公众的尊重，是民主与法治的体现，是指政府对公众需求的实质性满足，是心理和行为上的认同，以及政府运用政府信息、政府网站或公共政策对公共需求的引导，提供优质的公共服务，真正体现了政府的服务性。政府回应是形式回应

---

① 中国互联网络信息中心：《第30次中国互联网络发展状况调查统计报告》，百度文库2012年7月（https：//wenku. baidu. com/view/c07d543531126edb6f1a1079. html）。

和实质回应的统一，两者缺一不可。形式回应是实质回应的基础，政府回应通过形式回应表达，让公众了解政府的态度；实质回应则是形式回应的目的，体现政府公共服务理念。要把二者有机结合起来，不能只有形式回应的“上文”，而没有实质回应的“下文”，导致公众对政府的公信力产生怀疑；也不能直接进入实质回应过程，而忽略形式回应过程的缓冲作用。

其次，政府信息公开和政府网站互动功能的实现，是政府回应的重要途径。政府信息公开具有及时、准确、全面、全覆盖的特点。政府信息公开网站与政府门户网站，是通过使用网站链接方式或者使用同一网站域名紧密联系为一体的。政府网站栏目一般采取通用设置，包括政府信息公开、在线行政许可服务、在线访谈、热点解答、网上咨询、行政首长信箱和公众监督信箱等。有些政府网站还有网上调查、网上听证、网上评议等项目，这些事项与政府的重要决策和与公众利益密切相关。因此，通过政府网站，政府可以及时了解和掌握各个方面的信息，社会和公众可以查阅和获取所需要的政府信息，并对信息进行自主评价，通过政府网站参与政府和社会以及公众的互动。针对不同的信息来源，政府或政府部门通过面对面咨询解答，通过行政服务机构的窗口答复，通过网站的互动界面沟通，及时做出回应，消除风险隐患。

最后，政府网站建设对于提高民族自治地方政府透明度乃至政府回应性具有重要意义。政府透明度的高低与政府管理能力和水平的高低密切相关，与政府公众互动、政府的回应性紧密联系。公众总是选择最便捷、最有效的途径来表达意愿或者建言献策。据《中国行政透明度报告2010—2011 年度》，在全国行政部门透明度的评测中，我国民族自治地方政府的透明度得分普遍较低，与其他同级政府相比，自治区政府和自治州政府排名靠后。报告调查了全国 30 个省级行政单位（西藏未调查），综合考评中，新疆列最后一名。在单项测评中，内蒙古自治区政府网站首页设置了搜索栏，输入关键词（如内蒙古、牧业、政务等）进行搜索，结果或者为“对不起！没有查询到有关信息”，或者显示为乱码，无法获得查询结果。在 30 个省级行政单位“依申请公开”的调查中，得分最高的是重庆，得 15 分；得分最低的是甘肃、湖南、新疆和山西仅得 2 分。全国无一单位获得满分。对于评测员提起申请公开的检测性案例，得分最低的几个省级行政单位均未答复。以上事实说明，民族地区或者民族自治地方政府透明度较低，政府决策过程比较封闭。行政透明度低和决策过程封闭，会影响公众对政府的认可度，对自己的意见或建议能否影响到政府决策，政府决策的具体过程怎样，都心怀疑虑。在这样的情况下，公众对参与政府互动的热情会逐渐消退，有可能借助其他媒体甚至采用对抗性手段，迫使政府回应公众需求①。

7. 实现信息扶贫

信息扶贫是我国在信息化建设与发展中的扶贫新形式，是为解决贫困地区的经济贫困问题的一种扶贫思路和方式，指政府和社会加强信息基础设施建设，让更多的人借助于网络技术和海量信息来获取发展所需的信息知识，以解决信息贫困和经济贫困问题。根据国务院扶贫办官方网站《国家扶贫开发工作重点县名单》，全国 592 个贫困县中，西部省份有 375 个，占 63% 以上。其中内蒙古 31 个，广西 28 个，新疆 27 个，宁夏 8 个（西藏被列为国家特殊扶持区，不计算在内），四个自治区就占了西部省份的四分之一。民族自治地区的贫困是经济、公共物品和公共服务贫困的综合贫困。在信息化时代，民族自治地区落后的通信设施使信息资源比发达地区更加缺乏，经济发展的速度跟不上全国的步伐，贫困带来的矛盾日益突出。科技部与联合国开发计划署合作开展的“中国科技信息扶贫能力建设”项目，是我国的信息扶贫工作启动的标志，我国的信息扶贫工作初具成效，并发挥了积极的作用。

信息扶贫有四个方面的作用。一是吸引社会关注和帮助。通过专门的扶贫网站或网页，如国务院扶贫办网站，向社会各界真实全面反映贫困地区的贫困状况、扶贫需求，引起社会各方力量的关注，从人、财、物上给予贫困地区相应的帮助。二是实现信息共享。民族自治地方政府应集聚人力、物力和财力，建设建成包含扶贫对象、贫困因素、扶贫信息和意向扶贫对口单位、扶贫进展、脱贫信息等内容的扶贫数据库，有效利用开发贫困地区信息资源，让社会共享。三是加快信息基础设施建设向乡村延伸。借助政策优势，制定基础设施向乡村延伸规划，加大资金投入，信息基础设施建设由政府、社会、贫困地区共同投入、共同开

① 严国萍：《回应性：政府信息公开的关键》，《中国社会科学报》2012 年第 2 期。

发，尽早尽快实现互联网在乡村的全覆盖，让乡村能够便捷地获取经济信息、脱贫致富信息。四是开展信息培训和输送信息人才。政府人事劳动等相关部门要有针对性地开展信息培训，分层次、分对象提高信息培训的效果，带动乡村信息建设、信息使用、信息学习的热潮。出台人才引进工程，吸纳优秀人才到民族贫困地区进行信息化建设与推广，通过多种手段和措施，提高贫困地区干部民众的信息素养和信息能力，准确掌握各类科技、经济信息，以达到脱贫和致富的目的。

（二）信息化推动政府组织变革

1. 线上线下结合，组织更扁平

与工业社会相适应的传统的政府组织是科层制组织结构，其主要特征是纵向权力层层节制，下级对上一级负责；横向职责分工明确，部门制衡相互协作；制度命令繁文缛节，公文材料流程复杂。其最大的优点是比较容易达成组织目标。进入信息化时代，政府组织的科层制结构缺乏弹性、灵活性差、对外界变化适应能力弱的缺点显露无遗。随着信息化、全球一体化的发展，政府以往既定的职能分工已经不能完全涵盖越来越多的社会经济事务，经常发生一些新出现的社会经济事务政府部门互相“打架”或“踢皮球”，有利的抢着要，无利的往外推，职能建设滞后于经济社会发展。在传统结构下，出现突发或者公共危机事件时，政府获取相关信息比较迟缓，信息层层上报，延误时机，决策过程链条长，不能快捷、及时、准确对突发事件或者公共危机进行处置，错过最佳处置时机，导致事态进一步扩大，并形成更大的社会危害。科层制按照规程办事，大事小事都有程序，层层上报层层审批，人人负责最后人人都不负责。这些弊端造就了政府办事“门难进、脸难看、事难办”的现状。要解决传统政府组织的科层制结构性弊端，政府信息化为这种变革提供了可能。信息化对政府组织结构的变革的影响主要体现在以下几个方面。

第一，政府组织结构的虚拟扁平化。传统扁平化理论是指减少组织管理体系的纵向层级，扩大管理横向幅度。虚拟扁平化与传统理论不同，政府组织结构的虚拟扁平化基于政府信息化基础，根据政府信息的交换速度和覆盖程度，在社会经济事务扩大的现实条件下，在政府系统人员规模不变的情况下，扩大政府组织管理幅度，通过政府网络的互联互通，上下层级政府间信息的交换速度提高，有效消除传统政府信息交换层级障碍，达到了“扁平化”的效果。与此同时，借助信息网络技术，政府部门在不增加运营成本和人员的情况下，工作人员处理行政事务和服务公众的能力和效率大幅提升，实现了“扩大管理服务幅度”的目标，信息化促进政府系统实现了沟通畅通、运转高效的虚拟扁平化。

政府组织虚拟扁平化，降低了多级政府体系边际成本，与传统的扁平化理论的初衷是一致的，并在广度和深度上增强基层一级政府的权限和高层一级政府的社会经济掌控力。民族自治地方政府机构设置从上到下层级是省（区）、州、县三级。“省管县”一直是改革的难点。根子在于“省管县”与现行的民族自治地区的行政管理体制——自治州政府是一级民族自治机关，有矛盾和冲突。民族区域自治制度是国家基本政治制度，省管县的结果，是自治州边缘化，自治州就徒有其名。按照传统的政府组织结构扁平化操作，将“省管县”在全国作普适性的推广铺开，必然解构民族区域自治制度，这会产生巨大的涉及方方面面的矛盾和困难。运用信息化实施“省管县”的虚拟扁平化，可以推动省、自治州、县三级政府在广度和深度上发挥自身作用，降低行政边际成本，增强县级政府的权限。因此，加强自治州政府的信息化建设，可以提高省级政府的经济社会掌控力，用信息化来解决民族自治管理体制与“省管县”改革的矛盾和冲突。

第二，政府组织结构的弹性化精简。我国历次政府机构改革，并不是按市场和机构运行规律的改革，往往对机构和人员数量减少采取单一地、机械地“一刀切”的做法。但从政府改革的实际情况看，机构改革方案中的机构的减少只表现在文件上，更多的隐形和临时部门（机构）如雨后春笋。机构减少和相应的人员的减少，按身份不变、工资待遇不变的“老人老办法”惯例，继续保留在公务员队伍中，实质上人员数量并没有根本减少。

中央机构改革思路转变为下放权力的审批制度改革后，各地响应热烈。“精简、压缩、下放行政审批事项”全面兴起，或者将几个事项“打包”成一项，或者将一些不重要的基础性的环节下放，但关键的核心的权力环节保留，工作总量没有减少，相关事项没有减少，审核、审批的过程没有减少，审批制度改革前后的变化并不明显，作用和效果与改革的目的也有很大差距，政府的一线工作人员的工作量和各级地方政府的事项总量有增无减。历史发展的事实告诉我们，随着社会和经济的发展，社会经济事务的总量是不断增加的，减机构、减人员的政府机构改革并不完全适应经济社会发展的需要。信息化时代为适应经济社会的发展实现弹性化精简提供了条件，从中央到地方，近年来实施的“大部门制”改革就是这样的一种改革。即整合相关机构以减少数量。部门越多，分工越细，掣肘越多，协调越难。整合后人员总量不变，部门管理幅度加宽，承担更多的社会经济事务。在民族自治地方，适当减少上级政府机构和人员数量，充实到基层政府及其一线部门。而不仅仅是照搬“大部门制”改革。原因有两个。一是民族自治州地方越到基层矛盾和纠纷就越多，经济差距就越大，迫切需要加强基层政府特别是乡级政府的力量建设。二是民族自治地方政府信息化建设越到基层越落后，基层政府特别是乡级政府的信息科技人才匮乏，信息采集的能力低下，信息化建设几乎处在空白状态，信息技能的普及更是无从谈起。具体来说，信息化条件下民族自治地方政府组织结构精简有二。一是减少数量。机构按市场需求进行整合，让更多的部门和更多的人员承担更多社会经济事务，提高行政效率。二是充实一线人员，将上级过多的管理部门和管理人员充实到最需要的基层一线政府及其部门，提高公共服务能力。

2. 促进政府流程再造

政府流程再造是指科学改造政府运行流程、政府行政管理水平以适应市场经济发展和公众需求，提供更加优质高效的社会公共服务，进一步降低行政成本，提高行政效率。20 世纪 90 年代在美国等西方国家兴起了新公共管理运动。我国政府流程再造是行政审批制度改革的组成部分，政府信息化与政府流程再造是紧密联系在一起，着眼于政府及其部门的具体业务流程的合理性、科学性、效率性、服务性，在服务型政府的建设实践过程中，各级地方政府加以展开，并与政府信息化发展相适应。

根据政府流程再造的理念，民族自治地方政府开展了相应的实践，但实际效果与设计大相径庭，主要有两个原因。一是政府管理能力弱，“重人治、轻法治”。首先，少数民族普遍信奉原始信仰和宗教，在当地文化中存在的“宿命论”思想，造成民族自治地方政府缺乏主动服务的思考和主动改革的动力。其次，“等靠要”的消极作风，造成工作创新和政策创新滞后，政府管理能力低迷不前。最后，等级崇拜和民主观念缺乏，“重人治、轻法治”的情况还没有根本改观。二是政府管理缺位与越位普遍，职能转变形式主义倾向严重。政府职能转变“重形不重质”，管理方式“重人治、轻法治”带来以言代法、以人代法、以权代法，行政过程中缺位与越位现象时有发生。转变政府职能写在“文件”和“总结”上面，但落后不到管理的行动上面。按政府流程再造的制度设计，民族自治地方政府学习借鉴发达地区政府“一站式”服务机构的经验和做法，设立了行政服务中心，有的推广到了民族自治县下属的一些乡镇政府，但大多数成为摆设，实际效果流于形式。这与民族区域自治相关的地方性立法覆盖率不高、很多法规条文规定比较抽象、具体的操作条款与实际运用有很大差距等因素有关。

民族自治地方政府信息化条件下的流程再造，包括以下几个主要方面。(1) 申请受理便捷化。改变过去条块分割、部门分散的受理方式，拓展受理渠道，开展电话预约、网上申报、行政服务中心集中统一办理等多种受理方式 ，实现“一站式”服务。(2) 行政许可集中化。适当地集中行政许可协调权，涉及多个机构办理的，统一由一个指定机构受理行政许可申请，政府部门内部按流程办理完善后，由指定受理部门统一送达行政许可决定。(3) 审批事项联动化。两个以上的部门分别实施的行政许可，实行联合办理、集中办理。(4) 受理告知一次性。受理部门和工作人员受理公众首次申办事项时，对申办需要的相关材料、资料、办理程序、环节、办理时限等要求一次性告知，以减少公众的往返时间。(5) 审批时间限时化。明确每一项行政许可的最长办理时限，并书面告知办理人。(6) 行政事项信息数据化。量化或模型审批流程，共享行政事务信息，建立政府信息化的数据库，提高服务水平、服务能力和服务效率。

(三) 信息化提升民族地区政府社会治理能力

政府的公共管理职能包括政治管理、经济管理和社会管理三个基本方面。政府信息化对政府组织变革和政府流程再造的推动，都是围绕着政府的公共管理职能而发生作用的，最后都要体现为公共管理能力的提高。民族自治地方政府的公共管理与一般地方政府相比，侧重点有所不同，特殊性也很明显。信息资源作为政府资源的组成部分，是政府综合能力的要素。信息化提升民族地区政府社会治理能力的功能作用，主要有以下几个方面。

1. 民族语言文字的信息化促进民族文化交流和经济社会发展

我国是多民族国家，民族语言文字具有多样性、地域性、民族性、时代性的特点。民族语言文字是文化交流的主要工具，是历史文化的继承与发展。保护和发展民族语言文字，是民族自治地方自治法赋予民族自治地区行使文化自治权的一项基本权力，也是政府政治管理的需要。大力开展民族语言文字的信息化工作，有利于强化政府管理，提高政府服务能力；有利于弘扬民族文化，促进文化交流；有利于促进民族地区经济社会发展，推动民族群众和民族自治地方吸纳新知识、新观念，跟上时代发展的步伐。民族语言和谐发展，对于维护国家统一、民族团结，抵制西方文化的侵蚀，促进社会、经济、文化的共同发展具有积极作用。

2. 信息化建设具有基础性地位

信息是政府进行公共决策的依据，是政府开展公共活动的前提和基础。民族自治地方政府受到信息化基础条件差、信息化建设落后、信息人才和知识缺乏等因素的影响，对信息化建设和信息化在管理中的作用认识不足，形成公共服务水平不高，公共管理能力偏低，公共决策不科学等的局面。改变这种状况，就要高度重视信息化建设，确立信息化建设的基础性地位。只有科学规划，高起点建设，合理利用，完善决策体系，充分听取专家、群众等方方面面的意见和建议，健全网络支撑体系，建立政府决策支持、政策咨询和政策评估三个层面的网络系统，全面、准确、及时地掌握和运用信息，才能从经验决策向科学决策转变，确保公共决策和公共政策制定的民主化、规范化和科学化。

3. 信息化增强政府的社会控制能力

经济信息化、市场化和全球化的滚滚浪潮，形成一股不可逆转的趋势，推动着社会转型发展与进步，推动着民族自治地方由传统农业、牧业经济形态向现代工业文明阶段、信息文明阶段的经济形态发展，由自给自足的自然经济向现代化的市场经济转型。剧烈深刻的社会转型，造成民族自治地方区域内部、区域与区域之间的思想观念、社会结构、经济体制、收入差距等一系列的矛盾冲突和不稳定因素。在信息化建设中出现的信息分化和“数字鸿沟”，往往加深了这些矛盾和冲突，制约着民族自治地方的稳定与发展。社会控制能力是政府维护地方社会秩序的能力。民族自治地方政府要把信息化建设与处理好民族和谐关系、宗教问题和其他社会矛盾结合起来，制定科学的信息化政策，加强信息基础设施建设，培养引进信息化人才，合理配置信息化资源，缩小信息分化和“数字鸿沟”，充分发挥信息化沟通的疏导作用、政府政策的宣传引领作用，努力提高民族自治地方政府的社会控制能力，保障民族自治地方社会和谐有序发展，保障经济稳定运行。

4. 信息化为建设学习型政府、创新型政府提供了条件

工业化、信息化和知识化是现代化发展的三个阶段，而信息化为知识经济的到来和发展提供了基础保障。知识经济是以知识为基础的经济，是建立在知识的生产、分配和使用（消费）之上的经济。信息化时代带来了知识的快速迭代，科技进步日新月异，创新潮流交互激荡，使终身学习成为必要。政府在信息化和知识经济时代的发展潮流中要立于不败之地，就要面对市场经济、全球化、信息化和知识化带来的新知识、新技术、新问题和新挑战，建设学习型、服务型、创新型政府是明智之举，应对之策。而政府信息化提供了知识获取和共享的新空间，利用知识创新的新场域，为建设“三型政府”（法治型、服务型、廉洁型）奠定了坚实的基础。民族自治地方政府相对经济发展落后，思想观念落后，信息化建设落后，更要加快建设学习型政府的步伐，通过知识的更新和提高，创新发展理念，提高公共服务能力和水平，推动民族自治地方的跨越式发展。

总之，信息资源作为政府资源的重要组成部分，是政府能力的支撑要素，政府信息化是民族自治地方政府公共管理能力建设的重要举措。

第七章

法治理论与民族地区社会治理

法治作为现代文明社会的理性选择，是人类经过漫长的历史实践并付出巨大代价的探索结晶。无论古今中外，公正和正义都是“法”的基本含义。法治存在和发展的根本动因在于合理解决自由与秩序、权利与权力等社会生活中的主要矛盾，从而维护社会正义，推进社会进步与发展。法治的制度载体中，始终反映出实现社会正义的核心理念。

一　法治理论的提出

（一）西方法治理论溯源

“法治”是一种控制权利以实现社会秩序和正义的方式，其最早来源于西方。古希腊学者亚里士多德最先提出了法治理论，他所提出的法治理论的核心观点就是法律至上，提倡“法制”和“法治”的权威高于人治，这一观点使西方形成了长达两千年的法治传统。他在《政治学》一书中提出，法治应包含两重意义：已成立的法律获得普遍的服从，而大家所服从的法律又应该本身是制订得良好的法律。这一解释主要是源于法律本身的要求和社会的法律实现程度，它揭示了法治的两个基本属性，即法律权威性和法律本身的优良品性。亚里士多德对“法治”这一内涵的解释表明，法律作为法治的基石，首先它得是一部良法，“相应于城邦政体的好坏，法律也有好坏，或者是合乎正义或者是不合于正义”①。

古希腊哲学家柏拉图也明确指出，法律的制定必须是正当合理的，

① 亚里士多德：《政治学》，吴寿彭译，商务印书馆1965年版，第199页。

是为维护全体人民的利益和正义而产生的，而不是为了某个人或某一小部分人的私利而制定出的。柏拉图最初看重“贤人治国”这一治国观点而忽视了法律的作用，但是，他的“贤人治国”的想法在实践中证明是错误的。之后，他才通过自己的晚期著作《法律篇》中表达出法律其实也是比较重要的想法，将法律说成是“第二好的”，是继“贤人治国”后非常重要的。同时他认为：“人类必须有法律，并且必须遵守，否则他们的生活就会像最野蛮的兽类一样。”①

亚里士多德进一步强调：“法律的实际意义却应该是促成全邦人民都能进于正义和善德。”亚里士多德认为，只有好的法律才能够成为治理国家的基础，并且全社会的公民都严格遵守法律，才算达到“依照法律治理国家”的目的。“良法”的提出表明了法治的价值判断和标准，同时也表明了法律不应该受到主观因素的影响。因此，法治比人的统治要好，如果一个国家有着良好的法治基石——法律，那么统治者就应该严格依法治国，但这也并不代表着代替法律行动。同时，亚里士多德在《政治学》一书中提出了守法理论。他指出：“邦国虽有良法，要是人民不能全都遵循，仍然不能实现法治。”而且，“法律所以能见成效，全靠民众的服从，而遵守法律的习性须经长期的培养，如果轻易对这种或那种法制常常作这样或那样的废改，民众守法的习性必然消减，而法律的威信也就跟着削弱了”②。

国家应当加强对公民守法精神的培养，绝对不允许出现破坏或反对公民守法精神的行为。罗马取代了古希腊的统治地位之后，建立了拥有完整法律体系的庞大的古罗马帝国。这个帝国十分重视法律，他们制定了十二铜表法，逐渐形成了一套完整的罗马法体系，这是历史上第一套比较完整的成文法，它明确地将公法与私法区分开来，并为此制定了标准，确立划分了单独的法学家阶层。但是，罗马在具体的法治实践方面没有太多成就。

就法治本身而言，只有古罗马法学家西塞罗主张过法治。与亚里士多德一样，西塞罗主张法治优于人治。他强调法律至上的权威性，认为

---

① 柏拉图：《法律篇》，张智仁、何勤华译，上海人民出版社 2001 年版，第 213 页。

② 亚里士多德：《政治学》，吴寿彭译，商务印书馆 1965 年版，第 199、148、138、81 页。

全民谋求福利就是法律的最终目的。西塞罗指出："执政官的义务就是根据法律、监督和规定所有正当和有利的事，法律的地位高于行政官，行政官是说话的法律，法律是无声的执政官。"他还特别指出："为了得到自由，我们才是法律的臣仆。"[①] 人们尊重并严格遵守法律，实际上是为了维护自己的利益，换句话说，就是为了维护自己的自由。西塞罗的法治理论继承了亚里士多德"良法"理论，二人都认为，法律不仅是一种治国的手段，还是对伦理道德的行为规范[②]。在西塞罗看来，法治是一种非常有效的国家治理手段，而他所指的"法"不仅仅是指成文法，还包括之前就存在的自然法，也就是所谓的习惯法。他的观点继承了古希腊斯多葛学派的自然法传统，并且对自然法重新进行了系统科学的梳理。西塞罗说："真正的法律乃是正确的规则，它与自然相吻合，适用于所有的人，是稳定的、恒久的。""一种永恒的、不变的法律将适用于所有的民族，用于各个时代；将会有一个对所有的人共同的、如同教师和统帅的神：它是这一法律的创造者、裁判者、倡导者。"[③]

西方法律文化和法治理念的形成和发展在很大程度上受到了古希腊和古罗马的法治思想的影响。中世纪之后，随着基督教思想和罗马文化的广泛传播，再加上日耳曼族的侵略，欧洲受到了较大的影响，从而形成了严格的封建等级制度，产生了严重的阶级对立和宗教斗争。在当时的欧洲社会中，法治的力量虽然有限，但多多少少起到了一定的作用，这些作用是其他统治无法取代的。

约翰·索尔兹伯里作为中世纪第一个系统研究政治哲学的思想家，在《政府的理论原则》一书中，他指出，国家是一个在法律和权利方面已经达成共识的社会，它不仅管辖着那些被统治着的人，也限制统治和管理这个国家的人。明君和暴君之间最大的区别就在于他们是否遵守法律。他还强调了立法权的重要性，认为这些权力应该由公民自己享有。

阿奎那受到古希腊斯多葛学派以及古罗马法中的法治思想的影响，

---

① 法学教材编辑部编写组：《西方法律思想史资料选编》，北京大学出版社 1983 年版，第 79 页。

② 张力、王坚：《韩非与西塞罗法治思想比较论》，《山西大学学报》（哲学社会科学版）2012 年第 6 期。

③ 西塞罗：《论共和国·论法律》，王焕生译，中国政法大学出版社 1997 年版，第 120 页。

他强调："法就必须以整体社会的福利为其真正的目标。"[①] 阿奎那认为，"法是人们赖以导致某些行为和不作其他一些行为的行动准则或尺度"，"是人们对于种种有关公共幸福的事项的合理安排，由任何负有管理社会之责的人予以公布"。正是基于"法的目的是公共幸福"[②]，法律才被赋予合法正当的权力，法律才拥有强制力。但公民受到法律的管束和制约也是有条件的，如果法律是理性的，合理的及正当和正义的，那么人们就必须遵从；如果是为了更好地作恶和为了维护少数人不正当利益而产生的法律，人们就一定不会服从。

西方法治实践的最终目的是为了维护法律至高无上的权威地位和保护人民的自由，法治理论的重点是遵守良好法治的统治。进入现代革命后，商品经济的发展使得人类对历史的封建压迫进行了深刻的反思和批评，引起了一系列观念上的变化。拥有进步思想的启蒙家们受到人民广泛的推崇，以民主和法治为思想核心的相关制度也逐渐在一些西方国家形成。当时大多数学者都认为，法治是一种有效的管理国家和社会的方式，法治思想也逐渐进化为权力的分离与制约平衡。

17—18 世纪，在资产阶级革命的背景下，西方对法治又有了新的理解。一群新兴资产阶级思想家和政治家们认为，为了保证法治更好地贯彻在实践中，就必须消除专制和特权。

英国思想家洛克认为，每个人都拥有平等的生命和自由的权利，这些自然权利不能够被强制剥夺，也不可随意转让。他认为，国家和法律的存在就是为了保护人们的生命、自由和财产的权利不受侵犯。人们为了保护自己的基本权利如生命、自由、财产的权利不受侵犯，与国家和政府自愿达成契约，把自己的一部分权利交给国家和政府保管。当自己的这些自然权利受到侵犯时，由国家和政府实施处罚，保护他们的权利。但建立在"贤人""圣人"和善的人类本性上的管理，无法保证和保障人民生命、自由和财产的权利及其行使，所以必须实行法治。权力的分离与法律的制定权和实施权有着密切的关系。"政府所有的一切权力……应

---

① 张宏生、谷春德：《西方法律思想史》，北京大学出版社 1990 年版，第 63 页。

② ［意］阿奎那：《阿奎那政治著作选》，马清槐译，商务印书馆 1963 年版，第 106—107 页。

该根据既定的和公布的法律来行使。”法律面前人人平等，这并不是一句口号，而是必须要践行在现实生活中。“哪里没有司法来保障人们的权利……那里就肯定不再有政府的存在。如果法律不能被执行，那就等于没有法律。”“法律一经制定……公民社会中的任何人都是不能免受它的法律的制裁的。”①

作为法国资产阶级法理学理论的主要奠基人，孟德斯鸠所提出的三权分立，是西方一种关于国家政权架构和权力资源配置的政治学说。该学说主张立法、行政和司法三种国家权力分别由不同机关掌握，各自独立行使，相互制约制衡。他说：“当立法权和行政权集中在同一个人或同一机关之手，自由便不复存在了，因为人们将要害怕这个国王或议会制定暴虐的法律，并暴虐地执行法律。如果司法权不同立法权和行政权分立，自由就不存在了。”②

由此可以看出，资产阶级的思想家主张建立三权分立的政治组织形式，其本质是保障公民的自由和权利，避免专制或独裁。总之，民主是实现法治和权利保障的前提。

美国著名的政治活动家潘恩成功地将欧洲启蒙家的法治理论变为现实。受到卢梭天赋人权理论的启发，潘恩指出，每个人都平等地拥有作为人本身应该拥有的权利，这些天赋权利主要是指人在生存方面所具有的权利。其中包括所有智能上的权利，或是思想上的权利，还包括所有那些不妨害别人的天赋权利而为个人自己谋求安乐的权利。它主要包括生存、自由、财产、追求幸福、反抗压迫和组织政府的权利。尽管个人充分具有这种权利，但却缺乏行使它们的能力。潘恩所称的“公民权利”，就是人的自然权利的集合。国家主权的来源就是这些“天赋权利”，每个公民的权利都属于国家主权的一部分。而最好的政府，就是那些能够保护公民这些天赋权利的政府，它们能够保护人民的人身安全不受侵害，保护公民的财产和自由，为公民提供他们所需要的公共利益的政府。

---

① ［英］洛克：《政府论》（下），叶启芳、瞿菊农译，商务印书馆 1981 年版，第 79、86、132、59 页。

② ［法］孟德斯鸠：《论法的精神》，张雁深译，商务印书馆 1982 年版，第 156 页。

潘恩指出："一国的宪法不是其政府的决议，而是建立其政府的人民的决议。"① 宪法是一个国家公民必须拥有的权利，因为宪法就是为了维护公民的权利而产生的，它体现的是人民的意志。潘恩认为，相比政府的权力而言，人民更加信服拥有最高权力的宪法，因为它可以起到约束和监督政府行为的作用。

美国思想家杰斐逊认为，民主国家最重要的特征，就是按照法律来治理国家。实现民主国家的前提就是有一部体现人民意志的法律，而这部法律的制定者就是全体人民。公民的自由、财产和生存等基本权利的保障都需要一部完善的法律，在此过程中，民主与法治的思想逐渐显现。这种民主和法治的思想在资产阶级革命胜利后，变成了制定法律和政治制度的指导思想，并被纳入《独立宣言》《宪法》和《人权法案》中。

自19世纪以来，法治一直体现着民主、自由、平等和人权的思想，与此同时，人们也逐渐不用政治哲学来阐释法治的内在含义。19世纪的英国法学家戴雪首次对"法治"这一概念做出了充分的阐释，被认为是对法治最经典的阐释。戴雪指出，在《英国宪法》中，对法治本身的阐释是由三个部分组成的。第一，法律在民主国家拥有至高无上的权威和地位；第二，任何公民都必须严格遵守法律，不论是国家处于最高地位的宪法，还是在一般法院执行的国家一般法律；第三，权利不是只存在于所颁布的一系列法律文件上，而是在将法律付诸实践的行动中，也就是说，是在法院的司法判决上②。"法治"的概念揭示和体现了法律在现代国家治理中至高无上的地位。

世界法学家大会在《德里宣言》中指出，法治应具有下列三原则。第一，在推崇民主和法治的国家里，立法机构的存在主要是为了承认公民的基本权利，包括其重要的政治权利，以及提供促使其全面发展的社会、经济和文化条件；第二，法律不仅要对行政权加以规范和控制，防止其滥用，还要使得政府能够帮助法律有效实施，以确保人民的社会和

---

① ［美］潘恩：《潘恩选集》，马清槐等译，商务印书馆1981年版，第141—143页、146页。

② 刘旺洪：《法治的意义阐释：法治与21世纪》，社会科学文献出版社2004年版，第78页。

经济生活安稳有序；第三，要做到“依法行政”，就必须要保证司法独立和给予律师这一行业充分的自由，法律要保障每个人的合法权益，确保在法律面前人人平等，保障人的人身安全和财产安全。

《德里宣言》对法治概念的界定，是从立法、行政和司法这三个方面着手，并且宣言对法治原则的理解比较有代表性，可看作当代世界各个国家对法治原则的共同认识。现代对法治的理解大致有以下几个方面的含义。首先，法治必须维护和保障公民的基本权利；其次，法律必须是人民意志的体现，在法律面前人人生而平等，并且法律要具有至高无上的地位；再次，法律必须普遍适用于每一个人；最后，必须要保证司法的独立性，只有这样才能真正做到依照法律处理事务。

（二）中国传统法治理论考察

在中国古代，“法治”最早是由先秦法家提出来的，是用来治理国家的一种方法策略。“法治”这一词语虽然在当时就已经出现了，但是并没有人给它一个明确的定义或解释。在法家的著述中，虽然表达方式有所不同，但所体现的基本精神就是依法治理。

我国春秋战国时期，法家代表人物已经倡导实行“法治”。韩非子曰：“故明主使其群臣，不游意于法之外，不为惠于法之内，动无非法。”① 换句话说，国家治理者的言论思想和行为都不能逾越法律的界限；在治理时，也必须在法律的限度之内，提倡依法治理。

以韩非子为例，法家主要从以下几个方面表现了法的精神。第一，强调了法的公开性。统治者制定法律后需要统一公布。“法者，编著之图籍，设立于官府，而布之于百姓者也。”② 第二，法律具有公平性、公正性。在法律面前人人平等。正所谓“法不阿贵，绳不挠曲。法之所加，智者弗能辞，勇者弗敢争。刑不避大夫，赏善不遗匹夫”③。第三，创立并完善了以法为本的法制体系。将君与臣的地位进行了严格的区分与界定，在人才选拔上也制定了适宜的规章制度，更改了以前的贵族世袭制，

① 俞志慧：《韩非子·直解》，浙江文艺出版社 2000 年版，第 63 页。

② 高华平、王齐洲、张三夕注译：《韩非子》，中华书局 2010 年版，第 41 页。

③ 同上书，第 567 页。

"因任而授官"[①]。韩非子的说法与现代法治精神已经有了一定的相似之处。

自西汉"罢黜百家，独尊儒术"以后，儒家思想被当作正统思想广泛宣扬，后来的立法和司法都参考了儒家经典思想中的礼法结合的思想。在这一时期，法律的思想主要表现为以下几个方面。

第一，制定了基本法律和追加法。一方面制定完备的法律作为该朝基本法律；同时又强调了皇帝至高无上的地位。而且"天子诏所增损，不在律上者为"[②]。对于法律的制定和取消没有规范的流程，皇帝有权随时制定和取消法律。基于天道观念的基础，皇帝一般都拥有国家的最高权力。从夏商"天命神权""奉天"行罚到西周"皇天无亲，唯德是辅"[③]，始自秦始皇的"奉天承运"之说、董仲舒"天人感应"之说，都强调了皇帝至高无上的地位。以人随君，以君法天。"法自君出"有了"天道"做后盾，体现了在封建时期皇帝至高无上的地位，而颁布法律只是为了维护皇帝的封建统治。

第二，国家通过颁布法律来维持封建统治，并以此向百姓灌输家国一体和忠孝等思想。所制定出的法律目的是为了维护"君君、臣臣、父父、子子"的家法等级制度，主张"正名"，即"名位不同，礼亦异数"[④]。也就是说，必须严格遵守长幼尊卑，一旦出现以下犯上或者以卑犯尊的情况，都必须依照法律规定受到严厉的惩罚。但是，位卑或低下的人的权利受到上一级的迫害时，法律是不维护的。

第三，"德礼为政教之本，刑罚为政教之用"[⑤]，将礼和法相结合，强调道德的教化作用。一方面，"导之以德，齐之以礼"[⑥]，使民向善，实现无讼理想，崇尚德刑并用，"徒善不足以为政，徒法不足以自行"[⑦]，并不否认刑罚所起到的作用，而最好的方式就是德刑并用。以此看来，这一

---

① 高华平、王齐洲、张三夕注译：《韩非子》，中华书局2010年版，第620页。

② 徐世虹：《中国法制通史》第2卷《战国秦汉》，法律出版社1999年版，第263页。

③ 顾迁注译：《尚书》，中州古籍出版社2010年版，第265页。

④ 张宗友注译：《左传》，中州古籍出版社2010年版，第50页。

⑤ 梁凤荣：《中国法律思想史》，郑州大学出版社2010年版，第199页。

⑥ 孙业成注译：《论语译注》，百花洲文艺出版社2010年版，第13页。

⑦ 沈智、张少华：《孟子的生命哲学——细读儒家经典200句》，万卷出版公司2009年版，第189页。

时期的法律多带有公法性质，关于行政、民事、婚姻家庭、社会经济、诉讼等方面的规定，大都趋于刑法化。另一方面，“有治人，无治法”，对统治者自身的品德要求更高。统治者应注重修身，“修己以安人”“修己以安百姓”①。身正方能令行，这就要求统治者必须充分维护地主阶级的利益，不论是整体利益还是长远利益，必须严格依照法律管理国家，上述言论充分体现了封建统治时期人治与法治并重的思想。一直到宋、元、明、清之时，为了巩固和加强君主专治，封建统治时期的法律和礼制才逐渐被替代。

“法治”被作为一个明确的概念，直到近代才被提出来。但是，近代思想家对法治的理解是中西结合。也就是说，虽然法治的核心思想是采用西方的，但是对“法治”这一概念的解释直接用法家术语来表述。出现这种情况的原因，就是在当时“救亡图存”的政治背景下，改革者们提出了“中学为体，西学为用”的思想，面对“万国比邻，物竞逾剧，非于内部有整齐严肃之至，万不能一其力对外”的紧迫形势，大声疾呼“立法事业，为今日存国最急之事业”，“法治主义，为今日救时之惟一主义”②。当时梁启超对“法治”的这一概念做出了明确的解释，他认为，法治就是法的统治。

第一次鸦片战争后，中国开始沦为半殖民地半封建社会。面对内忧外患，清廷宣布“仿行宪政”，采用“参考古今，博稽中外”，“专以模范列强为宗旨”的修律方针，准备对当时法律制度进行改革，将君主专制统治改为君主立宪制，以此缓解国内外日益激化的矛盾，但是清廷依然秉持中体西用的原则，改革的结果只是一个打着君主立宪的幌子，其实质是还是君主专制的中西结合的产物。尽管改革的结果不尽如人意，这种修律方针表明，清末体现在法律体系上，是几千年重刑轻民、诸法合体的中华法系为近代诸法分立的法律体系所取代。

20 世纪 90 年代以来，随着“依法治国”方略的提出，我国确立了建设法治国家的目标，人们对法治的理解产生了相应的变化，主要表现在以下几个方面。

---

① 孙业成注译：《论语译注》，百花洲文艺出版社 2010 年版，第 229 页。

② 梁启超：《中国法理学发达史》，中华书局 1936 年版，第 93 页。

第一，人们普遍意识到“法治”与“人治”是两个相互对立的概念。良好的治理国家的方式是严格按照法律来管理。首先，国家要制定较为完备的法律，并合理地运用这些法律来处理国家与人民之间、国家各个行政机关内部之间和人民群众内部之间的各种关系。其次，要在法律允许的框架内，合理使用权利，严格按照法律规章制度和流程办事，平等地保护每个公民的合法权益。最后，要在实行法治的过程中倡导民主政治，在民主制的国家中，法治才能够更好地实行①。

第二，明确区分了“法治”与“法制”的概念。有不少学者认为，“法治”与“法制”的概念在本质上没有太大区别，实际上，这两者虽然有一定的联系，但是有很大的区别。现代意义上的法治并不排斥法制，但是两者在实际的价值观念上有一定的差别。有学者把这两者的差别归纳为几个方面。一是内涵不同。法制主要是指法律制度，而法治主要指法律运行的整个过程和状态，强调的是法律的权威性，提倡的是法律的公正性、公开性和平等性。二是价值取向不同。法治强调一种民主精神，即在法律面前人人平等，而法制不具有这种价值特性。换句话说，法治从某种程度来看，是以自由、平等、人权为精神的法律制度。三是与人治的关系不同。显而易见，法治与人治是处在两个相互对立的立场；法制则不然，法制不但没有表现出与人治的对立关系，还可能出现“人治底下的法制”。

第三，现代法治以保护公民权利为宗旨②。现代法治的精神中，很重要的一点就是民主的精神。现代法治所追求的不仅仅是法律是否完备，还要追求法律本身是不是适应现代社会发展，是否以尊重和保护人权为核心价值。此外，现代法治强调了宪法和法律的权威性，任何组织和个人都不得凌驾于宪法和法律之上。因此，上述几点对法治的理解构成了“法治”概念的主流。

---

① 曾庆敏:《法学大辞典》，上海辞书出版社 1998 年版，第 1090 页。

② 中国法学会法理学研究会:《1996 年年会综述》，《中国法学》1996 年第 6 期。

二　法治管理思想在中国的发展

总结历史发展过程中社会治理的实践和经验，我们不难看出，法治治理过程中，整体呈现出稳定、有序的状态，在法治框架下，政治国家与公民社会既相互促进又互不干扰。社会治理的法治化有助于确保公民的基本权利和公共利益，有助于营造一个更加和谐完善的社会治理状态。正如古罗马时期，著名政治家、思想家马库斯·图里乌司·西塞罗在《国家篇与法律篇》一文中强调："法律在一个国家中拥有着至高无上的地位，遵守和服从法律一直被视为一种良好的品德。罗马出现的许多杰出人物的代表的职责，就是将有关的法律问题，如法律规定了立法、行政、司法和监察的职权等问题，解释给罗马人民。"①

我国正处于社会转型时期，社会主义各项事业的发展和建设都处于摸索阶段。因此，在我国的社会治理领域实行法治尤为关键。"依法治国"和"法治国家"战略的提出，表明了我国对法治的具体理解以及我国自身的法治实践，但是具有中国特色的社会主义法治仍在建设和进一步完善中。而社会治理法治化是在我国法治和社会治理两者相互耦合的过程中逐步完善和健全的，这表明，社会治理的组织和运作必须恪守法治要求。

法治中国是全球法治国家视野对中国的审视。"法治国家"是德国人首先提出来的概念，其要义是依法而治。法治国家是现代文明的标志，作为全球化的一员和现代文明国家，中国理应是法治中国。现代化的社会对于其治理模式必然有更高的要求。推进国家治理能力的现代化，最主要的是提高依宪治国、依法治国和国家依法治理的能力，在全面依法治国的基础上，完善和提高我国各项制度水平。与此同时，我们应该更加重视法律制度和规范的落实。不能让法律流于表面和纸面，要将法律制度和条文转化为现实生活中的实际行动，通过不断完善法律规章制度来提高我国的依法治国的水平。

---

① 西塞罗：《国家篇与法律篇》，苏力等译，商务印书馆 1999 年版，第 136 页。

（一）中国特色的法治型社会管理模式的提出

中国自古就形成了“强国家弱社会”的传统。特别是在新中国成立以后，人们日常生活的各个方面都体现了国家权力的具体运用，中国由此进入“全能国家”的社会政治形态①。法治是中国正在出现的一种新的治理模式，它源于中国的特有国情，面向中国的特殊问题。对于中国而言，中国特色的社会治理模式需要法治的参与，法治思维方式的运用能够适应绝大多数中国人的心理，而不是让少数思想精英感觉赏心悦目②。

下面谈一谈“依法治国”思想在中国的孕育、提出和发展。

1. “依法治国”思想的孕育期（1978—1996）

党的十一届三中全会所提倡的要加强法制，是社会主义法治的重要转折点。主要表现在以下几个方面。

一是强调了法律的权威性，初步实现了由“人治”向“法治”的转变。党的十一届三中全会对法治问题作出决议，指出：“为了保障人民民主，必须加强社会主义法制，使民主制度化，法律化，使这种制度和法律具有稳定性、连续性和极大的权威，做到有法可依、有法必依、执法必严、违法必究。”③ 随后便对法律的定义、立法的缘由和本质以及如何优化社会主义立法体系等问题进行了探讨。

二是立法工作的体系化。党的十一届三中全会还强调了立法工作在整个社会治理过程中的重要性。要改变过去把领导人的讲话当作“法”，把不赞成领导人说的话叫作“违法”这一错误认识。1982 年 12 月 4 日，第五届全国人民代表大会第五次会议通过的《中华人民共和国宪法》（史称“82 宪法”），强调了我国的社会治理应由法制建设逐渐转变为法治建设，为我国的改革开放社会主义现代化建设事业提供了有力的宪法保证，同时也明确了我国法治建设的具体目标④。1992 年 10 月，在中国共产党

---

① 王静：《通过司法的治理——法治主导型社会管理模式刍论》，《法律适用》2012 年第 9 期。

② 薛军：《现代性理论与中国法治》，《读书》2013 年第 2 期。

③ 《十一届三中全会以来历次党代会、中央全会报告、公报、决议、决定》（上），中国方正出版社 2008 年版，第 17 页。

④ 李伯超：《82 宪法与中国的法治建设》，《湘潭大学社会科学学报》2003 年第 1 期。

第十四次全国代表大会上，江泽民明确提出："一个比较成熟的市场经济，必然要求并具有比较完备的法制。"① 由此法制工作全面展开，标志着新中国的法制建设进入一个全新的历史阶段。可以说，1992 年建立社会主义市场经济体制目标的提出，是我国法治观念得以牢固确立和全面快速法治的经济基础②。这表明，我国的法律体系的建设逐渐制度化和规范化，在法制轨道上运行。

三是开始由"法制"向"法治"的探索。1996 年 2 月 8 日下午，江泽民在《关于依法治国，建设社会主义法治国家的理论和实践问题》的报告中指出："实行和坚持依法治国，对于推动经济持续、快速、健康发展和社会全面进步，保障国家长治久安，具有十分重要意义。"③ 这是"依法治国"这一概念第一次出现在国家领导人的讲话中。1996 年 3 月，第八届全国人民代表大会审议批准的《国民经济和社会发展"九五"计划和 2010 年远景目标纲要》中明确提出："加强法制建设，依法治国，建设社会主义法制国家，是实现国家长治久安的重要保证。"新中国成立后，人们主要用"法制"一词而不是用"法治"，这其中存在着各种各样的原因，可能是习惯问题，也可能是理解问题④。但是随着法制建设的普及和深入，理论学家开始将"法制"和"法治"进行了明确的区分，人们的法治观念也不断强化。

2. "依法治国"思想的提出和发展（1997—2012）

江泽民在中国共产党第十五次全国代表大会上所作的《高举邓小平理论伟大旗帜，把建设有中国特色社会主义事业全面推向二十一世纪》的报告，将"依法治国，建设社会主义法治国家"作为国家建设的基本战略确立下来。依法治国被赋予了明确的内涵，这表明，在我国现代化建设中，法治建设是非常重要的环节，从此我国的法制建设正式进入了制度化的轨道。

1999 年，我国宪法修正案将"依法治国，建设社会主义法治国家"的治国方略写进了宪法，这标志着我国今后的社会治理工作将更加注重

---

① 中共中央编译局：《江泽民文选》第 1 卷，人民出版社 2006 年版，第 511 页。

② 袁曙宏、杨伟东：《我国法治建设三十年回顾与前瞻——关于中国法治历程、作用和发展趋势的思考》,《中国法学》2009 年第 1 期。

③ 中共中央编译局：《江泽民文选》第 1 卷，人民出版社 2006 年版，第 511 页。

④ 王礼明、刘海年、罗耀培：《法制与法治》,《学习与探索》1979 年第 5 期。

法律的实施。2002年召开的党的十六大，将“依法治国，建设社会主义法治国家”写入党章。至此，“依法治国”的思想得到了普遍确认，并且不断深化，主要表现在以下几个方面。

第一，法治观念的不断深化。自从党的十五大提出“深入开展普法教育，增强全民法律意识”开始，党和国家就将工作重点转移到宣传和普及法律教育上，以促进全民守法观念的形成。到2005年年底，以胡锦涛为总书记的党中央提出了要牢固树立社会主义法治理念，指出：“依法治国是社会主义法治的核心内容，执法为民是社会主义法治的本质要求，公平正义是社会主义法治的价值追求，服务大局是社会主义法治的重要使命，党的领导是社会主义法治的根本保证。”① 随着社会的不断发展，人们对法治理念的认识也在不断深化，同时对法治也提出了更高的要求，不仅要求国家机关的行政人员有着良好的法治思维和法治能力，同时要求全体公民也要更加自觉地遵守法律。对此，党的十七大报告提出，应当“深入开展法制宣传教育，弘扬法治精神，形成自觉学法守法的社会氛围”②。

第二，人权事业的持续发展。保障公民的基本权利是建设社会主义国家的最终目的。党的十五大指出：“共产党执政就是领导和支持人民掌握管理国家的权力，实行民主选举、民主决策、民主管理和民主监督，保证人民依法享有广泛的权利和自由，尊重和保障人权。”③

这意味着保障公民的基本权利，增进社会福祉已经被党和国家视为实现我国现代化建设的重要任务。依法治国方略的提出，符合我国具体的国情和实际需求，是实现社会主义现代化的必经之路，在依法治国基本方针的指导下，我国社会主义建设取得了很大的进步，我国的社会治理也朝着法治化的轨道发展。

3. “全面依法治国”思想的提出及其基本内容（2012年至今）

中共十八大报告提出，要全面推进依法治国，加快建设社会主义法

---

① 《十一届三中全会以来历次党代会、中央全会报告、公报、决议、决定》（上），中国方正出版社2008年版，第17页。

② 胡锦涛：《高举中国特色社会主义伟大旗帜 为夺取全面建设小康社会新胜利而奋斗》，人民出版社2007年版，第31页。

③ 中共中央编译局：《江泽民文选》第2卷，人民出版社2000年版，第29页。

治国家。到2020年，依法治国基本方略全面落实，法治政府基本建成，司法公信力不断提高，人权得到切实尊重和保障[①]。不仅指出了我国治国理政的基本方式是法治，还提出了建设“法治中国”的新目标。2013年1月，中共十八大后召开的第一次全国政法工作会上，习近平总书记首次提出建设“法治中国”的要求。

中共十九大报告指出，我国已经进入全面建成小康社会的决胜时期，面对复杂多变的国际形势，我国社会治理所面临的挑战也是前所未有的。习近平总书记用“民主法治建设迈出重大步伐”概括了党的十八大以来我国推进全面依法治国取得的巨大成就。习近平总书记强调：“全面推进依法治国总目标是建设中国特色社会主义法治体系，建设社会主义法治国家。”他还强调了把全面依法治国纳入“四个全面”战略布局的重要性。

在中共十九大报告中，“坚持全面依法治国”被明确作为新时代坚持和发展中国特色社会主义的十四条基本方略之一。报告指出：“全面依法治国是中国特色社会主义的本质要求和重要保障。必须把党的领导贯彻落实到依法治国全过程和各方面，坚定不移走中国特色社会主义法治道路，完善以宪法为核心的中国特色社会主义法律体系，建设中国特色社会主义法治体系，建设社会主义法治国家，发展中国特色社会主义法治理论，坚持依法治国、依法执政、依法行政共同推进，坚持法治国家、法治政府、法治社会一体建设，坚持依法治国和以德治国相结合，依法治国和依规治党有机统一，深化司法体制改革，提高全民族法治素养和道德素质。”

在报告的第六部分，习近平总书记对“健全人民当家作主制度体系，发展社会主义民主政治”进行了系统阐释。在这部分报告中，将“依法治国”换了一种新的提法，表述成“深化依法治国实践”，同时也对如何深入依法治国实践提出了新的战略部署。实现法治的前提是有一套尽可能完善、能够体现人民民主的法律规范体系，而确保该规范能够在社会生活中良好运行的关键和核心，是包括国家在内所有成员能够认同并遵

---

① 胡锦涛：《坚定不移沿着中国特色社会主义道路前进 为全面建成小康社会而奋斗》，人民出版社2012年版。

守该规范所蕴含的自由、平等、公平、法律至上等价值理念。

（二）社会治理的法治思维

传统意义上的中国社会不是简单的“契约社会”，而是一种以熟人之间网络关系组成的“身份社会”。在传统社会中，没有形成完善的法律条文，多半是依靠“礼治”来维持社会秩序。处在市场经济转轨期的中国，契约精神还不能被人们所熟知并运用，人们仍然依靠找关系、托熟人来维持着日常生活和工作中的基本人际关系。这种传统习惯使得人们较少按照正式规章和制度办事，这使得法治秩序的建立也成为一个难题①。社会管理的目标是构建一个与市场经济、民主政治和社会组织的发展相适应的社会关系，它强调国家权威应当建立在公民参与的民主原则基础之上。要建立法治社会管理的基本框架，而只有将社会管理规范化、法制化，才能提高社会治理能力的现代化②。社会管理的法制化有助于整个社会朝着更加有序和人道的方向发展，以达到马克思主义的人向自身、向社会的人复归的目标③。与此同时，社会管理创新有可能突破法律规范，但需要遵循法律原则，以符合实质法治的精神④。

1. 法治型社会管理：运用法治思维的管理

中共十八大报告第五部分提出一个重要的实践性命题，要“提高领导干部运用法治思维和法治方式深化改革、推动发展、化解矛盾、维护稳定能力”⑤。中共十八大报告还明确指出了“法治方式”的概念，强调它构成法治建设者的法治能力的重要内容，是一种执行实施能力。超越理论意义的是，这一命题将法治思维的功能落实在改革、发展和社会治理领域。这表明，法治成为转换改革动力、改进发展路径和创新社会管理的主要杠杆。形成科学有效的社会治理法治化体系，确保社会稳定有

---

① 徐晓冬：《依法治国要处理好十大协同关系——对当前依法治国有关讨论的思考》，《人民论坛》2014 年第 30 期。

② 罗筠：《从现代国家构建的视角看社会管理体制的创新》，《中国行政管理》2011 年第 9 期。

③ 蒋德海：《马克思论社会管理归还给社会有机体的启示》，《政治与法律》2013 年第 2 期。

④ 朱全宝：《社会管理创新的法律之维》，《党政论坛》2012 年第 7 期。

⑤ 《十八大报告辅导读本》，人民出版社 2012 年版，第 28 页。

序，形成与自然和谐发展的新格局，离不开坚强的制度与法制保障。

在社会转型时期，我国民族地区地理位置特殊，所面临的矛盾也十分复杂。条件的特殊性导致了少数民族成员思维形态的多样化，但是在多元化背景的思维形态下，运用法治思维的管理一直是民族地区社会管理的核心思想。过去我们强调法律效力和社会效应的统一性，既要顾全大局，又要尊重民意，还要符合少数民族的道德习惯。在具体的历史背景下，不同的治国理政思维存在一定的正当性。不可否认的是，价值观的转变、秩序的重组、文明的再生都难以适应过渡社会的需要，法治思维的重要性逐渐凸显。

随着改革开放的不断深入，我国的社会管理法治化加快了我国社会管理模式的变革，并出现了具有中国特色的法治主导型管理模式。所谓的"法治主导型社会管理模式"，其本质意义就是实现社会管理的法制化。那么如何实现社会管理的法制化呢？究其根本，就是要形成一种以法治理念、法治精神、法治方式为基础的管理模式①。

社会管理过程中的一切行政行为的本质都是法律行为，这说明，法治思维的运用将是社会管理过程中不可或缺的一种治理方式。要实现社会管理的法制化，很大程度上就是要改变社会管理的体制，规范社会管理体制是走向法治型社会管理的前提。

法制保障的重点在于充分发挥社会各方的协同作用，充分发挥公众参与的基础作用。建设覆盖城乡的公共服务体系，法制保障的重点在于努力提高公共服务水平，全面平等地履行生存照顾的法律义务。建立分工合作的社会组织体制，法制保障的重点在于落实政社分开、权责分明和依法自治三个基本原则，完善人民团体的社会管理职能，推动事业单位改革，促进社会组织健康发展②。

法治思维是党的十八大提出的新概念，它强调法治思维是法制建设者的法治能力的重要内容，是一种思考决策能力。我国学者对法治思维进行了广泛的探讨。如胡建淼认为，法治思维主要追求的是合法性，以

---

①　江必新、罗英：《社会管理法治化三论》，《理论与改革》2012 年第 2 期。

②　《加快推进社会体制改革，加强和创新社会管理》，载《十八大报告辅导读本》，人民出版社 2012 年版，第 268—277 页。

追求公平正义为目标，在思考问题时，主要运用法律的逻辑。其特点是以合法性为出发点，凡是都要追问“是否合法”；以追求公平正义为目标，重视和强调证据、依据、程序。总之，强调权利义务的统一性①。冯宪书认为，法治思维就是在处理和解决社会问题时，不依靠经验和习惯，而是运用法治逻辑，按照法律制度办事，是一个以合法性为起点，以公平正义为中心的逻辑推理过程，是将法律知识和理念转化为实际行动的一个过程②。还有学者认为，法治思维与人治思维和权力思维的根本区别就在于，法治思维的运用必须严格按照法律程序，保障人们的基本权益，做到在法律面前人人平等。法治为民是法治思维的基本理念，这种理念是法治思维万变中的不变。

法治方式是指在法治理念的支配下，通过立法、执法、司法手段，运用法律的制度、机制和程序处理各种社会问题的实践过程。法治方式是一种制度运用，是一种程序适用，是一种权力限制，是一种原则遵循。社会管理创新过程中，法治发挥着积极的推动作用。严存生认为，法治是社会治理的一种特有的方法，社会治理是人们在了解了自己的本性和自然界的规律属性后，对人与人、人与自然的关系进行调整，建立和维持秩序的过程③。社会治理的最高治权应当归于人民全体。

2. 民族地区社会治理法治化

（1）运用《民族区域自治法》规范民族地区经济社会文化生态建设。民族区域自治制度是我国特有的一项政治制度，是我国用来解决民族问题和处理民族关系的制度。民族区域自治制度将“国家自治”和“区域自治”相结合，以民族文化特色和民族关系为基础，为国家框架内的少数民族事务治理提供了制度保障。民族区域自治制度起源于我国具体的历史时期，经历了长期的发展和完善后，逐步演化为国家法律。

中国社会一直都表现出具有地区差异和地方自治等特征。如果说中国是一个“单一制”，它必定是一个多元化的单一制。中国的立法体制是一个多层次的立法体制，由中央统一领导，再进行一定程度的分权。我

① 胡建淼：《提升领导干部运用法治思维的能力》，《人民网》2014 年 3 月 17 日。

② 冯宪书等：《提高领导干部运用法治思维能力》，《解放军报》2013 年 6 月 9 日。

③ 严存生：《社会治理与法治》，《法学论坛》2004 年第 6 期。

国民族地区的区域自治主要是以《宪法》为基础，将《宪法》与《民族区域自治制度》相结合，同时专门制定了调整民族关系的法律法规、地方性法规、自治条例和单行条例等，为解决我国民族地区特有的民族问题，调整各民族的关系，推动民族地区的政治、经济、文化的发展，都起到了积极的作用。

中国自古以来都是一个多民族国家，但是，从中国的发展历程来看，在政治体制上没有实现过完全的统一。旧时期的中国，不同的民族还保留着不同的政治制度。1949 年中华人民共和国成立前夕，具有宪法效力的《共同纲领》第 51 条规定："各少数民族聚居的地区，应实行民族的区域自治，按照民族聚居的人口多少和区域大小，分别建立各种民族自治机关。"这条规定从法律层面上确立了在我国民族地区实行民族区域自治制度。在宪法精神的指引下，1984 年，《民族区域自治法》正式颁布实施，为民族地区实行自治提供了法律保障。《民族区域自治法》的出台，真正实现了由基本政治制度向基本法律制度的华丽转身。2001 年《民族区域自治法》的修订，更增添了民族区域自治制度的活力，同时也更加规范、细化和完善了民族区域自治方面的相关条例。

《民族区域自治法》颁布实行 30 多年来，我国的民族法治在实践中改进与完善，取得了长足的发展。中国的民族法治已经形成了由宪法统领，与法律、行政法规、自治法规以及地方立法共同构成较为完备的法律规范体系。而作为宪法性法律，《民族区域自治法》在整个民族法规范体系中最为重要，既承担了对宪法中相关条款进行细化的立法任务，又是其他民族法律规范的制定依据。历史经验表明，当民族区域自治制度贯彻得不彻底时，必然会损害民族平等和团结。民族区域自治制度的推行，既保障了少数民族实行民族区域自治的权利，又从根本上改变了旧中国民族地区存在着的不同程度的割据状态，增强了中华民族的凝聚力，实现了祖国的真正统一。同时，民族区域自治制度的实行，赋予了我国各个少数民族平等而广泛的权利，还保障了他们管理本民族内部事务的权利。民族区域自治制度不仅为民族地区发展政策提供坚实的法律依据，在保障少数民族的基本权利与国家统一之间找到了最为恰当的平衡点，规范了民族地区经济社会文化生态建设，同时也成为世界了解中国民族法制与民族政策的窗口。

（2）运用习惯法的管理。随着我国多民族地区经济的不断发展，近年来，城市化建设逐步加快。与东部、中部城市化发展相比，在我国多民族地区，新兴城市也在不断涌现，给多民族地区带来了巨大的机遇与活力。但同时，因为多民族地区各民族间经济、政治发展的不平衡，又导致我国多民族地区社会发展的无序性和社会结构的不稳定性，引起了一系列的社会关系变化，也引发了一些社会问题。为此，创建“法治城市治理”，不断创新执法理念、方法手段和制度机制，不断强化城市社会治理法治化，有效维护城市的治理秩序和文明形象，有力地促进多民族地区运行安全与社会稳定，这些举措势在必行。

十八届四中全会提出：“支持各类社会主体自我约束、自我管理，发挥市民公约、乡规民约……等社会规范在社会治理中的积极作用。建设完备的法律服务体系，推进覆盖城乡居民的公共法律服务体系建设，健全司法救助体系。”习惯法属于地方性规范，是乡民们在长期生产生活中逐渐积累和演变而来的，在规范乡民的行为和调节乡民之间的冲突方面，起到了重要的作用。陈金全教授认为，少数民族习惯法是我国少数民族长期以来在生产、生活实践中产生出来的一种社会规范①。

少数民族习惯法伴随着少数民族群众的生产生活而产生，随着国家的发展，少数民族社会成员在生产生活中不断应用和选择，逐步积累并且形成了一套相对完整规范的体系。直到如今，少数民族习惯法仍然对民族地区的社会治理起到了不可忽视的作用。特别是偏远地区的少数民族，经济发展相对落后，国家法律的影响力没有深入，覆盖不全，少数民族地区习惯法仍然发挥着区域性的规范作用。“任何一种规范制度都有着自己的存在形式，民族习惯法的表现和运用就是民族习惯法的存在形式，在运用的过程中能够体现出规范的内容，这种规范的存在形式或表现形式就是规范的渊源。”② 少数民族民事习惯法的表现形式多种多样，以大理白族为例，其表现形式主要有禁忌、碑刻文字、村规民约三种。但就苗族来说，又有所不同。因为苗族历史上没有文字，他们的传统文化、风俗习惯和行为规范都是口口相传，正是采用了这样一种独特的方

① 陈金全：《西南少数民族习惯法研究》，法律出版社 2008 年版，第 1 页。

② 张晓辉：《多民族社会中的法律与文化》，法律出版社 2011 年版，第 134 页。

法，才使得他们形成了“议榔”立法、“理老”司法、“鼓社”执法的独特的法律机制，为社会的稳定、苗族的发展起了重要的作用①。

习惯法主要是指长期生活在一起的村民所达成的一种共识，用于区分村民之间的权利和义务，解决利益冲突，保持社会稳定。它是自发形成的一套地方的社会行为规范，是一种难得的“本土资源”和“地方性知识”，也是我国的一种文化资源。

民族习惯法在世代相传的过程中，不但得到了很好的运用和发展，也充当了民族文化的载体，在民族文化的传承、保存和传递过程中，发挥了重要的作用。与此同时，习惯法中规章制度的沿袭，也是民族文化的发展和沿袭的过程。习惯法与国家法是紧密联系的，习惯法先于国家法产生，部分国家法则是由习惯法发展演变而来。恩格斯说：“在社会发展某个很早的阶段，产生了这样的一种需要：把每天重复着生产、分配和交换产品的行为用一个共同规则概括起来，设法使个人服从生产和交换的一般条件。这个规则首先表现为习惯，后来便成了法律。”② 多元化的社会发展导致在部分民族地区，国家法和习惯法之间很难相互适应，习惯法恰好填补了国家法的空缺，更加接近民族地区实际，发挥了国家法不可替代的作用。

值得一提的是，多民族地区共同体自治和多元化的价值理念，应该被现代法治国家重新认识。真正丰富多彩的和谐社会，是多元价值共同发展和共同存在的社会，在一个民族社会中，并存着各种“异质要素”，这些“异质要素”可以作为有自己传统文化的独立个体而存在。生活过程中，彼此之间可能存在经济、文化、科技等各方面、各领域的相互交流，逐渐演变成为真正意义上的多元社会。既然是一个社会形态，就会有自己的如同习惯、习俗的“共同规则”。通过这种“共同规则”，人们能够调和各民族社会间的相互矛盾和社会关系。而这套“共同规则”可以作为一个民族族群内部适用的“自规范”，也可以称作“乡土社会法”或“本土资源法”。总体上讲，这种村规民约不但与国家利益是一致的，

① 徐晓光：《苗族习惯法的遗留、传承及其现代化转型研究》，贵州人民出版社 2005 年版，第 6 页。

② 《马克思恩格斯选集》第 2 卷，人民出版社 1972 年版，第 538—539 页。

而且在一些具体规定上，它还对国家法治发展起着促进作用。

（3）运用《宗教事务管理条例》处理宗教事务。1982 年 12 月 4 日，中华人民共和国第五届全国人民代表大会第五次会议通过的《中华人民共和国宪法》第三十六条规定："中华人民共和国公民有宗教信仰自由。""任何国家机关、社会团体和个人不得强制公民信仰宗教或者不信仰宗教，不得歧视信仰宗教的公民和不信仰宗教的公民。""国家保护正常的宗教活动。任何人不得利用宗教进行破坏社会秩序、损害公民身体健康、妨碍国家教育制度的活动。"这条《宪法》明确地阐述了公民的宗教信仰，并且对公民的宗教信仰自由权作出了相关的法律保障。

我国幅员辽阔，少数民族众多，民族地区经济和文化发展的不平衡导致各个民族的实际发展情况有很大的差异，没有一部综合的宗教性的法规可以在全国范围内切实可行。因此，后来采取了一种比较可行的办法，即在全国宪法的规定基础上，在不违背党和政府处理宗教问题的指导原则下，各地可以根据自己地区的实际情况，制定一些地方性法规，以便管理各个地区的宗教事务。这种方法前些年在广州、上海等地已经得到了实施。例如，1988 年，广东省政府制定了《广东省宗教活动场所行政管理规定》。1955 年，上海市政府出台了《上海市宗教事务条例》，紧接着，其他各省市也先后出台了一些地方性法规。这些地方性法规是国家立法的完善与延伸。地方性法规的制定与实施，有助于国家立法的精神、原则在不同的地区得以有效贯彻，同时也使得国家法的体系结构更加严谨。而从全国性的法规来看，1994 年国务院颁布了两个单项法规，即《中华人民共和国境内外国人宗教活动管理规定》和《宗教活动场所管理条例》。这两个单项法规中，对于宗教活动的场所和外国人在我国境内从事宗教活动进行了明确的法律界定，对相关宗教事务的依法管理起到了积极的作用。

随着我国法治体系的不断完善，2005 年 3 月 1 日，《宗教事务管理条例》开始在全国范围内正式实施。由于宗教领域一直是一个敏感、复杂而又特殊的领域，一直以来，社会管理中的宗教管理也遇到了重重困难，特别是宗教立法一直是全世界各个国家的一道难题。《宗教事务管理条例》是中华人民共和国成立以来第一部关于宗教事务管理条例的综合性法规，它第一次从立法的高度解释和界定了依法管理宗教事务的内涵，并且以行政法规的形式在法律条文上作出了相关规定，在保障公民的信仰自由和行政部门管理宗教事务方面也起到了一定的规范作用，对保证我国宗教事务的正常发展和维持社会的稳定，也起到了至关重要的作用。《宗教事务管理条例》的颁布和实施，标志着我国宗教事务的管理迈入了法治化的轨道，在宗教事务管理上实现了有法可依，这不仅是我国历史上宗教立法的一次飞跃，也对我国宗教事务的有序发展和有关行政部门依法执政能力水平的提高具有重大意义。

（4）《突发事件应对法》在民族地区的应用。一般而言，一个国家越大，所要面临和处理的危机就越多，而应对突发事件的能力是当今世界上每个国家必须具备的能力。对于中国这样一个历史悠久、地域广袤的大国来说，民族种类较多，有着不同的文化、信仰背景，地理环境也相对复杂，因此容易发生突发事件。在现代化的法治国家，每个国家都制定了相应的应急法律制度来处理各种突发事件，以便维护国家秩序，保证社会的正常运行。

近年来，我国各类突发事件频发，2003 年的“非典”（SARS）事件就是一个典型的案例。2004 年宪法修正案，将“紧急状态”载入宪法，从宪法层面规定了紧急状态制度，确立了我国关于紧急状态的最高法律规范，也为制定突发事件应对法提供了宪法根据。2006 年，国务院发布了《国家突发公共事件总体应急预案》。2007 年 8 月 30 日，第十届全国人大常委会第 29 次会议通过了《中华人民共和国突发事件应对法》，它是我国应急法律体系中起着总体指导作用的一般法，将突发事件的应对逐渐规范化和制度化。我国应对突发事件主要采用的是行政应急模式，将法律规范与各级应急预案相结合，更加规范地处理突发事件。

民族地区公共安全突发事件具有明显的地域民族特征，在孕育、初起、猛烈和平息期有着不同的扩散路径。民族地区的主要居民是少数民族群体，各民族的宗教信仰有所不同，由此产生矛盾冲突几乎无法避免，因此，民族地区公共安全突发事件的特点与我国其他地区存在差异。与国内一般地区相比，导致我国民族地区突发事件出现的因素，除了普遍存在的自然灾害、公共卫生等外，人为因素占很大比例。这类人为因素往往会导致严重后果，甚至会引发恐怖袭击或者暴力事件，对边疆地区稳定及安全造成极大威胁。这类问题背后的诱因主要还是文化差异以及宗教信仰的不同。在民族地区多元文化语境下，由于一些事件涉及民族宗教层面，牵扯面广，很容易滋生群体矛盾，甚至发展成大规模、难以控制的突发事件。

《突发事件应对法》通过立法形式形成统一规范要求，针对我国各类突发事件提出不同对策，是我国当前应对突发事件的制度体系中的重要内容之一。出台并实施应对法案，不仅意味着我国应对突发事件已经有相当的经验，也是我国依法治国政策的常态化表现。严格贯彻落实《突发事件应对法》，根据相关法规做好突发事件应急预案，维护社会正常秩序，最大程度地保证公民生命及财产安全，是当代中国无法回避的极具意义的重要课题。当前，我国正经历复杂深刻的社会转型，在世界经济格局大规模调整的国际环境下，我国城乡地区差异日益明显，对于潜在高风险的防控必须提上日程。未来民族地区的防范工作重点应该放在加强应急法治建设、完善突发事件预防上。

三　法治理论在民族地区的价值分析

我国民族地区幅员辽阔，各少数民族形成“大杂居、小聚居”的分布状态。把多民族地区社会治理具体到法治层面，是社会及民族治理建设的必由之路。一方面，民族地区与非民族地区社会法治化可能存在着发展进程上的不同步；另一方面，民族地区社会治理发展有其独立性和地方性特点，文化背景的多元化可能会导致法律多元格局。要想进一步推进和完善民族地区的法治治理，就必须构建一个科学合理的多民族地区社会治理法治化体系。我们目前所架构的多民族社会治理法治体系，是具有民族特色的治理体系，必须以多民族地区的民族实情为基础，保护多民族地区的历史文化，尊重多民族地区的建设现实。

（一）民族地区治理法治化的基础条件

1. 民族实情：特色基础

“民族特色”的具体内涵长久以来未形成标准概念，人们对该词汇的使用颇具随意性，因此对于“民族特色”一词的理解存在一定程度的歧义。具体来说，民族特色应该是一个民族的民族特征，同时这种特征会对政治经济文化各个层面产生不同程度的影响，这是使得一个民族区别于其他民族的重要因素。

就社会治理而言，国家法律层面的约束无法保证公民日常生活的全面管理。这时就需要国家法、民间法、民族习惯法的共同治理，使他们各司其职，相互制约。中华人民共和国成立以后，我党致力于打造现代民族国家，形成统一规范的社会制度，力求按现代法律体系改造社会。从目前的情形来看，已经取得了一定的效果。多民族地区为我国增添独特民族光辉做出了独特贡献，这是使其区别于其他省份的关键之所在。“根深则叶茂，源远而流长”，多民族特色绝非无本之根，而是根植于民族血魂之中。

2. 民族传统：历史前提

历史和文明演化与进步的过程中，逐步形成反映民族特点的独特民族文化，这些民族文化代表着民族特有的思想意识形态。在时代历史的大背景下，各民族都拥有自己独特的民族传统，而这些民族传统或多或少地制约和影响着我国民族地区法治化治理的进程和方式，对推进我国民族地区社会治理法治化进程起到了不可忽视的作用。

3. 民族现实：客观依据

民族发展必须以现实的承载能力为依托，历史是过去文明的演进，但更重要的还在于现实。从民族现实出发研究我国民族问题，是理论和实践的必由之路。但这并不是忘却历史，在制定政策或提出建议的时候，我们要注重保持延续历史，顺应大趋势发展，紧跟民族地区社会历史大潮流，促进多民族区域同步发展。民族发展原则，应该是实事求是，本着一切从实际出发，认清我国多民族地区的现状，这也是我国多民族社会治理法治建设的必要条件。

（二）民族地区社会治理法治化的功能体现

社会的法治化建设不仅涉及理论层面的研究，还涉及政府层面的复杂改革，需要不断地进行探索研究，还需要学术界各领域专家学者的共同努力。在第三届“法治政府·南岳论坛”开幕式上相关政府领导发言强调，要加强和创新社会治理，其中最重要的一点就是实现社会治理的法治化。要学会运用法治思维和法律手段处理社会问题，化解社会矛盾。

同时，法治思维的运用在风险管理和社会冲突问题的解决方面也发挥了积极的作用。

从我国经验和国际经验来看，提升社会治理的法治化水平，对于经济的发展和社会的健康发展也有着重要意义。换句话说，要提高民族地区社会治理的法治化水平，很重要的一点就是要制定适合民族地区发展的良法。从我国民族地区的实际发展情况来看，通过制定相关法律法规，用制度政策手段整合社会资源，探索适合多民族地区区域的法治化体系，是完善社会整体建设、实现中国梦的必由之路。

如果法治的各个方面之间存在着一种相互对立的关系，那么法治的职能就不能得到很好的体现。法治存在的目的并不是为了最终解决问题，而是通过联系和总结各方面的问题和经验，来寻求一种解决社会问题的最佳制度或规范，引导和规范人们的行为①。就当前我国社会现实来看，民族地区法治化治理是多民族区域管理的最优化方案，在中国具有实际意义和独特价值，也是基于当前民族关系的最好选择。

1. 具有整合民族社会的功能

法治是依托于价值多样性之上的共同价值取向，以规则为约束的政治法有助于社会整合，建立完善的社会秩序，从而有助于社会进步和发展。对于消除社会价值冲突和整合社会功能来说，法治是重中之重。“为了适应社会发展的需要，凸显社会中利益的多元性和调节价值冲突，人们需要寻求一种更新的理念，而法治理念恰好适应了这些需求。”“法治在社会整合和统一的过程中起到了关键性的作用，同时法治也不排斥价值的多样性。法治为实现社会的多样性和价值的多元性营造了一种宽容自由的环境，在保证法治有序推行的前提下，创造了一个健康与活力并存的社会。”②

多民族地区的社会价值多元化是当前中国民族实情，民族区域法治化进程扎根于民族实情。通过采取对价值进行选择、排序和保护等方法，可以避免由于价值观念不同产生的混乱，或者由于价值观念不同导致的

① ［德］约瑟夫·夏辛：《法治》，阿登纳基金会译，容敏德编著，法律出版社2005年版，第22页。

② 叶传星：《法治的社会功能》，中国人民大学出版社2005年版，第297页。

社会冲突和社会分裂。法治实施的根本在于保持价值的多样性，从而达到整合社会的目的。法治化国家的建立，对于民族地区的不良行为进行强有力的约束，在保证自由、平等、正义的前提下，为民族地区社会治理提供了制度保障。与此同时，在法治化建设进程中，为了预防国家过多地干预民族地区的发展，国家的权力受到了相应的约束。这种方式有助于规范国家和民族的行为，从而达到整合民族社会的目的。

2. 具有协调国家与民族区域发展的功能

国家实行统一法，对于稳定国家内部关系具有重要意义。但是法治统一并不是指对所有的民族和地区都实行相同的法律制度，而是根据实际情况制定不同于其他地区的特色法律制度。亨廷顿说过："一个社会的成分越复杂，各种集团越是纵横交错，其政治共同体的形成和维持就越依赖于政治体制的功效。"① 因此，任何法律制度都应该同时兼顾稳定性和适应性，并通过这种方式体现其基本价值和应有功能。

社会主义法治化过程中，关于少数民族法律制度的建设也非常重要，对于民族地区的特色法治，不能一味加以否定，要学会取其精华，去其糟粕。中国是统一多民族国家，民族区域自治制度是我国的宪法性原则，也是我国推进民族和平合作的不可或缺的重要举措和平台，是促进发展的基础，是我国的基本政治制度。但是在民族地区推进现代化建设过程中，民族地区的法制建设在保证法律平等的基础上还存在进一步发展的空间，具体表现为三个方面。

第一，少数民族的生产生活方式与其他民族存在差异性，在长期演进过程中形成了一套独特的法律制度。这些制度的存在有其合理性，尤其在现实生活中还发挥了一定作用，因此不能人为强加外力将其取消。而应该在互相尊重的情况下，取其精华，弃其糟粕，有选择性地过渡替代，制定出同时符合时代要求和民族要求的民族地区法律制度。

第二，相对于国内其他较为发达的地区，民族地区在地理位置上相对闭塞。因此，少数民族的物质资源较为匮乏，生产生活条件也不能与发达地区相提并论。我国少数民族的生活资源较为缺乏，条件相对恶劣，

---

① ［英］塞缪尔·S. 亨廷顿：《变化社会中的政治秩序》，生活·读书·新知三联书店1988年版，第40—41页。

交通、通信也有较大不便，以上种种原因都导致民族地区的政治、经济、文化等各方面的发展相对落后，甚至有些地区与发达地区相比出现巨大差距。想要在这些地区实施统一的规范制度，存在一定难度，也无法保证法律的平等。

第三，为促进民族地区发展，确保自治权更好行使，促进民族区域自治制度的完美实现，必须发挥法律的协同作用，以便更好地处理自治地方与国家的关系。要根据实际情况制定自治条例和单行条例，开创性地使用自治权，实现真正意义上的民族自治，促进经济、文化、社会的统一发展。唯有如此，才能在保护少数民族地区原有习俗传统、突出民族特色的基础上，维持国家法治统一，让民族共治和民族区域自治制度各司其职，又互相促进。

3. 维护和促进少数民族群体利益的功能

一个国家想要寻求稳定、持续的发展，必须制定相应的国家法律来适应国家的经济发展水平。经济方面的法律在实施的过程中，可能会遇到一定的障碍，如何减少或消除这方面的障碍，对民族地区的经济发展具有长远的意义[①]。对于民族地区而言，经济发展水平相对落后，国家法律不一定能完全适应当地的经济状态。一旦少数民族群众觉得切身利益受到损害或者属于少数民族群体的特殊利益没有得到保障，就会引起他们的不满，进而可能会破坏国家利益。因此，在我国民族地区的社会治理过程中，最重要的就是要保障少数民族的基本利益，而少数民族的利益与国家利益又具有一致性。

美国法学家罗斯柯·庞德认为，利益就是人们或者团体之间通过某种内在的关系聚集、结合在一起，想要达成某种共同的目的或要求。因而，当某个组织内部的人际关系有调整或者需要安排人们的行为时，利益是人们所必须考虑的。法律制度或规范的制定并不是为了帮助人们创造利益，而是为了使人们在实现利益的过程中有一定的制度保障。我国少数民族繁多，分布区域跨度广泛，不同的民族的文化背景、价值观念、风俗习惯、宗教信仰有所不同。即便是同一民族生活在不同的地域，在风俗习惯上也会存在一定的差异，他们在社会上处于较为弱势的地位。

---

① 张晓辉：《多民族社会中的法律与文化》，法律出版社 2011 年版，第 283 页。

正如阿克顿所言："通过检验少数派享有的安全程度这种方式可以判断一个国家是否是真正意义上的自由的国家。"①

民族地区的社会治理法治化，就是要在维持民族地区社会稳定的基础上，给少数民族更自由的生活空间。然而，在现代化法治社会中，更多强调的是保障社会各个主体平等的合法权益。虽然我国对于少数民族地区有适当的政策照顾，但是在具体落实的过程中，可能还存在一些不足。要想保障国家法治的统一和社会稳定运行，少数民族群体的利益保障问题不可忽视。

（三）少数民族民事习惯法的价值

人类所创造的一切都具有一定的价值，人类的一切行为都是价值的源泉，实现人类的全面解放和自由就是价值的核心。然而，随着社会的不断发展，人类的发展也受到了相应的限制。人类在自身发展的同时，可能有群体内部或者是来自社会外部的因素，影响了人与自然、人与社会的协调发展。在这个过程中，社会学强调人们应该通过设立规范化的制度机制，使得身在其中的每一个人都能实现自己的价值。在机制运行过程中，保护其中每一个个体平等的权利，既是市场经济、民主法治发展的必然要求，也是民族地区治理法治化的内在价值取向。要想提升我国民族地区社会治理的法治化水平，必须建立适合民族地区自身需要的法律规范，以协调民族地区的发展，保障民族地区社会的有序运行。

1. 国家与社会维度

从国家层面来看，要想对生活在本国的公民的基本权利和义务有明确的规定，保障国家各个部门工作的有序开展，必须制定和完善相应的法律制度。从社会层面上看，在社会的运行和发展过程中，人们为了维持彼此之间的社会关系，也会有一套不成文的内生规则。

国家不仅需要为全体国民的幸福生活提供制度保障，还要干预和制止社会中的不良行为。法律只是一种国家用来维持社会秩序、保障公民自由和权利的一种手段，而不是最终目的。国家与社会之间存在着密不

---

① 转引自［美］乔·萨托利《民主新论》，冯克利、阎克文译，东方出版社 1998 年版，第 155 页。

可分的关系，但并不是说国家和社会就能混为一谈，他们之间还是有着比较明确的划分界限的。因此，在国家与社会的关系中，社会应该是第一性的，国家是第二性的。

在哈耶克看来，如果一个社会能够建立一种秩序，使得社会中的每个人的个人利益或者彼此之间的目的都能达到协调，那么，这种社会秩序在一般意义上就是对这个社会有益的。我国是一个多民族国家，在民族地区法治化治理过程中，如果将民族地区的习惯法和国家法进行有效的结合，就能促进各方面的协调，正如哈耶克所说，提供机会和激励以确保个人获得的知识被最大化运用，这就是民族地区法治化治理所追求的秩序价值。哈耶克还提出："在现代社会中，尽管公法可以创造一种环境使得社会内部的自发秩序发挥更大的作用，获得更好的效应，但是公法并不能取代私法在社会治理当中的作用。"① 由此看来，在现代化的社会治理过程中，国家应该给予社会更多的自由宽松的环境，而不是无限度地扩充自己的权力界域。

民族地区社会治理法治化建设是整个国家社会治理法治化建设的一个子系统。少数民族地区是国家管辖的具体地方，也是社会生活范围的一部分，民族自治区域应该根据本民族的自身需求和实际情况来制定一套科学的法治机制，在完善本民族社会自治功能的同时，促进社会稳定有序的发展。由于我国是一个多民族国家，因此，在少数民族地区的法制建设中，在我国法治化建设的进程中，必然会存在一些区别于其他国家的民族特色。在中国特色法制建设过程中，少数民族族群的内部秩序（习惯规则）和国家法外部秩序相结合，既相互影响又各司其职，对民族地区各民族之间关系的调整起到了重要的作用。事实上，少数民族人员在长期的生产生活中，已经对传统的习惯法产生了一定的依赖，同时又对国家法心怀敬畏。在国家法律体系中，我国宪法规定的少数民族地区实行民族区域自治制度，在很大程度上就说明了我国的法制建设给民族地区提供了一个更加自由宽松的制度环境。

由此观之，从国家—社会的维度来实行民族地区的法治治理，就是

---

① ［英］弗里德利希·冯·哈耶克：《法律、立法与自由》第一卷，邓正来译，中国大百科全书出版社 2000 年版，第 25 页。

要在坚持国家法治理念，维护国家统一、民族平等、民族团结的基础上，将民族地区特色与国家法治体系相结合，将少数民族内生秩序与外部秩序相结合，既丰富民族地区文化内涵，又不断健全和完善国家法制体系，在保障少数民族群体的基本利益和合法权利的同时，实现民族繁荣、共同进步。

2. 民族地区传统文化维度

从人类文化发展的角度来看，一般来说，一个民族或者族群在生产生活中，会形成共同的语言文字、风俗习惯、宗教信仰等，这些都是民族文化的重要组成部分。长期生活在同一个族群中的人们受到传统文化的影响，通常会形成共同的族群依赖、价值观念和行为准则等，进而形成区别于其他族群的独特的族群文化和族群特征。在生活并且成长在特定文化中的人的身上，或多或少会看到特定规则的影子，“这是属于他们的特殊印记”①。族群文化伴随着每一个少数民族族群成员的出生和成长，少数民族成员在成长历程中形成的心理心智、思维模式、行为习惯、宗教信仰，时时刻刻浸染着族群文化。各民族特定的文化背景使得各民族都有自己的特征，在长期的共同生活和族群文化的影响下，族群中的每一个成员都有着强烈的族群认同感。从更深层次上看，一个族群之所以得以生存、延续和发展，一个重要的方法，便是通过编织族群自己的“网”来实现。而这个“网”，就是在长期的生产实践、社会生活中所形成的族群传统文化。

第一，法治在文化传承方面发挥桥梁纽带作用。中国民族地区的社会治理法治化要学会将中国传统的法律文化与现实社会中的实际问题相结合，学会利用中国的本土资源。文化是人类智慧的结晶，是经历了时间的洗礼和沉淀积累下来的一笔宝贵的财富。文化的传承不仅需要文字方式的记载，更要靠言传身教。民族地区的少数民族成员一出生就受到本民族的习惯法的熏陶，在他们心里，法治建设也带有浓浓的民族色彩。从少数民族习惯法来看，它不单是一种社会规范，也是一种民族文化。它是民族文化的重要组成部分，对各民族人民的生产生活起到了一定的

---

① ［英］弗里德利希·冯·哈耶克：《法律、立法与自由》第一卷，邓正来译，中国大百科全书出版社2000年版，第18页。

引导作用。同时，习惯法还是传承民族文化的一种载体，它涉及经济、政治、文化等社会生活的方方面面。因此，习惯法的作用不仅仅局限于规范人们的行为，保持社会的有序运行和稳定的发展，还起到了传承传统文化的作用。

以民族或种族为背景的政治亚文化的存在，使得一些多民族国家的政治体系受到相应的挑战。例如在我国这样一个多民族国家，要想社会稳定运行，建设法治国家，民族地区的法制建设问题不可忽视。民族地区社会治理法治化，必须从少数民族地区的实际情况出发，立足于现实的传统文化土壤，积极回应各族群人民的心声和诉求，从传统文化中汲取有用成分，丰富民族地区法制建设内容。民族地区的社会治理法治化，不仅增添了民族法制建设的民族特征，使民族地区法制建设更加完善，也丰富、壮大了国家法制体系，使民族地区的法治化建设体系更具有活力。

第二，少数民族习惯法节约社会治理成本。习惯法是经历了千百年来的历史沉淀而形成的一种社会规范。它不仅符合当地的发展，而且是地方文化价值观的体现，贴近当地民众的日常生活。习惯法不仅体现民意，而且在一定程度上反映民意，邻里之间遇到纠纷时，都会想到通过习惯法来解决。各民族人民在长期的生产生活过程中，形成了一些共同的价值观念和内生秩序，形成了民族内大家都认同的行为理念。这些行为理念对加强少数民族群众的国家认同和民族认同，激发各个民族自主管理、自我服务都起到了一定的作用。同时，民族习惯法的运用使得以前民族群众参与社会管理程度低的问题也得到了很大的改善。民族习惯法的运用扩大了少数民族群众参与社会治理的途径与机会，对促进民族地区社会治理法治化起到了积极的作用。基于人们内心对民族习惯法的高度自觉，民族习惯法在处理民族成员之间的矛盾时，不需要过多的程序，处理矛盾、调解纠纷的过程简约高效，在符合国家法的强制要求下，民族习惯法的运用不仅节省了大量的时间成本和金钱成本，还能够实现对民族地区的高效治理。习惯法有以下三大好处。

首先，民族习惯法的运用节约了立法成本。随着时间的推移，民族人员的生活习惯和约定俗成的规章制度慢慢演化成现在的习惯法，因此，习惯法的形成不需要再花费额外的立法的开销与成本。在习惯法运用的过程中，人们可以根据实际的社会问题或实际情况，通过协商等方式完善和修改习惯法，整个过程简单便捷。其次，习惯法降低了守法、执法成本。习惯法主要源于少数民族成员长期以来的生活积累和生活经验，最直接地反映民族群众的内在需求。民族习惯法也不同程度地影响着他们的价值观念、生活方式和行为习惯。无须国家的强制力量，人们便能自觉遵守习惯法，这无疑降低了守法和执法的成本，也避免了社会治理的资源浪费。最后，民族习惯法的调解纠纷机制避免了国家司法资源的浪费，节约了社会治理的资源。生活在民族地区的少数民族成员之间，有着不同的风俗习惯和文化背景。因此，会产生不同于其他地区的矛盾与纠纷。在用习惯法处理纠纷问题时，时间短，效率高，成本低廉，无论从金钱、时间还是风险上看，都能够及时有效的处理纠纷，大大降低运作成本，促进社会和谐。民族习惯法定纷止争的功能，既避免了国家司法资源的浪费，又节省了时间和金钱的成本。

第三，法治有利于精神文明建设。我国自古以来就是一个多民族国家。纵观历史的演变和现代社会的发展，多元文化并存一直以来都是民族地区社会的显著特征。在不同的历史时期虽然有着不同的表现形态，但总体上正如费孝通所指出的那样，是一种“中华民族的多元一体格局”①。法治一直以来被视为构建文明社会的一种秩序，这种秩序使得社会稳定有序地运转和发展，因此，我国民族地区的社会治理也离不开法治的建设。法律的权威来自于人们出自内心的拥护，人的智力的发展和对向善能力的怀疑，加快了法律文明秩序的生成。而在当今社会，许多人法律意识淡薄，遇到矛盾或问题时，不会采用法律手段来维护自己的合法权益，使得自己的权益受到了损害。现代社会主要存在着三种矛盾，一是在个体自由发展与社会秩序的限制之间的矛盾，二是人对物质利益的追求和精神需求不平衡之间的矛盾，三是公民和社会整体的矛盾。法律便可以很好地调解这三对矛盾。法治是文化的一种特有的表现形式，文化则是法治精神的具体体现，文化的模式又决定了法治的发展道路。中西方文化背景的差异导致了我们不可能与西方国家走相同的法治道路，

---

① 费孝通：《中华民族的多元一体格局》，《北京大学学报》（哲学社会科学版）1989 年第 4 期。

但是我们可以通过比较来借鉴其他国家法治经验的可取之处，丰富我国的法治建设。

3. 民族地区自身发展维度

中华人民共和国成立后，特别是改革开放以来，随着社会的深入发展和人们思想的不断解放，我国在政治、经济、文化、社会事业各方面都取得了举世瞩目的成就。中国在建构现代法治文明秩序的过程中，不应该只是简单地对西方法律制度进行“移植”，更应该包括对西方法律制度进行客观选择与理性批判，同时，将民族地区传统的内生秩序与法治的一般规则和理念进行有效整合，寻求适合民族地区自身发展的具有中国特色的法治之路。

综上所述，法治有助于民族地区经济社会协调发展。一般认为，民族地区的当务之急是发展经济。但纵观民族地区的客观条件，长期以来的发展受限使得制度安排上出现了“输血有余，造血不足”的现象，这会造成各方面资源的巨大浪费。要想从根本上解决民族地区的贫困问题，不能单单只是依靠一些经济性的扶贫措施。在计划经济体制下，国家具有一套完整的制度安排，一般都以政府行为、行政权力来配置社会资源，调控供给与需求。但是在市场经济下，需要政府进行更少的干预，更鼓励通过自由竞争、平等竞争、自我调节等方式，最大限度地发挥市场的作用。但是，政府的管制又是必不可少的，尤其是对民族地区而言。民族地区发展相对落后，市场发展还不够完备，制度创新对民族地区的发展意义重大。

新时代的背景下，对于民族地区社会治理创新提出了更高的要求，需要民族地区尽快适应新的发展要求，创新体制机制，转变政府职能。国家针对少数民族的实际情况制定了相应的民族政策，并且采取了一系列的支持和帮扶措施，不仅调动了少数民族的积极性，而且在推动少数民族地区发展方面也起到了实质性的作用。随着经济的发展和社会的进步，少数民族对自身的发展要求越来越高，对权力的保障和分配也提出了更高的要求，在政治参与方面也越来越积极。因此，根据少数民族发展的现实需求，要完善法律条文，建立法律调整机制，不仅要保障少数民族群体的基本利益，还要调节各民族之间的关系，做到国家与地方良性互动。

法治为民族地区社会治理提供了根本保障。民族地区的社会治理需要确保治理的时效性和持续性，法治则为民族地区的社会治理提供了根本保障。想要加快民族地区社会治理的步伐，推进民族地区的稳定发展，就必须以法治治理理念为指导，根据民族地区的实际情况，制定相应的法律法规，并在运行的过程中查漏补缺，加以完善，形成系统的法治体系和法律支撑，做到依法提供管理和服务。

陈荣卓认为，法治治理是为了保障广大人民群众的根本利益，而法治的运用对创新社会治理起到关键作用。在社会治理过程中，运用法律制度规范相关事物，运用法治思维处理社会问题，可以提高社会治理的效率，避免资源浪费[①]。在法治理念方面，法治思维的运用十分重要，同时，在治理过程中，尤其对于民族地区而言，由于当地资源匮乏，社会服务发展水平有限，更需要因地制宜，科学合理地开展法治建设。社会治理中存在一定的区域差异，尤其是对于我国这样一个多民族国家而言，区域差异更加不容忽视，而将社会治理创新纳入法制轨道，以科学的规划为社会治理进行立法，才能弥补这种区域差异。

我国的历史发展和社会现状决定了我国必须建设社会主义法治国家。法治化的社会治理是我国建设和谐社会的基础和根本保障，法治理论为我们建立和谐社会的必要性和可行性提供了理论基础。

---

① 陈荣卓、颜慧鹃：《法治视域下的社会治理：区域实践与创新路径》，《江汉论坛》2013年第12期。

第八章

凭祥市打造社会治理新模式

凭祥市是位于中越边境的一座历史名城，唐开元二年（714）建置，宋皇祐五年（1053）置凭祥峒，距今已有1000多年历史。凭祥历来都是南疆的边防重镇。1885年3月，冯子材在这里率领军民取得了震惊中外的镇南关大捷。1907年12月，孙中山亲自领导了镇南关起义。1949年12月11日，中国人民解放军将红旗插上友谊关，宣告广西全境解放。1956年11月16日，国务院批准成立凭祥市。1992年，国务院批准凭祥市为沿边对外开放城市。2002年11月，国务院批准凭祥为广西壮族自治区直辖市，由崇左市代管。

凭祥市地处中国南部，与越南谅山接壤，素有“祖国南大门”之称。它是中国最靠近东盟国家的国际化城市，下辖4个镇，全市总面积650平方公里，人口18万，其中流动人口7万人，有壮、苗、侗、汉等12个世居民族，少数民族人口占85.8%。距广西南宁和越南首都河内均为160公里，西南两面与越南谅山省交界，边境线长97公里。凭祥有中国九大名关之一的友谊关口岸（公路）和凭祥口岸（铁路）2个国家一类口岸，1个二类口岸，5个边民互市点，是广西口岸数量最多、种类最全、规模最大的边境口岸城市，是中国通往越南及其他东南亚国家的便捷的陆路通道。

自1992年被国务院批准为沿边对外开放城市以来，凭祥已相继获批建设六大面向东盟的国家级开放平台，即凭祥边境经济合作区、凭祥综合保税区、凭祥沿边金融综合改革试验区、凭祥国家重点开发开放试验区、中国—东盟边境贸易凭祥国检试验区，以及和正在大力推进的中越凭祥—同登跨境经济合作区。2016年8月，国务院批复设立广西凭祥重点开发开放试验区。2017 年 2 月，友谊关公路口岸获批扩大开放浦寨、弄尧两个通道。凭祥市是 21 世纪海上丝绸之路与丝绸之路经济带有机衔接的重要门户，也是面向东南亚特别是面向越南进行开放合作的重要战略门户，可以说，“一带一路”建设为凭祥带来了历史性机遇。

2010 年，凭祥被中央政法委、综合治理委员会确定为社会管理创新 35 个试点城市之一。推进全国社会治理创新试点，探索形成“三网联动”模式，创新推出“一村一警务助理”“一校一警”工作机制，社区戒毒、社区康复、社区矫正等“凭祥经验”，群众安全感和满意度多年位居广西前列。社会治安综合治理创新、综合治理和平安建设信息化工作成为全国典型。青少年普法工作得到中央政法委、国家司法部肯定，网上信访基层工作经验得到国家信访局的肯定并向全国推广。

一　凭祥市社会治理环境

凭祥市地处祖国南部边境，自古以来就是我国桂西南的边防要地，与越南接壤的边境线长，节点多。改革开放 40 年来，随着我国经济社会的不断发展，凭祥作为我国西南大门，经济发展迅速，与越南相比形成了优势，在各个方面领先越南。加之凭祥市基础设施建设较完善，有便捷的交通，于是，不法人员取道凭祥频繁偷渡，境内外贩毒走私团伙聚集，境外流窜人员、本地吸毒人员、周边地区流窜人员、犯罪分子以及非法入境等问题屡禁不止。凭祥市的社会治理、边境管控工作在新时期面临许多新困难、新挑战。

（一）跨境民族多，边民往来频繁

凭祥与越南接壤而且点多面广，千百年来世居民族往来频繁，存在许多跨境民族，即居住在国境线两侧、具有共同族源和相同语言文化的群体。虽然越南与中国对这些民族的称谓不一样，但他们同宗同族，“五百年前是一家”，“剪不断理还乱”，无形的血缘纽带把这些边民拴在一起。例如，中国的壮族与越南的岱依族和侬族有着血浓于水的关系，由于历史发展和国别的差异性，尽管民族名称有了变化，但他们在民族的语言、文化传统、风俗习惯等方面，仍然有很多极为相似的特征。差异性掩盖不了共同性，因为他们的祖先原本就是一个民族，是典型的跨境民族。越南的侬族和岱依族总人口大约200万左右，与中国接壤的谅山、高平、广宁、宣光、河江、老街等省的丘陵平坝地带，是他们的主要居住地。当地人以农业为主，农产品主要有稻谷、玉米，多从事家庭手工业，饲养业也占据了较大市场。在历史的长河中，岱依族与越族相互交融，历史文化融合度高。侬族迁入越南约二三百年的历史，时间较短，有的至今不过八九代人，他们与我国壮族在历史文化、风俗习惯等方面具有高度的共同性①。凭祥市有壮、苗、侗、汉等12个世居民族，而在对面的越南，基本都有这些民族，这些民族“走亲戚式”的来来往往，使得各种社会关系复杂。

（二）文化与经济互嵌，边境贸易发达

以物理学的势能理论为角度发展而来的沿边差势理论，解释了边境贸易存在的基础。该理论指出，两国的边境地区存在地理景观差、科技工艺差、经济结构差、商品价格差四个方面的势差。这些势差成为边境贸易得以兴起和发展的能量源。尤其是中国自1978年以来的改革开放，使这种势差愈发明显，中越边贸的发展势不可当。凭祥作为中越贸易重要口岸，自清朝开始就已存在，历史悠久。1952年，中越签订第一个自由贸易合同，边贸自此规范化。1992年，国务院实施沿边开发，把凭祥市列为14个沿边开放城市之一，中央政府、广西壮族自治区政府给予了诸多优惠政策，凭祥市基础建设不断完善，边境贸易管理不断创新，边境小额贸易屡创新高。

党的十八大以来，凭祥进入了发展的新时代，它借力“中国—东盟自贸区”和“一带一路”的战略部署合力，推动中越边境贸易迈上了新台阶。边民互市贸易从2005年的4.52亿美元增长到79.24亿美元，边境小额贸易额从2005年的7.01亿美元增长到2014年的147.28亿美元，都增长了20倍左右，增长幅度巨大。凭祥市边境贸易额近十年都保持增速30%左右。在整个广西边境小额贸易中，凭祥所占的比重一直在50%上

① 范宏贵：《中越两国的跨境民族概述》，《民族研究》1999年第6期。

下浮动①。

以与越南谅山省文朗县接壤的浦寨边境贸易区（以下简称“浦寨”）为例，浦寨西南连接越南谅山省新清口岸经济管理区，它位于中越边境的1090—1091号界碑东面，距离凭祥市区只有15公里，距离越南北部门户谅山省府也仅仅30公里。凭祥市政府高度重视浦寨的发展，经过20世纪90年代以来的突破性发展，浦寨遥遥领先于其他边境地区，已成为中越边境线上不可替代的、首屈一指的边民互市贸易点，同时也是东南亚最大的水果交易市场、红木家具半成品市场，在边境贸易中发挥了重大作用和影响。

浦寨是中越边境线上最大的边民互市贸易点。浦寨于1992年开发建设，面积达2.5平方公里，累计投资近20亿元人民币，各项基础设施及配套设施健全完备。目前，浦寨共有4家大型商贸城，租赁2400间商铺，既是国内知名的国际边境贸易城，又是中越漫长边境线诸多边贸点中最繁华的旅游中心和购物中心。浦寨作为海关特殊监管的边民互市点，享受边民互市贸易优惠政策，边民每人每天可自由购买8000元免税毗邻国家货物。同时，作为友谊关口岸的辅助通道，边境小额进出口货物允许在此成交。由于突出的区位优势和政策优势，浦寨虽然面积不大，但由于良好的环境和政策，南来北往的客商云集，使得日均流动人口与常住人口基本相同，其中越方人员约占流动人口的三分之一。日均货车流量超过500辆车次，其中越南车辆约占三分之一车次。2015年，凭祥全市外贸进出口总值为104.72亿美元，浦寨边境贸易额占比约为五分之一，达到近20亿美元。

浦寨也是东南亚最大的红木家具半成品市场。目前，浦寨共有400多家红木客商，长期经营从越南、老挝等国进口的黄花梨、紫檀、酸枝、鸡翅等名贵红木半成品家具，经过加工后，主要销往国内的北京、上海、江苏、浙江等省市。

浦寨还是中国对东盟最大的水果交易市场。水果进出口货量达141万吨，占全国的21%，凭祥口岸是全国水果进出口量最大的口岸。其中

① 赵林靖：《新常态下凭祥市边境贸易的转型升级研究》，广西大学2016年硕士学位论文，第10页。

95%在浦寨贸易区进行。从浦寨出口的中国水果主要有苹果、葡萄、哈密瓜、柑、橙、梨等。同时，越南等东南亚各国的新鲜水果也从浦寨进境后，销往全国各地，主要品种有西瓜、火龙果、龙眼、荔枝①。

（三）边境线长，吸毒贩毒、走私越境多

凭祥市与越南的边境线近100公里，除正常口岸、互市点外，另有较多的便道，边民来往频繁。由于毒品的暴利，很多人铤而走险。在所破获的贩毒案件中，凭祥90%的案件有边民参与。2011年，国家禁毒委把凭祥列为“毒品入境内流重点通道地区”。2013年，涉恐人员开始取道凭祥偷渡。毒品的泛滥又导致艾滋病患病率升高，社会治理面临一系列新的挑战。凭祥市面临禁毒委各成员单位责任落实亟待加强、戒毒场所设施陈旧、重点项目建设经费不到位等现实问题。

二 强化组织保障，健全组织机构

凭祥市委、市政府具有高度的责任感和强烈的政治敏感性，自凭祥被国家确定为社会管理创新试点城市后，他们把握被定为全国社会管理创新综合试点城市的重大机遇，围绕社会稳定、民生发展、民族团结和谐、边境安全、矛盾预防与化解等主题，成立了由市委、市政府主要领导牵头的社会管理综合治理委员会，把社会管理创新列为党政一把手工程。市委、市政府结合本市特点，在充分调查研究的基础上，颁布了加强和创新社会管理的具体实施方案，作为经济社会发展的“十二五”和“十三五”规划重点，用单独章节进行阐述。全市社会管理创新按照不同领域、不同行业集中分类，分层分解，实行牵头单位负责制度。凭祥市在自治区城乡一体化建设中走在前列，并出台相关细化政策，有序推进。首先，把握整体性，做好顶层规划。其次，突出特点，落细落小。从“边”上找特点，做文章，配合国家的“富民兴边”行动，通过“富边”达到“稳边”“爱边”，通过“爱边”达到“固边”，解决新时代背景下

---

① 车璐：《凭祥市浦寨边境贸易区简介》，广西新闻网2016年4月（http：//zt. gog. cn/system/2016/04/07/014850977. shtml）。

的边境地区社会治理工作难题，做到城乡发展、绿色发展、协调共享，各项政策指向性更明确，服务与管理更加精准，党的执政基础更加平实稳定，各民族关系更加亲密和谐，确保各项政策以人民为中心，各项工作落实以人民满意度为标准，达到共建、共治、共享。凭祥市设立了社会管理和流动人口服务中心，为正科级常设机构，编制 6 人。各乡镇也有相关工作机构和人员，村、屯有信息员（网格员或联络员），形成了横向到边、纵向到底的工作网络。

乡镇是社会治理的最基层政府。凭祥市瞄准短板，抓住重点，扎实推进乡镇综合治理办公室（以下简称“综治办”）的规范化建设，夯实社会治理基础。坚持高标准、严要求，大力推进乡镇综治办的规范化建设工程，重点强化乡镇综治办的基础设施建设和人员配备，确保全市所有乡镇综治办达到组织机构健全、人员配齐配强、装备设备完善、经费保障到位、工作高效规范的目标。具体工作主要有以下几点。

一是制定印发了《凭祥市深化乡镇机构改革实施方案》和关于四个镇机构设置主要职责和人员编制的通知，将镇综治办列为 5 个党政内设机构之一，由镇人大主席兼任镇综治办主任，并配备 1 名综治办专职副主任和 2 名专职干部，确保了机构、编制和办公人员的落实。

二是将镇综治办和司法所进行资源整合，联合办公，解决办公场所，打造“温馨之家 · 贴心服务”平台。并通过政府采购，统一添置了专用计算机、打印机、传真机、复印机等设备，保证按标准配备必需的办公设施设备，改善工作条件。

三是明确工作职责，完善各项工作制度。各镇的综治办按要求制定了重大事项报告制度、矛盾纠纷排查调处制度、工作例会制度、检查督办制度等，并上墙公开悬挂，按照职责开展工作。

四是指导各镇综治办，按自治区、崇左市综合治理和平安建设检查考评的要求，做好综合治理工作材料规范化整理归档工作，全面系统、准确翔实地反映综合治理开展情况，按统一格式、整齐划一、简洁美观的要求，分门别类地进行存放。

五是落实经费保障。将镇综治办的办公经费按辖区人口年人均 2 元的标准，纳入财政预算，并落实到位。

通过强化各项措施，落实乡镇综治办的规范化建设工作，保证镇综治办“有机构办事、有人员办事、有场地办事、有设备办事、有经费办事”，努力把各镇综治办建设成为化解矛盾纠纷、防范违法犯罪、加强社会管理、维护基层稳定的前哨阵地，进一步夯实凭祥社会管理基础。

三 围绕以人为本，大力改善民生，提升边民幸福指数

全国社会管理创新城市多，如何管理出特色，让人民更满意，一直是凭祥市委、市政府思考的重点。凭祥市委、市政府确定了以保障和改善民生为重点，创新标准以“人民群众是否满意、是否喜欢”作为评判原则，同时结合本市财政状况，探索出“小财政，大民生”的社会管理“凭祥模式”。正确处理发展与稳定的关系，发展是硬道理。稳定也是硬道理，深入贯彻实施习近平精准扶贫思想，实施“兴边富民行动”“整村推进”“项目扶贫”“一个民族都不能少”，完成了农村道路村村通、人畜饮水安全、危房改造、基础教育和中等教育普及、广播电视村村通、社会保障应保尽保、退耕还林等 16 类近 5000 个项目，项目惠及全市人民，最大限度地实现公平、正义。

（一）扎实推进“兴边富民”行动，提升边境基础设施水平

“兴边富民”行动是中央政府为加快边疆地区快速脱贫而实施的富边稳边战略。凭祥市委、市政府利用中央政策扶持的契机，全面推进“兴边富民”行动，重点在基础设施建设方面有所作为。实施精准扶贫战略，全面实施道路村村通，并且村村通客车；村村通自来水，村村通广播电视；实施基础教育和中等教育免费政策，社会保障全覆盖；树立绿色发展理念；实施农村危旧房子改造工程以及美丽乡村计划。另外，为了保障农民应对洪涝旱灾，对全市农村的水利基础设施进行普查，恢复废弃水渠，根据现代农业发展需要，重新规划农田水利基础设施。同时，进一步深化林权制度改革。凭祥市委、市政府充分发挥广大村民参与，民主决策、科学决策，兼顾历史与现实、效率与公平，取得了农民的支持与认可，顺利完成林权制度改革，把矛盾化解在村民参与之中，调动了农民经营林业的积极性。

在中央“大众创业，万众创新”战略指导下，凭祥市对农民免费进行职业技能培训，组织农村劳动力有序转移，通过多种形式创业、就业，以保障农民工资性收入大幅增长。

（二）坚持一个中心，所有工作为改善民生服务

凭祥市确立了任何改革都要以人民生活改善为目标，加大农村社会保障的投资力度，把全市社会保障水平作为考核干部绩效的一个标准。凭祥市全面实施“五大社会保险”“四大社会救助”“五大社会福利”①，让老百姓幼有所育、学有所教、劳有所得、老有所养、病有所医、住有所居、弱有所扶。

第一是幼有所育。凭祥市政府出台相关政策，扶持民营资本投资学前教育，同时壮大公办学前教育。在农村行政村，一般都开设了学前教育班，基本满足了百姓需求。

第二是学有所教。凭祥市是广西壮族自治区最早推行高中阶段免费教育的地区，2011 年扩大投资，鼓励学生读职业学校，实施了中等职业技术教育免学费政策。市政府还安排专项资金，对学生交通、住宿、吃饭等进行补贴，让学生住得起宿舍，吃得饱饭，读得起书，回得了家。

第三是病有所医。市委、市政府领导深知农民最担心的问题除了教育就是看病，看病难、看病贵不是个别现象。凭祥市从看病贵着手，由财政统一为所有农民缴纳新农合参合金，农民实现“零负担”参合，并且大幅提高报销比例，尤其是大病报销比例提高，极大地减轻了农民支付负担，基本解决了因病致贫、因病返病问题。同时，在全市公立医院实施医药分家、常用药品大幅降价等措施。

第四是老有所养。凭祥是全国首批新型农村社会养老保险试点县（市）。在市财政专项资金支持下，大幅提高基础养老金。在制度上探索建立政府补贴、社会支持、个人缴费相结合的多层次社会养老保险制度，实现对全市适龄居民的养老全覆盖。农村在实施高龄老人养老保险制度

---

① 五大社会保险是指养老、医疗、失业、工伤、生育；四大社会救助是指最低生活保障、农村“五保”供养、大病医疗救助、公共租赁住房；五大社会福利是指优抚、扶老、助残、救孤、济困。

基础上，也在进一步探索鼓励农民个人缴费、社会支持、政府补贴的养老模式。

（三）特色产业扶贫促进边民增收

特殊的地理和自然环境，孕育了凭祥市的特色产业。市委、市政府坚持“人无我有，人有我强”的发展思路，整合资源，改变了传统产业的散、小、同等问题，确立了以龟鳖养殖、种植甘蔗为重点扶持产业，发展绿色物流，创新服务业态，扶持以边贸为主的第三产业。政府与农业大学、农业科研机构、三农服务机构联系，由政府出钱，免费培训当地农民和其他无业人员，形成了免费培训—就业、创业—再培训的闭环模式，鼓励边民在家乡就业创业，不离乡也不离土，一方面可以利用大量边民守边固边，另一方面又增加了边民收入。全市农民家庭总收入、城镇居民人均可支配收入均处于全区前列。

（四）落实三个“下移”，建立“两个中心”

在市、镇、村按照层级隶属关系成立政务服务中心、民事服务中心，打造“温馨之家·贴心服务”平台，统一办理群众各类诉求，并且开展法律援助。各中心开设服务专线，开设微信公众号互动，使“门难进、脸难看、话难听、事难办”变为“一张笑脸相迎、一句热情问候、一个座位相邀、一杯热茶相待、一个满意答复”。推行决策下移、权力下移、服务下移机制。一方面，充分调动镇、村干部的积极性；另一方面，村镇干部最接地气，最了解民众的真实需求，能最快捷回应民众的诉求。凭祥市还利用电子政务平台，通过线上、线下互动解决百姓的诉求，让数据多跑路，让百姓少跑腿，很多事情群众足不出户就可以办好。

（五）保障特殊人群权利

凭祥市贴心关爱保障特殊人群权利，“市长”与“市场”结合，既发挥政府的主导作用，也发挥市场决定性作用。凭祥市首先从政府层面出台了《凭祥市流动人口的服务和管理办法》《凭祥市社区矫正对象管理工作实施办法》《凭祥市刑释解教人员安置帮教工作实施办法》《凭祥市精神病人救助管理实施办法（试行）》，使特殊人群权利有了政策保障，各种行为有政策依据，也从侧面引导政府、社会组织从事相关工作。社会层面多方募集资金，设立了见义勇为基金、信访救助基金、司法援助基金等，对特殊人群实施帮扶和表彰。其中狮子山社区女子帮教队“母爱式”帮教，被司法部、全国妇联、全国普法办授予“全国妇女法制宣传教育示范点”荣誉称号。

（六）以国家安全为中心，军地警民联防，边境稳控禁毒

边境治理是任何一个边境城市政府的责任，凭祥市也把它视为社会治理的重要内容，这也是边境城市的共同特点。凭祥市委、市政府根据本市特点，出台《凭祥边境管控体系试点建设实施方案》作为边境治理的指导性文件，实施党委领导、政府负责、军警协同、社会组织边民参与的党政军警民“五位一体”边境管控体系，同时加大投入，同步推进“人防、物防、技防”建设。

一方面，根据传统的防治措施建立物理隔离带。另一方面，充分利用现代计算机技术、网络技术、大数据技术、GPS、GIS、RS、人工智能、传感器技术等成果，安放无死角的高清摄像头，捕获相关数据，通过云平台整合军警地数据，传入数据中心处理，进行预警提前部署，预防打击相结合，有效地降低了治安发生率，提高了处置效率和能力。

发挥传统自治组织村委会居委会作用，从村民中招募志愿者，维护边境安全，在边境线上打人民战争。凭祥边防组建了38支治安联防队、招募100名“护边员”，以及3000户“十户联防”。在此基础上，将400名综合治理网格员纳入边防管控群防力量，真正做到了群防群治，配合军警部门，有效地管理控制边境①。

实施“挂牌”与“摘牌”制度，守土有责，守土尽责，问题问责。针对重点问题挂牌督办，给予时限规定，问题解决了就摘牌。

---

①　莫小松、周锴、蔡铮：《“平安南疆”已成凭祥亮丽名片》，《法制日报》2017年3月23日第2版。

四 加强科技信息化建设，实现管边控边手段现代化

中央综治办、国家发改委、公安部等九部委根据新形势提出新要求，实时出台了《关于加强公共安全视频监控建设联网应用工作的若干意见》。凭祥市从顶层设计入手，结合信息技术、GPS、北斗、GIS 等技术，规划实施了公共安全视频监控联网应用“三网”一体化建设，把军地民资源整合共享，进行边境管理的技术革命，提高了数据使用和边境管控的效率。

一是加强组织建设。军警公安等部门联合成立了边境信息化建设领导小组，统一管理、协调边境信息化建设。领导小组有效地融合了军队、武警、地方政府、中央垂直管理部门的权力，既是边境管控的领导机构，又是多部门协调机构。二是建立多元化的经费保障制度。市政府每年将公共安全视频监控联网应用建设经费纳入年度财政预算，做到专款专用。三是强化机制保障。先后出台了《公共安全建设方案》《公共安全视频监控资源使用审批制度》《公共安全视频监控资源协调机制》《公共安全视频监控资源监督管理制度》等一系列制度规范，确保了公共安全视频监控联网应用各项工作有序、安全、长效开展。武警边防部队以及中央垂直管理部门根据相关主管部门要求，升级管控措施，由中央财政直接支付。四是按照“先外后内，打防结合，面中有点，精准管理”思路，建成“三网”一体化，完善信息化体系。“三网”即为边境管控网、治安防控网、物联信息网。

（一）建好边境管控网，不断提高城市外围安全防范能力

经济社会快速发展和社会稳定祥和都是社会文明进步必不可少的关键内容。凭祥市认真贯彻“预警得早、防范得住、处置得快、打击得准”的基本思想，军警地方政府把边境安全提升为“党委（常委）工程”“主官工程”。首先，建立了联合指挥部，地方主要领导和军警主要领导担任联合指挥官，从组织上加强领导。联合指挥部还是协调机构，综合协调、整合各方资源。其次，建设跨境、跨部门视频指挥调度系统。加

强硬件建设。在边境重点部位设立高清摄像头，与公安部的“天网”联网；购置高清警用无人机等先进装备，对特定区域实施24小时不间断监控；实现了多种资源“一体运行”和管控区域“智能预警”，快速反应，精确用警。

巡逻防控网格化夯实边境平安根基。警力有限，民力无穷。凭祥公安边防部队依托网格化管理、网格化巡逻防控，这是推进边境管控体系建设的一个创举。凭祥公安边防部队建设了四道防线和一张网。第一道防线是专业巡逻队伍，重点负责边境公路、主干道的巡逻；第二道防线是边防派出所民警，在辖区开展常态化巡逻；第三道防线是社区治安联防队巡逻队，在背街小巷和居民小区巡逻。第四道防线是网格员，在网格内定人、定时、定责常态化巡逻。所有巡逻车辆都装备了北斗定位系统，单兵图传系统是每一名军警的标配，4G图传车可将各种视频图像和语音信号实时传回指挥中心，由中心决策者根据不同情况做出相应决策，形成了边境防控的“天罗地网”。这也就是“一线守、二线封、三线查、四线阻、面上控”的立体化防控网。

与此同时，凭祥市还可以共享崇左市“边境综合治理维稳信息中心”相关数据信息，该信息中心把崇左市辖区7个县（市、区）以及市级政法等重要部门，通过专门的信息通道进行了连接，并开发专项软件，建立了安全稳定数据库。该中心功能齐全，集中信息采集、信息处理、实时通信、分析研判、预警预测、联动指挥等实战功能于一体，有效地整合了各单位、社区的综治E通，综治视联网、公共安全视频监控和边境管理部门监控等丰富资源，并配备有电子沙盘信息系统。通过信息中心的视频会议系统，实现了指挥中心与关键节点的实时可视化通信，结合综治视联网和综治E通系统的运用，做到了联动融合，扁平化指挥，精细化管理，切实提升边境社会治理效能。

（二）建好治安防控网，不断提高管控打击能力

针对本地吸毒人员、外地人和境外人员在街面实施盗窃和“两抢”犯罪活动高发态势，凭祥市公安局以“天网”建设为主线，建立公共安全视频图像信息共享云平台，不断提高社会面监控覆盖率。2015年5月，根据中央、自治区和崇左市关于加强社会治安防控体系建设的部署，凭

祥市实施了从市政府到村社区的横向到边、纵向到底的全国综治视联网平台接入工作，实现与中央、自治区综治办互联互通。

通过综治信息平台的深度运用，网格信息员一旦发现不稳定因素，便通过综治 E 通手机将信息及时上报，每一条信息经综治信息系统预处理后，由网格中心通过综治视联网下达网格指令，实现信息的及时交换，快速处置。综治视联网与综治信息平台的综合运用，实现了决策指挥的可视化、扁平化和精准化，通过上下联动，快速处置，把边境不稳定因素消除在萌芽状态。

凭祥市还设置5000个视频探头，遍布城乡主要路段、重点区域、重点节点的边境公共安全视频监控系统和综治视联网平台以及信息化的边境监控指挥系统，实现了全域化综合治理，信息化整合运用得到大提升。通过整合各方面资源，边境管控部门情报收集更准确，监控更全面，协调指挥更高效，能够实现精准打击违法犯罪活动，及时消除安全隐患，筑起边境线上的铜墙铁壁。目前，凭祥市“三网联动”已成为崇左市乃至全区、全国的一个亮点工作。

（三）建好物联信息网，不断提高人员车辆精准管理能力

政府的力量是有限的，必须充分发挥各主体的积极性，整合资源，提高社会治理的效率。政府出台信息化政策、互联网发展政策，并且投入财政专项资金支持；各通信集团公司投入资金，建好基站，为互联共享提供技术支撑。为了最大限度地发挥公安视频监控系统和社会治安视频系统，融合机关、企事业单位、社区的视频监控系统基本覆盖全市重点区域，为社会治理综合管理做好助手，有效地解决了大量流动人口带来的社会隐患，并且在及时有效帮扶弱势群体方面提供了便捷①。因为有了物联信息网，凭祥市政府才能做到前期研判有依据，实时跟踪不掉线，及时预警控风险。

---

① 樊超、罗俊：《加强公安科技建设，创建南疆平安边境》，《中国公共安全》2017 年第 4 期。

五　军民合作，信息共享，责任共担

1. 实施军民联合守边固边

军警是边境安全稳定的最强力保障。凭祥是中越边境的重要城市，历来是守边固边的重要区域，因此，边防驻军、武装警察实力强大，技术装备先进。凭祥也是重要的中越通关口岸，中国海关在促进国际贸易、打击贩私走私、维护良好的经济秩序中发挥了重要作用。公安机关是日常治安的维护力量，其人员队伍和技术装备在广西壮族自治区都是优先保障的单位，队伍结构合理，素质高，技术装备属于国内一流。采用了无人机、GPS、GIS、大数据等先进的信息化技术装备，在信息监控、传输、处理等方面快速有效。由于与军警信息系统实行了信息共享，极大地提高了判断决策能力。

凭祥市还充分发挥边民人人参与社会治理，大打群众歼灭战策略。通过灌输“边防稳定人人有责”的思想，充分动员广大边民，并在边境村屯实施“十户联防”“路长制”等新举措，把村子里有责任心、有爱国精神、有奉献精神、有志愿精神而且能力强素质高的村民选拔出来担任“路长”，每个村屯又优选出若干村民担任治安信息员。农村是一个熟人社会，村民彼此熟悉，相互之间都了解对方的底细，可以通过“路长”“信息员”交换情报，然后通过特定的信息通道，把重要信息实时传递到上级指挥机关。凭祥创建了“政管面、军管线、警管片、民管点”横向到边、纵向到底的边境管控新格局，真正做到“一个边民就是一个哨兵，一个家庭就是一个哨所，一个村屯就是一支部队”。

凭祥市还实行“访万人，解万怨，暖万心”的“三万工程”（以下简称“三万”），将公务员队伍、边防警察、驻军等分批次安排到村屯，按照干部级别与村民结对子帮扶，每个单位都有指定的帮扶村组。这样做进一步密切了干群关系、警民关系、军民关系，既可以及时化解矛盾纠纷，也可以第一时间发现隐患，早预防、早治疗。

中国和越南是两个具有传统友谊的国家，尽管在历史上有过摩擦，但总体上看，边民友好，交流与合作历史悠久。尤其是近20多年来，两国边境合作取得了新成果。两国边境管理机构建立了双边合作机制，有关贩毒、走私、越境等犯罪活动的信息双方共享；并且开通 24 小时热线电话，共同打击各类犯罪行为。同时还建立了民间矛盾纠纷调解机制，协调双方边民的民事经济纠纷。在浦寨、弄怀两个边境贸易点，设立联合调解室，最大限度地保障两国边民的利益。

2. 建立利益诉求平台

建立利益诉求平台，打通利益诉求通道，化解各类矛盾纠纷。凭祥市根据信访条例，市、镇、村三级成立相关机构。在市级层面进一步完善信访机制，在传统信访渠道基础上，开通了网上信访渠道和微信公众号渠道，使人民群众可以便捷地反映自己的利益诉求，减少了信访成本和老百姓的负担。同时成立凭祥市民事服务中心，把相关职能部门整合在一起，现场办公，对人民群众重点关切的利益进行协调，进而创建“联合调解矛盾纠纷、联合治理突出问题、联合创建基层平安、联合处置突发事件”的新局面。在乡镇层面，在人力、财力、办公用房等方面进一步倾斜。在人员方面克服困难，解决不了乡镇综治信访维稳机构行政编，就根据需要给事业编制。保障工作经费和其他硬件设备，调动乡镇工作人员的积极性。在村一级，充分发挥村支两委的作用。村支两委是村民自己投票选出来的，对他们具有较强的信任感，是村民最贴心的人，在矛盾纠纷调解方面具有得天独厚的作用。各村、屯、企业均设立调解室，矛盾纠纷在末梢化解。政府向调解室提出了“小事不出屯、中事不出村、大事不出乡”的矛盾调解目标。

此外，凭祥市还出台了“首问负责制”以及矛盾纠纷化解“领导包案”制度。

另外，凭祥市把决策权进一步下移，提高村支两委的经济待遇，充分发挥村民自治的基础性作用。“自我管理、自我服务、自我教育、自我监督”，让村民真正当家作主，转“为民作主”为“群众作主”。凭祥市颁布了《村（社区）党支部书记、村（居）民委员会主任目标管理责任制考评实施办法》，实行权责统一。结合“三万”工程，实行“百名领导干部进农村”和“挂村包屯联户”，打造为三农服务的长效机制。

为了缓解市财政投入问题，凭祥市在全国创新性地建立信访救助基金。该基金主要是解决矛盾纠纷当事人的各种补贴，是对其实施救助的一种新机制，目的是帮助那些家庭困难的群众解决利益诉求问题。

3. 建立基层干部激励机制

凭祥市率先对屯级党支部全体成员实施按月补贴制度，并且大幅度提高村委干部的工资待遇、村委办公经费和年终村干的绩效奖励。根据工作性质，还为村党支部书记和治调主任办理了人身意外伤害保险。这一系列措施极大地调动了基层干部抓综合治理工作的积极性。

除此之外，凭祥还开展农村留守儿童“一对一”帮扶活动。将农村留守困难儿童纳入救助范围，实行民警“一对一”帮扶，促进农村留守儿童健康成长。创新建立少年法庭，不定期组织学生开展模拟法庭活动，让学生们当法官，亲身体验法律的威严。同时，选派优秀政法干警到各学校担任法制副校长。

对于吸毒人员，凭祥市积极帮助吸毒人员戒断毒瘾。目前，已建立起强制隔离戒毒、戒毒康复、自愿戒毒、药物维持治疗以及社区戒毒、社区康复相结合的科学合理的禁吸戒毒新模式①。

六　比学赶帮超，各镇创特色

凭祥市的凭祥镇对调解辖区内纠纷实行责任制，建立责任追究制度。该镇实行镇、村、屯三级联动制度，一把手亲自抓，包片包案落实工作，把信访维稳工作切实落实到责任人。对因工作失职、渎职导致矛盾激化，引发重大群体性事件，造成不良后果的，要进行责任追究，并通报批评。同时，对综合治理重点人群所在区域实现人员精配置，切实做到综合治理不留死角，不留盲区。2017 年以来，该镇无群体上访和越级上访事件发生，为全市的信访维稳工作做出了积极贡献。

为了维护社会稳定的第一道防线，凭祥镇秉承“以民为本、为民解困、为民服务”的工作理念，做好“第一时间”调解，做好“案件回访”调解，努力建设和谐凭祥。该镇实行“谁主管，谁负责”的工作责任划分法，定期排查辖区内的矛盾纠纷，尤其是重大节假日、敏感时期和纠纷多发期，要做到“底数清楚，防范到位”。对排查出的各类矛盾纠

① 农彩云、梁莉、凭祥：《全国社会管理创新试点的新探索》，《左江日报》2010 年 12 月 6 日第 1 版。

纷，要在第一时间调处，将各类矛盾纠纷化解在初期，做到小矛盾纠纷不出村，大矛盾不出镇。该镇还对已调解的纠纷及时回访，尤其是涉及多方当事人、有可能激化的纠纷以及时间长的纠纷，要多次回访，及时了解协议执行情况，消除协议履行的隐患，掌握当事人的思想状况，防止出现新的纠纷。该镇还规定，调解员在处理矛盾纠纷时，杜绝先入为主，务必做到针对当事双方的焦点问题，认真展开调查，在完全查清事实的前提下，公平、公正、公开地进行调解，真正做到阳光透明。

此外，凭祥市的夏石镇四措并举，推进维稳工作。夏石镇以维护社会稳定、关注民生为重点，着力推进综合治理工作，促进经济社会又好又快发展。该镇以辖区各村屯举办各种民俗文化、文艺晚会等活动为契机，走村入户，面对面与群众交流，解读新政策、法规。同时，该镇还通过 LED 显示屏、展板、宣传单、微信、短信等多种形式，对平安建设工作的新举措、新成果及国家相关的政策法规进行了广泛宣传，不断提高辖区群众的法律意识，进一步提升社会公众安全感和满意度。在 2018 年的“春风起·综治行”宣传月活动中，该镇就深入全镇各村屯实地宣讲达 15 次，发放禁毒、反邪教等宣传材料 1000 余份、12340 宣传围裙 300 多条，构建了“人人参与创建平安，人人有责维护稳定”的个人全面参与的社会治理氛围。该镇加强矛盾纠纷排查防范，坚持实行维稳、信访、安全监管“三位一体”的大排查、大调处工作机制，强化在矛盾纠纷滚动排查、限期化解、包保稳控上下功夫，真正做到发现得早，化解得了，稳控得住。

同时，该镇还充分发挥村干部及广大群众的集体力量，深入基层开展精准排查和精细化解专项行动，切实将各种不稳定因素解决在基层，消除在萌芽状态之中。自开展专项行动以来，该镇共调处矛盾纠纷 15 起。此外，该镇本着拾遗补阙、固强补弱、优化结构、强化作用的原则，强化基层信息员的业务能力，培训提高其综合素养，树立情报意识，增强信息员的情报收集、辨别、分析、报送能力。

凭祥市的友谊镇“三位一体”解民忧，保民安。友谊镇创新性地打造综合治理中心、政务服务中心与网格化管理中心“三位一体”工作平台，整合资源，优化信息，方便人民群众，提高社会治理效率和人民群众满意度。

友谊镇在“三位一体”平台下，实施了“五个一”工程以及“五个下移”政策，筑牢工作基石。“五个一”即一个案件由一个领导负责，组织一支队伍，制定一个方案，首问负责一包到底，责任明确清晰。“五个下移”即服务下移到每一个村民家庭，决策下移到村民自治，权力下移到每一个村屯，保障下移到每一个具体案件，警力下移到基层社区，实施一线工作法，让问题在一线就地解决，矛盾在一线就地化解①。

七　普法促守法，守法促稳定

凭祥市委、市政府长期以来正确处理改革、发展、稳定的关系，社会治理以自治、法治与德治结合，依法治市，依法治乡。农村受到几千年传统文化影响，在处理矛盾纠纷时，首先是通过乡绅或者权威人士进行调解，即使针对违法现象也不愿意打官司，觉得打官司就撕破脸皮，熟人低头不见抬头见，因此法治意识弱，人群关系强，这是中国农村的普遍现象。凭祥作为少数民族聚居地，受到族群、习惯法、乡规民约的影响更盛。另外，农民整体法治素养欠提高，依法治乡难度大。凭祥市政府根据这一特点，狠抓普法，以普法促守法。

十八届四中全会提出建设有中国特色的法治国家战略后，运用法治思维和法治方式解决社会治理问题成了新的导向标，为此凭祥市进一步加大了普法宣传力度。当地成立普法讲师团，进行普法宣传。第一，在国家规定的普法宣传日前后，组织专家学者下农村、下基层讲法，组织特殊人群现身说法。抓普法队伍建设，每个中小学都配备法治副校长。第二，以普法志愿者为基础，培养普法骨干，广泛吸纳有识之士加入。第三，成立法制宣传文艺队伍，通过形象生动的人物塑造、讲故事等，开展法治文艺演出。第四，抓主流媒体，站稳意识形态领域的前沿阵地。凭祥市电视台、广播电台均设置法治专栏，定期录制、播放法治节目。政府还通过新媒体加强法制宣传。

经过全市各族人民和广大普法工作者多年持之以恒的普法宣传，在

---

①　葛晓阳：《广西凭祥市友谊镇综治中心“三位一体”解民忧保民安》，《法制日报》2016年7月5日第2版。

全市城乡形成了依法治市的浓厚氛围，尤其是各级领导干部、政府机关与事业单位工作人员，法治意识和法律素养得到了提高。凭祥市依法治市、依法治乡的法治化管理水平和能力上了新台阶，获得“全国青少年普法教育示范区”荣誉称号。

（一）党政军警民法治教育全覆盖

凭祥市法治教育不拘泥于传统法治教育模式，实施分地区、分行业、分职业、分对象、分时间段开展法治教育。为了加强针对性、时效性，政府提出了法律进机关、进学校、进社区、进家庭、进头脑、进教材、进部队等“法律七进”。

领导带头学法用法，遵法守法，构建机关事业单位法治文化。经济上不找市长找市场，解决问题不搞人治搞法治。市财政拨专项经费，建立了网上学习平台，利用工余时间学法并进行相关考核，把它作为综合考核一部分，引导领导带头学法。从外面邀请法律专家，围绕宪法宣讲法治精神，引导领导干部用法治思维和法治方式来解决问题。

法治教育从青少年开始抓起。全市中学、小学均开设了法治教育相关课程，并由教育局负责监督落实各学校的法治教育计划、课程教学课时、教材选择、师资队伍建设。各学校根据自己的特点，创新法治教育新形式，除了校园广播、板报、橱窗等传统形式外，还利用情景教学、实习实践、考察等方式，强化青少年学生的法治教育。学校还与家长联系，通过各种形式与家长互动，给家长灌输法律意识。凭祥市结合市情，按照社会需要，在相关镇建立青少年法制教育基地，充分发挥学校、家庭、社会的作用，彼此结合，相互融合，补充“三位一体”青少年法制教育网络。

把法治教育落在实处，与便民惠民紧密结合，将法治教育落在各项惠民活动中。一是宣传正反两面的活生生的法治案例，让民众有切身感受；二是请相关人员现身说法，使百姓身临其境；三是充分利用歌圩、庙会等传统节日，通过节目编排有意识地宣传法律。

为了突出学法、遵法、守法、用法的示范作用，凭祥市主要领导都建立了学法用法联系点，通过点引领面。凭祥市领导干部把学法用法示范点定在友谊镇平而村，司法部门联合相关单位在平而村建立法治学校，专门进行法治培训。司法部和民政部共同授予平而村“全国民主法治示范村”。此外，凭祥市还有自治区级民主法治示范村4个，38个市级示范村。

凭祥市政府还注意扫盲点，抓非公经济法律服务。凭祥是广西改革开放的重要窗口，也是一带一路的重要节点，市场经济在资源配置中的作用非常突出。凭祥的非公经济非常发达。凭祥市凭借自己的区位优势和资源，大力发展红木家具产业，是中国乃至东南亚的红木产销基地，也是凭祥市税收的重要来源。全市经营生产红木加工的有数千家，数量庞大。非公经济在某种程度上讲也是鱼龙混杂，矛盾纠纷多，有的甚至是跨国矛盾，法治意识普遍淡漠。

针对这一现象，市领导决定在全市范围内就法律服务进企业、进企业家头脑开展活动。首先，由政府牵头，社会组织和企业参与，共同构建征信体系，开展诚信凭祥、诚信经理、诚信营销、诚信红木活动。建立注册企业征信体系，并评选优秀诚信企业，通过社会资本降低交易成本，实现顾客和企业双赢。其次，在司法机关和律师事务所，以及文化水平较高的武警消防大队和边防大队，均设立了免费的为人民群众法律服务工作机构，在行业协会、商会也设立了免费的法律服务机构。最后，给有需要的企业选派法律顾问，负责包括法制宣传、法律咨询服务、法律援助等在内的各项法律活动，提高企业依法经营、依法管理和依法维权的能力。

凭祥市还把法律服务当作拥军优属的活动内容，让法律走进军营。以“双拥活动”为媒介，开展法律拥军，切实维护军人合法权益，解决涉军维权问题。

（二）创新普法载体和构建法治文化

一是突出特点，强化边关法治文化阵地建设。凭祥市边贸发达，人口聚集度高，不同民族、不同国家的商人驻留时间长，给社会治理带来了挑战。凭祥围绕依法治市，打造具有鲜明边关特色的法治文化阵地。在市中心广场把法制宣传融入广告灯箱、宣传牌匾、电子显示屏，使其成为一道景观，连休闲健身都在法的场域中。在法制宣传中还运用中文、越语、维吾尔语等语言做宣传牌和标语横幅，便于不同民族识别。

二是与越南合作，加大依法治理的力度，营造法治氛围。凭祥市公检法司等部门在常态化管理中，与越南相关管理部门建立了交流协作互商机制。不仅仅体现在法制宣传方面，还在禁毒、出入境管理、边防事务等方面开展了合作。双方互通信息，尊重各自国家的法律，互不干涉，但是对对方的治理又予以理解和支持，确保边境各项工作的顺利推进。中越双方还共建了友好村屯，打造法治教育国际化示范基地，引导约束双方边民遵法守法。

三是构建全域化的法律咨询服务体系。在市、镇、村、屯均有不同等级、不同大小的法律咨询服务平台，无盲区，全覆盖。在全市所有村、屯、居民社区，都建立了法律服务机构，并且由政府出面，给每个村（社区）安排一名专业律师，担任法律顾问。免费的专业的法律服务让群众足不出户就能享受，方便及时。

四是建立涉外民间纠纷调解委员会，开展工作。该调解委员会包括中越双方律师、公民以及有声望的客商代表，公平、公正的价值得到体现。建立边境法庭，有针对地解决边境上的纠纷。近年来，随着中越边境边民互市贸易的日益频繁，边贸纠纷案件呈上升趋势。对此，宁明、龙州、凭祥市 3 个边境人民法院分别在爱店人民法庭、龙州县水口镇、浦寨南山管委会挂牌，设立了边境贸易巡回法庭，以召开边贸点的客商代表联席会、边防官兵座谈会、提供诉前及诉讼法律咨询服务等方式，积极化解边民贸易纠纷，维护边贸互市正常秩序，为边贸提供优质、高效的法律服务和良好边境法治环境①。

五是利用现代信息技术，拓展人民群众诉求渠道。凭祥市检察机关根据上级领导意见，结合自身特点，投入巨资购置相关设备，开发相关软件，开通了视频接访、网上信访通道。极大方便了边境偏远地区群众表达利益诉求，做到了群众利益诉求第一时间传递，领导第一时间掌握，案件第一时间处理，信息第一时间反馈。此举提高了矛盾纠纷处置效率，减少了群体性突发事件发生，维护了社会稳定。

---

① 陆寿青等：《法雨润心田，边关气象新》，平安广西网（http：//www. pagx. cn/html/2015/jrgz_ 1030/42362. html）。

（三）设置纵向到底和横向到边的法律顾问

2014年7月，崇左市（凭祥市的上一层级）与自治区司法厅签署“厅市合作”合作框架协议，通过人才资源的互动共享，共同创建具有广西边关特色的公共法律服务体系。凭祥市司法局下属司法所、法学会等单位牵头，倾力打造市、县、乡、村四级公共法律服务平台近1000个，真正做到了“一村（社区）一法律顾问”法律服务制度。这些法律顾问由专业律师、普通法律工作站、法院法官、检察院检察官以及懂法律的志愿者组成，做到了“三结合”，即兼职与专职结合，有偿和无偿结合，本地与外地结合。同时，政府司法系统还定期组织培训村委会、居委会成员，要求全覆盖。在组织公务员培训过程中，每一期的课程都涵盖了法律课程。

中共十八届四中全会后，法治国家、法治政府、法治社会建设达成共识，凭祥市基本形成了纵向到底、横向到边的运用法治思维和法治方式解决问题的氛围。全市“六五”普法更是做到了法律宣讲进村进屯，入户入脑，进学校进课堂[①]。崇左市法律宣传的成绩和做法得到了中宣部、司法部、全国普法办的高度赞赏，2016年6月被评为“2011—2015年全国法治宣传教育先进城市”。

八　“一村一警务助理”和路长制、户长制

凭祥市地处我国南大门，是中越交流的重要口岸城市，地理位置特殊，政治经济地位重要。凭祥市一直在探索建立符合地方特色的边境管理模式。经过多年实践，凭祥市提出了“天网靠前”“警务靠前”“法务靠前”“村屯靠前”等新理念、新思路、新路径，确保边境地区安全稳定。社会稳定的基础在基层，基层群众对自己的生活有更多的发言权，无论什么原因产生的矛盾和纠纷，最开始都是在基层发酵，因此，抓住基层就抓住了问题的关键。凭祥市为了充分发挥基层群众的智慧，权力

---

①　谢建伟、连波：《广西凭祥司法局友谊司法所：严守化解纠纷“第一道防线”》，人民网2012年4月（http：//legal. people. com. cn/GB/17769112. html）。

下移，决策下移，整合基层资源，形成了自己的一套经验。

（一）因村制宜，实施“一村一警务助理”模式

政府的权能、资源、人员等都是有限的，但是管理事务愈来愈复杂。为了提高政府管理的有效性，必须充分发挥社会力量，充分调动一切可以调动的资源，要有政策和机制引导、鼓励村民的广泛参与。凭祥市为了保障社会的长治久安，在资源有限的情况下，创新了“一村一警务”机制，实现警务全覆盖，最大限度地延伸了公安机关的社会治理触角，全面提高了公安机关打防管控能力。

2015 年 9 月 3 日，凭祥市人民政府办公室出台了《关于推行试点“一村一警务助理”的通知》，就实施“一村一警务助理”的指导思想、目标原则、管理措施、队伍建设等提出了具体安排。新机制健康发展的核心要素包括“五化”措施：辅警要立足于本土化、队伍要立足于专职化、职能立足于多元化、身份认定要合法化、管理制度要规范化。

警务助理的人选一般都是选择本村屯的村民，由村民委员会或者村民小组决定，把那些政治素质高、有责任心、有奉献精神、有威信的村民选做警务助理。本地村民人熟、事熟、地熟，信息交流沟通便利，再加上邻里关系和血缘关系等因素，便于管理。警务助理充分利用自身人格魅力、人脉关系及村规民约，带动村民构建农村基层治安防控体系。一名警务助理在一个边境村屯工作，相当于增设一个前沿哨所或者警务工作站。警务助理下面又联系若干信息员，像葡萄串串起来，公安机关就有了千里眼、顺风耳①。管理警务助理有以下几个原则。

第一，辅警立足于本土化。政策明确规定，辅警必须是常住本村屯的村民，大学生、党团员、退伍军人优先考虑。辅警一般都非常熟悉本村情况、对社情民意了如指掌。辅警一般也要得到村民的认可，政治素质低、人际关系差、没有服务意识的人不宜担任。

第二，队伍要立足于专职化。警务助理在凭祥就是一种职业，有相关的待遇，其职责就是代表政府职能部门收集社情民意，从事处理纠纷、

---

① 莫水土、刘文杰：《立足边境实际推行“一村一警务助理”》，学问网（http：//xuewen. cnki. net/CCND-RMGA201512090050. html）。

宣传党和政府和相关政策法规、组织和协调群防群治等基层工作。

第三，职能立足于多元化。警务助理是专门职业，其核心任务是信息的上传下达和下情上递，也担负具体的矛盾排查和风险化解、接待信访、安全巡逻等。同时，协助村支两委开展党的基层组织建设。

第四，身份认定要合法化。从程序设计上规范警务助理的产生办法。一般采取自荐和村支两委提名的办法，个人提交自荐材料申请，再经过村民向村（居）委提名、村（居）委向镇政府相关部门提名，镇政府审核决定后，再由市公安局政审确定。文件还规定，警务助理在正常情况下挂任村主任助理或村党支部副书记，以确保身份的权威性。

第五，管理制度要规范化。警务助理的管理严格按照公安部门的相关规范执行，明确主管部门是市公安局，在制服管理、警务工具管理、职责管理、绩效考核等都实行责任制，建立系统的管理制度，如奖惩制度、责任追究制度、首问负责制度等。警务助理考核主体是公安局和村支两委，对警务助理人员实行动态调整。

凭祥市的警务助理实施，践行了“社区是我家，建设靠大家”和“社区建设人人参与人人有责”的管理理念，真正实现了警力全覆盖、无缝隙管控、零距离服务、无漏洞管理农村的综合治理新格局，实现了平安社区、优良环境的良性循环，开创了法制宣传有专业人做、治安防范有专业人抓、矛盾纠纷有专业人管的良好局面。

警务助理有助于及时了解社情动态，及时化解矛盾纠纷。警务助理就是本村村民，与其他村民同住一个村，家长里短都知晓，对于矛盾纠纷及其源流了如指掌，一般都能在第一时间知晓，第一时间化解。处理不了的较大矛盾纠纷，也能在第一时间上报，便于上级了解处置，延缓矛盾爆发的时间，缩小矛盾纠纷的范围。警务助理对本村矛盾纠纷进行排查，现场化解小纠纷、小矛盾，事后报告；现场解决不了的，及时上报镇（街道）综治办和派出所，警民联调，确保矛盾不上交，小事不出村，大事不出镇。因为警务助理从本村村民中选聘，他们生于斯、长于斯，左邻右舍都烂熟于心，所以能够有针对性地开展工作，效率明显提高，由被动型警务工作转向主动型，由消防救火型转向防范型，由行政命令型转向服务型。

凭祥市率先实行的“一村一警务助理”机制得到自治区领导的认可

和肯定。他们认为，警力不足长期困扰着公安机关，凭祥市公安局积极探索农村警务新模式，结合农村实际，提出了“一村一警务助理”新理念，使农村警务工作得到了延伸，值得认真总结、推广，使之成为农村警务的一种有效机制①。

1. 村警保障村屯平安

下面介绍一起村警协助夏石边防派出所处理山林所有权纠纷案例。板任村枯赖屯和板任屯之间因山林归属不明，双方各召集本屯村民，准备在争议地区以械斗解决问题。接警后，夏石边防派出所一面组织警力立即赶往现场，一面向凭祥市公安边防大队和市公安局汇报。民警到达现场后，果断将争议双方的一百多名村民隔离开，稳住情绪激动的村民，然后要求双方派出村民代表协商解决，并迅速通知村民委干部赶来现场，协助调解工作。在村干部和双方代表的共同努力下，经过两个多小时的思想教育，双方一百多名村民表示服从民警和村干部的调解，共同协商解决这起山林纠纷，使事件得到了妥善处置。

关于民生的纠纷复杂多变，调处机制也要适应这种环境的需求。在凭祥，大队把民警、村警与村干部糅合在一起，组成村级调处小平台，村中事情都纳入平台下服务。民警与村支两委做到排查矛盾和纠纷定期执行与随机相结合，每个月都集中讨论解决相关问题。在凭祥市人民法院的支持下，在浦寨、弄怀两个边贸易点联合成立调处纠纷的工作机构。与此同时，又联合公安派出所，创新“村干部+派出所+法院”模式，各尽其责，取长补短，共同打造平安社区，解决民事纠纷，得到了人民群众的好评。

中越边境在凭祥线长路多，呈非线性状态，加大了边境管控的难度，单靠政府、边防警察是防不住的。凭祥市政府与凭祥市公安边防大队协商讨论，集民智，聚民力，实施“路长”制，即从边境村的村民中选拔一批有责任心、有奉献精神、有工作意愿、有工作能力且熟悉边境情况的群众担任路长，通过星罗棋布的路长，准确收集信息，及时传递信息，让边防公安机关能第一时间掌握重要情况，从容布置打击各类违法犯罪

① 赵剑云、孙如静：《崇左市创新社会治理维护边关安全稳定纪实》，平安崇左网2016年11月（http：//cz. pagx. cn/html/2016/bwtt_ 1117/8654. html）。

活动。凭祥市政府利用信息技术建立了硬件平台，同时给每名路长配套购置专门手机，并邀请各方面专家，给路长进行情报信息方面的技能培训，让他们熟悉情报信息收集基本方法技巧，以及使用手机进行视频录制、视频传输等技术。路长制的实施不仅提高了边防公安的治理绩效，更是增强了村民的社会责任感和归属感。路长制所需经费全部由财政纳入当年政府预算，对各项活动实施充分保障。

2. “户长”成为守边固边的最前沿哨兵

路长虽然织起了“信息网”，但路长管理的范围还是有限的。基于凭祥市边防线的复杂状况，要想进一步细化管理措施，管控更精准化显得尤为必要。凭祥市把管辖的35个村委（社区）会、256个自然屯，根据就近居住原则，以每十户为基数成立联防小组，也称之为“十户联防”。在这十户当中，推荐一名群众威信高、遵纪守法、工作能力强、办事公道的村民担任“户长”。户长就是十户的领头雁，其职责就是每天与十户村民联络，汇总相关信息，直接向边防派出所汇报。这样就简化了信息报送渠道，提高了决策效率。

户长制实施以后，从基层公安部门到村屯，从村屯再到家户，层层有责任，户户有落实，户联户，村联村。一旦发现隐患立即告知户长，户长直接把信息传递给辖区边防派出所，派出所接警处置。村民都是瞭望哨，都有“消息树”和“鸡毛信”，而瞭望哨长就是户长①。“村警+路长+户长”这种新的社会管理模式，在凭祥市边境管理工作中发挥了积极的作用，全民参与打击违法犯罪，参与边境管控，为凭祥市创造了一个良好的治安环境。

（二）全域联动，实施路长制巡逻防控网格化

2015年4月，崇左市委、市政府根据边境山多、线长、点多、难控，非法越境多，跨国毒品犯罪多，非法贸易多等特点，本着全市动员人人参与的原则，专门制定了13项工作机制，颁布实施《凭祥边防管控体系试点建设实施方案》，把边境管控的“人防、物防、技防”纳入专项计

① 刘文杰等：《广西凭祥边防创新社会管理模式：村民任“路长”》，中国警察网2013年4月（http://bf.cpd.com.cn/n2450686/c16707831/content.html）。

划，认真贯彻在党委领导下，由政府具体负责，边防公安机关和社会组织协同、人民群众广泛参与、党政军警民“五位一体”边境社会治理体系。

首先，凭祥充分发挥党的优良传统，利用政治动员和社会动员，把广大人民群众的力量调动起来，实施了“十户联防户长制”、村屯“路长制”这一具有凭祥特色的治安防控长效机制。通过这种机制，在凭祥市边境形成了“政管面、军管线、警管片、民管点”的治安防控的新格局。当地有个形象的比喻，户长好比一块一块的砖，路长就好比流动的一堵堵墙，共同筑起阻断犯罪的万里长城。

其次，现代信息技术、计算机技术、视频技术的发展，为边境防控提供了技术保障。凭祥市政府为了平安边境、平安社区建设，投入巨资打造天网系统。凭祥市在边境线、重要建筑物、学校和宾馆以及村镇重要地段，均安装高清摄像头；建立了防控指挥中心，在指挥中心通过视频对全市重要地段进行查看，有效地震慑了不法犯罪[①]。

最后，按需用警，保证及时性。凭祥市已经建立了应急管理的集成化指挥系统。做到了人员合成、手段合成、功能合成，指挥中心统一部署，统一调整，统一指挥警力。指挥中心装备了现代化的巡逻车，每名执法人员还配备单兵图传系统，指挥中心随时掌握执法情况，可以根据回传信息增减警力。凭祥边防大队组建专业联防队，聘请护边员和辅警，同时加强中越边防执法合作，织起一张“一线守、二线封、三线查、四线阻、面上控”的立体化防控网[②]。

九　三社联动，发挥非政府组织积极性

为了进一步开展社区工作，创新社会治理，完善社会服务，激发社会活力，根据《民政部、财政部关于加快推进社区社会工作服务的意见》精神，广西壮族自治区民政厅颁布实施了加快推进“三社联动”创新社

---

① 陆寿青、龙开彬：《社会管理创新试点创出新天地》，《广西法治日报》2012 年 11 月 7 日第 2 版。

② 刘文杰等：《“五位一体”织牢边境管控网》，《人民公安报》2016 年 8 月 1 日第 4 版。

会治理的政策[①]。

"三社联动"是指以社区为平台、以社会组织为载体、以专业社会工作为支撑的"三社"相互融合、相互协同、相互促进的运行机制。"三社联动"是进一步创新社会治理，进一步调动社会积极性的内在要求，也是进一步完善社区服务体系，有效回应社区居民各种类型的服务需求的重要途径。在某种程度上说，我们民政工作的延伸，民政工作机制创新的重要路径，也是密切联系群众、筑牢中国共产党执政基础的重要措施。尤其在当今信息化高速发展的时代，依靠信息化网络实现联动。

信息化网络是连接"三社"的基础。凭祥市与相关企业合作，充分利用移动互联、云计算、大数据等现代技术手段，转变城市治理理念。同时借鉴其他城市的数字化建设经验，把智慧社区建设落实到各个社区，统一建设社区公共服务综合信息平台，把政府各部门之间的数据联通当作一项硬性任务来完成，凭祥市还广泛吸纳社会组织、社会工作专业人才、驻区企事业单位的信息资源，完善民生大数据，打通联系服务群众的"最后一公里"。依托社区公共服务综合信息平台，实现公共服务信息在社区、专业社会工作、社会组织之间共享。通过"三社联动"平台，提高了工作效率，降低了工作成本，达到了创新社会治理的目的。

十　坚决打击走私，维护经济发展秩序

为了防患于未然，凭祥市加强了物防和技防水平，在边境线筑起牢固防线。2015 年，凭祥市投入 300 万元，在浦寨、叫隘、百标边境重点地段修建了物理隔离阻拦设施。公安边防大队组织力量，对 19 条可通车边境便道浇筑钢筋混凝土柱，并通过加设铁丝网、砌围墙等措施，进行物理隔离。2015 年，凭祥海关缉私分局扩大了天网视频监控平台的授权范围，新增可用探头 82 个；公安信息网进行扩容，公安网视频会议系统、缉私图传及单兵对讲系统、公安信息网已经全部接入并测试成功；

---

① 广西壮族自治区民政厅办公室：《桂民发（2016）83 号广西壮族自治区民政厅关于加快推进"三社联动"创新社会治理的意见》，广西壮族自治区民政厅 2016 年 12 月（http：//www. gxmzt. gov. cn/info/82860）。

为指挥中心配备了高性能图侦工作站、公安信息网电脑，附属的枪弹库、值班室已经建成；凭祥白云山基站运转正常，配备了执法记录仪专用存储电脑。

同时，凭祥市各部门联动，层层配合，重拳打私，切实维护边贸秩序。海关缉私局作为主力军，综合运用行政和刑事执法手段；公安边防大队加强边境封控及人员的管控，边防武警根据自己辖区，每天到便道口巡逻时拍成照片或视频回传；公安局加大走私犯罪嫌疑人缉捕、侦查取证等工作力度；工商局依法依规处理走私运输工具，处理无主货物。2015 年，凭祥市打私办会同海关缉私、边防等部门，17 次对油隘、渠历、百标、底隘等走私通道进行挖断、毁除；6 次将大规模走私活动成功堵于境外，切断走私过境通道；通过设立执勤点，在沿边公路重点地段进行设卡查验，从根本上遏制了走私。

凭祥市还成立了打私缉私队，从公安队伍抽调干警，并向社会招聘部分协警，组成打私缉私队，由打私办统一管理、调度。在边境一线物理隔离成果的基础上，加大对一线堵、二线查、三线加查的视察管理，防止走私商品流入市场。凭祥市充分发挥一线信息员的作用，“护碑员”“路长”“护林员”，人人都是情报员。通过搜集情报线索，及时掌握一线情况，有的放矢开展缉查，实施精准打击。2015 年，情报信息员提供情报信息 100 余条，根据举报信息成功拦截、查获无合法进口证明的各类走私货物、物品案值 400 多万元。

为了防止边民参与走私，凭祥市加大宣传力度，开展反走私宣传，鼓励边民通过正规途径参与到互市贸易中；将 0—3 公里的边民纳入边民合作社，确保边民每年都有收入；利用精准扶贫，加大对边境一线边民的扶持力度；引导产业发展，解决边民就业、入学等难题，为凭祥边贸健康发展夯实了基础。

为了进一步巩固打击走私成果，2016 年，凭祥市在稳步推进“国门利剑 2016 年”专项联合行动的同时，加强对案件的深挖和情报线索收集，加强边境一线查缉封堵，沿着边境一线设置视频监控，通过每月开展联席会议，分析形势，研究解决问题，互通情报信息，加强情报共享。

参考文献

（一）中文著作

中共中央编译局编：《江泽民文选》，人民出版社 2006 年版。

胡锦涛：《高举中国特色社会主义伟大旗帜　为夺取全面建设小康社会新胜利而奋斗》，人民出版社 2007 年版。

胡锦涛：《坚定不移沿着中国特色社会主义道路前进　为全面建成小康社会而奋斗》，人民出版社 2012 年版。

《十八大报告辅导读本》，人民出版社 2012 年版。

严峰：《网络群体性事件与公共安全》，生活·读书·新知三联书店 2012 年版。

罗明军：《民族地区权力、文化与社区治理：一个彝族社区的政治人类学研究》，中国书籍出版社 2016 年版。

何艳玲：《都市街区中的国家与社会》，社会科学文献出版社 2007 年版。

陈振明：《公共管理学：一种不同于传统行政学的研究途径》，中国人民大学出版社 2003 年版。

俞可平：《全球划时代的“社会主义”》，中央编译出版社 1998 年版。

邓正来：《国家与社会：中国市民社会研究》，北京大学出版社 2008 年版。

邓正来：《市民社会理论的研究》，中国政法大学出版社 2002 年版。

张静：《国家与社会》，浙江人民出版社 1998 年版。

郑杭生：《社会学概论新修》，中国人民大学出版社 2013 年版。

郑杭生、胡宝荣：《包容共享：社会管理的精神内核》，中国人民大学出版社 2014 年版。

俞可平：《敬畏民意——中国的民主治理与政治改革》，中央编译出版社 2012 年版。
徐顽强：《社会管理创新——理论与实践》，科学出版社 2012 年版。
李惠斌、杨雪冬：《社会资本与社会发展》，社会科学文献出版社 2000 年版。
郑晓云：《社会资本与农村发展》，中国社会科学出版社 2009 年版。
王浦劬：《政治学基础》，北京大学出版社 1995 年版。
唐钧：《政府风险管理——风险社会中的应急管理升级与社会治理转型》，中国人民大学出版社 2015 年版。
吴开松：《当代中国公共危机管理理论》，湖北教育出版社 2012 年版。
俞可平：《治理与善治》，社会科学文献出版社 2000 年版。
付春：《族群认同与社会治理——以川、滇、黔地区十个民族自治地方为研究对象》，经济科学出版社 2015 年版。
孙宽平、滕世华：《全球化与全球治理》，湖南人民出版社 2003 年版。
向春玲：《社会治理创新理论与中国基层实践——以成都金牛区曹家巷为例》，中国人事出版社 2016 年版。
龚维斌：《中国特色主义社会治理体制》，经济管理出版社 2016 年版。
蒋俊杰：《治理理论国家治理体系与能力现代化视野下的社会冲突研究》，同济大学出版社 2015 年版。
张翼：《当代中国社会结构变迁与社会治理》，经济管理出版社 2014 年版。
毛寿龙：《西方政府的治道变革》，中国人民大学出版社 1998 年版。
岳经纶、邓智平：《社会政策与社会治理》，中央编译出版社 2017 年版。
郑杭生：《社会学视野中的社会建设和社会管理》，中国人民大学出版社 2006 年版。
麻宝斌：《公共治理理论与实践》，社会科学文献出版社 2013 年版。
燕继荣：《社会资本与国家治理》，北京大学出版社 2015 年版。
王丽平：《民族地区社会管理创新》，中央民族大学出版社 2013 年版。
党秀云：《民族地区社会建设与治理研究》，国家行政学院出版社 2015 年版。
吴明永、曾咏辉：《马克思主义视域下西南少数民族地区社会发展研究》，中国社会科学出版社 2013 年版。

丘海雄、陈健民：《行业组织与社会资本：广东的历史和现状》，商务印书馆2008年版。

李惠斌、杨雪冬：《社会资本与社会发展》，社会科学文献出版社2000年版。

袁振龙：《社会资本与社区治安》，中国社会科学出版社2009年版。

周红云：《社会资本与中国农村治理改革》，中央编译出版社2007年版。

卜长莉：《社会资本与社会和谐》，社会科学文献出版社2005年版。

费孝通：《乡土中国》，人民出版社2008年版。

郑传贵：《社会资本与农村社区发展：以赣东项村为例》，学林出版社2007年版。

周雪光：《中国国家治理的制度逻辑——一个组织学研究》，生活·读书·新知三联书店2017年版。

张为波、仁孜泽仁：《西部民族地区社会管理现状与对策研究》，西南交通大学出版社2017年版。

王晓群：《风险管理》，上海财经大学出版社2003年版。

朱德米：《重大决策事项的社会稳定风险评估研究》，科学出版社2016年版。

孙立平：《断裂——改革以来中国社会结构的变迁》，清华大学出版社2004年版。

赵曦：《西南边疆少数民族地区反贫困与社会稳定对策研究》，西南财经大学出版社2014年版。

朱秦：《边疆民族地区和谐治理——在应急管理框架下的考察》，云南人民出版社2010年版。

胡宁生：《中国政府形象战略》，中共中央党校出版社1999年版。

温军：《民族与发展——新的现代化追赶战略》，清华大学出版社2004年版。

贾春增：《外国社会学史》，中国人民大学出版社1989年版。

何清涟：《现代化的陷阱——当代中国的经济社会问题》，今日中国出版社1998年版。

卢之超：《马克思主义辞典》，中国和平出版社1993年版。

朱虹：《国际关系中的民族文化》，中国商务出版社2008年版。

费孝通等：《中华民族多元一体格局》，中央民族学院出版社1989年版。

赵磊：《国际视野中的民族冲突与管理》，社会科学文献出版社 2014 年版。
刘少杰：《西方社会学理论》，中央广播电视大学出版社 2011 年版。
刘泽君：《合理与现实——社会学基本理论》，学苑出版社 1998 年版。
联合国教科文组织、世界文化与发展委员会：《文化多样性与人类全面发展——世界文化与发展委员会报告》，广东人民出版社 2006 年版。
郑建明：《信息化指标构建理论及测度分析研究》，中国社会科学出版社 2011 年版。
周宏仁：《信息化论》，人民出版社 2008 年版。
国家科委科技信息司等编：《美国国家信息基础结构：行动计划》，科学技术文献出版社 1994 年版。
马庆斌：《网络信息化背景下的社会管理创新研究》，中国经济出版社 2013 年版。
张锐昕：《政府上网与行政管理》，中国大百科全书出版社 2003 年版。
法学教材编辑部编写组：《西方法律思想史资料选编》，北京大学出版社 1983 年版。
张宏生、谷春德：《西方法律思想史》，北京大学出版社 1990 年版。
刘旺洪：《法治的意义阐释：法治与 21 世纪》，社会科学文献出版社 2004 年版。
俞志慧：《韩非子：直解》，浙江文艺出版社 2000 年版。
高华平、王齐洲、张三夕注译：《韩非子》，中华书局 2010 年版。
徐世虹：《中国法制通史》第 2 卷《战国秦汉》，法律出版社 1999 年版。
顾迁注译：《尚书》，中州古籍出版社 2010 年版。
张宗友注译：《左传》，中州古籍出版社 2010 年版。
梁凤荣：《中国法律思想史》，郑州大学出版社 2010 年版。
孙业成注译：《论语译注》，百花洲文艺出版社 2010 年版。
沈智、张少华：《孟子的生命哲学——细读儒家经典 200 句》，万卷出版公司 2009 年版。
梁启超：《中国法理学发达史》，中华书局 1936 年版。
曾庆敏：《法学大辞典》，上海辞书出版社 1998 年版。
陈金全：《西南少数民族习惯法研究》，法律出版社 2008 年版。

张晓辉:《多民族社会中的法律与文化》,法律出版社 2011 年版。

徐晓光:《苗族习惯法的遗留、传承及其现代化转型研究》,贵州人民出版社 2005 年版。

高其才:《中国少数民族习惯法研究》,清华大学出版社 2003 年版。

叶传星:《法治的社会功能》,中国人民大学出版社 2005 年版。

张晓辉:《多民族社会中的法律与文化》,法律出版社 2011 年版。

苏力:《法治及其本土资源》,中国政法大学出版社 2004 年版。

(二)外文译著

《马克思恩格斯选集》,中共中央马恩列斯著作编译局译,人民出版社 1995 年版。

《马克思恩格斯文集》,中共中央马恩列斯著作编译局译,人民出版社 2009 年版。

《列宁全集》,北京师范大学外语系翻译教研组译,人民出版社 1959 年版。

亚里士多德:《政治学》,吴寿彭译,商务印书馆 1983 年版。

柏拉图:《法律篇》,张智仁、何勤华译,上海人民出版社 2001 年版。

西塞罗:《论共和国·论法律》,王焕生译,中国政法大学出版社 1997 年版。

西塞罗:《国家篇与法律篇》,苏力等译,商务印书馆 1999 年版。

[德] 哈贝马斯:《公共领域的结构转型》,曹卫东等译,学林出版社 1999 年版。

[德] 齐美尔:《社会学:关于社会化形式的研究》,林荣远译,华夏出版社 2002 年版。

[德] 乌尔里希·贝克、约翰内斯·威尔姆斯:《自由与资本主义——与著名社会学家乌尔里希·贝克对话》,路国林译,浙江人民出版社 2001 年版。

[德] 约瑟夫·夏辛:《法治》,阿登纳基金会译,容敏德编著,法律出版社 2005 年版。

[法] 孟德斯鸠:《论法的精神》,张雁深译,商务印书馆 1982 年版。

[美] 埃莉诺·奥斯特罗姆:《公共事物的治理之道:集体行动制度的演

进》，余逊达等译，生活·读书·新知三联书店 2000 年版。

［美］白鲁恂：《族群认同的先知》，邓伯宸译，广西师范大学出版社 2008 年版。

［美］戴维·波普诺：《社会学》，李强等译，中国人民大学出版社 1999 年版。

［美］道格拉斯·诺思：《制度、制度变迁和经济绩效》，杭行译，上海人民出版社 2008 年版。

［美］弗朗西斯·福山：《信任——社会道德与繁荣的创造》，李婉容译，远方出版社 1998 年版。

［美］杰弗里·亚历山大：《二战以来的理论的发展》，贾春增等译，华夏出版社 2000 年版。

［美］杰弗里·亚历山大：《国家与市民社会：一种社会理论的研究路径》，邓正来译，上海人民出版社 2006 年版。

［美］刘易斯·科塞：《社会冲突的功能》，孙立平等译，华夏出版社 1989 年版。

［美］罗伯特·A. 达尔：《多元主义民主的困境——自治与控制》，尤正明译，求实出版社 1989 年版。

［美］罗伯特·A. 达尔：《现代政治分析》，王沪宁等译，上海译文出版社 1987 年版。

［美］罗伯特·帕特南：《独自打保龄——美国社区的衰落与复兴》，刘波等译，北京大学出版社 2011 年版。

［美］罗伯特·帕特南：《使民主运转起来》，赖海榕译，江西人民出版社 2001 年版。

［美］罗伯特·帕特南：《使民主运转起来》，王列等译，江西人民出版社 2001 年版。

［美］罗斯柯·庞德：《通过法律的社会控制、法律的任务》，沈宗灵、董世忠译，商务印书馆 1984 年版。

［美］马丁·N. 麦格：《族群社会学》，祖力亚提·司马义译，华夏出版社 2007 年版。

［美］玛格丽特·波洛玛：《当代社会学理论》，孙立平译，华夏出版社 1989 年版。

［美］潘恩：《潘恩选集》，马清槐等译，商务印书馆 1981 年版。

［美］乔·萨托利：《民主新论》，冯克利、阎克文译，东方出版社 1998 年版。

［美］乔纳森·特纳：《社会学理论的结构》，吴曲辉等译，浙江人民出版社 1987 年版。

［美］塞缪尔·P. 亨廷顿：《变化社会中的政治秩序》，王冠华等译，上海世纪出版集团 2008 年版。

［美］沃纳·西齐尔、彼得·埃克斯坦：《基本经济学概念》，方红等译，中国对外经济贸易出版社 1984 年版。

［美］西摩·马丁·李普塞特：《一致与冲突》，张华青译，上海人民出版社 1995 年版。

［美］约瑟夫·S. 奈：《硬权力与软权力》，门洪华译，北京大学出版社 2005 年版。

［美］詹姆斯·S. 科尔曼：《社会理论的基础》，邓方译，社会科学文献出版社 2008 年版。

［美］詹姆斯·N. 罗西瑙：《没有政府的治理》，张胜军等译，江西人民出版社 2001 年版。

［美］詹姆斯·布坎南：《自由、市场和国家》，吴良健等译，北京经济学院出版社 1988 年版。

［美］珍妮特·V. 登哈特、罗伯特·B. 登哈特：《新公共服务：服务而不是掌舵》，丁煌译，中国人民大学出版社 2004 年版。

［挪威］托马斯·许兰德·埃里克森：《小地方，大议题——社会文化学导论》，董薇译，商务印书馆 2008 年版。

［意］阿奎那：《阿奎那政治著作选》，马清槐译，商务印书馆 1963 年版。

［英］安东尼·吉登斯：《第三条道路：社会民主主义的复兴》，郑戈译，北京大学出版社 2000 年版。

［英］安东尼·吉登斯：《现代性的后果》，田禾译，译林出版社 2011 年版。

［英］弗里德利希·冯·哈耶克：《法律、立法与自由》（第一卷），邓正来译，中国大百科全书出版社 2000 年版。

［英］洛克：《政府论》（下），叶启芳、瞿菊农译，商务印书馆 1981

年版。
[英] 斯蒂芬·奥斯本：《新公共治理：公共治理理论和时间方面的新观点》，包国宪译，科学出版社 2016 年版。

（三）期刊论文

唐钧：《从社会管理到社会治理》，《中国人力资源社会保障》2015 年第 4 期。
孙玉刚：《边疆民族地区政府社会管理分析研究的理论视角》，《学术探索》2011 年第 1 期。
羌洲、曹亚楠：《社会治理体制改革的演进和对民族地区社会治理的启示》，《西北民族大学学报》（哲学社会科学版）2015 年第 1 期。
张克中：《公共治理之道：埃莉诺·奥斯特罗姆理论评述》，《政治学研究》2009 年第 9 期。
俞可平：《治理和善治引论》，《马克思主义与现实》1995 年第 5 期。
徐勇：《治理转型与竞争——合作主义》，《开放时代》2001 年第 7 期。
楼苏萍：《治理理论分析路径的差异与比较》，《中国行政管理》2005 年第 4 期。
郁建兴、王诗宗：《治理理论的中国适用性》，《哲学研究》2010 年第 11 期。
蓝志勇、魏明：《现代国家治理体系：顶层设计、实践经验与复杂性》，《公共管理学报》2014 年第 1 期。
范明林、程金：《政府主导下的非政府组织运作研究——一项基于法团主义视角的解释和分析》，《上海大学学报》（社会科学版）1995 年第 4 期。
夏维中：《市民社会：中国近期难圆的梦》，《中国社会科学季刊》1993 年第 4 期。
伍俊斌：《国家与社会关系视野中的中国市民社会构建》，《福建论坛》2006 年第 1 期。
郑杭生、高霖宇：《提高社会管理科学化水平的社会学解读》，《思想战线》2011 年第 4 期。
窦玉沛：《从社会管理到社会治理——理论和实践的重大创新》，《行政管理改革》2014 年第 4 期。
马凯：《努力加强和创新社会管理》，《求是》2010 年第 2 期。
陈振明：《什么是政府的社会管理职能》，《新华文摘》2006 年第 4 期。
俞可平：《社会良序更多依靠社会自治与自律》，《理论学习》2011 年第 6 期。
谭桔华：《论社会管理和社会服务》，《求知》2012 年第 12 期。
唐铁汉：《强化政府社会管理职能的思路与对策》，《国家行政学院学报》2005 年第 6 期。
叶庆丰：《创新社会管理方式的基本思路》，《中共中央党校学报》2011 年第 3 期。
郑杭生：《我国社会建设社会管理的参照系及其启示——一种中西比较的视角》，《国家行政学院学报》2011 年第 6 期。
张康之：《论公共管理中的服务价值》，《中共福建省委党校学报 》2003 年第 10 期。
边燕杰：《社会资本研究》，《学习与探索》2006 年第 2 期。
张文宏：《城市居民社会网络资本的阶层差异》，《社会学研究》2005 年第 5 期。
吴开松：《社会资本与民族地区农村社会管理创新》，《华中师范大学学报》（人文社会科学版）2012 年第 2 期。
包仕国：《和谐社会构建与西方社会冲突理论》，《学术论坛》2006 年第 4 期。
陈盛兰：《新常态下社会矛盾综合治理——基于风险社会理论视角》，《中共福建省委党校学报》2016 年第 4 期。
肖瑛：《风险社会与中国》，《时事观察》2012 年第 4 期。
肖应明：《“四个全面”蕴涵（含）的治理理论前沿与现实关照——兼及民族地区创新社会治理路径探析》，《云南社会科学》2015 年第 5 期。
俞可平：《没有法治就没有善治——浅谈法治与国家治理现代化》，《马克思主义与现实》2014 年第 6 期。
黄显中、何音：《迈向公共治理的共和路径》，《中共天津市委党校学报》2010 年第 5 期。
姜晓萍：《国家治理现代化进程中的社会治理体制创新》，《中国行政管理》2014 年第 2 期。
王浦劬：《国家治理、政府治理和社会治理的基本含义及其相互关系》，《国家行政学院学报》2014 年第 3 期。
周晓丽等：《西方国家的社会治理：机制、理念及其启示》，《南京社会科学》2013 年第 10 期。
张康之：《论主体多元化条件下的社会治理》，《中国人民大学学报》2014 年第 3 期。
乔耀章：《从“治理社会”到社会治理的历史新穿越——中国特色社会治理要论：融国家治理政府治理于社会治理之中》，《学术界》2014 年第 10 期。
王春婷：《社会共治：一个突破多元主体治理合法性窘境的新模式》，《中国行政管理》2017 年第 6 期。
张旅平、赵立玮：《自由与秩序：西方社会管理思想的演进》，《社会学研究》2012 年第 3 期。
徐勇：《治理转型与竞争——合作主义》，《开放时代》2001 年第 7 期。
周雪光：《运动型治理机制：中国国家治理的制度逻辑再思考》，《开放时代》2012 年第 9 期。
郁建兴、关爽：《从社会管控到社会治理——当代中国国家与社会关系的新进展》，《探索与争鸣》2015 年第 12 期。
王浦劬：《论转变政府职能的若干理论问题》，《国家行政学院学报》2015 年第 1 期。
薛澜：《顶层设计与泥泞前行：中国国家治理现代化之路》，《公共管理学报》2014 年第 4 期。
李立国：《创新社会治理体制》，《求是》2013 年第 24 期。
江必新、李沫：《论社会治理创新》，《新疆师范大学学报》（哲学社会科学版）2014 年第 2 期。
姜晓萍：《国家治理现代化进程中的社会治理体制创新》，《中国行政管理》2014 年第 2 期。
和思鹏：《“国家—社会”视阈中民族地区社会治理现代化研究——历史逻辑、边界重构与机制创新》，《贵州民族研究》2016 年第 10 期。
任勇：《公民教育与认同序列重构：以西南民族地区为例》，《社会科学》

2013 年第 6 期。
周晓丽：《基于民族地区特殊性下的社会治理理念及路径》，《南京社会科学》2014 年第 11 期。
李俊清、陈旭清：《我国少数民族地区社会组织发展及社会功能研究》，《国家行政学院学报》2010 年第 6 期。
龙丽波：《公民参与视域下民族地区社会治理路径》，《中共云南省委党校学报》2016 年第 2 期。
青觉、闫力：《共建共治共享：民族自治地方社会治理的新模式——社会主义协商民主的视角》，《黑龙江民族丛刊》2016 年第 3 期。
韩勇、李波：《边疆民族地区社会治理的创新实践》，《开放导报》2016 年第 1 期。
贺金瑞：《当代中国民族问题治理体系和治理能力现代化初探》，《中央民族大学学报》（哲学社会科学版）2014 年第 4 期。
吴福环：《论中国边疆民族地区社会治理创新》，《新疆大学学报》（哲学社会科学版）2014 年第 5 期。
罗志佳：《群众路线视域下少数民族地区的社会治理》，《贵州民族研究》2014 年第 8 期。
王允武、王杰：《国家治理现代化背景下的民族自治地方社会治理》，《民族学刊》2015 年第 1 期。
徐铜柱：《民族地区城市社区治理：特征、困境及对策》，《理论导刊》2007 年第 5 期。
吴开松、张中祥：《民族乡治理之道》，《华中师范大学学报》（人文社会科学版）2008 年第 4 期。
郑茂刚：《少数民族地区乡村治理的善治实践——贵州省锦屏县基层群众自治制度的创新与启示》，《黑龙江民族丛刊》2008 年第 5 期。
周玉琴：《民族地区社会秩序和谐稳定的实现路径——基于国家治理的视角》，《桂海论丛》2014 年第 6 期。
羌洲：《我国少数民族地区社会治理体系创新探析：基于社会风险的测度》，《西北民族研究》2014 年第 2 期。
黄增镇：《基于社会资本视角下的民族地区社会治理创新研究》，《广西民族研究》2015 年第 4 期。

胡玉兰：《广西民族地区文化建设与社会稳定研究——基于整体性网络治理的视角》，《民族论坛》2016 年第 8 期。
竺乾威：《从新公共管理到整体性治理》，《中国行政管理》2008 年第 10 期。
陈小红、白赵峰：《民族传统的社会治理采纳探究》，《贵州民族研究》2016 年第 4 期。
文进磊：《争取人心：民族地区社会治理的根本》，《黑龙江民族丛刊》2016 年第 1 期。
张继焦：《民族地区社会治理研究动态》，《民族论坛》2015 年第 3 期。
龙献忠、杨柱：《治理理论：起因、学术渊源与内涵分析》，《云南师范大学学报》（哲学社会科学版）2007 年第 4 期。
施雪华、张琴：《国外治理理论对中国国家治理体系和治理能力现代化的启示》，《学术研究》2014 年第 6 期。
吴家庆、王毅：《中国与西方治理理论之比较》，《湖南师范大学社会科学学报》2007 年第 2 期。
聂平平：《公共治理：背景、理念及其理论边界》，《江西行政学院学报》2005 年第 4 期。
关学增：《当代西方国家的社会治理思潮》，《河南师范大学学报》（哲学社会科学版）2006 年第 4 期。
俞可平：《全球治理引论》，《马克思主义与现实》2002 年第 1 期。
孙迎春：《澳大利亚整体政府改革与跨部门协同机制》，《中国行政管理》2013 年第 11 期。
郑杭生、洪大用：《中国转型期的社会安全隐患与对策》，《中国人民大学学报》2004 年第 2 期。
林婷：《中国现代化与治理理论的发展》，《社科纵横》2005 年第 6 期。
徐勇：《治理转型与竞争——合作主义》，《开放时代》2001 年第 7 期。
俞可平：《中国治理变迁 30 年（1978—2008）》，《吉林大学社会科学学报》2008 年第 3 期。
徐勇：《GOVERNANCE：治理的阐释》，《政治学研究》1997 年第 1 期。
沈荣华、周义程：《善治理论与我国政府改革的有限性导向》，《理论探讨》2003 年第 5 期。

徐勇：《治理转型与竞争——合作主义》，《开放时代》2001 年第 7 期。

孙柏瑛：《当代政府治理变革中的制度设计与选择》，《中国行政管理》2002 年第 2 期。

张继兰：《乡村治理：新农村建设的路径选择》，《乡镇经济》2009 年第 4 期。

魏娜：《我国城市社区治理模式：发展演变与制度创新》，《中国人民大学学报》2003 年第 1 期。

沈佩萍：《反思与超越——解读中国语境下的治理理论》，《探索与争鸣》2003 年第 3 期。

孔繁斌：《中国社会管理模式重构的批判性诠释——以服务行政理论为视角》，《行政论坛》2012 年第 1 期。

陈莉：《民族地区社会治理理论与实践探析》，《民族论坛》2016 年第 6 期。

边燕杰、丘海雄：《企业的社会资本及其功效》，《中国社会科学》2000 年第 2 期。

储小平：《家族企业研究：一个具有现代意义的话题》，《中国社会科学》2000 年第 5 期。

李晓红、黄春梅：《社会资本的经济学界定、构成与属性》，《当代财经》2007 年第 3 期。

边燕杰：《城市居民社会资本的来源及作用：网络观点与调查发现》，《中国社会科学》2004 年第 3 期。

林聚任、刘翠霞：《山东农村社会资本状况调查》，《开放时代》2005 年第 4 期。

张文宏：《中国的社会资本研究：概念、操作化测量和经验研究》，《江苏社会科学》2007 年第 3 期。

卜长莉：《社会资本的负面效应》，《学习与探索》2006 年第 2 期。

桂勇、黄荣贵：《社区社会资本测量：一项基于经验数据的研究》，《社会学研究》2008 年第 5 期。

潘峰华、贺灿飞：《社会资本和区域发展差异——对中国各省区的实证研究》，《学习与探索》2010 年第 4 期。

方亚琴、夏建中：《城市社区社会资本测量》，《城市问题》2014 年第

4 期。
张梁梁等:《社会资本的经济增长效应》,《财经研究》2017 年第 5 期。
王强:《治理与社会资本问题研究》,《内蒙古民族大学学报》(社会科学版)2007 年第 4 期。
郑光梁:《从社会资本的视角看政府回应不足》,《企业经济》2009 年第 2 期。
唐贤兴、肖方仁:《社会资本积累:社会管理创新的逻辑起点》,《学术界》2012 年第 4 期。
闫臻:《嵌入社会资本的乡村社会治理运转:以陕南乡村社区为例》,《南京农业大学学报》(社会科学版)2015 年第 4 期。
靳文辉:《论政府经济管理中社会资本的功能》,《国家行政学院学报》2017 年第 2 期。
朱鸿伟、李青青:《中国经济转轨中社会资本存量的制约与重构》,《特区经济》2010 年第 8 期。
陈述飞:《整合社会资本:一种创新社会管理的新视角》,《唯实》2012 年第 4 期。
牟钟鉴:《宗教在民族问题中的地位和作用》,《中央民族大学学报》(哲学社会科学版)1998 年第 3 期。
钱其琛:《当前国际关系研究中的若干重点问题》,《世界政治与经济》2000 年第 9 期。
李汉林等:《社会变迁过程中的结构紧张》,《中国社会科学》2010 年第 2 期。
陈文江、周亚平:《西部问题与“东部主义”——一种基于“依附理论”的分析视角》,《北京工业大学学报》2010 年第 2 期。
吴开松:《社会资本与民族地区农村社会管理创新》,《华中师范大学学报》(人文社会科学版)2012 年第 2 期。
黄增镇:《基于社会资本视角下的民族地区社会治理创新研究》,《广西民族研究》2015 年第 4 期。
高永久:《对民族地区社会稳定的思考》,《兰州大学学报》2003 年第 3 期。
卜长莉:《社会关系网络是当代中国劳动力流动的主要途径和支撑》,《长春理工大学学报》2004 年第 6 期。

张宛丽：《非制度因素与地位获得》，《社会学研究》1996 年第 1 期。

彭庆军：《乡村治理现代化视域下民族地区少数民族传统社会组织的功能——以黔东南 L 村侗族“寨老”组织为例》，《西南民族大学学报》（人文社科版）2015 年第 6 期。

辛文卿：《社会资本与民族地区社会稳定的负相关分析》，《前沿》2010 年第 15 期。

叶成徽：《国外风险管理理论的演化特征探讨》，《广西财经学院学报》2014 年第 6 期。

许国栋、李心丹：《风险管理理论综述及发展》，《理论探讨》2001 年第 9 期。

肖瑛：《风险社会与中国》，《时事观察》2012 年第 4 期。

薛晓源、刘国良：《全球风险世界：现在与未来——德国著名社会学家、风险社会理论创始人乌尔里希·贝克教授访谈录》，《马克思主义与现实》2005 年第 1 期。

杨上广、丁金宏：《论社会极化及其影响因素》，《社会科学辑刊》2005 年第 2 期。

赵中源：《“弱势”心理蔓延：社会管理创新需要面对的新课题》，《马克思主义与现实》2011 年第 4 期。

唐钧：《论政府风险管理——基于国内外政府风险管理实践的评述》，《中国行政管理》2015 年第 4 期。

崔维、刘士竹：《当前我国政府风险管理水平研究——以山东省问题疫苗事件为例》，《行政管理改革》2017 年第 5 期。

张成福：《风险社会中的政府风险管理——评〈政府风险管理——风险社会中的应急管理升级与社会治理转型〉》，《中国行政管理》2015 年第 4 期。

郭蕾：《文化因素对区域经济发展的影响》，《郑州航空工业管理学院学报》2007 年第 5 期。

王胜章：《加强民族自治地方政府公共服务建设需要注意的几个问题》，《云南行政学院学报》2006 年第 3 期。

张卫：《当代西方社会冲突理论的形成及发展》，《世界经济与政治论坛》

2007 年第 5 期。
包仕国：《和谐社会构建与西方社会冲突理论》，《学术论坛》2006 年第 4 期。
赵华兴：《冲突与秩序——拉尔夫·达伦多夫的政治社会学思想研究述评》，《河南社会科学》2009 年第 1 期。
潘忠岐、谭晓梅：《论未来世界冲突趋势》，《欧洲》1997 年第 5 期。
张俊杰：《俄罗斯避免民族纠纷与冲突的法律机制》，《辽宁大学学报》（哲学社会科学版）2008 年第 1 期。
严庆、青觉：《从概念厘定到理论运用：西方民族冲突研究述评》，《民族研究》2009 年第 4 期。
关凯：《民族关系的社会整合与民族政策的类型——民族政策国际经验分析》（上），《西北民族研究》2003 年第 2 期。
韩忠太：《论民族偏见》，《云南社会科学》2001 年第 4 期。
常庆：《宗教极端势力与中亚地区安全》，《国际观察》2000 年第 4 期。
王大广等：《关于中国民族地区稳定问题的反思》，《北京教育》2009 年第 12 期。
高永久、朱军：《论多民族国家中的民族认同与国家认同》，《民族研究》2010 年第 2 期。
覃彩銮：《壮族的国家认同与边疆稳定——广西民族“四个模范”研究之二》，《广西民族研究》2010 年第 4 期。
都永浩：《民族认同与公民、国家认同》，《黑龙江民族丛刊》2009 年第 6 期。
王希恩：《民族认同与民族意识》，《民族研究》1995 年第 6 期。
吴玉敏：《公民道德建设中的民族认同与国家认同相统一探析》，《青海师范大学学报》（哲学社会科学版）2010 年第 3 期。
姜勇：《论庸俗民族认同观》，《新疆大学学报》（哲学社会科学版）2002 年第 2 期。
孟立军：《我国现阶段的民族问题和政治稳定》，《民族论坛》1995 年第 4 期。
罗大文：《民族国家认同与中华民族凝聚力问题研究》，《广西民族研究》2012 年第 2 期。

陈辅逵、那章：《经济发展是民族团结进步的物质基础》，《贵州民族研究》2000 年第 2 期。

杨贺男、齐宏伟：《文化冲突视角下民族地区社会稳定的影响因素及对策》，《学术界》2010 年第 7 期。

李仕波：《工业化、信息化、城镇化和农业现代化的互动关系与同步发展》，《湖北农业科学》2014 年第 7 期。

黄峰：《政府信息化与政府管理创新》，《情报杂志》2006 年第 10 期。

孔飞飞：《我国政府门户网站建设成果及存在问题浅析》，《经营管理》2012 年第 2 期。

孙腾：《政府门户网站服务功能的现状及改进方向分析》，《山东轻工业学报》2013 年第 3 期。

严国萍：《回应性：政府信息公开的关键》，《中国社会科学报》2012 年第 2 期。

张力、王坚：《韩非与西塞罗法治思想比较论》，《山西大学学报》（哲学社会科学版）2012 年第 6 期。

王静：《通过司法的治理——法治主导型社会管理模式刍论》，《法律适用》2012 年第 9 期。

薛军：《现代性理论与中国法治》，《读书》2013 年第 2 期。

李伯超：《82 宪法与中国的法治建设》，《湘潭大学社会科学学报》2003 年第 1 期。

袁曙宏、杨伟东：《我国法治建设三十年回顾与前瞻——关于中国法治历程、作用和发展趋势的思考》，《中国法学》2009 年第 1 期。

王礼明、刘海年、罗耀培：《法制与法治》，《学习与探索》1979 年第 5 期。

徐晓冬：《依法治国要处理好十大协同关系——对当前依法治国有关讨论的思考》，《人民论坛》2014 年第 30 期。

罗筠：《从现代国家构建的视角看社会管理体制的创新》，《中国行政管理》2011 年第 9 期。

蒋德海：《马克思论社会管理“归还给社会有机体”的启示》，《政治与法律》2013 年第 2 期。

朱全宝：《社会管理创新的法律之维》，《党政论坛》2012 年第 7 期。

江必新、罗英：《社会管理法治化三论》，《理论与改革》2012 年第 2 期。

费孝通：《中华民族的多元一体格局》，《北京大学学报》（哲学社会科学版）1989 年第 4 期。

范宏贵：《中越两国的跨境民族概述》，《民族研究》1999 年第 6 期。

樊超、罗俊：《加强公安科技建设，创建南疆平安边境》，《中国公共安全》2017 年第 4 期。

[埃及] 萨阿德·埃丁·易卜拉欣：《 阿拉伯世界中的民族冲突与建国》，漆芜译，《国际社会科学杂志》（中文版）1999 年第 2 期。

[德] 乌尔里希·贝克：《风险社会政治学》，刘宁宁等译，《 马克思主义与现实》2005 年第 3 期。

[美] 柯林斯：《冲突理论的基础》，费涓洪译，《现代外国哲学社会科学文摘》1984 年第 11 期。

[美] 托马斯·福特·布朗：《社会资本理论综述》，木子西译，《马克思主义理论与现实》2002 年第 2 期。

[美] 约瑟夫·斯蒂格利茨：《中国第三代改革的构想》，应春子等译，《经济导刊》1999 年第 5 期。

[挪威] 汤姆·克里斯滕森、皮尔·格雷德：《后新公共管理改革——作为一种新趋势的整体政府》，张丽娜译，《中国行政管理》2006 年第 9 期。

[英] 格里·斯托克：《作为理论的治理：五个论点》，华夏风译，《国际社会科学杂志》（中文版）1999 年第 2 期。

（四）学位论文

关爽：《国家主导的社会治理：当代中国社会治理的发展模式与逻辑》，浙江大学 2015 年博士学位论文。

冯晖：《边疆少数民族地区高校教师社会资本与教学绩效关系研究》，南京大学 2016 年博士学位论文。

王诗宗：《治理理论及其中国适用性》，浙江大学 2009 年博士学位论文。

徐秦法：《社会治理中的信仰价值研究》，吉林大学 2007 年博士学位论文。

肖应明：《中国少数民族地区社会治理创新研究》，陕西师范大学 2015 年博士学位论文。

张连：《孔子道德信仰研究》，南京理工大学2014年博士学位论文。

宋方煜：《企业社会资本对创新绩效的影响》，吉林大学2012年博士学位论文。

左宏愿：《现代国家构建中的族群冲突与制度调控研究》，南开大学2013年博士学位论文。

蒋海蛟：《民族冲突及应对研究》，兰州大学2015年博士学位论文。

赵林靖：《新常态下凭祥市边境贸易的转型升级研究》，广西大学2016年硕士学位论文。

奂平清：《农村社区社会资本状况研究——西北弓村实地研究》，西北师范大学2002年硕士学位论文。

谭新雨：《社会资本视角下民族地区乡村社会管理创新研究》，云南师范大学2014年硕士学位论文。

朱天义：《社会资本理论及其在中国的适用性研究》，华中师范大学2014年硕士学位论文。

韦正富：《论民族地区公共治理合法性再生产——基于中国西南民族地区的视域》，南京大学2012年硕士学位论文。

吕凯：《社会资本理论的应用价值及其局限性分析》，东北师范大学2007年硕士学位论文。

（五）外文文献

Coleman, J. S., "Social Capital in The Creation of Human Capital", *American Journal of Sociology*, vol. 94, 1988.

Putnam, R., "Bowling Alone: American Declining Social Capital", *Journal of Democracy*, Vol. 1, June, 1995.

Alejandro Portes, Julia Sensenbrenner, "Embeddedness and Immigration: Note on the Social Determinansts of Economic Action", *American Journal of Sociology*, Vol. 98, June, 1993.

Alejandro Portes, "Social Capital: Its Origins and Applications in Modern Sociology", *Annual Review Social*, 1998.

Michael Woolcock, "Social Capital and Economic Development: Toward a

Theoretical Synthesis and Policy Framework", *Theory and Society*, Vol. 27, 1998.

Robert K. Merton, "Social Structure and Anomie", *American Sociological Review*, Vol. 3, No. 5, Oct., 1938.

Robert W. Jackman and Ross A. Miller, "Social Capital and Politics", *Annual Review of Political Science*, Vol. 1, 1998.

R. Dahrendorf, "Out of the Utopia: Toward a Reorientation of Sociology Analysis", *The American Journal of Sociology*, Vol. 64, 1958.

Michael Erikson, Perter Wallensteen, Margareta Sollenberg, "Armed Conflict: 1989 - 2002", *Journal of Peace Research*, Vol. 40, 2003.

Rogers Brubaker, "David D. Laitin, Ethnic and Nationalist Violence", *Annual Revienw of Sociology*, Vol. 24, No. 1, 1998.

Charles H. Cooley, *Social Organization*, New York: Scribner's Sons, 1909.

Marsh D., Rhodes R. (ed.), *Policy Networks in British Government*, Oxford: Oxford University Press, 1992.

The Commission on Global Governance, *Our Global Neighborhood: the Report of the Commision on Global Governance*, Oxford University Press, 1995.

Bonald Burt, *Structural Hole*, Harvard Bussiness School Press, 1990.

Nan Lin, *Social Capital: A Theory of Social Structure and Action*, Cambridge University Press, 2001.

Anirudh Krishna, *Active Social Capital: Tracing the Roots of Development and Democracy*, New York: Columbia University Press, 2002.

Ortwin Renn, "Risk Governance: Coping with Uncertainty in a Complex World", *Sterling: Earthscan*, London, 2008.

Robert K. Merton, *Social Theory and Social Structure*, New York: Free Press, 1968.

Brenda D. Phillips, Deborah S. K. Thomas, Alice Fothergill, et al., *Social vulnerability to Disasters*, London, New York: Taylor & Francis Group, 2010.

Ted Robert Gurr and Michael Haxton, *Peoples Versus States: Ethnopolitical Conflict and Accommodation at the End of the 20th Century*, Washington,

D. C. : US Institute of Peace Press, 2000.

Daniel L. Byman, *Keeping the Peace, Lasting Solutions to Ethnic Conlicts*, Baltimore and London: The Johns Hopkins University Press, 2001.

Steve Feton, *Ethnicity*, Cambridge: Polity, 2010.